U0863335

商聚德 河北徐水人，1935年生。河北大学教授。曾任河北大学哲学系主任、硕士生导师、河北大学学术委员会委员、河北大学学位委员会委员、河北大学教学督导组成员。社会兼职曾任中国哲学史学会理事、河北省董仲舒研究会副会长、中国人民大学孔子研究院学术委员会委员等。

主要著作有：《中国哲学名著简介》（第一作者）、《刘因评传》、《中国传统文化导论》（主编兼作者之一)、《孔子的智慧》、《中国哲学史史料学论稿》（第一作者）、《燕赵思想家研究》（分卷主编）。发表学术论文四十余篇。参编《中国哲学大辞典》、《诸子百家名篇鉴赏辞典》、《儒商读本》、《儒藏》等。

所著《刘因评传》获河北省社会科学优秀成果一等奖。

商聚德文集

商聚德 著

河北大学出版社

图书在版编目（CIP）数据

商聚德文集 / 商聚德著. -- 保定 ：河北大学出版社，2017.11
ISBN 978-7-5666-1252-6

Ⅰ. ①商… Ⅱ. ①商… Ⅲ. ①哲学－中国－文集
Ⅳ. ①B2-53

中国版本图书馆 CIP 数据核字 (2017) 第 275092 号

商聚德文集

SHANGJUDE WENJI

出 版 人：耿金龙
责任编辑：王殊宁
装帧设计：赵　谦
责任印制：靳云飞

出版发行：河北大学出版社
地址：河北省保定市七一东路2666号　邮编：071000
电话：0312-5073033　0312-5073029
邮箱：hbdxcbs818@163.com　网址：www.hbdxcbs.com
印　　刷：保定市北方胶印有限公司
开　　本：787mm×1092mm　1/16
印　　张：25.5
字　　数：510千字
版　　次：2017年11月第1版
印　　次：2017年11月第1次印刷
书　　号：ISBN 978-7-5666-1252-6
定　　价：78.00元

弁 言

我于1976年调入河北大学哲学系，担任中国哲学史的教学工作。1993年，我们的团队获得了中国哲学史学科的硕士研究生学位授予权，主要精力转入研究生的教学工作和中国传统文化方面的教学工作。收入本书的37篇文章就是结合教学心得写出的一些成果。时间跨度比较长（发表时间从1979年至2014年），文中的时代痕迹和局限是明显的。但它们反映了我在改革开放的大背景下思想逐步解放的一些侧影，从这个角度看也许尚有一定意义。

文中对某些理论观点提出了商榷，涉及几位学界前辈。我是读着他们的著作走进中国哲学的领域的，内心对他们的道德和学问都是非常崇敬的，绝没有故意标新立异、哗众取宠的意思。我觉得，在无缘当面请教的情况下，后进向前辈和时贤献疑也是一种请教和学习的方式。至于一得之浅见是否能成立，则有待于学界同仁的批评。

收入本书的文章，都是公开发表过的（出处注于篇末）。这次汇集，一仍其旧。仅在格式上做了一些技术性处理，改正了一些错误字和标点符号。各篇的注释体例不尽一致，为保持原貌，未强求统一。

自知功底浅薄，思考粗疏，书中不当乃至错误之处恐所在多有，诚恳希望方家指正。

商聚德

2017年2月28日

目　录

上编

中国哲学史研究

中国传统哲学评价刍议

中国传统哲学是中国传统文化的核心。近年来的文化大讨论中，涉及最多、争论最大的就是对中国传统哲学的评价问题。对此，本文也想谈些不成熟的想法。

一、弱点必须正视

中国传统哲学是中国封建社会的正统哲学，是封建统治者认定的官方哲学，不可避免地有其时代性和阶级性。我们今天是站在无产阶级的、社会主义的高度，去看待这种十九世纪以前的文化现象，自然会发现它的许多弱点和缺点。举其大者就有：

直观性（缺乏严密的科学论证，往往停留在现象的罗列、类比或举例上）。

笼统性（重整体把握，轻细部研究，缺乏细致入微的分析）。

泛道德主义（道德往往既是出发点，又是归宿。用道德代替知识，代替才能，代替实践，代替一切）。

神秘主义（虽不诉诸神灵膜拜，但天命鬼神思想毕竟所在多有；某些理论也往往说得玄之又玄，使人莫测高深）。

上述几点，造成了中国哲学中知识论的不发达和逻辑理论的欠缺，扼制了理论自然科学的生成和发展。

君权至上（孔子虽不主独裁，却主尊君。后世儒家，对此不断强化。忠君即爱国，成为普遍观念）。

义务至上（中国古人绝少谈权利，而侈谈义务。君仁、臣忠、父慈、子孝，官吏尽职，百姓纳税：被看作天经地义的美德）。

名分观念（孔子首倡正名，反对僭越。最初也许有对权臣进行遏制之意，但从理论上则奠定了重名分的基调。各安其位，各守其分，成为历代学者反复论证的主题）。

圣人崇拜（儒、墨、道各家都有崇古尊圣的倾向，借圣人立言，成为古今一贯的风气，个体自由观念相对薄弱，而“畏圣人之言”的思想影响深远）。

上述诸点，抑制了民主观念的抬头。

要之，缺乏科学与民主，是中国传统哲学的两大弱点，是导致中国在近代一再被动挨打的两大根源。五四新文化运动特别标举“德先生”“赛先生”两面大旗，其功绩将永远载入史册。

近年来的文化大讨论中，科学与民主又成为人们注意的中心。这表明，这两大问题在今天还没有得到很好地解决，它们仍是压在我们民族心上的大石头，使得我们在迈向现代化的进程中步履蹒跚。这个问题不解决，中国的“四化”就没有希望。

二、优长不容抹杀

在现代中国，以孔孟为代表的传统哲学已黯然失色；四十年来，是马克思主义哲学主宰中国哲坛和全部思想领域。这一事实本身已雄辩地说明，传统哲学在总体上已经落伍，已不适应当今的需要。但是，传统哲学毕竟绵延发展了两千多年，在如此广袤的土地上和众多的人群中，它一直是最高规范和行动准则。这一事实又表明，它自有其价值，有其传之久远的内在根据。

其实，用不着这样一般性的推论，从无比丰富的中国传统哲学宝库中，便可发掘出许多有重大积极意义的东西。试举几点：

乐观进取的人生态度。中国哲人大多对人生抱积极态度，认为自己对于社会（天下、国家）负有不容推卸的责任，有“卫道”“救世”的宏愿。“先天下之忧而忧，后天下之乐而乐”（范仲淹语）、“天下兴亡，匹夫有责”（顾炎武语）。具有此种认识的，代不乏人。“立德、立功、立言”被认为是“三不朽”，内则完善人格，外则建功立业，是他们普遍的追求。虽然也有出世的幻想，有对“无何有之乡”的憧憬，但主流则是执着于现实的人生。而且，人的种种努力，既不是为了赎罪（如基督教），也不是为来世求福田（如佛教），而是人之所以为人的本有之义。现实中当然也有痛苦，但却可以“乐以忘忧”；也有理想难以实现的忧虑，但越是难以实现，越要当仁不让地去努力奋斗，仍须“知其不可而为之”。“为天地立心，为生民立命，为往圣继绝学，为万世开太平”，张载此语可说是这种心态的最典型表述。值得指出的是，这种积极进取的态度，还有其淡泊的一面——对官位爵禄的淡泊，不汲汲于富贵，不戚戚于贫贱；行只求其所当行，止只求其所当止。因此，中国历代伟大哲人，大多是道德的楷模，历来为人民所景仰。他们的一些名言佳句，至今仍然有震撼心灵，感发意志的巨大力量。

朴素辩证的思维方式。中国古代辩证法思想十分丰富。不但源远流长，而且历久不衰。以《老子》和《周易》为代表的两大辩证法系统，虽然其特征有柔刚之异，但殊途而同归，都包含着处理社会人生诸问题的深刻哲理，长期以来有效地指导着人们的社会实践，教会了人们许多思考和解决问题的方法论原则。物极必反，相反相成，一分为二、合二为一，天下无独必有对，动静无端，阴阳无始等观念，已经渗透到中国人的思维方式当中。它们诚然有不够精确、不大严密的缺点，但也因此而避免了机械、烦琐的弊病，具有简炼、精辟、富于启发性的特点，贵在心领神会和实际运用，而不在于罗列多少条条。这种精神表现在各种领域，最著名的如以《孙子兵法》为代表的军事辩证法和以《黄帝内经》为代表的医学辩证法，它们是中国辩证思想的两朵奇葩，至今仍然受到中国乃至世界人民的珍视。

实用理性精神。当代著名学者李泽厚提出的这个概念已经得到学术界比较普遍的承认。它确实从一个角度揭示了中国哲学的基本精神。中国哲人重实际，重实用，重现实，重经验，倾其全部心力于社会、政治、人生问题，不尚玄想，从而避免陷入宗教的迷狂。在中国传统哲学中，无神论（或叫不彻底的无神论）居于主流，任何宗教神学都始终未能在中国社会中占主导地位，这不能不说是实用理性精神的功绩。它当然也有缺陷和弱点的一面（已如前述），但从主流说，其脚踏实地的务实精神还是值得肯定的。

仁学系统。孔子提出“仁者爱人”，孟子进而发展为成体系的“仁政’学说。它既表现为政治、经济、教育诸方面的施政纲领，又有以性善论为依据，以“为仁由己”“反身而诚”为原则的哲学基础，从而建立了完整的仁学系统。它适应了维护封建统治的需要，因而两千年来一直被历代封建统治者视为正统；它又有一定的人民性——渗透着人道主义精神，因而也得到人民群众的承认。

上面几点，挂一漏万，未必恰当，也未必能得到普遍首肯。因此，有必要进而从方法论上探讨如何对中国传统哲学正确评价的问题。

三、几个方法论问题

1. 优缺点互相包含

前述中国传统哲学的缺点与优长，都仅仅是就其主要倾向而言。为了行文方便，也只得分开来谈。实际上，它们都不是绝对的、孤立的，而是互相包含、互相渗透的，且在一定条件下相互转化。比如实用理性，就其养成中国人民的脚踏实地、实事求是的民风和学风说，是优点；而就其限制了理论思辨兴趣和抽象分析能力说，则是缺点。从其在漫长的历史岁月中对于中华民族在政治上的发展和成就说，主要起了积极作用；从其对科学技术的发明和发展说，其作用则主要是消极的。又如朴素辩证法思想，就其时间的久远绵长、影响之普遍深入说，恐怕在世界哲学史上鲜有其匹，它以深远的哲理，教会人们应付和处理复杂局面，度过种种不堪设想的艰难险阻的原则和方法，从而使我们民族获得了顽强的生命力和坚定信心。但是，它同时也包含着如前所述的笼统直观等局限性。这种观察分析问题的方法，就是一分为二。利在于此，弊往往亦在于此；反之亦然。只是具体地说，各有侧重而已。

2. 注意思想的时代性

有些对中国传统哲学持否定态度的人，总喜欢把西方近代、现代、当代的思想与之相比，从而得出中国这也不行、那也不是的结论。这至少从方法上说是犯了混淆时代的毛病。中国传统哲学是中国封建社会的产物，如果论其贡献或得失，也应拿西方的封建社会——中世纪的哲学与之相比，才是公平的。而有些人说的中西之差，实际上是古今之别。如果要说，中国哲学虽然有辉煌的历史，但近百年（或二三百年）没有跟上发展的时代而落后了，这是对的。但如果说，即使历史地看，中国传统哲学也是一片污秽应该统统抛弃，这就是完全不能接受的了。试问，如果真是这样，我们民族何以能发展到今天？我们靠什么建立民族自尊心和自信心？今后又怎么能自立于世界民族之林？可见，历史地正确评价传统哲学中的合理成分是重要的。试举一例：有的文章在评价“民本”思想时，强调其与“民主”思想的区别，这是有道理的；但该文力辩民主思想的进步性，民本思想的反动性，则难免陷于偏颇。因为，产生于封建时代的“民本”思想，是相对于“君本”而言的，其合理内核是重视和提高了人民的地位和作用。“民本”固然不同于“民主’，但从重民这点说，毕竟有相通之处。而且，“民本”较之“君本”，距离“民主”毕竟要接近些。就是在今天，也仍然可以赋予“民本”思想以新的内容，而不应把它视为与“民主”绝对对立的东西。总之，对于传统哲学思想，一方面要注意历史的区别，避免混淆；一方面又要注意历史的联系，肯定其中包含的进步因素。这才是正确的态度。

3. 包袱还是财富

中国传统哲学名家辈出，资料宏富，本是一笔巨大的精神遗产。它产生于旧时代，时至今天，当然有不少陈旧的、过时的、无用的，甚至有害的东西。因此有人说它是包袱，并认为资料越多，包袱越大、越重。对此，有必要做一讨论。本文认为，历史上的哲学思想，凡能耸动当时、流传后世，都不是偶然的，必有其内在的价值。中国传统哲学是中华民族得以绵延发展到今天的内在的精神支柱，是民族智慧的结晶，它的辉煌成就，应该引为民族的光荣。从资料的角度说，它是物质的成果，并不强加于后人，而是听凭后人做出自己的选择和解释。因此，是包袱还是财富，不光在于遗产本身的价值，还取决于后人对它的态度。即使是珍珠玛瑙，如果只是背在背上，不善利用，也是十足的包袱；哪怕是破丝败絮，如果善加利用，也是财富。可见，对于文化遗产，不善用之就是包袱，善用之就是财富。盲目陶醉或一味鄙弃，就是包袱；批判继承、创新发展，就是财富。此类“不善用之”的错误，古人犯过，如把周孔之言当成绝对真理，不思其义而死守章句，成为腐儒、陋儒。今人也犯过，如按照某种既定的模式，任意裁剪，断章取义；或杜撰儒法斗争史，以人划线，胡打乱批。其实，中国传统哲学中包含着许多聪明睿智，是后人获得启发的不尽源泉。连一些西方的著名学者都承认这一点，宣称自己的发明受到中国古代哲学的启迪。而我们有些人却不以为然，认为那不过是外国人的一种比附，二者之间本没有必然的联系。如果说，不要因为有人赞扬我们的遗产就沾沾自喜，盲目乐观；更不要重犯近代历史上把西方的创造发明都说成中国“古已有之”的错误，这是对的。但否认遗产本有的价值，否认古今的联系，则是不应该的。古人发其端，我们未能竟其绪，这是我们的耻辱。有的外国人做到了这点，我们应感到欣慰和鼓舞，并激发我们更加奋发努力，既虚心学习西方的先进理论，又珍视自己的古代文明。而如果自惭形秽，甚至想“抛却自家无尽藏”，那只能是怯懦和愚蠢。

4. 尊重传统哲学命题的本来意义

有些人在分析问题时，喜欢抓过一些传统哲学中的命题，不顾其本来意义，便纳入自己编织的体系中，将曲解后的意思强加古人。这种分析方法，是很难令人信服的。试举两例：

(1)“不患寡而患不均”。这句话近来常被批评为孔子鼓吹平均主义，让人民过宁可贫穷也要大体平均的生活。这与孔子的原意实在大相径庭。孔子这话是在反对季氏征伐颛臾时说的。他认为，“有国有家者，不患寡而患不均。……”主语很明白，是指像权臣季氏那样的有国有家者。他们有的是土地、财富，所以才说“不患寡”。而他们偏偏贪得无厌，必欲把本不属于他们的土地、财富也弄到手。这在孔子看来，就是不守其分（朱熹注：“均，谓各得其分”），是大乱之道。可见，孔子说这话原本是针对有权位者，并不是针对老百姓；它主张的是各守其分，而不是平均主义。当然，一个命题的含义在后世可能有变化。“不患寡而患不均”，也可以不专指在上位者，而可泛指；“均”也可能带上平均的意味。但即使如此，它也仅仅是对比“贫”和“均”二者孰更须首先考虑，而并没有什么让人民宁可贫穷也要过大体平均的生活的意思。而有人就是在批判“大跃进”“穷过渡”的绝对平均主义时与孔子挂钩的。绝对平均主义诚然是要不得的，宁可贫穷也要平均的思想更应批判。但是，何必一定要把它归于古人呢？如果做点历史考察的话，“不患寡而患不均”的命题还真含有部分真理——许多国破家亡的惨祸，不是发生在物质困难的时期，倒是多发生在聚敛过分、激起民怨的时刻。秦末、两汉末、隋末……孔子这话，一再地不幸而言中。此种教训，倒真是值得吸取的。

（2）“重义轻利”，也是近来常被指责的观点之一。孔子说：“君子喻于义，小人喻于利。”孟子说：“何必曰利？亦有仁义而已矣。”重义轻利，确实是以儒家为代表的传统哲学的主要观点。但是，什么是利，什么是义？儒家是不是只要义，不要利？单凭这几个字并不能说清楚。人要生活，必须吃喝穿住；国家要存在，必须有仓廪府库军备，此种意义上的“利”，孔孟等不但不反对，倒是十分重视的，是他们的政治观的主要内容之一。孔子说的“庶之，富之”“足食，足兵”，孟子说的“谷与鱼鳖不可胜食，材木不可胜用”“老者衣帛食肉，黎民不饥不寒”，都是这个意思。把“利”与“义”相联系，则属于价值观、道德观问题。在他们看来，谋求任何物质利益，都有一个出发点和立足点问题，出发点、立足点恰当，就叫作义（“义者，宜也”）；反之，就是不义，或叫作“利”。（这个意义上的“利”，与物质利益的“利”，字虽同而含义不同，它专指不义或私利。“私利”与“个人利益”也不能混同，专指不顾公利的个人利益。）孔子说的“富与贵是人之所欲也，不以其道得之，不处也”，“见利思义”，“见得思义”，“义然后取”，都是这个意思。在孔孟儒家看来，如果一个人（特别是统治者）行事的出发点只是“利”，那结果就会“不夺不厌”“上下交征利而国危矣”。（《孟子·梁惠王上》）可见，儒家义利观的本义只是说，当谋求物质利益时，应该顾及公利，把公利放在第一位，不能因私利而损害公利。中国老百姓说的“不发昧心财”，“不赚昧心钱”，“不吃昧心食”，大体就是这个意思。追求个人利益可说是人的天性，可谓不学而能，不教而知。但人是社会的人，总要生活在群体之中，这就有一个个人利益和群体利益的关系问题。人需要考虑群体利益，这一观念需要教育、培养才能建立起来。因此，教人追求个人利益与教人维护公共利益相比，后者要困难得多。孔孟等把论述的重点放在后者，应该说是抓住了问题的主要方面。它与以维持农业、手工业的简单再生产为主要方式的封建社会是相适应的。后世儒家的“义利之辨”，诚然有过分抬高“义”，而过分贬低甚至抹杀“利”的毛病，这是应该批判的。但是，有人拿资本主义的天赋人权说为尺度，完全否定儒家义利观中的合理因素，则是不恰当的。无数事实证明，忽视义而强调利，比推崇义而贬低利，给社会带来的危害往往更大。看来，恰当地处理个人和群体、义和利的关系，在理论上和实践上都还有待进一步解决。儒家的重义轻利思想，至少还有值得借鉴的价值。

5. 致力于发扬，还是致力于揭露

中国传统哲学中，有精华也有糟粕，我们今天该怎样正确对待它？是致力于发扬，还是致力于揭露？有人强调后者，认为中国旧传统的影响太深，不彻底揭露批判，中国就很难走向现代化。这话貌似有理，实则未必尽然。中国的现代化事业，主要应通过坚持“一个中心、两个基本点”，以及民主、法制建设，“两个文明”建设等来实现。现实当中的一些黑暗面，不见得一定要与老祖宗挂钩才算揭深批透（何况有些挂得也很勉强）。传统文化和传统哲学中的污秽自然不会少，但是对于那些已经丧失了生命力的东西，今天用不着翻箱倒柜，把什么陈年老古董都拿出来晒太阳。对于传统文化和传统哲学，还是应当更多地注意那些有生命力的东西，以继承和发扬精华为重点。这就要求我们精择而审取，对哲学遗产中的贡献和成就给予适当的肯定和评价。至于其中包含的错误，以及时代和阶级局限，适当指出就可以了，用不着兴师动众地大加挞伐。善于保存和发扬自己的优良传统，是任何一个伟大民族不可缺少的素质。不注意维护古代哲人的尊严，甚至轻率诋毁；不注意研究古代哲学的成就，甚至粗暴践踏，只能导致全民族精神的浅薄和思想的混乱。我们这些年来，有意无意地践踏自己的民族传统的令人痛心的事，实在太多了。我们应该在正反面的经验教训中变得聪明些。

四、中国传统哲学还活着

中国传统哲学有着强大的生命力。这在历史上是无疑的。那么，在马克思主义主宰中国思想界达四十年之久的今天，在西方现代哲学高潮迭起的今天，中国传统哲学的生命力是否已经完结？我们说，不！中国传统哲学还活着，而且，它在中国走向现代化的漫长进程中，仍然有巨大的积极意义。

中国传统哲学在今天还有广泛影响。如：

许多老一辈无产阶级革命家都受过中国传统哲学的深刻影响，他们的著作中，在努力把马克思主义与中国革命相结合的同时，中国传统哲学的印迹亦清晰可见。许多当代著名学者，都深受中国传统哲学的哺育，从他们的作品中，人们可以清楚地看到他们的崇高的思想人格与传统的联系。

近年来，从事中国哲学研究的人（专业的和业余的）迅速增加；中国哲学史课在全国高校的哲学系、政教系普遍开设；以弘扬中国哲学、中国文化为宗旨的学会、研究会、基金会和期刊大量涌现，还建立起中国文化书院、中国思想家研究中心，等等。

近年来的“文化热”中，中国传统哲学是热点之一。无论态度、观点、结论多么不同，热烈讨论本身就是重视的最好表现。

中国传统哲学在大陆以外长期以来也一直得到关注，台、港、澳、美、欧等都有一批学者在进行孜孜不倦的研究，成果累累。世界范围的朱熹思想讨论会、周易讨论会、儒学讨论会、道教讨论会……一次又一次地召开。这表明，中国传统哲学是属于全世界的。

在中国一步步走向现代化、改革开放大潮汹涌澎湃的今天，中国传统哲学也自有其意义。继承传统哲学与坚持马克思主义和学习引进西方思想，不是互不相容的关系，而是可以在交互融合中各自发挥优长。例如，在帮助人们树立正确的人生观，建立和谐的人际关系、国际关系，在开发改造自然的同时保持人与自然的和谐平衡关系，以及完善个体人格等方面，中国传统哲学都可以起独特的作用。从发展上说，中国哲学一定要走向世界，但这并不意味着要丢掉自己的民族特点。相反，越是发扬自己的特点，才越有世界意义。今后，马克思主义无疑仍是“指导我们思想的理论基础”，但是，指导并不等于移植，而是要中国化，要与中国传统哲学相结合。

展望未来，以马克思主义为指导的，有中国传统哲学特点的，充分吸收西方现代哲学优秀成果的新哲学，一定会在中国出现。

原文载于《传统文化与时代——中国哲学史学会第四届年会论文集》，内蒙古社会科学杂志社 1988 年版。

孔子人生观略论

人的一生该怎样度过？这是一个既古老又现实的问题。古今中外的思想家们提出过各种各样的答案，见仁见智，各不相同；轩轾高下，争论不休。直到马克思主义产生以后，人生观问题才得到了科学的解决。不过，马克思主义只是开辟了认识真理的道路，而不是穷尽了一切真理。就人生观说，也只是从总体上奠定了理论基础和指明了基本方向，勾画出大概的轮廓，而并没有将一切方面、一切细节阐述无遗。加以现实生活是不断发展的，许多新问题还在不断地出现，需要我们做出进一步的回答。因此，人生观问题仍然是当前我国以至世界上热烈讨论的问题之一。在这种情况下，探讨一下孔子的人生观该是饶有趣味的。因为，孔子不但是中国最早提出成体系的人生观的人，而且，他的观点在历史上发生过十分深远的影响，它的一些基本观点，时至今日，也还有一定的现实意义。

本文想从三个方面略抒浅见。

志　趣

孔子人生观的一个鲜明特点是对于志趣的追求和探讨。《论语》中“志”字凡十七见，专谈立志问题的至少有十一章。足见孔子对立志问题是十分重视的。

孔子认为，一个人应该有远大的理想。他自称，“吾十有五而志于学”（《论语·为政》。以下引《论语》只注篇名）又说：“志于道”（《述而》），“博学而笃志”（《子张》）。立志的问题是他和弟子们经常讨论的内容之一。

什么是“志”？孔子虽没有对之进行理论界说，但从他的有关言论中，我们还是能够大体把握其内容。“志”就是志向、理想。“志于学”，“志于道”，“志于仁”，“仁”“道”

“学”等就是志的内容。“学”是学仁，“道”是实现仁，所以中心还是“仁”。其最终目的是再现如文武周公开创的那样一种大一统的政治制度和社会秩序。它或者表现为“老安少怀”的政治理想，或者表现为治国安邦的政治抱负，或者表现为“无伐善，无施劳”“隐居以求其志”（《季氏》）等加强个人道德修养的努力。而其落脚点则在于，有益于国家、社会和人民。比如他对管仲的评价就很好地证明了这一点：尽管他对管仲不无微词，但由于管仲“相桓公，霸诸侯，一匡天下，民到于今受其赐”，“微管仲，吾其披发左衽矣！”（《宪问》）所以称颂管仲是“仁”人。

孔子把“志于道”（即实现仁）看得非常重要和迫切。他说：“朝闻道，夕死可矣。”（《里仁》）“士不可以不弘毅，任重而道远。仁以为己任，不亦重乎！死而后已，不亦远乎！”（《泰伯》。这是他的学生曾参的话，但恰合于孔子思想）他的另一个学生子夏也说：“博学而笃志，切问而近思，仁在其中矣。”（《子张》）孔子还认为，不仅君子应该立志，就是一般人也应该立志。一个人有了志，就有了主心骨，任凭什么力量也不能将它夺走：“三军可夺帅也，匹夫不可夺志也。”（《子罕》）

孔子的这些论述，把“志”的问题（即“人该追求什么样的生活”）从理论上鲜明地提了出来。在他看来，“志”是人生观的起点，一个人应该从青少年时代就确立一定的志向，抱有远大的理想，并坚持下去，至死不渝，用整个生命和全部精力去奋斗和追求。尤其可贵的是，孔子还把立志的问题推及于普通人，“立志”固然首先是君子之事，但又绝非君子所专有，而是连匹夫也不可夺志，使“志”成为一个广泛适用的范畴。这些，在人类认识史上都是有深远意义的。

与立志相联系，孔子还表示了对“成名”的热烈探求。他说：“君子疾没世而名不称焉。”（《卫灵公》）就是说，一个人死后，如果名字不为人所称述，是该引以为憾的。

怎样才能留名呢？孔子的贵名、为名，是与他的核心思想“仁”联系在一起的。他说：“君子去仁，恶乎成名？”（《里仁》）离开了仁，就没办法成名。也就是说，只有行仁，才能成名。可见，孔子不是为求名而求名，而是通过行仁而成名。行仁是成名的基础，成名是行仁的必然结果。它绝不是为了出人头地而不择手段地争名，而是以求仁为出发点，以行仁为手段，以得仁为归宿。

不言而喻，孔子所立之“志”，所成之“名”，自然带有强烈的阶级性，他要建立的功业，只能是剥削阶级的功业；他从事的一切政治或教育活动，客观上也只能起到维护和巩固剥削阶级统治的作用。这些，都是应该注意批判的。但是，却不应该因而就把立志、成名的思想一概否定。因为，两千年前的古人不可能有那样明确的阶级意识，他只是笼统地想为后人留下点什么。这个“后人”中，很难说是把人民大众完全排除在外的，前引的“民到于今受其赐”的话就是明证；有时，甚至还包含“博施于民而能济众”（《雍也》）这样崇高的政治内容。尤其可贵的是，他主张永不消极，乐观坚定，在任何情况下都尽可能地做有益于人的事，这种富于进取的人生态度，其格调是高昂的。孔子在教育和学术上的建树，在一定程度上，正是在这种思想指导下取得的。《史记》描述孔子编《春秋》时的心境时写道：“子曰：‘弗乎，弗乎！君子病没世而名不称焉。吾道不行矣，吾何以自见于后世哉?’乃因史记作春秋。”（《孔子世家》）其事实虽不见得完全可靠，但这一刻画还是很合乎孔子的个性的。孔子的“删诗正乐”，当也不仅是出于教学授徒的需要，而同时也有“自见于后世”的用意。正因为如此，这位政治上的失败者，终于成了我国古代最伟大的教育家。

孔子的这一思想，在历史上发生了深远的影响。立志和成名，成为不少志士仁人的共同生活信条。

在人民当家做主的社会主义今天，该如何对待立志和成名的问题呢？这是一个在理论和实践上都有待于进一步解决的问题。我们固然应该批判风头主义、个人英雄主义等封建主义的或资产阶级的名利思想，但却不应一般地否定立志和成名；相反，需要的倒是应大力提倡为共产主义、为无产阶级事业而立志成名，发扬革命英雄主义精神，使人们敢于提出、勇于实践怀抱的高尚志向，并促进和帮助其实现。

情　操

与志趣相联系，孔子还非常注意情操问题。他认为，一个人应该有美好的心灵、高尚的情怀和坚定的操守，它们具体表现在如何对待生死、荣辱、忧乐、富贵贫贱等的态度上。

孔子这样表达自己的苦乐观：

“饭疏食，饮水，曲肱而枕之，乐亦在其中矣。不义而富且贵，于我如浮云。”（《述而》）

“其为人也，发愤忘食，乐以忘忧，不知老之将至云尔。”（同上）

他赞美弟子颜回，“贤哉回也！一箪食，一瓢饮，在陋巷，人不堪其忧，回也不改其乐。贤哉回也!”（《雍也》）

孔子师弟们“乐”的是什么？原文没有交代。从孔子讲的“知者乐水，仁者乐山”

(《雍也》),“君子坦荡荡,小人常戚戚”(《述而》),“仁者不忧”(《宪问》)等语来看,孔子之乐,大约是一种因志在行仁、行道而感到的内心满足。

那么,是不是就绝对没有忧呢?也不。他说:“德之不修,学之不讲,闻义不能徙,不善不能改,是吾忧也。”(《述而》)又说:“君子忧道不忧贫”。(《卫灵公》)看来,不计较个人生活的优劣,甚至以苦为甘;不以贫为耻,而安贫乐道;心中忧虑的只是道德学问是否长进、志愿是否能够实现——这就是孔子苦乐观的基本精神。

孔子并不是禁欲主义者,他公开说,富贵是人们的普遍欲望。但他同时认为,对富贵的追求应该是有条件的,有节制的,绝不能不择手段地贪求、妄求。他说:

“富与贵,是人之所以欲也,不以其道得之,不处也;贫与贱,是人之所恶也,不以其道得(去)之,不去也。君子去仁,恶乎成名?君子无终食之间违仁,造次必于是,颠沛必于是。”(《里仁》)

孔子还认为,学习的目的,只应是为了行道,而不能首先存着做官食禄的念头。因为,俸禄只能是随着行道而自然得到的,不应首先当作追求的目标,他说的“三年学,不至于榖,不易得也”(《泰伯》),就是这个意思。

孔子并没有说人们不应得富贵、弃贫贱,而是强调“得”和“弃”都应“以其道”,即通过正确的途径和方法,这就是行仁。无论富贵还是贫贱,都应与仁德同在,按仁德办事。他不是一般地反对欲望,而是反对把满足欲望当成首先的和唯一的出发点,这与后世的某些理学家们的禁欲主义是不同的。

他鄙弃那种一味追求个人生活享受的人,认为这种人不值得和他谈道德学问,“士志于道而耻恶衣恶食者,未足与议也。”(《里仁》)这大概是因为,一个人如果以粗劣衣食为耻,就有可能为获得锦衣玉食而无所不为。他又说:“富而可求也,虽执鞭之士,吾亦为之;如不可求,从吾所好。”(《述而》)这是用假设的句式委婉地表示,富贵不可妄求,绝不能为追求富贵而舍弃自己的信仰和节操。他称赞子路穿着破袍子能够神态自若地和穿狐裘的人站在一起(《子罕》),这大概是因为,在他看来,道德和正义是在子路这边,而不是在那些衣着堂皇的达官贵人那边,所以,虽然穷困,又有什么可惭愧的呢!他认为,有没有这种操守,正是区分君子和小人的试金石:“君子固穷,小人穷斯滥矣。”(《卫灵公》)孟子后来把这个意思表述为“富贵不能淫,贫贱不能移,威武不能屈”,称之为“大丈夫”气概。我国历史上,表现出这种节操和气概的不乏其人,他们是民族的骄傲,历来受到人民的景仰和歌颂。

比苦乐更高一层的是生死问题。这方面,孔子讲得也是大义凛然的。

他提倡杀身成仁："志士仁人，无求生以害仁，有杀身以成仁。"（《卫灵公》）当面临生死考验时，当生命和仁德"二者不可得兼"的时候，决不贪求生命而损害仁德，而要勇于牺牲，毫不顾惜。

孔子的学生曾参说："可以托六尺之孤，可以寄百里之命，临大节而不可夺也。君子人与？君子人也。"（《泰伯》）这虽然是指辅佐幼君、摄理国政方面的事，但这点也正是封建时代一切忠臣义士品节高洁的表现。

孔子还说："见义不为，无勇也。"（《为政》）应该挺身而出的时候，绝不能袖手旁观，怯懦畏缩；看到正义的事情，就奋勇地去做。这一思想显然也是很积极的。

贪生怕死、追求富贵、好逸恶劳，往往导致堕落。孔子有见于此，提倡君子固穷，不为苟得，见义勇为，杀身成仁，这是很有见地的。其历史影响，主流也是积极的。作为道德原则，它们已经成为我国人民进行修养的格言，并为世界人民所称道。当然，孔子当时提倡这一思想是从稳定统治秩序着眼的，是为剥削者的利益服务的。历代的反动统治者，为了愚弄人民，也喜欢鼓吹它们，以诱使人民为他们卖命。后来，在理学家们的论证下，这一思想又加强了禁欲主义色彩，在历史上起过迷惑人民的斗争方向和瓦解人民斗志的作用，这也是应当正视并注意批判的。

孔子的节操观点，在今天还有没有借鉴意义？我们对待荣誉、地位、物质利益，以及当遭遇突然事变和危险而面临生死考验时，该采取什么态度和行动？这个问题是值得深思的，它不会因时代的前进而陈腐。重温一下孔子这些思想，应该说还可能有一定的教益。

应当指出，在孔子有关情操的言论中，上述那种昂扬的调子并不是唯一的。他同时还讲明哲保身。此种言论，在《论语》中也颇为不少。如：

"天下有道则现，无道则隐。邦有道，贫且贱焉，耻也；邦无道，富且贵焉，耻也。"（《泰伯》）

"子谓颜渊曰：'用之则行，舍之则藏。唯我与尔有是夫！'"（《述而》）

"子谓南容：'邦有道不废，邦无道，免于刑戮。'以其兄之子妻之。"（《公冶长》）

"宪问耻。子曰：'邦有道，穀；邦无道，穀。耻也。'"（《宪问》）

"邦有道，危言危行；邦无道，危行言孙。"（《宪问》）

"隐居以求其志，行义以达其道。"（《季氏》）

"君子哉蘧伯玉！邦有道则仕，邦无道则可卷而怀之。"（《卫灵公》）

"宁武子，邦有道则知，邦无道则愚。其知可及也，其愚不可及也。"（《公冶长》）

“子曰：‘不在其位，不谋其政。’曾子曰：‘君子思不出其位。’”（《宪问》）

这些材料，反映了孔子人生哲学的另一侧面。他认为，主观生活态度应以客观环境为转移。他把客观环境基本上分为两大类：有道和无道、在位和不在位，即达和穷、顺境和逆境。他认为，在不同的境况下，应当有不同的态度和作为。即当着环境好（天下有道、在位），有可能发挥自己的作用时，就积极行动，轰轰烈烈地大干一番；当着环境不好（天下无道、不在位），没有可能发挥作用时，就隐居退避，保存自己。这种隐退，不是一味消极，而是洁身自好，等待时机，一旦有可能，再出来干。

表面看来，这种生活态度与前述那种见义勇为、杀身成仁的态度似乎是矛盾的。其实不然，在孔子那里，它们是一个统一整体的两个侧面，都可以说是积极的态度。因为，处于顺境或逆境，对于个人来说，是无法选择的；而走什么道路，如何行动，却是操之在我，可以选择的。在顺境中，客观上允许干，就好好干、拼命干；在逆境中，客观上不允许干，不小心还难免有“刑戮”危险，那就别蛮干，可以保存自己，幽居独处。这时，“兼善天下”是不可能了，但“独善其身”还是完全可能的。因此，就要努力在自身修养上下功夫。这样，既保存了自己，又仍然可以说是尽可能积极地生活。

这一思想，固然带有明显的剥削阶级思想烙印。不过，相比之下，它毕竟与那种混世主义（如庄子）、享乐主义（如杨朱）、和媚世主义（如纵横家）的人生哲学不同。从总体上看，仍不失为一种积极的人生观。因为，它的基本精神是，不管处在什么环境，都尽量发挥主观努力，把可能办的事情办好。还应看到，这种明哲保身的态度，反映了剥削阶级思想家面对不可改变的社会现实而产生的苦闷和矛盾。

孔子的明哲保身思想，对后世的影响也很大。究其本义，原是专指臣子事奉君主的态度而言的，含有明智的人不参与可能危及己身之事的意思。但后来，“明哲保身”被扩大为一种为人处世的普遍原则，以致被理解为“为保身而明哲”，不危及自身成了其中心含义和首先的考虑。这样，就发展成为一种只顾保护自己、回避原则斗争的庸俗作风和油滑态度。

奋斗精神

孔子对待人生，还表现出一种为达目的而坚持不懈的奋斗精神。用他同时代人的评语就是，“知其不可而为之”。（《宪问》）说这话的是个看守城门的人，据朱熹推测是个隐士（“盖贤人隐于抱关者也。”见《四书集注》）语气中似带有嘲讽味道，但它倒比较准确地概括了孔子的一生。

如前所述，孔子早年就“志于学”，“志于道”，“志于仁”，终身奋斗，老而弥坚。在政治上，他曾有过飞黄腾达、踌躇满志的时期（三年仕鲁），也经受过屡遭冷遇、四处碰壁的痛苦。周游列国十几年，非但未得重用，还颇吃苦头，“斥乎齐”，“逐乎宋”，“畏于匡”，“困于陈蔡之间”，（见《孔子世家》）“为权臣所轻蔑，为野人所嘲弄，甚至为暴民所包围，饿扁了肚子……”（鲁迅：《在现代中国的孔夫子》）遭遇虽是如此之坎坷，但他始终坚信自己理想和事业的正义性，永不消极退缩，即使到了“甚矣吾衰也”的晚年，且意识到自己的抱负在生前是不能实现了，却能满怀“自见于后世”的热情，编书立说，授徒讲学，寄希望于下一代和未来。可见，孔子对自己的理想，绝不是一开始就“知其不可”，而是信心十足；晚年，虽“知其不可”了，也仅是就暂时意义上而言，并不意味着承认彻底失败，所以他才依旧积极从事，勉力“而为之”。

“知其不可而为之”这种生活态度，如果从坏的方面去认识，曾被看作是不识时务、顽固不化；但如果从好的方面去认识，则未始不可说是坚韧不拔。（取杨伯峻《试论孔子》大意，见《论语译注》）其区分的标准，应该是看他从事的事情是正义的，还是非正义的；对人民有利，还是有害。孔子以“仁”为最高原则，以“足食、足兵、民信”“老安少怀”为政治理想，以减轻剥削压迫作为规劝统治者的内容，虽然目的在于维护封建统治的长治久安，思想方法也不免有迂腐不切实际之处，但它们客观上对人民还是有好处的。他为此而栖栖遑遑地奔走，遇到困难挫折也不回头，这种奋斗精神，不能不说是值得钦佩的。

《论语》中还记载了孔子与其他几位隐者的接触，从他们的谈话中，也颇能反映出孔子的这种人生观。

一个叫微生亩的隐者责问孔子，为什么栖栖遑遑地奔走？是不是“佞”（逞口才）？他回答说：我不是逞口才，用巧言谄媚时君世主，而是讨厌固执不通的人。（《宪问》）

卫国有个挑草筐的人（“荷蒉者”）劝孔子说：既然没有人知道你，那就罢休算了，随大溜吧！孔子则说：“果哉，末之难矣！”表示不同意这种说法。（同上）

有一次，楚狂接舆“歌而过孔子”，想用言词打动孔子归隐，孔子下了车，想和这位隐者谈谈，楚狂却跑开了，“趋而避之，不得与之言”。

又有一次，长沮、桀溺两位隐者劝孔子跟他们这些“避世之士”同游，孔子则表示：“天下有道，丘不与易也。”就是说，正因为天下无道，我才要改变它。表明他对改造社会的强烈的责任感。

他对另一个挑锄草器具的隐者（荷蓧丈人）表示得更明朗，说："君子之仕也，行其义也。道之不行，已知之矣。"（以上三事俱见《微子》篇）

从这几则材料中可以看出，孔子对隐士们虽然表示了相当的尊敬，但却绝不同意他们对生活、对社会所抱的那种消极态度。一个消极避世，一个积极入世，所以他们总也谈不拢。

孔子对伯夷、叔齐等几位历史上的隐士也有所论述、有所赞颂。但同时也明确表示了自己和他们的不同："我则异于是，无可无不可。"（《微子》）所谓"无可无不可"，就是认定一个大原则、大目标，坚定不移，而在具体行动上却可以根据实际情况而采取灵活态度。据此，后来孟子称孔子是"圣之时者也"。（《孟子·万章下》）"无可无不可"与"知其不可而为之"，是孔子人生观的两个不同侧面。"无可无不可"属于通权达变方面，"知其不可而为之"属于坚持到底方面。由于所处的环境有顺逆等种种不同，所以要"无可无不可"；而不管顺或逆、穷或达，总要尽可能积极地生活，总要想着那个最后目的，所以要"知其不可而为之"。

从上述分析中，我们对于孔子的人生观可以得到如下认识：

孔子人生观的基调是积极入世。他强调人要立志，要有远大理想，努力建功立业，显身扬名；他强调要有高尚的情操，严格要求自身，对富贵"不为苟得"，对生死"无求生以害仁"；他提倡顽强的奋斗精神，不计较生活的好坏，不顾环境的优劣，努力奋斗，绝不灰心，坚韧地"知其不可而为之"。

他赞成"天下有道则现、无道则隐"的生活原则，隐现虽有所不同，但那仅是奋斗方式的变化，最后目的则始终如一，积极努力的精神也贯穿在两种方式之中。因此，他不同意隐士那种消极避世的态度。他有时也流露过某些失意和牢骚，如说"道不行，乘桴浮于海"，（《公冶长》）但最终则没有消极和沉沦。

孔子的人生哲学和处世态度，对后世影响深远，有积极的一面，也有消极因素。它曾是许多志士仁人的精神支柱，鼓舞他们为中华民族的发展做出了贡献，在历史上写下了光辉篇章；它同时也带有剥削阶级思想的深刻烙印，对于形成封建士大夫那种孤芳自赏的生活情调、明哲保身的庸俗作风等也有很大影响。

今天，孔子思想已经是历史陈迹了，把它作为"圣人之言"而顶礼膜拜的时代已经一去不复返了。但是，它毕竟是祖国珍贵文化遗产的一部分，曾经对我们民族的发展产生过深远影响。这种影响，直到今天也还存在，有积极的，也有消极的。因此，我们对它不能漠然置之，而应当认真加以研究，力求给予历史地、具体地分析和评价，揭示其优劣得失，评价其是非功过，从中吸取必要的经验和教训。这对于建设社会主义精神文明，应该是不无裨益的。

原文载于《河北大学学报》1983 年第 4 期。

论孔子理想人格的层次与特点

孔子有丰富的理想人格思想。对此，许多论著已做过精辟论述。本文想对孔子理想人格的层次及特点做些进一步的探讨。

一

"仁"是孔子全部思想的核心，也是其理想人格的核心。这种理想人格有时直接用"仁人"来表达，如，"志士仁人"[1]；"虽有周亲，不如仁人"[2]。有时，"仁"即指"仁人"，如，"泛爱众而亲仁"[3]，"殷有三仁"[4]。不言而喻，这些仁人，都具有"仁"的思想境界、精神风貌，寄托着孔子的理想人格。但是，"仁"在孔子心目中的地位实在太崇高，因此他从不轻易以"仁"许人，《论语》一书中，除"殷有三仁"外，仅仅提到"义不食周粟"而饿死于首阳山的伯夷、叔齐"求仁而得仁"[5]；辅佐齐桓公"九合诸侯，不以兵车"的管仲"如其仁"[6]；他最得意的学生颜回"其心三月不违仁"[7]。如果仅限于从上述"仁"的字眼去理解，那孔子的理想人格思想就未免太单薄了。实际上，孔子这一思想经常是用一些其他概念如"圣"（"圣人"）、"贤"（"贤人""贤者"）、"君子""士""成人"等来表达的。它们同属于孔子的理想人格，又各自具有特定的内涵；它们之间既是相通的，又有细微的差别；有的含义似乎差不多，但又往往不能互相代替置换，从而使孔子的理想人格具有一定的层次性，形成了一个有内在联系的理想人格体系。

处于这个体系巅峰的是"圣"。《论语》中"圣"四见，"圣人"四见。"圣"（"圣人"）是指具有崇高德行又有最高政治地位的人，他们既是道德楷模，又能平治天下，实现大一统的政治局面。在孔子心目中，只有尧舜禹等古圣王才够"圣"的资格，他赞美尧说："大哉尧之为君也！巍巍乎！唯天为大，唯尧则之。荡荡乎！民无能名焉。巍巍乎！其有成功也，焕乎其有文章！”[8]连用四个夸张的感叹词，既赞其功业，又美其品格和礼乐。圣人的品格和礼乐也许是其他人尚能做到的，其功业则是一般人所不易或不可能做到的。正由于此，孔子有时甚至说“圣”比“仁”还高。如，一个学生问，如果能“博施于民而能济众”，是不是可以说是“仁”？孔子回答说：“何事于仁，必也圣乎！尧舜其犹病诸。”[7]又有一次，“子路问君子”，孔子先以“修己以敬”作答，子路继续一再追问：“如斯而已乎？”孔子答以“修己以安人”，“修己以安百姓”，然后加上一句，“修己以安百姓，尧舜其犹病诸。”[6]这里，“尧舜”就是“圣人”的代称。形式上，它在“仁”之上，实质上，它在“仁“之中。而尧舜竟也有难于完全做到的情况，这就更可见“圣”的境界难以企及了。

孔子的学生及某些时人已有将孔子神圣化的倾向。有一位太宰以孔子的“多能”为“圣”，他的学生子贡称赞孔子说：“固天纵之将圣，又多能也。”[9]孔子听到后，谦虚地加以拒绝，不敢以“圣”自居。但孔子的学生分明已将孔子称作“圣人”了：一次，子游、子夏二人论辩学习内容的本末问题时，子夏说：“君子之道，焉可诬也？有始有卒者，其惟圣人乎！”[10]这里的“圣人”显然是指孔子。从此时子夏已有“门人小子”来推测，这也许是孔子死后的事了。孔子还曾慨叹：“圣人，吾不得而见之矣，得见君子者斯可矣！”[6]这都反映出“圣人”在孔子心目中地位的崇高，故屡屡言其难以企及。

“圣”之下是“贤”。“贤”字在《论语》中凡二十五见，其中用来指人的七见。“贤”（“贤人”“贤者”）是人们学习的榜样：“见贤思齐焉，见不贤而内自省也。”[5]“居是邦也，事其大夫之贤者，友其士之仁者。”[1]“贤”是指在道德上或识见上、能力上比一般人为高的人，所以才又说：“贤者识其大者，不贤者识其小者。”[10]而由于“贤者”的格调非比寻常，所以又用来指避世的隐士：“贤者避世。”[6]并说，伯夷、叔齐是“古之贤人”。[5]而下文又说，伯夷、叔齐“求仁而得仁”，可见，这里的“贤人”也就是“仁人”。

据顾颉刚先生考证，“圣”的本义是“聪明人”，“贤”的本义是“多财”。春秋战国以后，“圣”才演变为指有崇高德行又能博施济众、安定百姓的人，“贤”才演变为指有才能和德行的人[11]。的确，在《论语》中，“圣”的“聪明人”的含义似还有一些影子（如太宰说孔子是圣者），“贤”则只指德行或才能而言了。据此似可以说，从孔子开始，“圣”“贤”才有了比较明确的理想人格含义。圣贤观念后世又有变化和发展，孟子说：“充实之谓美，充实而有光辉之谓大，大而化之之谓圣，圣而不可知之谓神。”[12]“大而化之”这个定义，将“圣”更加抽象化了，而在外延上则有所扩大，不只限于有最高政治地位者了。孟子又说：圣人是“人伦之至”[13]，“百世之师”[12]，“由百世之后，等百世之王，莫之能违也”[14]。于是，原先的“贤”有的升入了“圣”的层次，如孟子称伯夷、叔齐为“圣之清者”，称孔子为“圣之时者”。[15]但却从没有从“圣”下降为“贤”的。可见二者虽相通，毕竟还是有区别的。

在《论语》中，孔子的理想人格更多地是用“君子”一词来表达的。许多学者已指出，“君子”“小人”本为阶级（或阶层）的对称，“君子”指有地位者，到孔子这里，则主要成为道德人格范畴。《论语》中“君子”凡一百零七见，有一部分仍沿用作为“上层人”的原意，如“君子笃于亲，则民兴于仁”[8]，“君子学道则爱人，小人学道则易使”[16]；另一部分兼具地位、品德两义，如“子产有君子之道四焉”[17]。绝大部分则专指有道德者而言，如“君子固穷，小人穷斯滥矣”[1]。君子一词，由专指有位者，到专指有德者，这种变化在思想史上具有重要意义。张恒寿先生深刻地指出：此种变化，“标志着价值的重新估定，标志着……有权势者和道德的分离，公开提出道德的标准和权势地位对抗，这在社会意识形态上是一个很大的进步和突破。”秦汉以后，“在社会语言和一般人的意识中，就只有道德意义的君子了，这个功绩应该归于孔丘。”[18]

与“君子”意义相近的还有“士”。“士”在《论语》中凡十五见，除“执鞭之士”“避人之士”“避世之士”等少数几例义指一般人以外，大多数带有理想人格的意味。如“士志于道而耻恶衣恶食者，未足与议也”[13]，讲“士”的品格；“士不可以不弘毅，任重而道远”[8]，讲“士”的责任，等等。“士”原是古代的一个阶层，《孝经》将“士”排列在大夫与庶人之间；而《春秋·谷梁传》《管子》等书中则将“士”排在农、工、商之前，而为“四民之首”。由此可见，“士”一方面是“民”，一方面又是统治集团的候补力量，经常进退于统治阶级和被统治阶级之间。当其未仕时，属于庶民；当其入仕后，则属于统治者。古籍中，“士”的定义颇多歧异，《国语·齐语注》说，“士”是“讲学道艺者”；《汉书·食货志》说，“学以居位曰士”；《公羊传》成公九年注说，“德能居位曰士”。此三说综合起来，其义指有一定道德修养、知识本领和社会地位的人，简言之，即古代的知识分子，而《论语》中特别突出了其理想人格的含义。孔子的学生们大概都自认为是“士”，所以才频频地讨论“何如斯可谓之士”的问题（《子路》篇两见）从身分和道德上说，“士”与“君子”相近，后世遂又常以“士君子”连称。

荀子曾对“圣”“君子”“士”做过一些界说：“圣也者，尽伦者也；王也者，尽制者也。两尽者，足以为天下极矣。”[20]又说：“向是而务，士也；类是而几，君子也；知之，圣人也。”[20]还说：“好法而行，士也；笃志而体，君子也；齐明而不竭，圣人也。”[21]这就是说，尽伦（精通万事万物的道理）又尽制（精通治国的制度）是天下最高的目标。

向着这个目标努力的是士；接近这个目标并坚定地身体力行的是君子；完全通晓这个目标的是圣人。这里，圣人、君子、士已有了分明的层次。这是对孔子思想的发展。

荀子还明确提出“学作圣人”的问题，他认为，这是学习的目的：“学恶乎始？恶乎终？曰：其数则始乎诵经，终乎读礼，其义则始乎为士，终乎为圣人。”[22]又说：“故天者，高之极也；地者，下之极也；无极者，广之极也；圣人者，道之极也。故学者，固学为圣人也。”[23]宋周敦颐则进一步表述为：“圣希天，贤希圣，士希贤。”[24]元代刘因更进而发挥道：“圣希乎天，至则天，不至则大圣；贤希乎圣，过则天，不至则大贤；士希乎贤，过则圣，至则贤，不至则犹不失乎令名。此圣之所以为圣，贤之所以为贤也。”[25]至此，“圣”“贤”“君子”“士”作为人格修养的层次性更加分明了，成圣成贤，内圣外王，成为儒者普遍的理想人格目标。

孔子师徒还讨论过“成人”的问题。一次，“子路问成人”，孔子回答说：“若臧武仲之知，公绰之不欲，卞庄子之勇，冉求之艺，文之以礼乐，亦可以为成人矣。”接着又说：“今之成人何必然，见利思义，见危授命，久要不忘平生之言，亦可以为成人矣。”[6]孔子先把“成人”的标准说得很高：既具有智慧、不欲、勇敢、才艺等品格，又讲求礼乐，然后降一格说，今天如能做到不欲、勇敢、守信，也就可以算是“成人”了。有的学者认为，“成人虽然具有一系列重要品格，但仍然是不完整的，主要的在于他缺少仁这种最基本最重要的德行”。因此，“没有称之为君子”[26]这个说法似值得再斟酌。“成人”即完人，孔子讲的两种“成人”的条件都是很高的，其中所说的“不欲”“见得思义”，都属于“仁”的内涵，因为它们都是“克己复礼”的重要内容，而“克己复礼为仁”[27]。可见，它们已经包含了“仁”的意思，至少说，已接近于“仁”。钱穆先生对“成人”的解释比较可取，他认为，高标准的“成人”的条件中，“前三项似分近知仁勇三德”[28]。“知”“勇”二德，条件中已明言，“仁”德当即指不欲。低标准的“成人”，“此虽孔子降格言之，然学者千万莫看轻此一等，正当从此下工夫，此乃做一完人之起码条件也”[28]。套用钱先生的说法，是不是可以说，低标准的“成人”的条件，似分近仁勇信三德。说实在的，标准也不低。而且，其中有些用语，正是孔子师生描述君子之德所常用的，如“义然后取”[6]；“君子道者三……仁者不忧，知者不惑，勇者不惧”[6]，“君子有九思……见得思义”[29]“士见危致命，见得思义”[10]；“君子义以为质，礼以行之，孙以出之，信以成之，君子哉！”[1]可见，“成人”即完全的人、人格完备的人，它也是孔子的理想人格概念，与仁人、君子大体同类，似不宜对之再分高下。

“中庸”也是孔子的理想人格。孔子说：“中庸之为德也，其至矣乎！民鲜久矣。”[7]

尽管《论语》中“中庸”仅此一见，使我们对其内涵不得其详，但从孔子溢于言表的赞美之情可知，它的本义是讲理想人格；至于其方法论意义，那是由此引而申之的结果。孔子又说：“不得中行而与之，必也狂狷乎！狂者进取，狷者有所不为也。”[30]“中行”当即是中庸。至于“狂”“狷”，学者们的理解颇有分歧：有的解为过分和不及[31]，有的解为率性而行和谨慎小心[32]，有的解为兼济和独善[33]，等等。从孔子的原话看，“狂狷”还是可以交往的，他们次于中行者，而并不是与中行相反的极端。孟子说得很恰切：“孔子岂不欲中道哉？不可必得，故思其次也。”[12]可见，“狂狷”固然不是孔子的理想人格，但也不是与君子之德的中庸截然相反。与中庸截然相反的，孔子称作“乡愿”，所谓“乡愿，德之贼也。”（《论语·阳货》）《孟子·尽心下》对“乡愿”进行了细致描述（引文省略），指八面玲珑的伪君子。“乡愿”无疑属于“小人”一类了。

孔子理想人格的诸概念略如上述。他们大体形成了一个“圣—贤—君子—士”的有层次的系列，其核心则是“仁”。孔子虽没有说士君子等就是仁人，但他们至少在某种意义上是与“仁”相通的。孔子的一些说法即可证明，比如，孔子有时将“贤者”与“仁者”对举：“居是邦也，事其大夫之贤者，友其士之仁者。”[1]有时将“志士”与“仁人”并称[1]。有时他讲的“君子”就是指“仁人”，如说“仁者不忧”[9]；又说“君子不忧不惧”[27]；还说“君子道者三……仁者不忧”[9]。再如，孔子说：“仁者其言也讱。”[27]又说：“君子于其言，无所苟而已矣。”[30]“无所苟”也就是“讱”。又如，“宰我问曰：‘仁者虽告之曰：井有仁焉。其从之也？’子曰：‘何为其然也？君子可逝也，不可陷也；可欺也，不可罔也。’”[6]问话中的“仁者”，答词中换成“君子”，由此可知，这里的“君子”显然就指“仁人”。当然，由于“贤者”“君子”都是转化中的概念，其内涵远没有“仁人”那么确定，所以不能用“贤者”“君子”等与“仁人”直接划等号。

二

孔子的理想人格有如下特点：

1. 有崇高使命感和责任感

孔子认为，仁人君子都有远大的理想和抱负，并矢志不渝，终生为之不懈奋斗，甚至牺牲生命也在所不惜。他说：“志士仁人，无求生以害仁，有杀身以成仁。”[1]他的学生曾参说：“士不可以不弘毅，任重而道远，仁以为已任，不亦重乎！死而后已，不亦远乎！”[8]孔子认为，不仅对待远大理想须有此种坚定性，对于具体任务也应尽心尽力，尽职尽责。他说：“行己有耻，使于四方不辱君命，可谓士矣。”[30]曾参也说：“可以托六尺之孤，可以寄百里之命，临大节而不可夺也，君子人与？君子人也。”[8]孔子还把有无坚定志向看成是人之所以为人的特性，说：“三军可夺帅也，匹夫不可夺志也。”[9]就是说，哪怕是个普通人，只要能坚守其志，则谁也不能夺走。普通人尚且如此，君子就更该有坚定的意志了。孔子这一思想，形成了儒家讲气节、重操守的传统。孟子所谓“威武不能屈，富贵不能淫，贫贱不能移”[34]，正是对此的继承和发展。

孔子常和弟子们讨论立志的问题。“志于学”[3]、“志于道”[5]、“志于仁”[12]，更是他经常讲到的话题。他申明自己的“志”是：“老者安之，朋友信之，少者怀之。”[17]为政的理想是：“足食，足兵，民信之。”[27]由此可见，孔子“志”的核心是行仁于天下。他的学生们深受其影响，也大多怀抱安邦治国之志，或想治军而使民“有勇”，或想为政而“足民”，或想行礼乐参与“宗庙”“会同”之事，都立志做一番事业。[35]他的另一个学生曾点似乎有些异趣，自述其志是：“莫春者，春服既成，冠者五六人，童子六七人，浴乎沂，风乎舞雩，咏而归。”这番话竟使得孔子喟然而叹，深表赞许。[35]前人对此做了种种解释，有说是无意用世，宁肯隐居的；有说是胸次悠然，与天地万物上下同流的；有说是尧舜气象的……这恐怕都有点凿之过深。试看原文，从孔子最初的发问（“如或知尔，则何以哉”），到曾点最后一再追问“惟X则非邦也与”可知，孔子师生所关心的始终都是经国治世的大问题。杨树达先生对此讲得比较平实，他认为，“孔子与（赞许）曾点者，以点之所言为太平社会之缩影也”[36]。的确，曾点描述的那种恬静、悠闲、和乐的社会气氛，不正是只有“太平社会”才有的吗？它与孔子所憧憬的“谋闭而不兴，盗窃乱贼而不作”的“大同之世”不正是相通的吗？曾点想造成这样的社会，并置身于其间，从怀抱上说，较他的三个同学确是高出一筹，因此才被孔子特别称许。孔子确有过“浮海”“居夷”等消极打算，多次讲过“邦无道则隐”一类话头，但那不能说是“志”，而是壮志不得伸时的韬晦之计。而且，即使在这种境遇中，他认为也应尽可能积极地生活，“隐居以求其志”[29]，“吾非斯人之徒与而谁与？”[4]尽管“道之不行已知之矣”[4]，但仍“知其不可而为之”[6]，表现了强烈的社会责任感和坚韧不拔的献身精神。

与立志相联系，孔子还论述了“成名”的问题。他说：“君子疾没世而名不称焉。”[1]就是说，人不应碌碌无为、默默无闻地混日子，梦过一生，而应给社会、给人们留下点什么，死后名字被人们所称述。在孔子看来，人生的意义不在于“富”（有财货）“贵”（有权势地位）和享乐，而在于事业上有所建树；不在于索取，而在于奉献。人的生命虽有尽，留下的名（思想、业绩……）却可沾溉后世，永垂不朽。孔子的“成名”是与

“行仁”联系在一起的：“君子去仁，恶乎成名?”[9]名与仁同在，行仁是基础，成名是其自然结果。这与那种为一己私利，为个人的出人头地而求名、争名，乃至欺世盗名是有原则区别的。这一思想是对于人生意义问题的一种很高的觉解，对于人应如何追求实现自身价值做了有意义的回答。

2. 有行仁的主动性和自觉性

孔子说：“君子求诸己，小人求诸人。”[1]“求诸己”就是严格要求自己，遇到问题首先从自身找原因，而不诿诸客观，诿过他人。孔子一再强调这一原则（例从略），认为这是君子和小人的分水岭。

进而，孔子提出了“为仁由己”的思想：“为仁由己，而由人乎哉?”[27]就是说，能否做到仁（成为仁人）完全在于自己，而不是由别人或外力决定的。孔子又说：“仁远乎哉？我欲仁斯仁至矣。”[6]“仁”的目标诚然高远，但高并非高不可攀，远并非可望而不可即。这是因为，仁道本就在自己心中，行仁总是要落实于人生日用之常，所以下手并不难，贵在有“为仁”的自觉性和主动性。只要心中总想着它（“不忘”），就会达到，如果丧失了主动性，那就毫无希望了。这个思想被后世儒者所普遍接受。扬雄说：“孟子曰：夫有志而不至者有矣，未有无意而至者也。”[37]王夫之说：“志于是则可至焉；不志于是，未有能至者也。”[38]他们强调的都是自觉性的重要。

自觉性是人类的特性之一。孔子着重强调道德的自觉，把道德自律精神作为君子的理想人格。他说：“人不知而不愠，不亦君子乎!”[3]“躬自厚而薄责于人。”[1]他的学生曾参说：“吾日三省吾身。”[3]子张说：“我之大贤与，于人何所不容？我之不贤与，人将拒我，如之何其拒人也?”[10]司马牛问仁，孔子以“君子不忧不惧”作答，司马牛不理解，孔子说：“内省不疚，夫何忧何惧?”[27]这些话突出的是“克己”“内省”，其精义在于，把外在的规范变为内在的自觉要求和毫不勉强地行动。所谓“知之者不如好之者，好之者不如乐之者”[7]，就是这个意思。他如大家熟知的“忠恕之道”“不舍昼夜”“松柏后凋”[9]，以及“三戒”“三畏”“九思”[29]等，无不贯穿着这种精神。孔子高扬道德自律精神，他本人及其门徒也以此相砥砺，从而形成了儒家重道德、重自觉的传统，影响所及，在中华民族的发展史上起了重要作用。对此，应该给予高度的评价。

3. 有完善的品行和高尚的情操

孔子不但高扬道德自律精神，还对士君子应具备哪些品质和情操多所讲求。举其大者即有：

明根本。孔子认为，士君子应明根本，重大节：“志于道，据于德，依于仁，游于艺。”[5]“谋道不谋食，忧道不忧贫。”[1]他的学生有若说：“君子务本，本立而道生。”[3]子夏也说：”君子学以致其道。”[10]甚至认为，“大德不踰闲，小德出入可也。”[10]孟子更进而发挥说：“先立乎其大者，则其小者不能夺也。”[39]小节无害论是不足取的，但重道明本的思想，作为一种原则，还是有积极意义的。

辨义利。孔子认为，对于物质利益和精神道义、私利和公义，君子应做出明确的区分和选择。他反复强调这种义利的区分：“君子喻于义，小人喻于利。”[19]“君子怀德，小人怀土；君子怀刑（法度），小人怀惠。”[19]“君子之于天下也，无适也，无莫也，义之与比。”[19]正因为君子能明辨义利，所以即使过着“疏食饮水”的贫贱生活，也能处之泰然，以守道为乐，“不义而富且贵，于我如浮云”[5]。他夸赞颜回之贤，也在于“人不堪其忧，回也不改其乐”[7]。他认为，能否有这种精神境界，是区分君子和小人的试金石：“君子固穷，小人穷斯滥矣。”[1]其原因就在于，君子是安于仁的：“不仁者不可久处约，不可以长处乐。仁者安仁，知者利仁。”[19]“义利之辨”是后世儒者争论的一大问题，今人对它仍然见仁见智，评价不一。本文认为，从理想人格的本义来理解，孔子的上述见解还是很深刻的。因为“利”只是人的低层次的需要，“义”则是高层次的觉悟，需要长期的培养锻炼才能形成。只要不把义利二者截然对立起来，孔子提出的原则对于文明的发展和进步就永远是必要的。

坦胸怀。孔子认为，君子有坦荡的心怀、开阔的胸襟：“君子坦荡荡，小人常戚戚。”[5]“君子可逝也，不可陷也；可欺也，不可罔也。”[7]君子也可能犯错误，但重要的是能正确对待错误，敢于承认并勇于改正。孔子以别人发现自己的过失为幸运：“丘也幸，苟有过，人必知之。”[5]并认为，有过不改，才是真正的错误：“过而不改，是谓过矣。”[1]他的学生还对比了君子小人对错误的不同态度，子夏说：“小人之过也必文。”[10]子贡说：“君子之过也，如日月之食焉：过也，人皆见之；更也，人皆仰之。”[10]因此孔子才认为，从一个人所犯错误以及对待错误的不同态度，就可知他是哪一类人，是有什么样的精神境界的人：“人之过也，各于其党。观过，斯知仁矣。”[19]孔子这一判断人格高下的角度至今仍是很有意义的。

讲团结。孔子认为，君子既讲团结；又有原则性：“君子和而不同，小人同而不和。”[30]善与人同，又不结党营私：“君子周而不比，小人比而不周。”[40]“君子群而不党。”[1]“君子尊贤而容众，嘉善而矜不能。”[10]对于缺少这种君子之德的人，孔子总是给予严厉批评：“群居终日，言不及义，好行小慧，难矣哉！”[1]“和而不同”的人格理想，在历史上发生了广泛而深刻的影响。

有风度。孔子认为，君子应该具有良好的气质和风度。他说："质胜文则野，文胜质则史。文质彬彬，然后君子。"[7]他的学生子贡说，孔夫子是以其"温良恭俭让"的风度赢得了人们的信任和尊敬的[3]。孔子对于君子的神态风度多有形容，如"泰而不骄""矜而不争""贞而不谅""威而不猛"等。他概括"知者"和"仁者"的不同特点是："知者乐水，仁者乐山。知者动，仁者静。知者乐，仁者寿。"[7]有人对于为什么要讲文采不理解，说"君子质而已矣，何以文为？"子贡回答说："文犹质也，质犹文也。虎豹之鞟犹犬羊之鞟。"[27]就是说，本质和文采（内在的品德和外表的风度）同样重要。孔子这方面的理论，有的已成为美学课题，至今仍引起人们的巨大兴趣。

博才学。孔子以"六艺"教学生，这"六艺"，无论是理解为"礼乐射御书数"，还是理解为"诗书礼乐易春秋"，就那个时代的文化范围说，都已经是相当广博了。他主张"君子不器"[40]，即应该具有多方面的才能。在他的教育之下，孔门弟子的确人才济济，德行、言语、政事、文学，甚至作战、经商，都有一批佼佼者。孔子自述是"学而不厌"[5]，时人也盛称孔子之"博学"为"大"，"多能"为"圣"[9]。孔子有时对此似乎又加以否定，说："君子多乎哉？不多也。"[9]为什么会有这个矛盾呢？子夏有个说法似能对此做出解释："虽小道，必有可观者焉；致远恐泥，是以君子不为也。"[10]只要不致陷入拘滞不通（"泥"）的偏颇，博学多识还是有益的。

以上诸点综合起来，便可得到孔子理想人格的完整形象。这种人格既有丰富的内心世界，又有完美的仪表风度；既有良好的个人操守，又有和谐的人际关系；既有崇高的精神境界，又有卓著的实绩实功。它是文质的统一，内圣外王的统一，身与心、己与人，乃至人与自然的和谐与统一。在细节上，它也许还有待于完善，但在大的方面已经为儒家的理想人格奠定了总体规模，确立了基本范式。

孔子的理想人格也有保守的一面，有其阶级和时代的局限性，最明显的是对"礼"的过多强调，因而有拘执守旧的倾向，这是应该批判的。但是，有人却据此对孔子的理想人格做出全盘否定的结论，污之为自觉的奴性人格，说这种士大夫人格，与祥林嫂的那种坐稳了奴隶地位便精神焕发，坐不稳奴隶地位便精神萎靡的人格毫无区别。这种说法貌似尖锐，实则荒唐。如前所述，孔子的理想人格高扬人的尊严、人的志节，是非常突出人的自尊、自重、自爱、自强精神的。他确实努力维护统治者的利益，不过，他看重的往往是统治阶级的长远利益，对于一味只顾眼前利益的统治者，倒是能够告诫、批判，甚至斥责，或挂冠而去，而从不苟合取容、阿谀奉承。从人格上说，是值得称赞的。有人还说，孔子的奴性人格只造就两种人：愚忠者和伪君子。甚至认为，岳飞式的愚忠比秦桧的奸诈更应批判和否定。这真是一语诬尽千古风流人物！旧时代的爱国者往往与忠君划不开界线，其中确有值得批判的因素。但是，把忠君爱国的志士说成比卖国求荣的奸佞更坏，这岂不是对历史的颠倒？

孔子的理想人格，在历史上陶铸了不少志士仁人，对于形成中华民族的优良传统有过巨大贡献。今天，剔除其不可避免的糟粕，吸取其蕴含的精华，转换并注入符合时代要求和时代精神的新内容，对于培养社会主义的新人，定能继续发挥积极的作用。匡亚明同志在谈到孔子的理想人格时精辟地指出："古之先觉者（君子）的榜样，确有今之先觉者（共产党员及所有先进人物）应该学习、借鉴和继承的地方。"[26]的确如此，我们在建设社会主义精神文明的过程中，应该继承孔子的理想人格这份珍贵的遗产。

注释：

[1]《论语·卫灵公》。

[2]《论语·尧曰》。

[3]《论语·学而》。

[4]《论语·微子》。

[5]《论语·述而》。

[6]《论语·宪问》。

[7]《论语·雍也》。

[8]《论语·泰伯》。

[9]《论语·子罕》。

[10]《论语·子张》。

[11] 顾颉刚：《圣贤观念和字义的演变》，载于《中国哲学》第一辑。

[12]《孟子·尽心下》。

[13]《孟子·离娄上》。

[14]《孟子·公孙丑上》。

[15]《孟子·万章下》。

[16]《论语·阳货》。

[17]《论语·公冶长》。

[18] 张恒寿：《孔丘评传》，载于《中国古代思想家评传》第一集。

[19]《论语·里仁》。

[20]《荀子·解蔽》。

[21]《荀子·修身》。

[22]《荀子·劝学》。

[23]《荀子·礼论》。
[24] 周敦颐:《通书·志学》第十章。
[25]《静修先生集·希圣解》。
[26] 匡亚明:《孔子评传》。按,《孔子评传》修订本已将此说法删去。
[27]《论语·颜渊》。
[28] 钱穆:《论语新解》。
[29]《论语·季氏》。
[30]《论语·子路》。
[31] 童书业:《孔子思想研究》。
[32] 冯友兰:《中国哲学史新编》第一册。
[33] 李泽厚:《孔子再评价》,见《中国古代思想史论》。
[34]《孟子·滕文公下》。
[35]《论语·先进》。
[36] 杨树达:《论语疏证》。
[37]《法言·修身》。按,孟子此语不见于通行本《孟子》,是否为赵岐所谓“外书”四篇中之语已无从考证。
[38] 王夫之:《张子正蒙注》。
[39]《孟子·告子上》。
[40]《论语·为政》。

原文载于《河北大学学报》1990 年第 2 期;收入《孔子诞辰 2540 周年纪念与学术讨论会论文集》,中国孔子基金会编,上海三联书店 1992 年 5 月版。

孔子的自然科学素养及其价值

孔子是人文主义思想家，讲道德，说仁义，谈人生，论哲理，对于天道自然问题谈论较少，以致他的学生有“夫子之言性与天道，不可得而闻”之叹（《论语·公冶长》）。但是，如果由此便推论说，孔子对自然知识毫无兴趣，一无所知，也不符合实际。大量资料表明，孔子的自然科学素养是比较高的，在他那个时代，其水平很了不起。遗憾的是，他没有把这一领域作为自己的研究重点，也没有把它们列入教学内容，政治和伦理问题占去了他的大部分时间和精力，致使这位博学的学者没有在自然科学领域留下更多的东西。但就孔子的科学素养说，的确还是值得称道的。本文拟粗浅地谈谈这一问题。

一、孔子的自然科学知识

（一）天文历算知识

1. 论螽

《左传》哀公十二年记有如下一条材料：“冬，十二月，螽。季孙问诸仲尼。仲尼曰：‘丘闻之，火伏而后蛰者毕。今火犹西流。司历过也。’”螽（zhōng）是一种昆虫，又称螽斯。夏秋季活动，冬天死亡。但这年十二月竟还有螽出现，所以被季孙氏看作怪事。孔子根据自己对天象的观察对此做出解释，认为，按星体运行的规律，火星（按，不同于太阳系九大行星之一的火星。《左传》杜预注：“火，心星也。”）在天空不再出现（“伏”）以后，一切冬眠或夏生冬死的动物（“蛰者”）才不再出现。现在火星还在西部天空运行，表明不该是十二月，是管历法的人弄错了。（按，据杜预注和孔颖达疏，确实是当时的历法出了误差，该置闰而未置）这一事例表明，孔子对天文知识是熟悉的，且有亲自观察天象的习惯和丰富经验。

2. 预言下雨

王充《论衡·明雩》载："孔子出，使子路赍（jī，携带）雨具。有顷，天果大雨。子路问其故。孔子曰：'昨暮月离于毕。'（毕，星宿名，二十八宿之一。《孔子家语·七十二弟子解》此句作："昨暮月宿毕。《诗》不云乎：'月离于毕，俾滂沱矣。'以此知之。"）后日，月复离毕，孔子出，子路请赍雨具，孔子不听，出，果无雨。子路问其故，孔子曰：'昔日月离其阴，故雨；昨暮月离其阳，故不雨。'"这段材料比"论语"更生动，讲得更具体。孔子不但观察天象，还结合《诗经》上记载的前人留下的宝贵气象资料，准确地做出天气预测。尤其可贵的是，他还把阴阳学说用于观察实践，从而使预测更加精确。这也许有夸张成分，但《论衡》《孔子家语》两书都记载此事（尽管细节有所不同），说明它还是有相当的根据。

3. 用天文知识打比方

《论语》中虽没有天文历象方面的直接材料，但却有两处用天文知识打比方。如："为政以德。譬如北辰，居其所而众星共之。"（《论语·为政》）"君子之过也，如日月之食焉。过也，人皆见之；更也，人皆仰之。"（《论语·子张》）这确实不是正面讲北极星、日月食等天文知识，但孔子能信手拈来地用天文知识讲为政和做人的道理，表明他对此类知识是十分熟悉的。尤其值得注意的是，日食月食在古代常被看作是很严重的灾异现象，孔子引来比作君子对待过错的态度，这表明，在孔子心目中，日月食不过是一种自然现象，有其自身的规律，毫不神秘。没有丰富的天文知识是很难做到这一点的。

（二）土壤农业知识

1. 别五土之性

《孔子家语·相鲁》记载："（鲁定公）二年，定公以（孔子）为司空。乃别五土之性，而物各得其所生之宜，咸得厥所。"（王肃注："五土之性：一曰山林，二曰川泽，三曰丘陵，四曰坟衍，五曰原隰。""所生之物，各得其宜。"）这条材料表明，孔子对土地进行了分类。《周礼·大司徒》郑玄注云："积石曰山，竹木曰林，注渎曰川，水钟曰泽，土高曰丘，大阜曰陵，水涯曰坟，下平曰衍，高（一作广）平曰原，下湿曰隰。"据此可知，山林为山地，川泽为河川水地，丘陵为高低不平的旱地，坟衍为平旷之地，原隰为低湿的洼地。孔子区分不同的土地指导农民分别种植适合于该种土地生长的作物，这在当时实属创举。其中包含了地形、地貌、土壤、水文、作物栽培等方面的学问，虽然难说他对这些有多么高深的研究，或许只是以经验的积累为多。但即使这样，已属难能可贵了。

2. 拿植物打比方

孔子喜欢拿植物打比方。如“岁寒然后知松柏之后凋也”（《论语·子罕》），誉品格坚贞，经得住考验。“苗而不秀者有矣夫！秀而不实者有矣夫!”（同上）此或是对颜渊英年早逝的慨叹，或是勉励学生持之以恒，善始善终，锲而不舍，早日成才。但从侧面也反映了孔子对于作物种植、草木习性的熟悉。

（三）生态知识

《论语·述而》记载：“子钓而不纲，弋不射宿。”意思是说，孔子钓鱼，却不用大绳拉网捕鱼；用带绳的箭射鸟，却不射归巢孵卵育雏的鸟。显然这是意在给鱼鸟留下继续繁衍生息的余地。学生记载此条材料也许是想表现孔子的中庸态度，但由此亦透露出其中包含着保护生态环境的意识。孔子曾经说：“丘闻之也，刳胎杀夭则麒麟不至郊，竭泽涸渔则蛟龙不合阴阳，覆巢毁卵则凤凰不翔。”（《史记·孔子世家》）虽然这里是就“君子讳伤其类”的角度讲的，但从中也侧面表明，孔子的确懂得维持生态平衡的道理。与前引《论语》所记的材料联系起来看，此点就更加明显，它确实包含有对于兽类、鸟类、鱼类都不可过量捕杀的意思。

（四）饮食卫生知识

《论语·乡党》记载了下面几条材料：

“食不厌精，脍不厌细。”食指饭食。脍指细切的鱼肉。不厌，一解厌通餍，饱足，不厌即不饱食。意思是饭食不因精细而多吃。这是说哪怕是精美的鱼肉饭食，也不应吃得过量。一解厌为嫌，意思是饭食鱼肉不嫌精细，即越精细越好，理由是食物精则能养人，鱼肉切得粗则有碍消化，有害健康。

“食饐而餲，鱼馁而肉败，不食。色恶，不食。臭恶，不食。”饐、餲指食物变馊发霉。鱼腐烂叫馁，肉腐烂叫败。这是说变味的食物、腐烂的鱼肉，不要吃。颜色恶劣的食物，不要吃。臭（xìu）是气味，气味不好的食物，不要吃。

“失饪，不食。不时，不食。割不正，不食。不得其酱，不食。”这里讲了四种不要吃的情况。“失饪”指烹调不当，如半生不熟之类。“不时”指不按时吃正顿饭，应该一日三餐，不吃零食。“割不正”指宰杀牛羊猪时没有按正确的方法操作（这样可能造成出血不充分）。“不得其酱”，古人吃不同的食物用不同的酱，即用酱不合适不吃。

“肉虽多，不使胜食气。惟酒无量，不及乱。”“食气”指饭食。意思是席上的肉虽多，吃得也应有节制，不使肉食超过饭食。喝酒虽不好以定量限制，但以不喝醉为度。

“沽酒、市脯，不食。不撤姜食，不多食。”意思是从市场上买的酒和肉干（可能不卫生，有污染），不吃。古人有吃姜的习惯，《说文》：“姜，御湿之菜也。”《本草经》：“干姜主逐风……生者尤良，久服去臭气，通神明。”可见吃姜有益健康，所以不撤除姜食。但也不是吃得越多越好，而应不多食。

“祭于公，不宿肉。祭肉不出三日。出三日，不食之矣。”“祭于公”指参与国君祭祀，祭祀完毕可以得到国君赐给的祭肉。但是此类祭祀要进行两天。这样，在得到祭肉时肉已经放了两三天，不能再隔夜了。第二句的“祭肉”指自家祭祀用的肉，生着存放也不要超过三天，超过三天就可能变质，不能再吃了。

“食不语，寝不言。”吃饭和睡觉时不说话，吃饭时说话会有碍消化（或“吃呛”，喷饭）；睡觉时说话会引起兴奋、激动，造成失眠。

上述材料，有的可能与当时的礼制有关，有些甚至主要是从守礼的角度讲的。但是其中的确包含着科学道理。它提醒人们，从食品鱼肉的颜色、气味、存放时间、烹调火候、调料使用等方面辨别新鲜度和是否可食，又以食量、酒量、主副食比例、饮食卫生习惯等方面提出了一些原则，这些，如果从营养学、卫生学的角度来衡量，绝大部分都是有道理的，有的直到今天也没有过时。

二、评　价

从上述材料可知，孔子确实有渊博的科学知识和较高的科学素养。遗憾的是，他没有直接地把自然问题、科学技术作为研究的对象，更没有进而对这些知识加以概括和升华，因此，大多停留在经验的水平上，缺乏理论性、系统性。孔子的学生子夏说：“虽小道，必有可观者焉。致远恐泥，是以君子不为也。”（《论语·子张》）这话当也反映了孔子的意思。在孔门看来，科学技术毕竟属于“小道”，虽有“可观者焉”，但如果沉溺其中，就会妨害对于“大道”的追求。内圣外王之道，才是儒者的当务之急。孔子的态度被后世儒家所继承。秦汉以后，轻视科技之风恶性膨胀，从而大大限制了科学理论的发展。但是，孔子（以及后来的许多先哲）的科学知识和素养毕竟是弥足珍贵的，它们表明，中国传统文化中本来就具有科学的“基因”，后世中国科技的落后，决不应归罪于古代圣贤。诚如严复所言：“古人发其端而后人莫能竟其绪，古人拟其大而后人未能议其精。”（《天演论》自序）继承前哲的优秀遗产，发扬而光大之，乃是今人的使命。

原文载于《中国哲学史学会 2004 年年会暨中国传统哲学当代价值学术研讨会论文集》，2004 年 6 月。又见《孔子的智慧》第六章（商聚德著，河北人民出版社 1997 年 9 月版）。

《论语》辨疑　四则

读《论语》，颇得益于前人、今人的注释和论著。然而也有一些地方，仍觉扞格难通。思索久之，偶有一得之愚，写来向师友求教。

“无友不如己者”

《论语·学而》：“君子不重则不威，学则不固。主忠信。无友不如己者。过则勿惮改。”（后三句《子罕》篇重出，唯“无”作“毋”，义通）

“无友不如己者”，杨伯峻《论语译注》译为“不要跟不如自己的人交朋友”。“不如自己”是指什么方面说的呢？人们的才质有高低，能力有大小，道德有优劣，无论哪方面都不可能齐同，总是有差别的；而且，“如”或“不如”，是相比较而言的。今有三人，甲高于乙，乙高于丙，如果人人以不跟不如自己的人交朋友为信条，那么，丙应与乙交，而乙则不与之交；乙应与甲交，而甲则不与之交……以此类推，则人人无友可交。孔夫子论交友之道，本意会是如此吗？翻翻传统的注释，有的对“不如己”未作解释，有的则与杨说大体一致（或即为杨说所本），如：

朱熹《论语集注》：“无通毋，禁止辞也。友所以辅仁，不如己，则无益而有损。”

刘宝楠《论语正义》：“《曾子·制言中》：‘吾不仁，其人虽独也，吾弗亲也。’故周公曰：‘不如我者，吾不与处，损我者也；与吾等者，吾不与处，无益我者也；吾所与处者，必贤于我。’由曾子及周公之言观之，则不如己者即不仁之人，夫子不欲深斥，故只言不如己而已。”

说不应与“不仁之人”交友，这能理解；但为什么“不如己者”就是“不仁之人”呢？仍觉联系不起来。《论语正义》中还列举了三条材料：

《吕氏春秋·骄恣》篇引仲虺曰："能自为取师者王，能自取友者存，其所择而莫如己者亡。"

《群书治要》引《中论》曰："君子不友不如己者，非羞彼而大我也。不如己者，须己而植也（《正义》误作'须己慎者也'）。然则扶人不暇，将谁相我哉？吾之偾（fèn，败也）也，亦无日矣。"

《韩诗外传》南假子曰："夫高比，所以广德也。下比，所以狭行也。比（《正义》误作'此'）于善者，自进之阶；比于恶者，自退之原也。"

刘宝楠认为，这几条材料都对为什么"不要跟不如自己的人交朋友"做出了恰当解释，说"诸文并足发明此言之旨"。（《论语正义》）

但是，说《吕氏春秋》诸书所言，可能是受了《论语》的影响尚可；但他们所"发明"的这些旨意是否与孔子思想相一致却很难说。因为，难道交朋友能够首先对对方做出估量，能够彼此之间这样斤斤计较于高低长短吗？

还是用"以本经证本经"的方法吧。《论语》讲到交友问题的还有数章，推敲一下，似都不是这个意思。如：

"匿怨而友其人，左丘明耻之，丘亦耻之。"（《公冶长》）这是说，交友应坦率。

"益者三友，损者三友。友直，友谅，友多闻，益矣。友便辟，友善柔，友便佞，损矣。"（《季氏》）这是说，同什么样的人交友有益，同什么样的人交友有害。即同正直的人、信实的人、见闻广博的人交友，是有益的；同逢迎拍马的人、两面三刀的人、花言巧语的人交友，是有害的。

"居是邦也，事其大夫之贤者，友其士之仁者。"（《卫灵公》）这是说交友应选择道德高尚者。

这些都无非是说，交友要看对象，要找道德好的人交往，即友君子，而不友小人。"群居终日，言不及义，好行小慧，难矣哉！"（《卫灵公》）似这般整天和"小人"混在一起，是孔子所反对的。

但是，说交友须看对象，却不等于要对别人掂斤掂两。孔子一向主张严格要求自己，注意向周围的人学习，而从不自以为高明。如说：

"不患人之不己知，患不知人也。"（《学而》）

"君子求诸己，小人求诸人。"（《卫灵公》）

"躬自厚而薄责于人。"（同上）

"见贤思齐焉，见不贤而内自省也。"（《里仁》）

“三人行，必有我师焉，择其善者而从之，其不善者而改之。”（《述而》）

“乐道人之善，乐多贤友。”（《季氏》）

他的学生曾参也说：“以能问于不能，以多问于寡，有若无，实若虚。”（《泰伯》）这应该说也是秉承了老师的教诲。

可见，在“己”与“人”的关系上，孔子注意的是严于律己，虚心，善于发现别人的长处等等。这与以自我为中心，以是否于己有利为出发点，去品评和要求别人的高低长短的态度，显然不是一个思想路数。

《论语》还有一条讨论交友问题的材料，也颇耐人寻味：

“子夏之门人问交于子张。子张曰：‘子夏云何？’对曰：‘子夏曰：可者与之，其不可者拒之。’子张曰：‘异乎吾所闻。君子尊贤而容众，嘉善而矜不能。我之大贤与，于人何所不容？我之不贤与，人将拒我，如之何其拒人也？’”（《子张》）

子夏的说法，带有“求诸人”的意味；而子张之论，则符合“求诸己”的原则。这里，子张虽没有讲系“闻诸夫子”，但这种交友的态度与孔子比较一致。如果把“无友不如己者”的“不如”，理解为“不及”，“赶不上”，那意思岂不与此种虚己从人的态度自相矛盾吗？

对于这个问题，前人有的已做出过较恰切的解释。如

元·陈天祥的《四书辨疑》说：“注文本通，因东坡一说，致有难明之义。东坡云：世之陋者乐以不若己者为友，则自足以自损，故以此戒之。如必胜己而后友，则胜己者亦不与吾友矣。学者往往以此为疑，故不得不辨。‘如’字不可做‘胜’字说。‘如’，‘似’也。《南北广韵·中原韵略》‘如’又训‘均’。不如己、如己、胜己，凡三等。不如己者，下于己也；如己者，与己相似，均齐者也；胜己者，上于己者也。如己者，德同道合，自然相友。孟子曰：‘一乡之善士，斯友一乡之善士；一国之善士，斯友一国之善士；天下之善士，斯友天下之善士。’此皆友其如己者也。如己者友之，胜于己者，己当师之，何可望其为友耶？如己与胜己者既有分别，学者于此可无疑矣。”（转引自程树德：《论语集释》第35页，中华书局1990年版）

“如己”即似己，均己。“不如己者”，就是和自己不同道的人。这个解释比较贴切。孔子说：“道不同，不相为谋。”（《卫灵公》）意思与此相通。

又，清·黄式三的《论语后案》说：“不如己者，不类乎己，所谓‘道不同不相为谋’也。陆子静曰：‘人之技能有优劣，德器有大小，不必齐也。至于趋向之大端，则不可以有二。同此则是，异此则非。’陆说是也。依旧注，承‘主忠信’反言之，‘不如己’

谓不忠不信而违于道者也，义亦通。《总注游氏说》以‘不如己’为‘不及己’，信如是计较优劣，既无‘问寡’、‘问不能’之虚衷，复乏‘善与人同’之大度；且己劣视人，人亦劣视己，安得优于己者而友之乎？朱子弥缝游说，甚费辞。”（同上）

黄式三之说，可谓先得我心。他把“如”解为“类”（类似），并从原句的上下文关系中指出，“无友不如己者”是“主忠信”的反面，（“主忠信”之“主”，训“亲”，意即亲近忠信之人。）这样理解，意思就更加贯通了。

总之，“如”就是似、类、均之意，“不如己者”即与自己志趣不一致的人，不同道的人。“无友不如己者”，就是不要和与自己不同道的人交朋友。

忠 恕

《论语·里仁》：“曾子曰：‘夫子之道，忠恕而已矣。’”

曾参把“忠恕”看作是孔子的“一贯”之道，可见它们是孔子哲学的重要范畴。前人和今人对它们已做过很多分析。但仍有某些费解之处，有必要做进一步讨论。

冯友兰先生的解释影响很大。他把“忠恕”看作是实行“仁”的方法，认为，“这个方法包含两个方面。从积极方面说，自己有个什么要求，总想着别人也有这样要求，在满足自己的要求的时候，总要使别人也能满足这样的要求；这就是所谓‘己欲立而立人，己欲达而达人’。这样的道德，孔子叫作‘忠’。从消极方面说，我不愿意别人这样地待我，我也不要这样地待人，这就是孔子所说的‘己所不欲，勿施于人’。（《论语·颜渊》）这也是‘能近取譬’。这样的道德，孔子叫做‘恕’。合起来，叫做‘忠恕之道’，也就是‘为仁之方’。”（《论关于孔子的“仁”》，载《哲学研究》1961年第5期。又见《孔子哲学讨论集》）

杨伯峻先生的《论语译注》也说：“恕，孔子自己下了定义：‘己所不欲，勿施于人。’‘忠’则是‘恕’的积极一面，用孔子自己的话，便应该是：‘己欲立而立人，己欲达而达人。’”

这种说法似乎已成定论，有关的中哲史论著中大多这样解释。但是，这样理解符合《论语》原意吗？征诸原文，颇觉不然。

“忠”字在《论语》中出现18次，却从未与“己欲立而立人，己欲达而达人”相联系，其基本含义是对别人（尤其是对上级）尽心竭力。如：

“为人谋而不忠乎？”（《学而》）意思是自问替别人出主意办事情是否尽心竭力了。

"居处恭，执事敬，与人忠。"（《子路》）"与人忠"即对别人尽心竭力。

"居之无倦，行之以忠。"（《颜渊》）意谓执行政令要尽心竭力。

"君使臣以礼，臣事君以忠。"（《八佾》）意谓臣子事奉君主要尽心竭力。

对于"令尹子文三仕为令尹，无喜色；三已之，无愠色。旧令尹之政，必以告新令尹"（《公冶长》），孔子评之为"忠"。这是说，令尹子文对职责尽心竭力。

"忠"还常与"信"等连用。如：

"十室之邑，必有忠信如丘者焉。"（《公冶长》）

"子以四教：文、行、忠、信。"（《公冶长》）

"主忠信。"（《学而》，又见于《子罕》《颜渊》）

"言忠信。"（《卫灵公》）

"使民敬忠以劝，如之何?"子曰："……孝慈则忠。"（《为政》）

这些例句里，"忠"不论单独使用，或与"信""敬"等连用，其意思都是指尽心竭力，有全心全意、一心一意、忠诚、忠心耿耿的意思。（这些后起的词当是对"忠"本义的发展。）它一般泛指人对人的态度（如"为人谋而不忠乎""与人忠""主忠信"各条），也指臣子对君主的态度（如"臣事君以忠"）。无论哪种情况，尽心竭力都是其基本义，是人们在某种关系中的道德责任感。主动地"为人谋"，是它的特点，这与"恕"的意思有明显的不同。

"恕"字《论语》中仅两见。除前引"夫子之道，忠恕而已"外，还见于《卫灵公》篇："子贡问曰：'有一言而可以终身行之者乎?'子曰：'其恕乎。己所不欲，勿施于人。'"许多论者都说，"己所不欲，勿施于人"是孔子给"恕"字下的定义。其实，这只能算是举例，而不是定义式的话。《论语·公冶长》子贡说："我不欲人之加诸我也，吾亦欲无加诸人。"就是"己所不欲，勿施于人"的另一说法。此类说法显然都不是定义。因为它没有揭示出该概念的本质属性。

《论语》还有一章，与"忠恕"密切相关："夫仁者，己欲立而立人，己欲达而达人。能近取譬，可谓仁之方也已。"（《雍也》）"能近取譬"，就是拿自己打比方，推己以及人。这正是"恕"字的基本含义。"己欲立而立人，己欲达而达人"是对它的又一举例，是"己所不欲，勿施于人"的反面（即"己之所欲，亦施于人"）。就是说，"己所不欲，勿施于人"与"己欲立而立人，己欲达而达人"，都是讲的"恕"，其共同点都是从自己本心推出以及于人。如果借用冯先生的说法，就是前者是从消极方面说，后者是从积极方面说。这都是拿自己打比方，将心比心。因此，"推己及人"可说是对"恕"字的定义。“恕”指推己及人，“忠”指尽心竭力，两相对照，界限分明。如果把“己欲立而立人，己欲达而达人”叫做“忠”，就未免陷于混淆了。

对“忠恕”二字，前人已做过不少解释，将两个概念的含义本来区分得是比较清楚的。如：

《周礼·大司徒》疏：“中心曰忠，如心曰恕。”（转引自钱大昕《十驾斋养新录》，又见朱熹《论语集注》引“或曰”）

魏·王弼：“忠者，情之尽也；恕者，反情以同物者也。”（《论语释疑》）

梁·皇侃：“忠，谓中心也。恕，谓忖我以度于物也。”（《论语集解义疏》）

南宋·朱熹：“尽己之谓忠，推己之谓恕。”（《论语集注》）

南宋·陈淳讲得更细致：“忠是就心说，是尽己之心无不真实者；恕是就待人接物处说，只是推己之心之所真实者以及人物而已。字义：中心为忠，是尽己之中心无不实，故为忠；如心为恕，是推己心以及人，要如己心之所欲者，便是恕。夫子谓‘己所不欲，勿施于人’只是就一边说；其实，不止是勿施己所不欲者，凡己之所欲者，须要施之于人方可。……己欲立，人亦欲立；己欲达，人亦欲达，必推己之欲立欲达以及人，使人亦得以遂其欲立欲达之心，便是恕。只是己心底流去到那物而已。”（《北溪字义》）

与今人通行的解释相比，上述诸说，尤其是陈淳对“忠恕”二字含义的理解，似觉更为准确。

总之，“忠”就是尽心竭力，是主动地为人谋。“恕”就是推己及人，它有消极、积极二义：消极义的“恕”是“己所不欲，勿施于人”；积极义的“恕”是己之所欲，亦施于人，即“己欲立而立人，己欲达而达人”。

为仁由己

孔子说：“为仁由己，而由人乎哉?”（《颜渊》）有的论者把这句话作为孔子思想是主观唯心主义的论据，这种评价恐怕未必恰当。

这句话的意思很明白，是说，实行仁（或做到仁）主要在于自己，哪里是在于别人呢。句中的“己”和“人”（别人，他人）是互相对立的两个方面，“己”是主观方面，内因方面；“人”是客观方面，外因方面。在孔子看来，“仁”是人之所以为人的内在本质和根据，实行仁（或做到仁）完全是人的内在要求，而不是任何外力的强迫或强加所能奏效的。因此，在道德修养（为仁）的问题上，主观方面、内因方面是最主要的。大家都熟知一句名言："唯物辩证法认为外因是变化的条件，内因是变化的根据，外因通过内因而起作用。"孔夫子这里强调内因的作用，为什么反而是错误的呢？

诚然，孔子这里只讲了一个方面，而没有对比着讲两个方面。但是，我们怎么能要求一个人的每句话都面面俱到呢？又怎么能根据他这句话中只强调了主观方面、内因方面的作用，便由此推论说，他无视或否定客观方面、外因方面的作用呢？事实上，孔子对于客观方面、外因方面的作用也是重视的，比如，同是谈"为仁"问题，孔子就论述过与贤者仁者相交往的重要意义："子贡问为仁。子曰：'工欲善其事，必先利其器。居是邦也，事其大夫之贤者，友其士之仁者。'"（《卫灵公》）孔子还说："道不同不相为谋。"（同上）"以友辅仁。"（《颜渊》）"无友不如己者"（《学而》，又见《子罕》）"益者三友，损者三友。友直，友谅，友多闻，益矣；友便辟，友善柔，友便佞，损矣。"（《季氏》）"群居终日，言不及义，好行小慧，难矣哉！"（《卫灵公》）这都表明，孔子认为，与什么样的人相接近、相交往，对于一个人思想道德面貌的形成是有重要影响的。由此可知，孔子绝没有忽视或看轻客观方面的意思。

当然，孔子确实对主观方面、内因方面的作用更加强调。在他看来，外因方面尽管也重要，终究必须通过内因才起作用。在道德修养问题上，最忌主观不努力，却总是"拉客观"，自己不长进，还怨天尤人。因此，"由己"还是"由人"，便成为决定一个人前进还是倒退的分水岭，是区分君子与小人的试金石。

为仁由己的思想表现了孔子对自觉性的高扬。由己，就是靠自己的自觉，就是说，实行仁是不带任何勉强的，不是外力强加或别人逼迫去做的，而是发自内心的要求。"为仁由己"这句话是紧承上文"克己复礼为仁"而讲的。"礼"原本是外在的行为规范，如果单从字面上去理解"克己复礼"，则有可能导致强使内心遵守外在规范的误解。而孔子所谓仁，重在发自内心的情感，诉诸心理原则，强调必须将外在的规范转化为内在的自觉要求。所以，"为仁由己"不只是对"克己复礼"的重要补充，而且还突出了"复礼"的自觉性。应该说，这正是孔子思想重心之所在。

为仁由己的思想，还表明了孔子对主动性的强调。由己，就是靠自己的主动。主动性和自觉性是密切联系的，有了仁的自觉，才会产生行仁的主动性；而有了为仁的自觉性和主动性，目的就不难达到。孔子说的"仁远乎哉？我欲仁，斯仁至矣"（《述而》），就是这个意思。这句话只有从强调主动性的意义上去理解，才能把握它的深刻含义，才不致于造成什么"主观唯心"之类的误解。众所周知，仁在孔子心目中的地位是十分崇高的，他把仁看成是必须终生为之奋斗的大事，从不轻易以仁许人，而这里竟说："我欲仁，斯仁至”，表面上看，岂不是说仁的达到太容易了？其实，这仅仅是谈问题的角度不同，并不矛盾。仁的目标诚然高远，但是，高，并非高不可攀；远，并非可望而不可即。因为，不仅仁总是要落实在人生日用之常，须从一点一滴做起，下手并不难；更重要的是，仁道本就在自己心中，所以贵在有实行仁的自觉性和主动性。只有心中总想着这个目标，才会有相应的行动，这样，这个目标就会达到。从这个意义上说，仁就一点儿也不遥远。可见，“我欲仁，斯仁至”，绝不是说，想什么什么就来，可以根本不管现实条件，或完全排斥实践，而只是强调主动性——内心总想着目标的重要。生活中无数事例证明，有时想了还难免做不到，何况不想？如果根本没想，或想得不迫切、不深挚，不是执着地、始终不渝地追求，即使机会来了，也会失之交臂；而如果根本不想，稀里糊涂，随波逐流，到哪儿算哪儿，目的又怎么能够达到？东汉包咸注此章说：“仁道不远，行之即是。”（《诸子集成》本《论语正义》第50页）扬雄《法言》引孟子曰：“夫有意而不至者有矣，未有无意而至者也。”（《修身篇》）明清之际著名思想家王夫之说：“志于是则可至焉，不志于是未有能至者也。”（《张子正蒙注·序论》）这些话都是孔子之言的恰切注脚。

正因为孔子特重自觉性、主动性，所以他对于缺乏自觉性、主动性的人深为惋惜，甚至给予严厉批评。他说：“有能一日用其力于仁矣乎，我未见力不足者。”（《里仁》）仁本来是内在于人的本性，在仁上用力，自然就没有主观上力量够不够的问题。“一日”，言其短；谁如说“力不足”，那不过是委诸客观的推托之词罢了。孔子的一个学生冉求说：“非不悦子之道，力不足也。”孔子批评道：“力不足者，中道而废。今女画！”（《雍也》）“画”就是停止不前，自己给自己划了界限。如果是半路上走不动了，别人帮帮忙，鼓鼓劲，还有可能赶上去；而如果自己停下来不想走了，那就永远没有达到目的地的希望。孔子还打过下面的比方：“譬如为山，未成一篑，止，吾止也。譬如平地，虽覆一篑，进，吾往也。”（《子罕》），意思是说：停止是自己停止的，前进是自己前进的。不仅学习知识如此，做人，行仁，无不如此。孔子在川上慨叹流水“不舍昼夜”，大概也不只是说，光阴像流水一样一去不复返，而是用以明志：人也须像奔腾不息的河水一样，永远向前。正因为如此，孔子对于主观不努力、有自暴自弃表现的学生才严加责备。一次“宰予昼寝”，孔子批评道：“朽木不可雕也，粪土之墙不可杇也，于予与何诛！”（《公冶长》）大白天睡大觉是缺乏自觉性主动性的表现，所以才使得孔夫子如此生气。孔子还说：“饱食终日，无所用心，难矣哉！不有博弈者乎，为之，犹贤乎已。”（《阳货》）“饱食终日，无所用心”的人，缺乏乃至丧失了自觉性和主动性，即使有所行动，也是被动的，或从动的，仅仅是推推动动，不推不动。孔子拿“博弈者”（博指掷骰子，弈是下围棋，古代这类活动是游戏、娱乐，也许还可赌博，不同于今天作为体育比赛项目）与之对比，以为，博弈之类活动毕竟还需要动脑子，费心思，干一干总比无所用心要强一些。孔子这话的本意自然不是鼓励博弈，而是极言绝不可缺乏自觉性和主动性。

这种重内心、重自觉的倾向，表现在孔子思想的各个方面。如在教育思想上，他强调学习的主动性、积极性，希望学习者要具有赶超的心态：“学如不及，犹恐失之。”（《泰伯》）对于教者则提出了著名的启发式原则：“不愤不启，不悱不发，举一隅不以三隅反，则不复也。”（《述而》）对于不动脑筋的情况，则严加谴责，说：“不曰‘如之何，如之何’者，吾末如之何也已矣！”（《卫灵公》）这都无非是说，学习必须具有高度的主动性，要积极地提出问题、思考问题，不如此，就不可能有好的效果。在社会政治方面，他追求从思想上解决问题，主张“为政以德”（《为政》），“道之以德，齐之以礼”（同上）要求统治者做出好的表率，从而带动和感化被统治者，而不用强制和暴力：“远人不服，则修文德以来之。既来之，则安之。”（《季氏》）在伦理观上，他强调各种道德观念的实行，都应基于发自内心的真情实感，而不仅仅是对于礼制教条的刻板机械地服从，比如讲“孝”，他特别强调“色难”和一个“敬”字（《为政》）。而对于“守孝三年”的道理，他突出的是每个人都有“三年之爱于其父母”的亲子之间的感情（《阳货》）。凡此种种，都是与“为仁由己”的思想相通的。

总之，“为仁由己”的思想，强调了人的主观能动性，突出了人之所以为人的本质特征，表明孔子对于主体作用的认识有一定深度。郭沫若说这是“人的发现”（《十批判书》）确有道理。它的提出，在中国思想史上具有重要意义。当然，如果“再跨出一小步”，把这种能动作用强调到极端，夸张到排斥实践、否认客观的地步，是会导致主观唯心主义的。但孔子并非如此，他的“为仁由己”的命题（乃至其他有关论述），实际上并没有涉及物质和精神的关系问题，而只是着重突出了主动性的重要、自觉性的力量、个体人格自我完善的意义等。而且，这些思想都贯穿并落实在孔子的政治实践、教育实践之中，它们不但没有排斥实践，倒是处处表现出一种鲜明的“实践理性”精神。因此应该理直气壮地肯定“为仁由己”的思想是孔子思想的精华之一，应该作为中国传统文化中的优秀遗产加以继承，注入新的符合时代精神的内容，做出新的解释，发扬而光大之。

民无信不立

《论语·颜渊》第七章记有孔子的一段谈话：“子贡问政。子曰：‘足食，足兵，民信之矣。’子贡曰：‘必不得已而去之，于斯三者何先?’曰：‘去兵。’子贡曰：‘必不得已而去之，于斯二者何先?’曰：‘去食。自古皆有死，民无信不立。’”

有些时贤的论著中，引此条以批判孔子“重精神，轻物质”，或贬之为“唯心”“迂阔”等。此类评价，恐怕是对孔子思想的误解。

孔子重视精神作用，尤其强调人的主观能动性和自觉性，这不假；但却并不轻物质，并不轻视物质的作用。随便举几个例子吧，比如，他与弟子冉有讨论卫国的政治，主张先“富之”，后“教之”（《子路》），明确地把物质生活的富裕摆在精神生活（思想、道德、知识等）之前，表明他已认识到精神生活应该建立在一定的物质基础之上。又如他“摄相事”，辅佐鲁君赴齐国的“夹谷之会”，便主张“有文事必有武备”，既做了比较充分的物质准备，又能在会盟过程中据理力争，终于在齐强鲁弱的形势下，赢得了这次外交的胜利。（见《史记·孔子世家》）再如，他留给弟子的印象是，“所重：民、食、丧、祭。”（《尧曰》）就是说，人民、粮食、丧礼、祭礼这四个方面是孔子所重视的，其中前两项都是物质生活问题。由此可见，重视物质生活条件可以说是孔子的一贯态度。

就以此章而论，也得不出孔子轻物质的结论。试看，子贡问的是如何治国的政治原则问题，孔子以“足食，足兵，民信之”作答。这三条可以说是孔子提出的治国三原则。他的意思分明是说：要搞好一个国家的政治，需要有充足的粮食、充足的军备，和使老百姓对政府有信心。（“民信之”的“之”，代政权、政府。民信之，即人民信赖政府，对政府有信心。一说，“信”指诚实不欺、守信用，作伦理范畴理解。联系上下文意，似觉不够贯通，不取。）朱熹《论语集注》解释此句说：“言仓廪实而武备修，然后教化行而民信于我，不离叛也。”讲得大致不差。从原文看，这三原则的关系是平列的，是作为一个整体而提出来的，含有缺一不可的意味。下文子贡的提问，问得很有水平：“必不得已而去之，于斯三者何先?”意在比较三者当中何者更重要。它是假设之辞，即如果处于不得已的情况下，必须对三者有所减损的话，那么先去掉什么？孔子次第以“去兵”“去食”“民无信不立”作答，其意思固然是突出了后者即统治者取信于民的重要意义，但是，如果将这话理解成在三者当中只要最后一个方面（信），而贬低或排斥其他两个方面（兵、食），似乎粮食军备都可以去个精光，单靠一个“信”字即可治好国家，那就未免曲解而背离了原意。实际上，“去”字在这里是“减去”的“去”，即减少、压缩的意思。“去食”“去兵”是与“足食”“足兵”相对而言的，是在“必不得已”的情况下的减少和压缩，而绝没有把此二者看得无关紧要、无足轻重、可有可无的意思。

在治国的问题上，“足食”“足兵”属于物质方面，“民信之”属于精神方面。孔子先以三者并提作答，是就治国的常道说的。一食，二兵，三信，从这个排列顺序可知，孔子没有轻视物质条件的意思。岂止是不轻视，如果从他突出“食”“兵”二者来看，勿宁说是首先重视物质条件的作用。联系上下文意可知，孔子这话的意思无非是说，对于治国来说，物质条件（食、兵）是首要的、基础的东西，与精神条件（信）相比，是第一位的东西。但是，却又不一定是永远居于第一位。精神条件一般说来需要建立在一定物质条件之上，从这个意义上讲，它是第二位的东西，但却绝不是无足轻重，更不是永远居于第二位。在非常的情况（特定的时间、地点、条件）下，它可能居于更重要的地位，甚至转化为第一位的东西。

孔子讲的“去兵”“去食”正是在“必不得已”的非常条件下说的。“自古皆有死”是就“去食”充类至义，推到极端说的，粮食减少会饿死人，问题可谓严重，但自古以来，此种情况亦所在多有，但却不一定会导致亡国破家；而如果“民无信”（人民对政府失去了信心），则国家就必定不能保全。“民无信不立”这句话中，“不立”的主语应是“国”，民无信则国不立。孔子认为，在非常情况下，推到极端来讲，确有虽然暂时“去兵”“去食”而国尚可保存，而民无信则国不立的问题，因此才特别突出“民信”的重要。

此种道理，征诸古今中外的历史和现实，都是不难理解的。一个国家（政权），或因强敌压境，或在战争中惨败，从而签订城下之盟，被迫解除武装（“去兵”）；或因遭受不可抗拒的灾荒，或因偿付巨额的债务，从而被迫“去食”。只要民信未失，就还有复兴的希望，即使遭遇极大的困难，亦往往可以转危为安。相反，一个政权如果失去了人民的信任，民心丧尽，纵然积存有充足的粮食和军备，也往往迅速一败涂地，土崩瓦解。具体的例子太多了，前人的注解中有些讲得很好，试引几条：

清・黄式三说：“孟子言‘制梃可以挞秦楚之坚甲利兵’；贾子言‘锄櫌棘矜非铦于钩戟长铩’。而斩木为兵，揭竿为旗，陈涉以此敌强秦之势。今有为政者于此，粮可供给，民无叛志，岂以矢亡兵尽为不足守乎？故夫子之言不得已而去兵犹可守也。”（《论语后案》）

清・李中孚说：“人心一失，馀何足恃？‘虽有粟，吾得而食诸？’兵虽多，适足以阶乱。隋洛口仓，唐琼林库，财货充盈，米积如山，战将林立，甲骑云屯，不免国亡家破者，人心不属故也。善为政者，尚念之哉！”（《四书反身录》）

清・李光地说：“所谓去兵者，马牛车甲器械之不备，战阵之未讲焉尔。如新造之邦，凶荒之岁，所急在生聚储蓄，安集劳来，何暇于厉戎讲武？此不得已而去兵之说也。

去食与无食不同，如《传》载易子析骸，是窘于不得食耳，非去之也。若遇凶灾，则损经用，薄禄廪，而不一毫多取于民之类，此不得已而去食之说也。‘自古皆有死’，是说到义理尽处，言极去食之祸不过至此死耳，虽死，信犹不少弃也，况未必至于死乎！”（《论语札记》）

前人这些解释，可谓入情入理，辨析精当。所引证的历史事实，也颇有说服力，能够引发读者的丰富联想，限于篇幅，不再赘述。孔子思想中的确有迂阔的一面和唯心论因素，但具体到这一章所讲的“民无信不立”的道理，却并不迂阔，也不唯心，倒恰恰表现了他的远见卓识，不仅不违反唯物论，而且还有点符合辩证法呢！

本文前两则载于《孔子研究》1987 年第 2 期；后两则载于《河北大学学报》1994 年第 1 期。

孟子哲学思想十题

孟子是战国时期著名的思想家，是继孔子之后儒家学派的重要代表人物。在历史上，他的思想得到过赞美和推崇，也受到过非议和抨击。但囿于阶级和历史局限，或褒或贬，都没有也不可能做出科学的评价。解放以来，用马克思主义观点研究孟子，取得了一定成绩。但是，由于林彪、“四人帮”极“左”路线的泛滥，也造成了极大混乱。清算极“左”流毒，实事求是地对包括孟子在内的思想家进行恰如其分的评价，尚须做不懈努力。为此，谨就孟子的十个哲学范畴做初步探讨。

天　命

天命原是奴隶主阶级信奉的迷信思想，尤其是西周时盛行的传统观念。到春秋末年，伴随着奴隶制的日趋瓦解和王权的衰落，出现了怨天、骂天、疑天的思潮。但是，作为社会统治思想的天命观并没有从根本上动摇，仍然严重地束缚着人们的头脑，即使是杰出的思想家也是如此。如孔子屡称“天命”，虽然有时表现了某种程度的怀疑，但仍然敬畏；墨子“非命”，但对于“天”，则极力论证并维护其权威；老子对“命”未置可否，却又虚构出一个“象帝之先”的神秘的“道”，并屡称“天道”。孟子生于孔子死后约一百年左右（约公元前 372—前 289 年），此时已是战国中期，社会情况与前已大不相同，封建制已在秦楚齐等国确立，但封建大一统的条件尚未成熟；科学技术又有了新的进步，但人们还远不能做自然的主人。阶级斗争激烈，兼并战争频繁，人民生活很不安定。在这种情况下，鼓吹行仁政而王天下的孟子也不可能跳出天命观的圈子，他继承并发展了孔子的天命观点，一方面仍把天命说成是最高主宰，另一方面又对天命做了一些新的解释，并强调人为的作用。

孟子仍然推崇天的权威，说："顺天者存，逆天者亡。"（《孟子·离娄上》，以下引《孟子》只注篇名）宣称天的意志是不可违抗的。

他还曾说，天子之所以能"有天下"，是"天与之"，并且，由谁来继承王位，也是天的意志，"天与贤则贤，天与子则子"。（《万章上》）

他还认为，事业的成功与否也取决于天，"君子创业垂统，为可继也。若夫成功，则天也"。（《梁惠王下》）

孟子一生未能作官，他把自己这种不被重用的遭遇也归于天意，说："吾之不遇鲁侯，天也。"（《梁惠王下》）

《孟子》书中还两次引用商初大政治家伊尹的话："天之生此民也，使先知觉后知，使先觉觉后觉也。予，天民之先觉者也，非予觉之，而谁也？"（《万章上》，又见《万章下》）虽然意在表达他自己的抱负，但也表明，他认为生来觉悟的先后，以及教和被教的地位，都是天的有意安排。

他还讲过，天把重任赋予某个人时，总要使他经受种种艰难困苦的考验和磨炼，"天将降大任于是人也，必先苦其心志，劳其筋骨，饿其体肤，空乏其身，行拂乱其所为，所以动心忍性，增益其所不能。"（《告子下》）

这类例子，不胜枚举。他在引用《诗》《书》等典籍时，也有不少这方面的内容。如：

"畏天之威，于时保之。"（《梁惠王下》）

"天降下民，作之君，作之师。"（《梁惠王下》）

"天视自我民视，天听自我民听。"（《万章上》）

这些都表明，孟子承认有一个主宰一切的"天"，它是孟子世界观的基本部分，这自然应属于客观唯心主义的范围。

但是，孟子对"天"的作用也做了一定程度的修改。如他说：

"夫人必自侮，然后人侮之；家必自毁，而后人毁之；国必自伐，而后人伐之。太甲曰：'天作孽，犹可违；自作孽，不可活。'此之谓也。"（《离娄上》）这里，虽然承认天有意志，但却认为天降的祸患还是可以躲避的，（"违，避也。"见朱熹《孟子集注》）而人为的作用倒是更重要些。"天"只不过是外因，"人"才是内因。

又如，有一次，孟子的学生问他：尧把天下传给了舜，有这回事吗？孟子回答说：不是，天子不能把天下给予别人，而是天给的。学生又问："天与之者，谆谆然命之乎？"孟子回答说：不是，天并不说话，而是"以行与事示之而已矣"。接着又解释说："使之主祭而百神享之，是天受之；使之主事而事治，百姓安之，是民受之也。”（《万章上》）总之，“天与”表现在“人归”上。这里的天，不仅人格化的色彩大大地淡薄了，而且，其主要意思是说，天意即表现在人事之中。

除了“天”，孟子也屡次谈到“命”。

“命”就是天的意志、命令，在孟子那里，天、命二者是同等程度的概念，往往并提。他认为，命一般说是不可违抗的，但是，人却应当正确适应它，尽可能积极地生活。他说：

“莫非命也，顺受其正。是故知命者不立乎岩墙之下。尽其道而死者，正命也；桎梏死者，非正命也。”（《尽心上》）这是说，一切（吉凶祸福、富贵穷通、寿夭死生之类）都是天命所决定的，一个人应该顺从地遵循天命的安排，不过，却不该消极地等待，而是要积极地“修身”“尽道”，勉力而为，直到生命的完结，这是“正命”。而如果任意妄为，以至身死，就是“非正命”。“岩墙”即快要倒坍的墙，在岩墙下站立，明明是危险的，如果硬要去那里站着，就难免被砸死，这就如同犯罪（受“桎梏”）而死一样。这里，在宿命论的总命题下，提出了对待“命”的两种态度、两种结果。孟子显然赞赏前一种，反对后一种。它们基本上是对孔子“畏天命”“小人不知天命而不畏”（《论语・季氏》）的继承和发挥，封建说教的气味甚至更浓重些。但是，在宿命论的前提下，其中却包含有与之对立的内容。如，“正命”固然是前定的，而“非正命”却不是前定的，而完全是人为造成的。不管孟子对这种生活态度多么反对，但它们却导致了对于命定论的部分的动摇。

孟子还对天命讲过两句定义式的话：

“莫之为而为者，天也。莫之致而至者，命也。”（《万章上》）意思是，没有谁去做就做成了，这就是天。没有谁去招致就到来了，这就是命。这里的“天命”，虽然还有些神秘，但人格化的至上神的意味几乎没有了，而颇接近于“必然性”的意思。这种对于天命的解释，对后世的影响很大，在抵制宗教迷信泛滥方面有一定作用。

孟子还谈到过性和命的关系问题。他说：“口之于味也，目之于色也，耳之于声也，鼻之于嗅也，四肢之于安佚也，性也；有命焉，君子不谓性也。仁之于父子也，义之于君臣也，礼之于宾主也，智之于贤者也，圣人之于天道也，命也；有性焉，君子不谓命也。”（《尽心下》）孟子的思想，本来带有禁欲主义的色彩，他曾极力驳斥告子“食色性也”的观点。但在这里，孟子却肯定了味、色、声、嗅、安佚这些“口腹之欲”是“性”（天性）。不过，他认为对这些“性”不能不加克制地一味追求满足，因为它们满足的程度如何是由“命”所决定的。另一方面，父子之间能否得到仁，君臣之间能否得到义，宾主之间能否得到礼，贤者能否得到智，圣人能否实行天道（意即施展其才德于社会），这些都是命所决定的；但是，仁义礼智又是人的本性所固有的，因此，在道德修养以及为社会做贡献方面，一个人则不应该消极地听从天命的安排，而应尽量发挥人的主动性。

有人曾谈到儒家思想的特点之一是信天命，重人为。孔子是如此，在孟子身上，这个特点也很突出。信天命是其保守性的表现，而重人为，则表现了进取精神。这种矛盾现象有其阶级的和历史的原因。前者是已经成为统治者的剥削阶级的保守性和当时自然科学的幼稚阶段所决定的，而后者则是新兴地主阶级的革命性和当时自然科学毕竟有了飞速进步的反映。

总之，孟子接受了传统的天命决定一切的观念，在世界观上基本属于客观唯心主义体系。但他也做了某些修改，其中也包含某些积极的因素。

性 善

“孟子道性善，言必称尧舜。”（《滕文公上》）人性善，是孟子关于人性问题的基本观点。

人性问题是关于人的本质属性的探讨，自从人能够把自己和动物区别开来以后，这个问题就存在了。但在我国作为一种理论提出来，还是奴隶制末期的春秋时代的事。孔子讲过：“性相近也，习相远也。”（《论语·阳货》）只说人的性本来是相近的，由于后天习染的不同，才有了差距和区别，并没有提到性在本原上是善还是恶。

最早提到性的善恶问题的人是“周人世硕”。王充在《论衡·本性篇》中说：“周人世硕以为人性有善有恶，举人之善性养而致之则善长，恶性养而致之则恶长。如此则性各有阴阳善恶，在所养焉。故世子作《养书》一篇。密（宓）子贱、漆雕开、公孙尼子之徒，亦论情性，与世子相出入。”但是，《养书》久已亡佚，世硕的观点除王充转述的这几句宝贵的话之外，还有哪些也已不可考。宓子贱、漆雕开是孔子弟子，公孙尼子是“七十子弟子”，他们的著作在《汉书》中虽有著录，但也没有流传下来。因此，王充这段话今天已找不到可以作为证据的原始资料。不过至少可以表明，在孟子之前，关于人性的善恶问题已经有人谈到了。

到了孟子生活的战国中期，在百家争鸣的形势下，人性问题的争论也尖锐起来。孟子第一个建立起系统的人性论——性善论。其基本观点是：仁义礼智（“四德”）是人的本性，是与生俱来的。但开始它们仅仅是善端，是萌芽（“四端”），需要不断培养，善性才能保持和发展。否则，善性就会失去。

孟子说的“四德”，也叫做四种心。他说：“恻隐之心，人皆有之；羞恶之心，人皆有之；恭敬之心，人皆有之；是非之心，人皆有之。恻隐之心，仁也；羞恶之心，义也；恭敬之心，礼也；是非之心，智也。仁义礼智，非由外铄我也，我固有之也。”（《告子上》）恻隐之心，就是同情心，即“不忍人之心”，比如“今人乍见孺子将入于井”时，都会产生“怵惕恻隐”的心理。（《公孙丑上》）羞恶之心，即羞耻心，“恶”应读为 wù，朱熹解释说：“羞，耻己之不善也；恶，憎人之不善也。”（《孟子集注》）所以才说这是“义”。恭敬之心又称作“辞让之心”（《公孙丑上》），即懂得礼让。是非之心，即知是知非的心，懂得正确错误。这四种心虽然是并列着提出的，但第一种是最根本的，所以有时孟子单提出“不忍人之心”（即恻隐之心），并把它说成是仁政的基础。他说：“人皆有不忍人之心。先王有不忍人之心，斯有不忍人之政矣。以不忍人之心，行不忍人之政，治天下可运之掌上。”（《公孙丑上》）孟子认为，这四种心不是外力强加的（“非由外铄”），而是根植于人心中（“仁义礼智根于心”。见《尽心上》），所以，不必学习就有了：“人之所不学而能者，其良能也；所不虑而知者，其良知也。”（《尽心上》）“知”“能”之上加了个“良”字，就表明不是一般的知能，而是一种先天的善性。朱熹所谓“良者，本然之善也”（《四书集注》）就是这个意思。孟子的“心”并不是最高范畴，“心”之上还有“天”，是天生了人、人心，并同时赋予人以善性（亦即四德、良知良能），可见，最高的本体是“天”，不是“心”。所以他才说，这种本然的善性（善端）是“天之降才”（《告子上》），人和人之间，本没有什么不同；后天的差别，是由于“不能尽其“才”；有的人做坏事，那也“非才之罪也”。（同上）显然，天是最高的存在，最终的决定者，“四德”是天赋予人的，才成了人的本性。所谓“我固有之”，只是说善性是人本来就有的，是人之所以为人的东西，并没有主观自生的意思。说“根于心”并不意味着“心”之上再不能追寻什么了，事实上，孟子一再说，“我心”之上有“天”鉴临着，而且，连“我心”本身也是“天”所派生。（“心之官则思……此天之所与我者。”《告子上》）可见，把这种观点归结为主观唯心主义是欠妥的。朱熹曾引程颐的话说：“良知良能，皆无所由，乃出于天，不系于人。”（《四书集注》）程朱对孟子的本意揣摩得还是比较准确的。可见，正如孟子在世界观上不是把世界归结为“我”，而是归结为“天”一样，在人性论上，孟子也仍然是个“天降派”，属于客观唯心主义。

孟子的性善论，是从人之所以区别于禽兽的角度提出问题的。他认为，没有“四心”

"四德"，就不能算人。"无恻隐之心，非人也；无羞恶之心，非人也；无辞让之心，非人也；无是非之心，非人也。"（《公孙丑上》）"人"，是个大的类概念，他笼统地说，凡属人类都有共同的人性。

可是，社会上划分为阶级却是客观存在，作为地主阶级士大夫的孟子也不可能克服阶级偏见，当他谈到社会现象时，也总是严格区分君子和庶民、大人和小人、圣人和凡人的。因此，他也就不可能认为每个人都是生来四德具备的完人，而是有贤有不肖，有善有恶。为了完善其理论，孟子又提出"四端"说，作为补充，他说：

"恻隐之心，仁之端也；羞恶之心，义之端也；辞让之心，礼之端也；是非之心，智之端也。"（《公孙丑上》）和前文相比，虽然只增加了"之端"二字，但由于宾词变成了修饰词，意思便有了显著不同。四种心并不就是"四德"，而仅仅是善性的发端、萌芽。只有对"四端"不断培养、发展，"四端"才能达到"四德"；反之，如果不加以培养和发展，以致使仁心"放失"了，久之，就会成为不肖的小人。这样，主观努力的程度如何，便成为能否做一个道德完备的人的关键。

因此，孟子特别强调主观修养的功夫。他认为，人的善性是"求则得之，舍则失之"，犹如孔子所说的"操则存，舍则亡"（《告子上》），需要不断地"扩而充之"（《公孙丑上》）。他打了很多生动的比喻来阐述这个道理。如

"富岁子弟多赖，（"赖"一据阮元说，解作"嬾"，懈也，即懒惰；一据赵岐注，解作"善"。皆可通。前说较贴切。）凶岁子弟多暴。非天之降才尔殊也，其所以陷溺其心者然也。今夫辫麦，播种而耰之，其地同，树之时又同，浡然而生，至于日至之时，皆熟矣。虽有不同，则地有肥硗，雨露之养、人事之不齐也。"（《告子上》）

前一个例子是讲年成好坏对于青少年性格的影响，后一个例子是讲种植的好坏对于庄稼的影响。用以说明，人的善端虽然都是相同的，但是，后天条件对人性的最后形成是起重大作用的。

他还以牛山的树木为例，说：牛山（山名，在齐国境内，临近临淄）原来长有茂密的树木，这是山的本性。后来，由于滥加砍伐，搞成光秃秃的了，这就失去了山的本性。（《告子上》）用以说明，人性原是善的，如果得不到发展，甚至受到戕害，善性就会失去，而成为恶。

他还说过："西子蒙不洁，则人皆掩鼻而过之。虽有恶人，斋戒沐浴，则可以祀上帝。"（《离娄下》）美妇人蒙上污秽的臭东西，人们也要避开；相貌丑陋的人向善，则可以祭神。恶和善是可以转化的，其条件就在于后天的因素。

上述例子表明，孟子性善论的基调虽然是先天决定论，但却并不是说善性生来完备，一成不变。而是认为，先天给的只是一个萌芽，关键还在于使之发展，保存勿失。如果得不到发展，甚至受到损害，则会变成恶。就道德怎样形成这一点说，它不是毫无道理的。

孟子性善论的阶级性是非常鲜明的，所谓善的标准是仁义礼智，而这其实是对封建地主阶级道德观念的抽象和美化。这种理论又是虚伪的，所谓“人皆可以为尧舜”（《告子下》），仅仅是就可能性说的，而实际上并不是人人具备。“庶民去之，君子存之”（《离娄下》），“从其大体为大人，从其小体为小人”（《告子上》）。总之，统治者和被统治者的界限是严格的。劳动人民被说成只顾追求口腹之欲而丧失了人性，而贤明的统治者则是人性的完美体现者。对于劳动人民，它是说，你们本来也具有善端，但因为没注意保持和培养，以至终于成了小人；不过如果能幡然悔悟，努力向善，“求其放心”，将来仍有成圣贤的希望。对于统治者，它是说，你们今天所以成为大人，是由于努力修养，使本性存而勿失的结果；但仍需继续努力，不然一旦戕害了本性，将来就做不成大人了。因此，这种理论对劳动人民有欺骗作用，对统治者则有劝诫作用。

人的本性是什么？在阶级社会中，人们除了阶级性，作为人类有没有共同的性？这个问题，直至今天，人们还在热烈地讨论。孟子早在两千多年前就鲜明地提了出来，并详细地进行了论述，应该说是对人类认识史的贡献。他把“四心”归结为仁义礼智“四德”，宣布它们就是人所共同具有的先天的善性，这固然是其地主阶级阶级性的表现；但是，他认为人类有与禽兽之性相区别的共同的“性”，并把它们概括为四种“心”，这还是创造性的见解，是了不起的发展，是人类自觉性的一种表现。“四心”讲的是心理、感情问题，它和属于道德问题的“四德”本来没有必然的联系，孟子把二者等同起来，这是一种混淆；说人生来就有“四德”这种“良知良能”，更是道德先验论。但是，如果我们把二者区别开来，单从“四心”的角度看，应该承认，孟子的确抓住了人类的某些共存的特性：禽兽是不懂得什么恻隐（同情）、羞恶（荣辱）、辞让（谦恭礼让）、是非（正确错误）的，而人却在不同程度上有这种种心理和感情。当然，它们并不是与生俱来的，而是社会的产物，是一定的生产关系的产物。不同时代、不同阶级的人们，这种种“心”的具体内容和表现形式都有明显差异。但只要是人，在心理感情上就总是有某些共性的东西，这也是不容否认的。如果说，这些就是人性，那么，它们较之“兽性”倒的确是“善”的。如果说，孟子对人性的概括（“四心”）还不够准确，不够完备，这是可以讨论的；如果说连人性这个命题本身也是错误的，则显然缺乏分析。人性和阶级性是共性和个性即一般和个别的关系。且不说阶级社会仅仅是人类社会发展中的一个片断，即使在阶级社会中，阶级性也只是人性的“一部分、一方面或本质”。把阶级性强调到取消人性的程度，是不符合辩证唯物主义的。古代思想家看不到或是抹杀人的阶级性，只谈抽象的共性，无视或有意掩盖个性，是错误的。今天，如果只强调个性，而完全否认共性，则同样陷入了片面性，因而也就不能得出科学的结论。

《孟子》书中还比较详细地记载了告子等人的人性理论。告子认为，人的本性无所谓善恶，人是否能具有仁义之性，完全是后天造成的。他打比方说，性如同杞柳，仁义如同杞柳做成的器具，不能说人的本性就是仁义，正如不能说杞柳就是器具一样。又说，性好比湍急的流水，在哪个方向开口子就向哪个方向流，所以“人性之无分于善不善，犹水之无分于东西”。告子还认为，“生之谓性”（生来就有的那些要求就是性）；“食色性也”（饮食的要求和男女欲望就是性）。（俱见《告子上》）告子否认有先天的道德观念，带有唯物主义倾向；他肯定人们求生存要求的正当性，在一定程度上反映了人民的愿望。这些都是可贵的。但是，告子没有明确地把人和禽兽从本性上区别开来，未能正面回答有没有共同的人性的问题。从这一点上说，它没有达到孟子的人性论那样的理论高度。

除告子外，《孟子》还引用了两种观点：

“或曰：性可以为善，可以为不善。是故文武兴而民好善，幽厉兴则民好暴。或曰：有性善有性不善。是故以尧为君而有象，以瞽叟为父而有舜，以纣为兄之子且以为君，而有微子启、王子比干。”（《告子上》）

“性可以为善，可以为不善”，其实是“性无善无不善”的另一种说法，与告子讲的“决诸东则东流，决诸西则西流”意思相近。这从它下面的论据就可得到证明，他说在周文王武王那样的好统治者统治下人民就向善，在幽王厉王那样的坏统治者的统治下人民就好暴，这讲的不就是引导的问题吗？所以朱熹注就说：“此即湍水之说也。”（《四书集注》）

“有性善有性不善”，是说人们的性不同，有的人性善，有的人性不善。性不善的人，即使有与他们关系非常亲密的善人也不能使之感化，而性善的人，即使有与他们关系非常亲密的恶人也不会对他产生坏影响。

孟子认为，这些说法的弊病在于没有看到人的善的本性。前述孟子的正面观点大多就是针对这些而发的。

“有性善有性不善”的观点，不承认有共同的善性，看到了人性的复杂性是可贵的。但它却错误地把这种种性的不同说成是先天的，并且是不能改变的。这种说法为汉唐封期董仲舒、王充、韩愈诸人的性三品说开了先河。而告子的观点则为荀子的性恶论奠定了基础。

孟子、告子等人关于人性的观点虽然有详略精粗的差别，也显示了不同的哲学倾向。但是他们关于善恶的标准倒是一致的，都是地主阶级的仁义礼智，因此，可以说他们讲的都是地主阶级的人性论。

尽　心

从性善论出发，孟子比较多地谈到道德修养问题，提出了一系列修养的原则和方法。就其内容说，固然多是封建性糟粕；不过，批判其思想内容，作为一种修养方法看，还是包含某些有意义的东西。其中，孟子比较突出地谈到“心”“我”的作用，涉及到道德观念的形成和发展问题，反映出他的哲学倾向。而对这种倾向，人们的看法却有分歧。

孟子提出了“尽心、知性、知天”的命题，他说：

“尽其心者，知其性也；知其性，则知天矣。存其心，养其性，所以事天也。寿夭不二，修身以俟之，所以立命也。”（《尽心上》）

这三句话中，后两句是讲修养的原则，而第一句是讲这种原则的理论依据。它们都是唯心主义的天命观在道德问题上的推衍。

所谓“心”，传统的解释是讲成心官。赵岐说：“人之存心，为精气主。思虑可否，然后行之。”（转引自刘宝楠：《论语正义》）朱熹说：“心者，人之神明，所以聚众理而应万事者也。”（《孟子集注》）尽者，极也。尽心，字面的意思就是充分发挥心的作用。孟子认为，“心之官则思”（《告子上》），心是管思维的。不过，这个“思”在这里含义比较狭窄，单指对于根植于心中的善端（恻隐、羞恶、辞让、是非四心）的反思，“思则得之，不思则不得也”，（同上）就是从这个意义上说的。思的对象既然是善端，所谓发挥心的作用，其实也就是将善端扩而充之（《公孙丑上》），以达到对善性的认识和获得，使善端发展完善为善性，所以说，“尽其心”就是“知其性”。心、性都是原于天的，是天德在人心上的表现，所以，认识了性也就认识了天。天、性、心三者，在孟子的思想体系中是同一的，只是层次上有不同。天是本原、主宰，性是天赋予人的本质属性，而性是“具于心”的。只有充分发挥心的思维作用，将善端尽力扩充，才能达到对性和天的认识。这样，尽心便成了知性、知天的前提，而知性、知天则是尽心的结果。为此，他接着讲了两条修养的原则：存心养性和寿夭不二。“存其心”与“放其心”是相对立的，指保存住心中的善端，而不使它放失。进而还要养性，使之得到不断的培养和发展，这样，就算是对天尽了职责。“寿夭不二”就是不管生命的长短，都不三心二意，犹疑动摇，（“二”，韦昭注：“二心也”；朱熹注：“疑也。”意思相通。）只要活着，就努力加强修养，直到老死。这样，才算是正确对待命运。

这段话，被不少论者当作主观唯心主义的重要论据。其实未必恰当。它显然不是讲世界观问题。如果说，从中可以看出孟子的世界观，那也清清楚楚是客观唯心主义的天命观。尽管它一味地诉诸自我的思维，带有神秘主义的色彩，但并没有把一切归结为心的产物。

另一段著名的话，也有歧义。孟子说：

“万物皆备于我矣。反身而诚，乐莫大焉；强恕而行，求仁莫近焉。”（《尽心上》）对于“万物皆备于我”，有人讲成“天下万物都在我的心里具备了”，意思似乎和陆九渊的“宇宙便是吾心，吾心便是宇宙”，王阳明的“心外无物”差不多，并以此作为论定孟子是主观唯心主义者的重要论据。如果仅从这一句话孤立地看，这样讲它的字面意思似乎也说得过去，但是，如果联系上下文意就讲不通了。《尽心上》篇开头几段话都是讲道德修养问题，而不是讲世界的本体问题，怎么可能突然冒出一句“万物都在我心里”呢？它和下文的“反身而诚”“强恕而行”又怎么能连得上？

另一说是把“物”讲成“事物之理”，意即万事万物的道理都在我心中具备。朱熹首先提出这种说法，影响很大。“物”训为“事”，这是对的，符合古代语言实际，郑玄就说过“物犹事也”（《毛诗笺》）。但是，讲成“事之理”，却有增字解经之嫌。虽然按朱熹的思想体系，这样讲是顺理成章的，但却未必符合孟子的原意。“心包万理，万理具于一心”（《朱子语类》）这类意思在《孟子》文中是找不到的。

我们认为，“万物皆备于我”的意思是万事都因我而完备。“于”，这里是因为、由于的意思。“备”，完备；“物”者，事也，万事，指“治国、平天下”（见《大学》）之类，我，自身，指“正心、诚意”之类。思孟学派认为，自我是“本”，天下之事是“末”，只有在“本”上下功夫，从自我做起，天下之事才能谈得到，做得好。“万物皆备于我”原是指自身修养的结果，在这里，则是作为讲修养方法的大前提。自我修养既如此重要，所以下文接着讲修养的方法：“反身而诚”，“强恕而行”。“反身”，即自身进行反省；“诚”，实也。反察自己的言行，都确实与我心的“仁”相合，没有什么比这更快乐了。孟子曾把“仰不愧于天，俯不怍于人”看成是即使“王天下”也不能与之并存的事，是君子的“三乐”之一，也是这个意思。“强恕而行”，即按照恕道（己所不欲，勿施于人）

去做，孟子像孔子一样，把这看作是求仁的最切近的方法。

可见，从“尽心”到“万物皆备于我”，都是讲的道德修养问题，离开原文的语言环境，孤立地批判什么主观唯心主义，是不符合实际的。作为道德哲学看，孟子假借天命，宣扬恪守封建伦理，鼓吹脱离实践的闭门思过，这是应该批判的。不过，他提出了一系列修养的方法（我们没一一列举），贯穿了严于律己、推己及人、持之以恒的精神，则不应一概抹杀。无产阶级在改造客观世界的过程中，也要改造自己的主观世界，也是提倡加强自身的修养的。因此，即使在今天，它们也仍有借鉴意义。

养　气

孟子讲过“我善养吾浩然之气”的话，也被一些论者认定为主观唯心主义观点。其实，这顶帽子并不恰当。且看原文：

“敢问夫子恶乎长？”曰：“我知言，我善养吾浩然之气。”“敢问何谓浩然之气？”曰：“难言也。其为气也，至大至刚，以直养而无害，则塞于天地之间。其为气也，配义与道。无是，馁也。是集义所生者，非义袭而取之也。行有不慊于心，则馁矣。……”“何谓知言？”曰：“诐辞知其所蔽，淫辞知其所陷，邪辞知其所离，遁辞知其所穷。”（《公孙丑上》）

这是孟子回答学生提问时对自己的道德修养所达到的境界所做出的充满自信的评价。“长”即擅长。这种擅长包括两个方面：对人是“知言”，对己是“善养吾浩然之气”。所谓“知言”，就是这段话最后讲的那四个方面：“诐辞”（片面的话）知道它哪里受到蔽障，“淫辞”（过分的话）知道它哪里陷入了错误，“邪辞”（异端，邪僻的话）知道它哪里背离了正道，“遁辞”（逃避的话）知道它哪里理屈词穷了。总的意思是说，善于分析别人的种种观点，并抓住其要害。孟子当时就有“好辩”之誉，他对异己的思想的确表现了不妥协的批判精神：辟杨墨（《滕文公下》），驳许行（《滕文公上》），与宋牼辩义利（《告子下》），与告子辩人性（《告子上》），洋洋洒洒，滔滔不绝。还说，他作的这些辩论，是像大禹抑洪水、周公兼夷狄、孔子作《春秋》一样的大事，声称：“予岂好辩哉？予不得已也！”（俱见《滕文公下》）这些，都给人以正义凛然的感觉。他自称“知言”，看来并不是瞎吹。当然，我们今天并不认为孟子都是正确的。

“知言”是外在的表现，它根源于自身的道德和理论的修养，这种内在的精神，就是所谓“浩然之气”。孟子对这种“气”的性质和作用做了夸张的描述。说它是一种精神，但不是普通的精神，而是非常之正大、刚强；由于用正直之道培养而不使之受到损害，所以能充塞于天地之间；它的形成是长期积累道义的结果，绝不是偶尔行义可以取得的；如果没有义和道，这气便空乏无力了；只要做一件问心有愧的事，这气便空乏无力了。

孟子讲的“道”“义”，都是地主阶级的伦理观念，如此夸张，颇带自我吹嘘的意味，未免言过其实。但却很难说这是主观唯心主义。因为它谈的仅仅是精神问题，而没有涉及物质和精神的关系，更没有把物质世界归结为主观精神。

除了“浩然之气”，孟子还讲到过“平旦之气”“夜气”。如：

“虽存乎人者，岂无仁义之心哉？其所以放其良心者，亦犹斧斤之于木也。旦旦而伐之，可以为美乎？其日夜之所息，平旦之气，其好恶与人相近也者几希，则其旦昼之所为，有梏亡之矣。梏之反复，则其夜气不足以存。夜气不足以存，则其违禽兽不远矣。”（《告子上》）

“平旦”指黎明。平旦之气、夜气意思相近，都是指人在夜晚至黎明前，因不与外物接触，在不受外界影响的情况下表现出来的本然的善性。这种善性像树木一样，树木天天砍伐，长此以往就会被砍光；善性天天放失，久而久之，夜气就没有了，和禽兽就差不多了。这是孟子讲的一般人的情况，而他自己，则自认为“善养吾浩然之气”，培养成了一种盛大纯正的精神。

透过孟子关于“浩然之气”这些近于神秘地夸张，我们除了应注意批判其封建的说教外，还是可以吸取某些合理因素的。比如他把这种精神（或气概）的形成，看作是一个长期积累的过程，既不是生来就有，也不能一蹴而就，要用正直之道去逐渐培养，而不能像揠苗助长那样强求速成，讲得还是有道理的。

孟子对“气”虽然做过夸张的形容，但在他的思想体系中，“气”并不是最高范畴，“气”之上，他还提出了一个“志”。他说：“夫志，气之帅也；气，体之充也。夫志至焉，气次焉。故曰：持其志，无暴其气。”（《公孙丑上》）对于这句话，赵岐注说：“志为至要之本，气为其次焉。”朱熹注说：“若论其极，则志固心之所之，而为气之将帅；然气亦人之所以充满于身，而为志之卒徒者也。故志固为至极，而气即次之。”他们是从重要程度上着眼，把二者理解为统帅和被统帅的关系。清人毛奇龄把“志”讲成“来至”，“次”讲成“舍次”，意思是志到哪里，气就到哪里。他是从产生顺序上着眼，把二者理解为决定和被决定的关系。二说虽有出入，但基本思想还是一致的，都把“志”看作主导，而“气”是第二位的。所以“志”须注意保持，而“气”不能随意表现。这里讲的还是封建道德修养问题。但作为一种方法看，他强调的是首先要把主导思想搞端正，并在日常生活中不苟且，这还是有一定道理的。

义　利

孔子曾说："君子喻于义，小人喻于利。"（《论语·里仁》）以义和利区分君子和小人，推崇义，鄙薄利，这是早期儒家思想特点之一。孟子在这个问题上有进一步的发挥。

一次，孟子见梁惠王，梁惠王问他："叟，不远千里而来，亦将有以利吾国乎?"他回答说，"王，何必曰利？亦有仁义而已矣。"（《梁惠王上》）表示对"利"不屑谈及。

在谈到帮助齐桓公建立霸业的管仲时，他表示一点儿也不欣赏，说："仲尼之徒，无道桓文之事者。"（《梁惠王上》）其实孔子曾几次提到管仲，有批评也有称赞，孟子却走向极端。当有人把管仲与他相比时，他甚至认为是受了侮辱，（《公孙丑上》）摆出一副不屑与之为伍的姿态。

他还说："鸡鸣而起，孳孳为善者，舜之徒也；鸡鸣而起，孳孳为利者，蹠（跖）之徒也。欲知舜与蹠之分，无他，利与善之间也。"（《尽心上》）这里的"善"也就是"义"。义利简直成了区分圣贤和大盗的标志了。总之，在孟子那里，义和利是针锋相对的。

有人曾把孔孟这种重义轻利的思想与墨子的重利思想作对比，认为儒家重动机，墨家重效果，把义利问题归结为动机效果问题，这是值得商榷的。

义，固然是动机；利，又何尝不是动机？我们且看孟子是怎样讲的。

他在回答梁惠王时，谈了"何必曰利"之后说："王曰'何以利吾国'；大夫曰'何以利吾家'，士庶人曰'何以利吾身'。上下交征利而国危矣。"（《梁惠王上》）这里说的"利"，意思都是从追求利出发，它和"义"一样，都是人们行为的动机，"而国危矣"，才是效果。

下面一段有名的话也很能说明这个问题。"鱼，我所欲也；熊掌，亦我所欲也。二者不可得兼，舍鱼而取熊掌者也。生，亦我所欲也；义，亦我所欲也。二者不可得兼，舍生而取义者也。生亦我所欲，所欲有甚于生者，故不为苟得也。死亦我所恶，所恶有甚于死者，故患有所不避也。如使人之所欲莫甚于生，则凡可以得生者何不用也？使人之所恶莫于死者，则凡可以避患者何不为也？由是则生而有不用也，由是则可以避患而有不为也。是故，所欲有甚于生者，所恶有甚于死者。非独贤者有是心也，人皆有之，贤者能勿丧耳。"（《告子上》）"生，我所欲"，这是"利"；"义，我所欲"，这是"义"。而它们都是“所欲”，即动机；“苟得”“患有所不避”，即贪生害义，还是舍生取义，才是效果问题。

从上面关于义利的论述中可以看出，孟子的意思是，做一件事，先应该把出发点搞端正，才能获得长远的、好的效果。如果出发点就是错的，即使能够暂时获得某些利益，但却会招致更大的损失或危害。因此，必须划清义利的界限，即使是面临生死的抉择，也要“舍生取义”，决不苟且。下面的故事，也表现了这一思想：

有一次，秦楚两国交战，一个叫宋牼的想去朝见秦楚之君，以“言其不利”，“说而罢之”。孟子对他说：“先生之志则大矣，先生之号则不可。”“号”就是名，指游说的理由、道理。意思是，你的劝说罢兵的想法是对的，但所持的道理却不对头。接着，他发了下面一大段议论：“先生以利说秦楚之王，秦楚之王悦于利以罢三军之师，是三军之士乐罢而悦于利也。为人臣者怀利以事其君，为人子者怀利以事其父，为人弟者怀利以事其兄，是君臣父子兄弟终去仁义怀利以相接，然而不亡者，未之有也。先生以仁义说秦楚之王，秦楚之王悦于仁义而罢三军之师，是三军之士乐罢而悦于仁义也。为人臣者怀仁义以事其君，为人子者怀仁义以事其父，为人弟者怀仁义以事其兄，是君臣父子兄弟去利怀仁义以相接也，然而不王者，未之有也。”（《告子下》）“罢兵”是目的，如何达到它，宋牼和孟子却有根本分歧。在孟子看来，如果从利出发，即使能暂时罢兵，但后果却是严重的，“上下交征利而国危矣”，（《梁惠王上》）会导致灭亡。而如果从义出发，则能使君臣上下都悦于仁义，最后就能统一天下。

孟子这套理论，曾对不同的国君兜售过，但没有谁乐意采用它，这表明它确实是“迂远而阔于事情”（《史记・孟荀列传》），不切合实际。从思想方法上说，孟子片面夸大义、利的对立，把他们看成水火不相容的东西，是陷入了形而上学。事实上，义利二者并不是绝对互相排斥的，而是对立的统一。表面看来，二者似乎格格不入，实则它们是互相渗透，互相包含的。人们无论做什么事情，采取什么行动，总有一个想得到某种“利”的问题，同时有一个合不合“义”的问题。孟子却把二者完全割裂开来，一味地攻击利，而高谈义。给人以唱高调、放空炮的感觉。这种理论，不要说在大国争霸的战国时期行不通，就是在封建社会的天下一统实现之后也是难以实行的。历史事实已证明，孟子的义利学说，在当时已暴露了其空想性；在后世，由于得到封建统治者的提倡，则主要表现了欺骗性。

但是，作为一种理论看，孟子的义利学说对于人们的行为动机进行了较深入的剖析，也还有一定的认识意义。它强调办事情首先要端正目的，并需采取相应的正确方法，不能为达目的不择手段。比如，他承认连“古之君子”也是积极“求仕”的，但当官或不当官，则要看合不合义。他打比方说：“丈夫（男人）生而愿为之有室，女子生而愿为之有家。父母之心，人皆有之。不待父母之命，媒妁之言，钻穴隙相窥，逾墙相从，则父母国人皆贱之。古之人未尝不欲仕也，又恶其不由其道，不由其道而往者，与钻穴隙之类也。”（《滕文公下》）又如，有一次，弟子陈代请教孟子可不可以主动地去朝见诸侯，陈代引征古语“枉尺直寻”（屈折的只有一尺，伸直的却有八尺），认为，这样做让步不大，获利可观，似乎可以做。孟子回答说：这是“以利言也”，即只是从获利的角度着眼，“如以利，则枉寻直尺而利亦可为与？”只要有利就干，就会“枉道而从彼”，因而不能这么办。（《滕文公下》）这是说，求仕、求婚，是人们都希望的，只是如何达到这个目的，却不能苟且从事，要合于“义”，才是正当的。反之，就该受谴责，是君子所不取的。

孟子所说的“义”，显然都是以封建伦理作标准，是企图把人们的言行都纳入封建道德的规范，这是应当批判的。但是也应看到，他强调无论办什么事情，都先要把出发点摆端正，并须在行动中坚持某种原则，不能为了暂时的利益而损害和破坏这个原则，必要时，甚至牺牲了也要勇于维护这个原则，这还是有一定积极意义的。

至于动机和效果问题，孟子也明白地谈到过，他把这叫做“志”和“功”。他不但不否认“功”，恰恰相反，倒是很重视“功”。有一次，有个叫彭更的学生问他：做木工、车工是为了“求食”，“君子之为道”也是为求食吗？孟子说：君子的“为道”，固然不能说就是为了求食，但只要有“功”，就自然可以得到食。然后反问彭更：“且子食功乎，食志乎？”（即对一个人是因“功”而给他饭吃，还是因“志”而给他饭吃？）彭更说：“食志”。孟子说：现在有个人想通过修房子求食，但却“毁瓦画墁”，非但没修好，反倒把房子搞坏了，你给他饭吃吗？彭更说：不给。孟子说：可见你还是“非食志也，食功也。”（《滕文公下》）

孟子讲的义利、志功问题，作为哲学范畴来看，其理论性还不够强，又往往陷入片面性，缺少辩证观点。而且，由于孟子多次强调义利二者的对立，而利又和功有密切联系，于是给人以似乎只讲动机不讲效果的感觉。尤其是汉代董仲舒概括出“正其谊（义）不谋其利，明其道不计其功”之后，儒家思想的非功利主义色彩就更浓重了，其空想性和欺骗性也就更大了。但是，孟子讲的义利问题还是有一定意义，至少它能给后人以启发，能引起人们的思索和争论。这就有助于人们认识的深化。宋明时期的义利论争就是孟子为之提供了理论前提。

穷 达

孟子一生颇不得志。但他自视甚高，以天下为己任，声言“如欲平治天下，当今之世，舍我其谁也?”（《公孙丑下》）他以辅佐商汤的伊尹自况，觉得自己也是“天民之先觉者”，表示“予将以斯道觉斯民也，非予觉之而谁也?”（《万章上》）他怀抱着实现尧舜周孔之道的理想，游说诸侯，虽然曾一度得到过不少信徒，“后车数十乘，从者数百人，以传食于诸侯”（《滕文公下》），齐、梁、滕、薛等国君也曾对他致敬尽礼，问道求教。但是，却最高只当过“无官守、无言责”的客卿（《公孙丑下》），始终没有谋得一官半职，没有得到施展其宏大抱负的机会。不得已，才“退而与万章之徒，序诗书，述仲尼之意”，专搞教育和著述去了。但就在这时，他仍然屡屡声称“有王者起，必来取法”，（《滕文公上》）“圣人复起，不易吾言”。（《滕文公下》）“圣人复起，必从吾言”。（《公孙丑上》）可见，意志并不消沉，仍然志在救世，理想纵然不能实现于当代，而仍寄希望于将来，其信仰可谓坚定。

孟子的这种生活经历，形成了他那颇具特色的志趣和一整套人生哲学，其中自不免带有剥削阶级劣根性的糟粕。但是，也有不少有价值的东西，并在历史上产生过深远的影响。“穷则独善其身，达则兼善天下”（《尽心上》）就是其中的一个著名观点。

“穷”即穷困、贫贱之时，指没官做的时候；“达”即显达、富贵之时，指做大官的时候。封建士大夫一般不外这两种遭遇。有的一生显达，有的一生困穷；有的先穷后达，有的先达后穷……穷达二字包含了士大夫的荣辱升沉。而由于时代有盛衰治乱，君主有贤愚昏明，这种遭遇就有很大偶然性，而且难免是动荡不定的。如何对待不同的遭遇，人们有种种不同的态度。有的纵横捭阖，朝秦暮楚；有的随运任化，得过且过；有的及时行乐，奢侈荒淫；有的遁迹空门，寻求解脱……孟子和他们都不同，他提出的态度是：

“故士穷不失义，达不离道。穷不失义，故士得己焉；达不离道，故民不失望焉。古之人得志泽加乎民，不得志修身见于世，穷则独善其身，达则兼善天下。”（《尽心上》）又说：

“居天下之广居，立天下之正位，行天下之大道。得志与民由之，不得志独行其道。富贵不能淫，贫贱不能移，威武不能屈。此之谓大丈夫。”（《滕文公下》）

这就是说，当显达得志的时候，应积极地推行仁政，使百姓人民受到恩泽，这时的生活自然是富贵的，但富贵却不能“过分”而“荡其心”。当穷困不得志时，或则终生不遇，或则失官下野，由于没有施展政治抱负的机会，利国利民是办不到了，但却不能因此消沉，而要努力加强个人修养。不能因贫贱生活而“变其节”，即改变操守，丧失气节。当面临威武之势的时候，不能因之而“挫其志”，即屈服、退缩。这就是孟子所说的“大丈夫”气概。孟子本人在一定程度上确实表现出这种精神，有一股凛然不可侵犯的劲头和藐视权贵的勇气。

有一次，齐王托病不能亲去看望孟子，要在朝中召见他，孟子本来是要“将朝王”的，但看到齐王怠慢，索性推托“不幸而有疾，不能造朝”。(《公孙丑下》) 又一次，滕国国君的弟弟滕更来请教孟子，但孟子感到他是“挟贵而问”，心意不诚，便不作回答。(《尽心上》) 他借用别人的话表示自己的态度说：“彼丈夫也，我丈夫也，吾何畏彼哉!”(《滕文公上》) 因此，他对那种“胁肩谄笑”的人极其蔑视，(《滕文公下》) 而认为，在向国君进言的时候，也要有自己的独立人格，“说大人，则藐之，勿视其巍巍然。”(《尽心下》)“古之贤王好善而忘势，古之贤士何独不然？乐其道而忘人之势。故王公不致敬尽礼则不得亟见之；见且由不得亟，而况得而臣之乎?”(《尽心上》)

总之，孟子强调的是保持人的尊严而鄙视曲意逢迎，它们与“不淫”“不屈”“不移”的思想是完全一致的。

上节曾提到孟子“舍生取义”的观点。他认为，“义”比“生”更要紧，当二者不可得兼时，宁可舍生取义。死还在所不惜，就更不该为比死还轻的富贵、声誉之类而苟且了。(见《告子上》) 这也是人生哲学观点，与“不淫”“不屈”“不移”是一个意思。

孟子关于“穷达”的见解及“舍生取义”等命题，和孔子的“杀身成仁”一起，构成了儒家人生哲学的重要内容，两千年间，产生过深远的影响。许多“志士仁人”，有的怀着报效国家的壮志，有的抱定复仇雪耻的决心，有的鞠躬尽瘁，显名于当世，有的发愤著述，遗泽于后人，有的横眉怒对敌人的刀剑，有的断然拒绝物质的引诱。他们在人们的心目中树立起一座座不朽的雕像，为历代所景仰。这些人往往不同程度地受到过孟子思想的熏陶。孟子的人生哲学虽然打上了深深的阶级烙印，有时还难免有封建士大夫自我吹嘘的成分。但作为一种生活态度，它往往给人以刚直不阿、大义凛然的感染，其基调是积极的、昂扬的、向上的，而与消极、颓废、没落的生活态度形成鲜明对照。至于渗透在其中的封建毒素，当然是应当批判的。

中　权

孟子思想中，还有不少辩证法因素。“中”和“权”的概念就是其中之一。

“中”原是孔子提出的范畴，指的是“无过不及”的意思。孟子吸收了过来。他说：“仲尼不为已甚者。”（《离娄下》）“汤执中，立贤无方。”（同上）认为商汤、孔子都是一贯掌握“中”的原则的。商汤选择贤才，不拘一格，这是“中”。孔子做事“无过不及”，“无可无不可”，也是“中”。如果偏离了“中道”，就要犯过失。他说：“可以取，可以无取，取伤廉。可以与，可以无与，与伤惠。可以死，可以无死，死伤勇。”（同上）对待两可之间的事物，如果忽视了“不可”的一面，而只取“可”的一面，或者相反，都会出毛病，造成错误。

与“中”相对待，孟子又提出“权”的范畴。他说：“杨子取为我，拔一毛而利天下，不为也；墨子兼爱，摩顶放踵，利天下，为之；子莫执中。执中为近之。执中无权，犹执一也。”（《尽心上》）孟子列举和比较了杨朱、墨翟、子莫（鲁之贤人）三个人的生活态度，在孟子看来。杨子、墨子的思想主张都太偏激、片面了，而子莫能行“中”道，所以说子莫还比较接近古圣王之道，但还达不到“道”。因为执行中道还须有“权”，即权变，灵活运用，在维护大原则的前提下，须依据实际情况有所变通，如果没有这种权变，那就如同“执一”一样而陷入片面性。

关于“权”，孟子讲过一个具体的例子。“淳于髡曰：‘男女授受不亲，礼与?’孟子曰：‘礼也。’曰：‘嫂溺则援之以手乎?’曰：‘嫂溺不援，是豺狼也。男女授受不亲，礼也。嫂溺援之以手，权也。’”（《离娄上》）从封建道德看，要维护男女之大防，这是“中”（礼），但是，嫂嫂落水如果还不去拉她一把，那就会有生命危险，就违背了“仁”。因此需要“从权”。可见，孟子首先是维护“中”的原则，但在特殊情况下，又主张必须有“权”，即灵活性。不然，就会反而偏离以至破坏了“中”的原则。“中”和“权”的关系，接触到了原则性和灵活性的关系问题，尽管还不够细密、深刻，但从思维发展史上说还是有一定意义，这一思想得到董仲舒的继承和发挥。

此外，孟子还讲过一些带有辩证法闪光的话。

他说：“天下之生久矣，一治一乱。”（《滕文公下》）这是孟子对人类社会发展进程的一个总概括。在这个命题下，他叙述了从尧舜禹到文武周孔的历史发展，评论了其间的治乱兴衰，其具体论述虽不免有附会和夸张成分，且有不少封建糟粕，但他能从当时可能看到的历史资料中引出这样一个规律性的发展变化观点，把历史看作是一个长期发展的过程，还是难能可贵的。尽管不免有循环论的色彩，但毕竟与那种静止的观点相对立。

他还曾说：“君子之泽，五世而斩；小人之泽，五世而斩。”（《离娄下》）就是说，无论是统治者，还是被统治者，祖宗的恩泽（如爵禄、遗产以至流风余韵等）都不可能长期保持，过上几代（“五”似不应看作是确数，而应做“多”解）就会断绝的。这一概括，是符合历史实际的，也是符合辩证法的。

对于事物相反相成的关系，孟子也有不少论述。如：

“人有不为也，而后可以有为。”（《离娄下》）

“生于忧患，死于安乐。”（《告子下》）

“其进锐者，其退速。”（《尽心上》）

“尽信书，则不如无书。”（《尽心下》）等等。

不为和有为，生和死，安乐和忧患，进和退，都是对立的统一，都可以在一定条件下转化为自己的对立面。比如最后一条，“书”原指《书》（六艺之一），但作为一个命题，未尝不可以作抽象地理解：“书”作为前人经验的总结，一般说是可信的，也应该相信的；但其中难免包含错误的或过时的东西。如果“尽信”，就会造成危害。从这个意义上说，那就不如无书了。

对于内外因的作用，孟子也有所论述，并特别看重内因的作用。他说：“夫人必自侮，然后人侮之。家必自毁，而后人毁之。国必自伐，而后人伐之。太甲曰：‘天作孽，犹可违；自作孽，不可活。’此之谓也。”（《离娄上》）一个人的受辱，一个家的破败，一个国的遭侵，都是先从自己这一面开始的，因而才给他人、异姓、别国提供了可乘之机。这和“堡垒最容易从内部攻破”是同一类型的思想。

孟子这些带有辩证法因素的思想是精辟的，但又是零碎片断的，还构不成体系。而且，同时也还有不少形而上学的东西。如说：“诗云：‘不愆不忘，率由旧章。’遵先王之法而过者，未之有也。”（《离娄上》）这些糟粕，自然是应当剔除的。

人　和

孟子对人民的作用有比较深刻的认识。这方面，他有一段脍炙人口的议论：

“天时不如地利，地利不如人和。三里之城，七里之郭，环而攻之而不胜。夫环而攻之，必有得天时者矣；然而不胜者，是天时不如地利也。城非不高也，池非不深也，兵戈非不坚利也，米粟非不多也，委而去之，是地利不如人和也。故曰：域民不以封疆之界，固国不以山溪之险，威天下不以兵革之利。得道者多助，失道者寡助。寡助之至，亲戚畔（叛）之；多助之至，天下顺之。以天下之所顺，攻亲戚之所畔，故君子有不战，

战必胜矣。”（《公孙丑下》）

这段议论颇为精采，谈的虽是战争问题，却从中升华出“天时不如地利，地利不如人和”“得道多助，失道寡助”两个富有哲理的命题，充分肯定了人民的作用。

古人把天、地、人并举，合称“三才”（见《易·系辞传下》），孟子借用过来，把时、利、和三种属性与之相联系，形成了新的概念，并比较了它们的作用，认为，地利比天时重要，而人和比地利重要。“天时”指什么，讲得不具体，（大概指时令、寒暑、风雨、阴晴之类）；“地利”则讲得很详细，如高城、深池、坚甲、利兵，以及丰富的粮草辎重之类；“人和”字面意思是人的团结，实则指人民的支持。在战争问题上，前两个方面是客观条件，后者是主观条件。孟子认为，客观条件是重要的，但相比之下，主观条件更为重要。战争如此，治国治民无不如此。对于一个国家政权来说，“封疆之界”“山谿之险”“兵革之利”都是必要的，但要真正能使人民在域内定居，使国防得到巩固，在天下建立威信，却不能仅仅依赖这些，而应该施仁政以争取民心，取得人民的“多助”。不然，则将“寡助”。而“多助”或“寡助”到极点，则将造成“天下顺之”或“亲戚畔之”的截然相反的结局。这是孟子以雄辩的逻辑揭示出的人类政治生活中具有普遍意义的真理。

从这种强调人民的因素的观点出发，孟子讲过“可使制梃以挞秦楚之坚甲利兵”的话，被有些人指责为主观唯心主义的唯意志论，这是大可商榷的。

从上面的分析中可以看出，孟子对战争的主客观诸因素是有较全面的认识的。并且有一定的辩证观点。他强调人心归向的作用，但却从没有离开和否定物质基础。这几句话的意思也是如此。我们不妨多引几句，联系一下上下文意。他是这样讲的：“地方百里而可以王。王如施仁政于民，省刑罚，薄税敛，深耕易耨，壮者以暇日修其孝悌忠信，入以事其父兄，出以事其长上，可使制梃以挞秦楚之坚甲利兵矣。”（《梁惠王上》）除前后两句外，中间都是讲的致胜的条件：要注意政策以发展生产，要讲求教化以提高道德，这样，就既有了雄厚的物质基础，又有了好的人民，由这样好的人民组成的军队，其战斗力是强大的，即使是用“制梃”（木棒）这样粗陋的武器，也能抗击秦楚等大国的装备优良的军队。就是抠字眼吧，他不是分明讲到“制梃”吗？并没有说赤手空拳。他还说要“挞”，即去打，去对抗，去战斗，并不是说脑子一想就可坐待胜利。把这叫唯意志论，究竟有多少根据呢？何况，人类历史已无数次证明，人心归向的军队，确实能以劣势的装备打败装备精良但不得民心的强敌（例子不必费笔墨了，因为这一点大概不会有人反驳）。孟子只不过用比较形象化的字眼讲了这个道理罢了。再说，当己方的实力明显地落后于敌方的情况下，难道不应该特别提倡这种精神吗？

作为一种讲战略原则的理论，能区分战争性质的义与不义，能从得民心还是失民心着眼，推断战争的最终结果，能比较全面地分析天时、地利等物质条件和人的条件对战争的不同作用，而且特别强调在一定物质基础上的人心归向的作用，这在两千多年前能提出来，应该说是比较进步、比较全面的。它较之那种只见物不见人，只问结果不择手段，只顾眼前不顾长远，只求攻城掠地不管人民死活的理论，显然是高出一筹的。

民贵君轻

孟子提出了一整套仁政学说，其中有不少富于哲理的命题，“民贵君轻”就是其中之一。

他说：“民为贵，社稷次之，君为轻。”（《尽心下》）这是孟子把人民、社稷（土谷神社）、国君三者的重要性加以比较而得出的明确结论。“贵”不是“尊贵”的贵，“轻”也不是“轻贱”的轻，封建时代的人，不要说士大夫，就是劳动者也没有哪个会把人民看得比国君还尊贵的，孟子也不可能有这个意思。“贵”即贵重，“轻”即次要。这是就搞好一个国家何种因素更重要这个角度来提出问题的。其可贵之点在于，孟子权衡之后，把“民”提到了首位。他论证说：

“是故得乎丘民而为天子，得乎天子而为诸侯，得乎诸侯而为大夫。诸侯危社稷，则变置；牺牲既成，粢盛既洁，祭祀以时，然而旱干水溢，则变置社稷。”（同上）

“得乎××”，意即得到××的信任和拥护。天子只有得到人民的信任和拥护，才能做得成、坐得稳；反之，失去人民的信任和拥护，就会“失天下”。社稷（土谷神社）在古代是国家的象征，能否祭祀社稷，表示一个国家的存亡，因此，也是相当重要的。不过，在孟子看来，其重要性和人民相比，只能是次要的。因为，土谷神社的设立还是为了保有人民，如果祭品都已很齐备，很整洁，又能按时祭祀，但却不能风调雨顺，反而“旱干水溢”，这就表明社稷神的“失职”，即不能保佑人民。那么，就须另立新的土谷神社（变置社稷）。同理，如果国君“有大过”，暴虐无道，危及到国家的存在，在这种情况下，从保有这个国家考虑，也可以换个国君。总之，社稷可变，国君可换，唯有人民不可失去，是最根本的。所以说“民贵君轻”。

封建时代，天子“至尊”，拥有无上的权威；小民“至微”，毫无权利可言。但是，孟子在这种普遍的社会现象背后，揭示出似乎违反一般常识的道理，在某种意义上肯定了人民的历史地位和作用，是难能可贵的。这个命题尽管与人民创造历史的唯物史观在本质上并不相同，但在“重民”这一点上是相通的，因而在历史上一直闪耀着真理和智慧的光辉。它是人民群众在生产斗争中日益创造出新的业绩、在风起云涌的阶级斗争中日益发挥出巨大作用这一社会现实在剥削阶级思想家头脑中的曲折反映。从思想形式上说，它是对春秋以来的进步思潮“民本”思想的继承和发展，对后世则具有振聋发聩的作用，开了反君主专制思想的先河。

与此相联系，关于君臣关系，孟子也有比较开明的思想。他发展了孔子“君使臣以礼，臣事君以忠”（《论语·八佾》）的思想，而提出：“君之视臣如手足，则臣视君如腹心；君之视臣如犬马，则臣视君如国人；君之视臣如土芥，则臣视君如寇仇。”（《离娄下》）在这里，他固然仍囿于“君臣大义”，首先承认“臣”是“事君”的，但他讲的君臣关系却不是绝对服从的隶属关系，而是礼尚往来、一还一报的对待关系，而君主是矛盾的主要方面，二者关系的和谐与否，取决于君主的行事：“君仁莫不仁，君义莫不义，君正莫不正，一正君而国定矣。”（同上）这形式上似乎是强调君主的决定作用，实则是首先对君主提出先于臣民的严格要求。这种要求包括亲爱（“如手足”）、尊重（不能“如犬马”那样任意驱使，更不能视为“如土芥”那样微不足道）；以及要求君臣间有某种平等地位，要国君和臣民交朋友，如他认为帝尧就有过“天子而友匹夫”的事例（《万章下》），并由此引申说：“用下敬上，谓之贵贵；用上敬下，谓之尊贤。贵贵尊贤，其义一也。”（同上）甚至要求臣民有某种程度的自由，比如他说君主对臣子应该是“谏行言听”，并能“膏泽于下民”（《离娄下》），如果国君一意孤行，那么臣子就可以自行其是，“无罪而杀士，则大夫可以去；无罪而戮民，则士可以徙”。（同上）此处不行，另投他方，完全正当，没有什么不应该，没有什么忠不忠的问题。这种思想，也贯穿在他对一些历史人物的评论中，如他对百里奚离开虞国而投奔秦穆公的行为表示称赞，说百里奚“知虞公之不可谏而去之秦”，对虞公知“不可谏而不谏”，对秦穆公“知穆公之可与有行也而相之”，是“智”的表现；“相秦而显其君于天下，可传于后世”，是“贤”的表现。（《万章上》）

不但如此，孟子甚至还主张臣子可以杀掉无道的昏君。有一次，齐宣王根据史书记载的“汤放桀，武王伐纣”事件，向孟子发问：“臣弑其君可乎?”孟子回答说：“贼仁者谓之贼，贼义者谓之残。残贼之人谓之一夫。闻诛一夫纣矣，未闻弑君也。”（《梁惠王下》）“一夫”即独夫，光杆一个，这样的国君，害仁害义，以致众叛亲离，已经不成其为国君了。所以，杀掉也没有什么不应该，完全是咎由自取。

还有一次，孟子的学生就伊尹曾经把国君太甲流放这件事发问："贤者之为人臣也，其君不贤，则固可放与?"孟子回答说："有伊尹之志则可，无伊尹之志则篡也。"（《尽心上》）伊尹的这个志是什么呢？朱熹曾解释说："伊尹之志，公天下以为心，而无一毫之私者也。"这也许比较符合孟子的原意吧。伊尹曾把太甲流放到桐地，后来，又让他返国当国君。这表明，伊尹这位元老重臣，流放国君并不是为了取而代之，而只是作为教育"幼主"的一种措施。一个"篡"字，表现了孟子思想所不可避免的局限，但他毕竟对伊尹教育君主的行动表示了肯定。

还有一次，齐宣王向孟子询问关于臣子的问题（"问卿"），孟子回答说：有"贵戚之卿"（国君的同姓本家）和"异姓之卿"的不同，"贵戚之卿"的职责是"君有过则谏，反复之而不听则易位"。（《万章下》）意思是，如果国君犯有过失，要提意见进行劝阻，多次提意见还不听，就要换掉旧君，另立新君。齐宣王一听，"勃然变乎色"，非常震惊。孟子接着又讲了"异姓之卿"的职责是"君有过则谏，反复之而不听则去"。表示他这个"异姓之卿"丝毫没有"篡位"的意思，只是在给你敲敲警钟罢了。孟子区分"贵戚"和"异姓"的不同，表明他仍受血缘正统观念的束缚；但他敢于公开主张国君可换，天子可杀，这不能不说是十分大胆、十分激进的思想。

上面几个例子表明，孟子对君臣关系的见解，在一定程度上超出了那种绝对服从的封建君臣关系的界限，它们是封建制度建立初期君臣关系相对松弛的表现，也是人民力量在社会大变革时期的伟大作用的曲折反映。而当中央集权制的封建专制制度建立之后，这种思想就很难得到表现了，甚至还会受到封建皇帝的直接围剿（如明太祖删《孟子》）。从这里也可以看出，孟子思想中维护封建制度的东西固然占主流，但也有与之对立的一面，后者正是"多少带有人民性"的东西，是我国历史遗产中的民主性精华。

劳心劳力

《孟子·滕文公上》有一段"孟子辟许行"的故事，记载了孟子对许行观点的批判。许行是个"为神农之言者"，主张"贤者与民并耕而食，饔飧而治"，即管理国家的人也要和百姓一样种地，一样自己做饭吃。认为国家不应有仓廪府库，因为那是"厉民而以自养也"，即损害人民来奉养自己。他还主张"市价不二"，从这些记载推测，许行可能是农家学派人物，其观点代表了下层劳动人民的某些愿望和要求，对当时统治阶级的残酷剥削具有一定的揭露意义。

而在孟子文中，许行是作为被批判的一方而出现的。孟子从农业与百工分工的必要性出发，首先指出，许行事实上不可能自己生产出生活所需的一切东西，而是要多方面地与其他行业的人交换产品，进而，引出如下一段有名的结论：

“然则治天下独可耕且为与？有大人之事，有小人之事，且一人之身，而百工之所为备。如必自为而后用之，是率天下而路也。故曰：或劳心，或劳力。劳心者治人，劳力者治于人，治于人者食人，治人者食于人。天下之通义也。”

孟子从当时社会中普遍存在的客观事实出发，以敏锐的观察力揭示了社会的生产关系和政治关系中的两对矛盾（劳心与劳力、治人与治于人），这是前无古人的发现，它为地主阶级专政提供了理论根据。在封建制度刚刚确立的初期，能提出这样的理论，对于社会的稳定和生产的发展也是有积极作用的。

孟子是把“大人之事”“小人之事”，“劳心”“劳力”作为一种社会分工看待的。这种分工，从进入阶级社会以后就开始了，到孟子的时代，就更加发展，它导致了一部分人对另一部分人的奴役和剥削。从劳动人民的角度看，这是不道德的；而从社会发展的角度看，它却是必要的、必然的。脑力劳动和体力劳动相分离，是与阶级社会共始终的。也许只有到共产主义社会、才会彻底消灭二者的对立，使二者真正结合起来。在封建社会初期就想取消这种对立是根本不可能的。许行在当时主张“并耕而食，饔飧而治”，只能是一种良好的愿望，但却是不切实际的空想。孟子以雄辩的理论，接着又列举了丰富的事实（他引述了尧、舜、禹三个古圣王辛勤劳苦地忧民治民而无暇耕田的事迹，文繁不俱引），揭示了这种空想性，并正面论述了社会分工的必要性，在认识史上应该说是个进步。因为不这样，“如必自为而后用之，是率天下而路也”，社会就不能发展，文明就不能进步。孟子把这种必要性表达得如此坦率，毫不掩饰，堂堂正正地把它揭示出来，并宣布为唯一正确的真理，这乃是新兴地主阶级对自己的统治的正义性和前途的光明感的一种流露。

当然也必须看到，孟子竭力夸大英雄人物的历史功绩，而无视人民群众的作用，竭力为剥削阶级统治的合理性进行辩护，其阶级性是显然的。后世的反动统治者，无不把它奉为天经地义，作为维护其统治秩序的理论基础，这是应该注意批判的。

这场辩论的最后，孟子还提出了对于许行“市价不二”观点的反驳。许行主张“市价不二，国中无伪”，一样长的布帛，一样重的丝絮，一样多的五谷，一样大的鞋子，价钱都该一样。这是一种绝对平均主义思想，在商品交换中是行不通的。因为人们在交换中，既注意量，还讲求质，许行恰恰是把质忽视了。孟子抓住了这一点，反驳说：“夫物之不齐，物之情也”，物品有差异（种类不同，精粗各异）这是物品的实际情况。它们的价值，有的相差一倍五倍，有的相差十倍百倍，甚至千倍万倍，如果硬让它们按一个价钱交换，“是乱天下也”。假如质量好的鞋子和质量差的鞋子都卖一个价钱，那谁还做质量好的呢？他的结论是：“从许子之道，相率而为伪者也，恶能治国家？”（俱见《滕文公上》）孟子从生活实际出发，揭示了物品的价值（这里的“价值”当然不可能像马克思主义政治经济学论述得那么科学严密，他仅仅是说物品的所值不同，而不可能揭示出价值量大小的原因何在）是不同的。因此，“市价不二”在商品交换中是行不通的，只能助长欺骗和懒惰。商品交换中尚且行不通，用这个道理去治理国家就更是有害的了。

孟子对绝对平均主义的批判，虽然并不深刻，但却是较有说服力的。两千年间甚至直到今天的历史都证明，平均主义只是农民的一种天真的幻想，尽管其中包含反对剥削压迫的合理因素，但它与社会的发展趋势并不一致，因此它从来没有实现过；勉强实行，也总是行不通的。即使在推翻了剥削阶级统治、建立起无产阶级专政的今天，如果不顾生产力的发展水平和人民的思想觉悟水平，搞绝对平均主义，也只会带来不良后果。可见，对于孟子“劳心”“劳力”的观点，我们既要批判其为剥削阶级的统治辩护的一面，又需对其合理因素做出恰当评价。

上述十题，是孟子思想中较富有哲理性的部分。其分析颇为粗浅，有些还与前辈或时贤的见解相违忤。错误之处，还请同志们不吝指教。

一九七九年十二月初稿

一九八〇年五月修订

原文载于《河北大学学报》1980 年第 3、4 期；收入《孟子研究论文集》（孔孟研究丛书），山东大学出版社 1984 年版。

谈谈孟子的精神世界

战国中期儒家大师孟轲是我国历史上著名的哲学家，他不仅在理论上做出了多方面的成就，从他的思想和言行中所显现的精神世界也很丰富多彩、深刻感人。它们在历史上发生过巨大影响，在今天也仍有一定的现实意义。遗憾的是，在很长的一段历史时期里，对它们竟有不少误解、曲解，把本来是优秀的民族遗产，当成糟粕、垃圾，轻易抛弃，甚至任意践踏。这实在是一大损失。近年来，对此已有了根本转变，但认识上仍不尽一致。为了更好地继承和发扬祖国优秀的文化遗产，本文想就孟子的精神世界的几个侧面谈一些浅见。

一、对理论的自信

孟子以孔子之道的继承者和捍卫者自任，自称是孔子的私淑弟子："予未得为孔子徒也，予私淑诸人也。"（《离娄上》）公开表明自己的志愿是："乃所愿，则学孔子也。"（《公孙丑上》）在他的言论中，流露着对尧舜周孔之道的无限向往和对孔子人格、学说的心悦诚服。他将孔子的中心思想"仁"发展为系统的"仁政"理论，对之做了全面阐扬，而宣传贯彻更是不遗余力。他像孔子一样，率领门徒栖栖遑遑地周游列国，历时十几年，辙环半天下。他坚信这种理论的正确性，广泛设喻、深入浅出地向齐、梁等国君进言，认为只要能认真按照他的一套设想去做，"王天下"易如反掌，"然而不王者，未之有也"（《梁惠王上》）。但是，由于"天下方务于合从连衡，以攻伐为贤"，孟子的思想被视为"迂远而阔于事情"（《史记·孟荀列传》），终不见用。尽管如此，他仍寄希望于将来，满怀自信地一再宣称，"圣人复起，必从吾言"（《公孙丑上》），"有王者起，必来取法"（《滕文公上》）。这种对自己的"主义"笃信不渝的品格是难能可贵的。

在正面阐扬周孔之道的同时，他还对各种异己思想进行了激烈的批判和斗争。有人说孟子“好辩”，他解释说：“予岂好辩哉？予不得已也。”（《滕文公下》）所谓“不得已”，就是客观形势迫切需要，不容不出来应战；自己信仰的“主义”遭到了威胁，不容不起而捍卫。这方面，更能表现孟子不妥协的坚毅品格。

当时儒家的主要论敌是杨、墨。孟子描述当时的形势是：“圣王不作，诸侯放恣，处士横议。杨朱墨翟之言盈天下，天下之言不归杨，则归墨。”（《滕文公下》）这就不能听之任之，置若罔闻。在他看来，“杨氏为我，是无君也；墨氏兼爱，是无父也。无父无君，是禽兽也。……杨墨之道不息，孔子之道不著。是邪说诬民，充塞仁义也。仁义充塞，则率兽食人。人将相食，吾为此惧。闲（捍卫）先圣之道，距（拒）杨墨，放（驱而远之）淫辞，邪说者不得作。”（同上）孟子的这种斗争精神，来自对古代圣人的景仰和效仿，他说：“昔者禹抑洪水而天下平，周公兼夷狄、驱猛兽而百姓宁，孔子成《春秋》而乱臣贼子惧。……我亦欲正人心，息邪说，距诐行，放淫辞，以承三圣者。……能言距杨墨者，圣人之徒也。”（《滕文公下》）这里，充分显示了孟子理论上的坚定性。

孟子对许行思想的批判也很典型。许行是“为神农之言者”（当属于农家学派），主张“贤者与民并耕而食，饔飧而治”（《滕文公上》），即贤明的统治者应该在治理国家的同时，自己耕田，自己做饭。这种“平等”理论颇为诱人，使得一度信奉“周公仲尼之道”的陈相甚为折服。孟子于是和陈相展开了一场论辩。孟子从许行的饮食日用必须与百工交换劳动成果的事实谈起，层层追问，迫使陈相承认“百工之事固不可耕且为也”，孟子而理直气壮地说：“然则治天下独可耕且为与？有大人之事，有小人之事。且一人之身，而百工之所为备。如必自为而后用之，是率天下而路也。故曰：或劳心，或劳力。劳心者治人，劳力者治于人。治于人者食人，治人者食于人，天下之通义也。”（同上）孟子进而列举尧舜禹的事迹指出，英明的统治者致力于选拔贤臣，治理国家，“教民”，“忧民”，比一般人付出了更多、更大的心力，根本“无暇耕”，“岂无所用心哉？亦不用于耕耳！”（同上）而且，社会发展了，许行的一套是根本不适用的，“夫物之不齐，物之情也。……子比而同之，是乱天下也。……从许子之道，相率而为伪者也，恶能治国家？”（同上）就这样，孟子从社会分工的必要性出发，对君子、小人的分野，即新兴地主阶级统治的合理性，做了充分的论证。讲得毫不吞吞吐吐，没有一点掩饰和伪装。如果不是对自己坚持的理论有充足的自信，是不可能讲得如此坦率的。这是处在上升时期新兴地主阶级阶级性在理论上的反映。

孟子还批判了告子的人性论，而提出了著名的性善论。告子的主要观点是“生之谓性”（生来就有的本能叫性）；“食色，性也”（食欲性欲是人的本性）（《告子上》）。这两个说法其实是一个意思，即把食欲性欲这种生而具有的本能看作是人的本性。孟子则认为，如果这样理解人性，就是把人“下质于禽兽”，混淆了人性与动物性的本质区别，就会导致“犬之性犹牛之性，牛之性犹人之性”的荒唐结论。（同上）他认为，人性应该是高于动物性、为人所独有而为动物所无的属性。他说：“无恻隐之心，非人也；无羞恶之心，非人也；无辞让之心，非人也；无是非之心，非人也。”（《公孙丑上》）“恻隐之心，仁也；羞恶之心，义也；恭敬（辞让）之心，礼也；是非之心，智也。”（《告子上》）这就是说，人的本性在于有道德心（道德意识、道德情感。仁义礼智不过是这种道德心的举例。孟子在其他场合还说过“有信”“有耻”等）。这才是人区别于其他动物、高于其他动物的本质属性。

孟子与告子的另一分歧是，善性是人所固有的，还是外面强加的。告子认为：“性无善无不善也。”“义，外也。”孟子则说：“仁义礼智，非由外铄我也，我固有之也。“（同上）从形式上看，似乎孟子坚持的是道德先验论，而告子则反对这种先验论，认为道德是后天培养的结果。许多论者正是这样评价的。但是，如果不是停留在个别字眼上，而统观二人的辩论，就可以发现，孟子并非认为人生来就有完善的道德，而仅仅是说有善端：“恻隐之心，仁之端也；羞恶之心，义之端也；辞让之心，礼之端也；是非之心，智之端也。”（《公孙丑上》）端，就是资质、萌芽，靠后天的培养（这正是孟子所非常强调和重视的）才能发展为完善的善性。孟子还就告子打的两个比喻（性如杞柳和性如湍水）展开了论辩。告子把性比作杞柳，把义（道德心）比做杞柳做成的杯棬，意在说明，善性完全是后天所造成；孟子则认为，这个比喻恰好说明，道德心是顺着人所固有的本性而发展的结果。告子又说：“性如湍水，决诸东则东流，决诸西则西流。”（《告子上》）意在说明，善性的形成完全在于后天的教育和引导。孟子则认为，性的完成的确有赖于教育，但问题的关键是，如果人的资质中没有这种善端（内在的素质、萌芽），教育便将失去作用，对于禽兽，是无论怎样教育培养也不可能使之具有道德心的。可见，人的本性中的确固有向善（即有道德）的趋向，告子的湍水之喻，恰好可做证明：“人性之善也，犹水之就下也。人无有不善，水无有不下。”（同上）

多年来，论者大多以为告子对人性的看法比孟子正确。其实，从认识的深度说，孟子要比告子高出一筹。告子仅仅看到了常识性的、表面的东西，孟子则揭示了常识背后的更为本质的东西。人性到底是什么，这是个直到今天仍在争论不休的问题。孟子的观点自然难免有其缺陷和不足。但至少说，他着重从人之所以为人的特殊性立论，从人的社会属性着眼，还是抓住了比较主要的方面。而且，他的探索精神和理论勇气也是值得肯定的。

孟子还曾与“墨者夷之”辩丧葬，讲“爱有差等”（《滕文公上》）；评论“一怒而诸侯惧”的公孙衍、张仪（纵横家）不配称为大丈夫（《滕文公下》）；贬低“以其君霸”“以其君显”的管仲、晏婴（前期法家）“功烈如彼其卑”（《公孙丑上》）；斥责“能为君辟土地、充府库”的所谓“今之良臣”（兵家、法家）是“民贼”（《告子下》）；抨击“争地以战，杀人盈野；争城以战，杀人盈城”的人（兵家），“率土地而食人肉，罪不容于死”（《离娄上》）；等等。可以说，孟子对于当时与儒家对立的各学派几乎都有所批判，从中表现了顽强的斗争精神和对于“主义”（理论）的坚定自信。孟子的这种精神和气概今天仍值得发扬，一切信奉马克思主义的人在学习、宣传、贯彻马克思主义的时候，不是也可以从中吸取一定的教益吗？

二、对使命的自觉

孟子志气高昂，有宏大的抱负。他曾一再以“先觉者”自任，以“平治天下”者自居。长期以来，论者大都以此作为英雄史观的批判材料，笔者认为，对此似有重新加以评价的必要。

孟子引伊尹的话说：“天之生此民也，使先知觉后知，使先觉觉后觉也。予，天民之先觉者也。予将以斯道觉斯民也。非予觉之，而谁也？”（《万章上》，又见《万章下》）先知先觉，即思想认识比一般人为早的人。伊尹是商汤的相，帮助汤消灭了夏桀，统一了天下；汤死后，又辅佐汤的继位者，功业卓著。孟子两次引伊尹此语，显然有以伊尹自比，以先觉者自居的意思。说人群中有先知后知、先觉后觉的不同，这不过是讲出了一个事实。谁也不能否认，人们的觉知确有先后。众所周知，无产阶级掌握马克思主义，也要靠其先锋队灌输。（列宁说：“工人本来也不可能有社会民主主义的意识。这种意识只能从外面灌输进去。各国历史都证明：工人阶级单靠自己本身的力量，只能形成工联主义的意识……而社会主义学说则是由有产阶级的有教养的人即知识分子创造的哲学、历史和经济的理论中成长起来的。”（《列宁选集》第1卷第247页，人民出版社1972年第2版）怎么能笼统地否定“先觉觉后觉”的事实呢？纵观人类社会的历史，教育和被教育、领导和被领导的区别总是存在的。剥削阶级思想家自觉或不自觉地把这种区分凝固化，为其统治的合理性进行辩护，这是应当批判的；但却不应一概地说，谁承认觉知有先后谁就是英雄史观。孟子又认为，先知先觉者有责任、有义务对后知后觉者以启发、引导、教育，这其实是对先知先觉者提出了更高的要求。从思想境界说，能揭示出人群中有“先觉”“后觉”的区分，这是一种智慧；而自己不甘做个后觉者，竟以先觉者自居，承担起“觉后觉”的责任和义务，这是一种胸怀博大的高度自觉。因为这意味着要比一般人付出更多的心力、更艰辛的劳动。它不是轻松的享受，而是更大的奉献和给予。孟子还认为，先觉者如果放弃或不愿承担“觉后觉”的责任，那就是自己把自己降低到了后觉者的水平，他说：“中也养不中（道德品质好的人教育道德品质不好的人），才也养不才，故人乐有贤父兄也。如中也弃不中，才也弃不才，则贤不肖之相去，其间不能以寸。”（《离娄下》）这话固然是从道德上立论，但与觉知问题也是相通的。

还应指出，孟子所谓先觉后觉，并不是从阶级上划分的。先觉者不见得就是统治者，后觉者并不都是劳动人民。昏聩的统治者是不配先觉的称号的，而草野之人恰恰可能是先觉者，孟子提到的伊尹就是明证。伊尹原是“耕于有莘之野”的平民（一说是奴隶），本无意出来做官。在商汤“三使往聘之”的情况下，他觉得商汤是个大有为的君主，于是“幡然”改变了想法：与其洁身自好，甘老林泉，不如出而救世，“使是君为尧舜之君……使是民为尧舜之民。……思天下之民匹夫匹妇有不被尧舜之泽者，若己推而纳之沟中”。（俱见《万章上》）伊尹的这些话，表达的正是孟子的心声，流露的是一种“自任天下之重”的历史使命感，是对人生价值的一种庄严的觉解。一个人能认识到人生的意义在于有所作为，而不梦过一生，这是人的自觉性的一种表现。这种觉解也许人人都有，但其明晰程度和高低层次，人与人之间却有巨大的差异。有为一己享乐的，有为一家富贵的，有替子孙谋虑的，有替乡党着想的；有的热衷官禄，有的宁静淡泊；有的要驱驰疆场，“誓扫匈奴不顾身”，有的想发奋著述，希求“体列于一世，名传于千载”；有的“有囊括四海之志”，有的想“彼可取而代也”。……孟子的怀抱和上述种种想法相比，显然自有其价值和崇高之处。

孟子还具有“舍我其谁”的气概。他说：“夫天未欲平治天下也，如欲平治天下，当今之世，舍我其谁也?”（《公孙丑下》）透过笼罩在这段话中的天命论的迷雾，不难看到，这里跳动的是一颗为国为民而忧虑的心。孟子以“平治天下”自任，并没有掺杂个人私利，也没有觊觎天子位的企图（这后来成为儒家的一个传统），而只是要做一个“名世者”（闻名于世的贤臣）（《公孙丑下》），做“王者师”（《滕文公上》），辅佐王者推行王道于天下。而这里的思想主旨则是在于强调：责任在前，我不承当谁承当！这种为天下事而当仁不让的情怀，岂不是一种很积极的觉悟吗？人们大都称道宋代范仲淹的名句

“先天下之忧而忧，后天下之乐而乐”，从怀抱说，它和孟子的上述思想正是相通的，甚至可以说，二者有明显的继承关系。

孟子对使命的自觉精神在今天也有现实意义。共产主义是人类历史上最壮丽的事业，自觉地为之而奋斗，而献身，是每个共产党员和革命者应该具有的品质。正如匡亚明在《孔子评传》中所说：“古之先觉者的榜样，确有今之先觉者应该学习、借鉴和继承的地方。”

三、对人格的自尊

北宋哲学家程颐说：“孟子有些英气，才有英气，便有圭角（棱角峭厉）。英气甚害事。”（朱熹《孟子集注》引）程氏认为孟子缺少如颜渊那样的“浑厚温润含蓄气象”，是孟子的一个缺点。今天看来，这也许恰恰是孟子的优点，至少是他的性格特点。

孟子自称“善养吾浩然之气”（《公孙丑上》）。他形容说：“其为气也，至大至刚，以直养而无害，则塞于天地之间。其为气也，配义与道。无是，馁也。是集义所生者，非义袭而取之也。”这样的“浩然之气”，也就是他所说的“富贵不能淫，贫贱不能移，威武不能屈”的“大丈夫”气概（《滕文公下》）。这种气概突出地表现在他处理君臣关系时所具有的人格的自尊上。

孟子的抱负是“以其道易天下”，自然与君主权臣多有接触。在与上层人物的交往中，孟子对于如何正确处理出处、进退等问题，理论上和行动上都做出了明确的回答。他辨析说：“有事君人者，事是君则为容悦者也；有安社稷臣者，以安社稷为悦者也；有天民者，达可行于天下而后行之者也。”（《尽心上》）他显然不屑做前一种人，对“安社稷臣”也不甚相许，而隐然以“天民者”自任。他又说：“天下有道，以道殉身；天下无道，以身殉道。未闻以道殉乎人者也。”（《尽心上》）“以道殉人”是用牺牲道来逢迎当世王侯，这种“妾妇之道”是孟子所最鄙弃的。

孟子在君主面前，从来不卑卑缩缩，唯唯诺诺；而是从容不迫，慷慨陈词。他的谈锋犀利，雄辩有力，常使君主深受感染，“愿安承教”（《梁惠王上》）。他敢于当面提出质问，有时，君主只得支应搪塞，“顾左右而言他”（《梁惠王下》）；他敢于径直揭示危机，有时惹得君主“勃然变乎色”（《万章下》）。对这些，他都在所不顾。这是因为孟子关心的是“道”能否得到贯彻执行，而不是能否取得某个君主的欢心。苟合取容的小人，孟子是不屑与之为伍的。

孟子还认为，臣子与君主，是相对平等的。作为“异姓之卿”，更有选择君主的自由：“君有过则谏，反复之而不听则去。”（《万章下》）他在回答“古之君子何如则仕”的问题时说：“所就三，所去三。迎之致敬以有礼；言，将行其言也，则就之。礼貌未衰，言弗行也，则去之。其次，虽未行其言也，迎之致敬有礼，则就之。礼貌衰，则去之。其下，朝不食，夕不食，饥饿不能出门户，君闻之曰：‘吾大者不能行其道，又不能从其言也，使饥饿于我土地，吾耻之。’周之，亦可受也，免死而已矣。”（《告子下》）这是关于如何对待“取与出处”问题的著名论断之一。他首先强调的仍是能否贯彻自己的思想，至于有时道虽不行而不得已接受馈赠，那仅仅是为维持生命而采取的权宜之计罢了。君主对臣子是否“致敬有礼”则是孟子最关注的。这是因为，君臣地位虽殊，人格却不分高下。他引曾子的话说：“晋楚之富，不可及也。彼以其富，我以吾仁。彼以其爵，我以吾义。吾何慊（歉，意为少）乎哉!”（《公孙丑下》）君主有的是财富官爵，臣子有的是道德学问，两者相较，自己并没有什么欠缺的。他又引成覸（齐国的勇臣）对景公的话说：“彼丈夫也，我丈夫也，吾何畏彼哉!”（《滕文公上》）这都无非是说，君臣在人格上是平等的。孟子还进而提出这样的命题：“将大有为之君，必有所不召之臣。”（《公孙丑下》）意思是说，君主如果没有虚心受教的态度，就得不到第一流臣子的辅佐；而大有为的君主，都是首先做到了尊重大臣的人格。他说：“汤之于伊尹，学焉而后臣之，故不劳而王；桓公之于管仲，学焉而后臣之，故不劳而霸。”（同上）

对于君主，孟子强调的是应对臣子尊重；对于臣子，孟子反复强调的则是自尊。他说：“古之贤王好善而忘势；古之贤士何独不然？乐其道而忘人之势。故王公不致敬尽礼，则不得亟见之。见且由不得亟，而况得而臣之乎？”（《尽心上》）又说：“说大人，则藐之，勿视其巍巍然。堂高数仞，榱题数尺，我得志，弗为也。食前方丈，侍妾数百人，我得志，弗为也。般乐饮酒，驱骋田猎，后车千乘，我得志，弗为也。在彼者，皆我所不为也；在我者，皆古之制也。吾何畏彼哉!”（《尽心下》）孟子还说：“君之视臣如手足，则臣视君如腹心；君之视臣如犬马，则臣视君如国人；君之视臣如土芥，则臣视君如寇仇。”（《离娄下》）在孟子看来，君臣地位虽殊，二者之间却存在着对等的、一还一报的关系。由于臣子是君主请出来帮助自己治理国家的，所以君主就首先应当对臣子表示应有的尊重。

在行动上，孟子也的确有这种“直道以事人”的品格。他不能容忍“挟贵而问”（《尽心上》）。如对于倚仗自己的贵族地位而表现不够虚心的学生滕更（滕国君之弟）的提问，他便不予回答。（同上）有一次，齐王借口“有寒疾，不可以风”，不能“就见”

孟子，而要孟子去朝中相见。孟子原来是准备去朝见的，一看齐王这种态度，便表示："不幸而有疾，不能造朝。"（《公孙丑下》）这种倔强刚正的性格，大概就是程颐所谓的"英气""圭角"吧。应该说，这是一种很可宝贵的个体人格的自觉，它们是战国那个大变革的时代的产物。如果沿着它的内在逻辑发展下去，很可能衍生出更完善的"自我""自由"和"平等"意识。遗憾的是，随着秦汉大一统专制王朝的建立，三纲思想被奉为正统，这种个体人格观念也就被扼杀或被扭曲了。

孟子的个体人格思想在今天也还有现实意义。它不但在陶冶心灵、提高情操上有价值，在如何处理上下级关系方面，也有借鉴意义。孟子的傲岸狷介的性格，的确有旧知识分子孤芳自赏等值得批判的一面，不应机械模仿照搬；但从主流说，它突出了人格的尊严、人格的平等，还是值得发扬的。

四、对道德的自律

孟于既然把道德心（善性）看作是人的本性，就必然把对道德的追求看作是人生的最高目的，把人的道德价值看作是最高的价值。为了论证这一思想，孟子提出了一系列范畴，如大体、小体、天爵、人爵、良贵等，对于人的道德本性问题做了精湛的阐发。

孟子提出"大体""小体"说。他认为，人对于自己的身体，无论哪部分（哪怕是一寸皮肤）都爱护、都保养。养护得得当不得当，就看自己所注重的是身体的哪部分罢了。身体的各部分有主要次要之分，"体有贵贱，有大小。无以小害大，无以贱害贵。养其小者为小人，养其大者为大人。"（《告子上》）"大体"指心志，"小体"指口腹。努力于心志（思想意识）培养的人就是"大人"，只一味追求口腹之欲的人就是小人。这里的大人、小人，不是从地位上划分，而是从道德上划分的。孟子还说："心之官则思。思则得之，不思则不得也。此（指心）天之所与我者，先立乎其大者，则其小者不能夺也。"（同上）这里的"大者""小者"同于"大体""小体"，"先立乎其大者"，就是首先要确立心的主导作用。此种作用一旦确立，口腹之欲就再不能将它蒙蔽，把它夺走了。

孟子又提出"天爵""人爵"说。他说："有天爵者，有人爵者。仁义忠信，乐善不倦，此天爵也；公卿大夫，此人爵也。"（《告子上》）天爵指人心中固有的仁义："夫仁，天之尊爵也，人之安宅也。"（《公孙丑上》）道德心人人本都具有，可以看作是天所授与，所以叫天爵。人爵指社会地位、政治等级。孟子认为，在古代，天爵人爵二者是统一的，结合在一起的；但后世二者分离了，"古之人修其天爵，而人爵从之。今之人修其天爵，以要人爵；既得人爵，而弃其天爵，则惑之甚者也，终亦必亡而已矣。”（同上）这里，孟子揭露了当时社会道德沦丧的情况，一些人把进行道德修养当作获得官禄的手段和阶梯，官禄一旦到手，就把道德抛到九霄云外。这种人终究会栽跟头的。

从这种认识出发，孟子强调了人对道德自觉追求的意义。他反复强调说；“仁，人之安宅也；义，人之正路也。旷安宅而弗居，舍正路而弗由，哀哉!”（《离娄上》）“居恶在？仁是也；路恶在？义是也。居仁由义，大人之事备矣。”（《尽心上》）“仁，人心也；义，人路也。舍其路而弗由，放（失）其心而不知求，哀哉！……学问之道无他，求其放心而已矣。”（《告子上》）

“不求放心”又叫作没有羞耻心，他对此进行了深重的谴责：“人不可以无耻。无耻之耻，无耻矣。耻之于人大矣！为机变之巧者，无所用耻焉。不耻不若人。何若人有!”（《尽心上》）就是说，没有羞耻心的那种羞耻，才是真正的羞耻。因为那无异于自甘堕落，完全丧失了上进的信心和勇气。这样的人还怎么可能赶上别人呢？

孟子还把人的道德心叫做“良贵”。他说：“欲贵者，人之同心也。人人有贵于己者，弗思耳矣。人之所贵者，非良贵也。赵孟之所贵，赵孟能贱之。”（《告子上》）“良贵”即最贵、真正值得尊贵的东西，指仁义等道德品质。为什么叫“良贵”呢？因为它是“求则得之”的，可以由自已做主；而一般人所羡慕的爵位之贵（富贵利达之类）则是要靠机缘等外在条件，由别人（比如晋卿赵孟之类居上位的权贵）授给的；即使偶然得到了，随时都可能被夺走，所以那是“非良贵”。

贯穿于上述这些辨析中的是对道德的自律精神。孟子认为，人的道德价值高于政治地位的价值，更高于财物价值，甚至高于生命的价值。他说：“生亦我所欲也，义亦我所欲也，二者不可得兼，舍生而取义也。生亦我所欲，所欲有甚于生者，故不为苟得也；死亦我所恶，所恶有甚于死者，故患有所不避也。……非独贤者有是心也，贤者能勿丧耳。”（《告子上》）这段著名的话，即使今天读来仍然使人感奋，发人深思。孟子并不是否定人的物质利益和生命价值，而是认为，如果把道德与之相比，道德更重要（其原因在于，有道德心是人之所以为人的根本所在），当二者处于“不可得兼”的情况时，就须宁可牺牲生命而实现道德价值！应该说，这是一种很崇高的思想境界。这种理想主义和献身精神，是我们民族的优良传统，历史上的许多志士仁人都受到过它的熏陶和鼓舞。

孟子还进行了著名的“义利之辨”。他发展了孔子“君子喻于义，小人喻于利”（《论语・里仁》）的观点，对义和利做了清楚的区分。认为，“鸡鸣而起，孳孳为善者，舜之徒也；鸡鸣而起，孳孳为利者，跖之徒也。欲知舜与跖之分，无他，利与善之间也。”

（《尽心上》）这里的“善”也就是“义”。义和利的对立，是从“为”即出发点和根本目的说的。舜是道德的化身，跖是恶的代表，所以，追求义，还是追求利，就成了善和恶的分水岭。其中的道理是什么呢？孟子的另一番话恰好可作为注解。有一次梁惠王问孟子有何高见以利吾国，孟子回答说：“王何必曰利？亦有仁义而已矣。”他的论证是，如果国君、大夫、士、庶人，人人都抱着一个“利”字，那么，“上下交征利而国危矣”。其原因就在于，对利的贪求是无止境的，永远不会满足的。“苟为后义而先利，不夺不餍。”（同上）臣弑其君，子弑其父，兄弟相残，种种坏事就都发生了。孟子所谓“利”，指一己的私利。梁惠王字面上说的虽然是“利吾国”，但由于这个“国”在梁惠王眼中不过是一己的私产，所以其所求仍是私利。孟子对于天下之公利并不称作“利”，而认为是“义”。他对尧舜禹汤文武周公为天下兴利的事迹大加赞扬就是明证。可见，“利”在孟子思想中有内在的道德和外在的事功两层不同的含义。道德层面的利指一己的私利；事功层面的利指天下之公利。孟子反对的只是道德层面的利；至于事功层面的利，孟子不但不反对，还是提倡的。孟子讲的王道政治下的“制民之产”等一整套思想不也是求“利”吗？但那是国家人民的公利，所以，那正是统治者该“用心”的。又比如他说：“不信仁贤，则国空虚；无礼义，则上下乱；无政事，则财用不足。”（《尽心下》）“诸侯之宝三：土地、人民、政事。宝珠玉者，殃必及身。”（同上）可见，统治者如果用心力于“三宝”，谋求国家人民财用充足，那就是“义”；反之，以追求一己的享乐（珠玉之类）为目标，就是“利”。“义利之辨”后来成为宋明理学家热烈讨论的问题，对于孟子未尽之意做了详尽的发挥，这对于提高人们的精神境界，端正办事情、想问题的出发点是有理论意义的。当然，理学末流一味空谈心性、贬斥功利的流弊是应该批判的。但不能将末流与理学创始人，尤其不应与先驱孟子混为一谈。

当然，孟子讲的道德只能是剥削阶级的道德、封建主义的道德，不可避免地有其阶级和时代的局限性，这是不言而喻的。但它们作为中华民族的历史遗产，还是可以批判地继承的。处理得好，对于社会主义精神文明建设是有积极作用的。

原文载于《河北大学学报》1988 年第 3 期。

关于孟子的仁政思想

孟子是战国中期最著名的儒家大师，他把孔子的“仁”的学说发展为具有完整体系的政治理论——仁政。这一思想涉及政治、经济、军事、教育等多方面，为新兴地主阶级勾画了施政的大纲。他曾以此游说诸侯，但在那群雄逐鹿夺取政权的年代，他被视为“迂远而阔于事情”（《史记·孟荀列传》）而不得重用，因而在政治上也像孔子一样成为一个失败者。但是，他坚信自己的“主义”，抱着“圣人复起，不易吾言”（《孟子·滕文公下》，以下引《孟子》只注篇名）的信念，教授门徒，著书立说，发展和壮大了儒家学派，因而对后世产生了巨大而深远的影响。一方面，孟子被尊为“亚圣”，“孔孟之道”成了维护封建统治的精神支柱；另一方面，孟子又受到过某些启蒙思想家的赞赏，甚至不少无产阶级革命家也引用过他的格言。这表明，孟子思想包含着两面性。前些年，在“左”倾思想的影响下，片面夸大孟子思想的封建性、反动性、落后性成分，忽视或否定它的民主性、进步性、科学性因素，造成了许多混乱。今天，正确区分其精华和糟粕，恰当评价其优劣得失，对于总结历史经验教训，批判继承文化遗产，还有一定现实意义。为此，本文仅就仁政思想的几个方面试作探讨。

一、与民偕乐

孔子曾把“仁”讲成“爱人”（《论语·颜渊》）孟子把这一思想运用于政治上，提出“保民而王”“与民偕乐”的观点，认为，国君应该施给人民以爱，时刻想到人民的忧乐。这是孟子提出的施政的指导思想，即当国君的不能只想到自己，还要同时想到人民。在孟子看来，这主要并不是道德问题，而是政治问题。一个统治者能否做到这一点，关系到国家的安危和兴亡。他曾多次与齐、梁等国君谈到这个问题。他说，身为国君不能只考虑个人“独乐”，或与少数人乐；而必须做到“与人乐”“与众乐”，这样才能得到真正的长久的快乐。他认为，国君“爱园囿”并不要紧，只要能“与民同之”，即使园囿再大，也会“民以为小”。国君“好货”（爱财产）也不要紧，但须“与百姓同之”，使得“居者有积仓，行者有裹粮”。国君“好色”也不要紧，但必须“与百姓同之”，做到“内无怨女，外无旷夫”。总之，国君无论自己“好”什么，都不能忘掉人民也“好”。如果能适当地满足人民的要求，最终就能统一天下，“今王与百姓同之，则王矣”。相反，如果百姓“老弱转乎沟壑，壮者散而之四方”，国君却“仓廪实，府库充”，那就会使人民离心离德，最后导致覆亡。他引证唐虞三代的历史传说加强自己的观点说，文王等贤君都能“与民偕乐”，所以政治清明，国泰民安；而桀纣等暴君则只是一味“独乐”，结果被人民憎恨而国破家亡。又引《尚书·泰誓》“时日曷丧，予及汝偕亡”发挥说：“民欲与之偕亡，虽有灵台，岂能独乐哉!”（俱见《梁惠王下》）

孟子的基本立场是维护“亲亲”“尊尊”原则的，讲“爱有差等”，要人们首先爱自己的父母，尊敬尊贵者，主要着眼的是统治者的利益。但同时他也看到了问题的另一面，要求统治者“亲亲而仁民，仁民而爱物”（《尽心上》），把“恩”推及于百姓，把爱自己的心推及于人民。“老吾老以及人之老，幼吾幼以及人之幼。”（《梁惠王上》）他认为，能否做到这点，关系甚大，“推恩足以保四海，不推恩无以保妻子”（同上），这是因为，只有如此，才能争取民心，获得人民的支持与拥护。他说：“三代之得天下也以仁，其失天下也以不仁。”“桀纣之失天下也，失其民也；失其民者，失其心也。得天下有道，得其民，斯得天下矣；得其民有道，得其心，斯得民矣；得其心有道：所欲，与之聚之；所恶，勿施尔也。”（《离娄上》）又说：“乐民之乐者，民亦乐其乐；忧民之忧者，民亦忧其忧。乐以天下，忧以天下，然而不王者，未之有也。”（《梁惠王下》）孟子的这些话，是在向封建国君阐述“王天下”的道理时讲的，自然是为“权势者”着想，是从如何使百姓“亲其上，死其长”（《梁惠王下》）出发的。而且，黎民与君主的地位并不平等。孟子曾称统治者为“民牧”（《梁惠王上》），把君民关系看作如同牧羊人和羊的关系，民只是君的财富，是被保护者、被施与者，他们之间并没有真正的“爱”。所谓“与民偕乐”，不过是劝统治者发善心，给人民一点恩惠，从而使被统治者更加驯服而效死命。不言而喻，这仍是典型的封建主义思想。但是从中我们也可以看出，孟子感受到人民的巨大力量，意识到人民支持与否对于维护统治地位的重要作用，比较深刻地总结了前代的统治经验，继承了“民本”思想的优良传统，其眼光还是颇为明锐的。当然，在封建时代，要求统治者“与民偕乐”只能是一种幻想。但是，千百年来，许多有远见的思想家却总是以不同的方式重复这一要求，热情地追求和向往这一理想。这表明，它在一定程度上是符合人民的愿望的。

从“保民”思想出发，孟子还提出了“民为贵，社稷次之，君为轻”（《尽心下》）的著名命题，把人民提到了比土谷神社和国君更重要的地位。他论证说：“是故得乎丘民而为天子，得乎天子而为诸侯，得乎诸侯而为大夫。诸侯危社稷，则变置。牺牲既成，粢盛既洁，祭祀以时，然而旱干水溢，则变置社稷。”（同上）就是说，天子只有得到人民的拥护，才能做得成，坐得稳；土谷神社只有能够保佑人民，它的设立才有意义。如果国君无道，危及到国家的存在，从保有这个国家出发，就应换掉国君；如果祭祀很周到，还发生水旱灾害，就须变置社稷；唯有人民是国家的根本，丧失不得，所以最为重要。孟子还把桀纣那样的暴君称为“残贼之人”，认为杀掉他们也完全应该。说：“残贼之人，谓之一夫。闻诛一夫纣矣，未闻弑君也。”（《梁惠王下》）封建时代君王至尊，拥有无上的威势；小民至微，只有被奴役驱遣的份儿。但是，孟子在这普遍存在的现象背后，揭示出似乎违反一般常识的道理，在某种意义上肯定了人民的历史地位和作用，这是难能可贵的。“民贵君轻”的观点，与“人民创造历史”的唯物史观在本质上并不相同，但在“重民”这一点上是相通的，因而在历史上一直闪耀着真理和智慧的光辉。它是人民群众在风起云涌的阶级斗争中显示出巨大威力这一事实在剥削阶级思想家头脑中的曲折反映。

二、制民之产

孟子认为王道政治需要有一定的物质基础。“民之为道也，有恒产者有恒心，无恒产者无恒心。苟无恒心，放辟邪侈，无不为已。”（《滕文公上》）“恒产”，即一定数量的固定产业（主要指土地）；“恒心”，即一定的道德观念和行为准则。孟子认为，恒产是恒心的基础，老百姓有了恒心才会不造反，踏实地为统治者效力，这样，社会秩序才能安定。所以，有没有恒产，是决定社会治乱安危的前提。因此，孟子明确地提出了土地制度问题。他认为，英明的君主必须“制民之产”，授给人民一定数量的土地，以保证人民有必不可少的为自己支配的生产资料，从而过上稳定的经济生活。“是故明君制民之产，必使仰足以事父母，俯足以畜妻子，乐岁终身饱，凶年免于死亡。”（《梁惠王上》）如果连这最起码的条件都达不到，人民就将流离失所，造成“父子不相见，兄弟妻子离散”的惨象，那就会招致人民“举疾首蹙额”地诅咒和怨恶。（《梁惠王下》）为了使人民有“仰事”“俯畜”的可能，孟子几次提到如下具体理想：“五亩之宅，树之以桑，五十者可以衣帛矣。鸡豚狗彘之畜无失其时，七十者可以食肉矣。百亩之田，勿夺其时，八口之家可以无饥矣。”（《梁惠王上》，又见《尽心上》）古制亩小，加以生产力低下，百亩的耕地和五亩的宅基地，也不过仅可使八口之家不致无衣无食而已。有了这种最低的生活保障，才能使农民附着在土地上，“死徙无出乡”（《滕文公上》），从而保有足够数量的劳动力，才有可能“王天下”。“七十者衣帛食肉，黎民不饥不寒，然而不王者，未之有也。”（《梁惠王上》）

孟子这些主张，虽带有很大的空想性，但却是针对普遍存在的人民食不果腹、衣不蔽体、啼饥号寒的社会现实而提出的。他说：“今也制民之产，，仰不足以事父母，俯不足以畜妻子，乐岁终身苦，凶年不免于死亡。”（同上）社会问题如此严重，统治者却毫不理会，还把原因归咎于天：“狗彘食人食而不知检，涂有饿莩而不知发；人死则曰：‘非我也，岁也。’”孟子指出，这种说法，如同用刀杀了人却说不是我杀的，而是兵器杀的一样荒唐。（同上）这些话表明，孟子认识到，民不聊生完全是统治者草菅人命的结果。他尖锐地揭露说：“庖有肥肉，厩有肥马，民有饥色，野有饿莩，此率兽而食人也。兽相食，且人恶之；为民父母，行政不免于率兽而食人，恶在其为民父母也?”（同上）这样的言辞，这样的态度，出自两千多年前那等级森严的时代，而且是当着封建国君的面进行指斥，应该说是值得敬佩的。人们对于唐代大诗人杜甫的名句“朱门酒肉臭，路有冻死骨”倍加称道，因为它深刻地揭示了唐代中期贫富两极对立的尖锐社会矛盾。如果从思想渊源上看，毋宁说这是杜甫对孟子的继承，而在态度上，倒是孟子更激烈，更直率些。当然，正像杜甫不可能站到人民立场上一样，孟子也不可能主观上为百姓说话，而是苦口婆心地对统治者进行箴规。但说这种思想在客观上反映了人民的某种愿望，从而肯定其带有人民性，大概不能算是过誉吧。

孟子还认为，统治者必须制定适当的政策以保证人民能过上稳定的经济生活。他说：“不违农时，谷不可胜食也；数罟不入洿池，鱼鳖不可胜食也；斧斤以时入山林，材木不可胜用也。谷与鱼鳖不可胜食，材木不可胜用……王道之始也。”（《梁惠王上》）这里包含了在农忙季节不要征调农民服役以及对水域山林等资源规定适当的保护措施等思想，同时，也正是对统治者滥用民力、破坏自然资源的批判。孟子认为，实现了这些政策，人民才可能有充足的食用之资，国家才可能有不竭的物力之源，所以说这是“王道之始”。这些政策对于保护和发展生产力是有好处的。

孟子还多次说到“制民之产”的方案，即“正经界”，行井田。“夫仁政必自经界始。”（《滕文公上》）认为这是施行仁政的前提。其具体规划是：“方里而井，井九百亩，其中为公田。八家各私百亩，同养公田；公事毕，然后敢治私事。”（同上）有人曾据此论定孟子要复辟奴隶制。这种罪名是不能成立的。因为殷周奴隶制时代并没有存在过这种“八家共井”的井田制，也没有什么“八家皆私百亩”的私田；那时，在天子所授的公田上劳动的人也不是拥有自己土地的个体农民，而是完全没有人身自由的、一无所有的奴隶。所谓“八家共井”的井田制，不过是孟子为解决现实的阶级矛盾而提出的改良方案而已。既然这种井田制在历史上根本没出现过，还怎能谈得到什么“缅怀过去”，什么“复古”“复辟”呢？尽管他不断地称引“先王”“三代”，但那不过是借用一面旧旗帜，内容却是新的，是“孟”字号的解决土地问题的新方案。

应该指出，地主阶级是靠剥削、压迫农民来维持其腐化生活和罪恶统治的，要他们不兼并土地、不聚敛财富是不可能的。剥削阶级的贪婪性决定了他们的掠夺欲望永远不会满足，直到逼得农民走投无路，起来造反，旧的统治者被打倒，土地问题才得到暂时缓和。但这仅是渐进过程的中断，随着新统治者的上台，新的剥削者又日益跋扈，兼并和剥削又日益加重，新的一轮“循环”又告开始。因此，土地问题便成为封建社会的中心问题之一。两千年间，继孟子之后，许多政治家、思想家都提出过许多“均田”方案，许多农民起义领袖也往往以“均田”为号召，二者的阶级实质尽管根本不同，但针对的问题是一个。虽然土地问题在封建社会是不可能获得根本解决的，但由于它关系到人民的生存和社会的发展，所以人们总是要试图解决它。孟子较早提出了这个问题，在理论上具有开创意义，在政治上具有进步意义。

三、薄其税敛

孟子提出了赋税制度问题。他认为，要实行仁政，必须“薄其税敛”（《梁惠王下》），“取于民有制”（《滕文公上》）。要有一定的制度和节制，不能滥征，不能搞苛捐杂税，不能想什么时候征就什么时候征。他把这看作是富民之道，说：“易（治）其田畴，薄其税敛，民可使富也。”（《尽心上》）税敛从轻，是这种税敛制度的基本点。他把“什一之税”描绘为最理想的税制：“夏后氏五十而贡，殷人七十而助，周人百亩而彻，其实皆什一也。”（《滕文公上》）就是说，夏商周三代的征税方式虽然有“贡”“助”“彻”的不同，但税率却是一致的。这种十分之一的税率不仅不能再提高，而且，还须根据实际收成情况减征或缓征，不能不顾灾情一味强征。他批判“校数岁之中以为常”，即按固定税率征税的“贡”法，说：“乐岁，粒米狼戾，多取之而不为虐，则寡取之；凶年，粪其田而不足，则必取盈焉。为民父母，使民盻盻然，将终岁勤动，不得以养其父母，又称贷而益之，使老稚转乎沟壑，恶在其为民父母也?”（同上）这虽然不是反对征税本身，且努力为之辩护；但同时也包含着对统治者横征暴敛的批判。他列举当时赋税繁多的情况说：“有布缕之征，粟米之征，力役之征。”（《尽心下》）征布、征粮，还要服劳役，三重负担加在一起人民是不堪忍受的：“用其二而民有殍，用其三而父子离。”（同上）他要求对这种重税加以宽减，“君子用其一，缓其二”（同上）。还骂那些自称能为君“辟土地，充府库”的所谓“良臣”是“民贼”，这样“求富”是“富桀”，即富了暴君。（《告子下》）

另一方面，孟子出于维护封建统治的需要，又努力论证适当征税的必要性，而反对过分地减少赋税。有个叫白圭的人，主张行“二十而取一”的税法，孟子骂他是“貉道”，即夷狄之国的野蛮作法。他认为，要维持一个政权，使国家机器得以运转，没有一定的赋税收入作为经济支柱，显然是不可想象的；什一之税是尧舜之道，既不能超过，也不能太少。“欲轻之于尧舜之道者，大貉小貉也；欲重之于尧舜之道者，大桀小桀也。”（《告子下》）可以看出，孟子的确是处心积虑要维护封建统治，任何有害于这种统治的言行，他都加以反对。他抨击过分的剥削，也完全是出于这种考虑。但是，他毕竟揭露了封建统治者的罪恶，且对人民表示了一定的同情。

孟子还谈到商业税问题，主张“关市讥而不征”，（《梁惠王下》，又见《公孙丑上》）“市廛而不征，法而不廛”，“廛无夫里之布。”（《公孙丑上》）意思是说，在道路关口，对过往客商只检查非法活动，不征收捐税；对上市的货物，如果征收了一种税，就不再征双份税。这种较轻的税制自然是招徕客商、鼓励物资交流的有效措施。而这一切归结起来，又都是为了争取人心的归向。他认为，认真实行这些政策，就会“天下之商皆悦，而愿藏于其市”，“天下之旅皆悦，而愿出于其路”，“天下之农皆悦，而愿耕于其野”，“天下之民皆悦，而愿为之氓”。赢得人民如此广泛的拥护和支持，就会“无敌于天下”。（同上）

战国时期，许多思想家都针对人民不堪忍受的沉重赋税而发表过见解。老子认为：“民之饥，以其上食税之多，是以饥。”（《老子》七十五章）看法不谓不深刻，但其解决的办法却是干脆取消政权，退回到“结绳而治”“小国寡民”的原始社会中去。（《老子》八十章）墨子主张“节用”，要求统治者“凡足以奉给民用则止。诸加费，不加于民利者，圣王弗为”（《墨子·节用中》）。着眼于规劝统治者注意节约，减少浪费。应该说，作为政治思想，它们都有一定的人民性。但相比之下，老子的观点失之虚幻，墨子则失之空泛，倒是孟子的看法更切实些，更丰富些。作为统治经验的总结，它们对后世有一定的借鉴意义。

四、尊贤重教

孟子继承和发展了孔子“举贤才”（《论语·子路》）的思想，把“尊贤”作为实现仁政的一个重要内容，这实际上是他提出的组织路线。他希望国君能“贵德而尊士”，让“贤者在位，能者在职”。（《公孙丑上》）做到了这一点，就能广泛地招揽人才，给政治带来好处，达到“王天下”的目的。他说：“尊贤使能，俊杰在位，则天下之士皆悦，而愿立于其朝矣。”（同上）“土地辟，田野治，养老尊贤，俊杰在位，则有庆。”（《告子下》）他还说，古代圣王就是这样用人的：“尧之于舜也，使其子九男事之，二女女焉，百官牛羊仓廪备，以养舜于畎亩之中，后举而加诸上位。故曰，王公之尊贤者也。”（《万章下》）“尧以不得舜为己忧，舜以不得禹与皋陶为己忧。”（《滕文公上》）“汤执中，立贤无方。”（《离娄下》）还说：“智者无不知也，当务之为急；仁者无不爱也，急亲贤之为务。尧舜之智而不遍物，急先务也；尧舜之仁不遍爱人，急亲贤也。”（《尽心上》）不但先王如此，就是春秋的霸主也是如此。他说：“虞不用百里奚而亡，秦穆公用之而霸。”（《告子下》）还说，齐桓公大会诸侯时，发布的第二条命令就是“尊贤育才，以彰有德”（同上）。他还把治国需要贤臣，比作盖大房子需要“工师”、雕琢美玉需要玉工一样，应该放手使用，以尽其所长。国君不能乱加干涉，一味要求臣子适应自己“姑舍女所学而从我”（《梁惠王下》）。这些见解反映了封建制度确立时期新兴地主阶级的政治要求。他们不满足于现状，积极要求改革和取得政治地位，以打破贵族对于政治的垄断。

可是，贵族执政还是当时普遍存在的现实。孟子一面提倡“尊贤”，一面又不得不对这些拥有巨大实力的贵族表示尊重。这样，就形成了他学说中“尊贤”和“贵贵”的矛盾。比如他说：“为政不难，不得罪于巨室。”（《离娄上》）还说：“所谓故国者，非谓有乔木之谓也，有世臣之谓也。”（《梁惠王下》）“巨室”“世臣”就是大贵族。孟子认为，对于他们得罪不得，因为他们凭借其政治经济实力，有广泛影响。但从孟子的思想逻辑看，“贵贵”是出于不得已的敷衍，“尊贤”才是发自内心的呼声。因为，“巨室”“世臣”是世袭贵族，是不待举就有官的；而俊杰之士则是在野的平民，只有得到“举”“进”，才能升堂入室。而且，“巨室”不过是“不得罪”的对象，“为政”者则应是贤能之士，只须对巨室加以必要的尊重和照顾罢了。再者，即使都是“官”，担当“大任”、参与决策者毕竟是少数。在这方面，孟子显然也不是以“贵”，而是以“贤”为原则。从孟子提到一些贤能之士的情况就是明证。如他说：“舜发于畎亩之中，傅说举于版筑之间，胶鬲举于鱼盐之中，管夷吾举于士，孙叔敖举于海，百里奚举于市。”（《告子下》）这些人中除管仲外都是下层平民。可见孟子理想的官吏制度占主导地位的仍是“尊贤”，而不是“贵贵”。

至于该怎样选拔贤才，孟子认为，既要特别慎重，还要广泛听取意见，有一个考察的过程，无论是选拔还是黜免官吏，都不能偏听偏信接近自己的人的意见，而应听取多方面的特别是“国人”的意见。（见《梁惠王下》，文繁不俱引）这些见解，虽嫌笼统、空泛，但还是有一定道理的。其中，提出了一些新的问题，寄托了新的理想，对后世也有一定认识意义。

孟子还比较突出地谈到教育问题。重视教育是孟子仁政学说的又一特点。他认为，使人民有稳定的经济生活，仅仅是“王道之始”，进而对人民施行教化，才能保证王道的完成。他屡屡说：“谨庠序之教”（《梁惠王上》），“设为庠序学校以教之”（《滕文公上》）。还渲染历史传说，把古圣王都说成是重教化的：“夏曰校，殷曰序，周曰庠，学则三代共之，皆所以明人伦也。”（同上）“后稷教民稼穑，树艺五谷；五谷熟而民人育。人之有道也，饱食暖衣，逸居而无教，则近于禽兽。圣人有忧之，使契为司徒，教以人伦……”（同上）总之一切古圣王都非常重视教育，有了这些古圣王对人民的教化，才造成了华夏社会的优良传统和道德风尚。在孟子眼里，教育的地位是崇高的，他常把庠序之教与政治经济并提，有时甚至提到政令之上，认为好的教育比好的政令更重要，更带根本性。如说：“善政不如善教之得民也。善政，民畏之；善教，民爱之。善政得民财，善教得民心。”（《尽心上》）这表明他抬高教育还是从“得民心”这一政治目的出发的。这是对孔子“道之以德，齐之以礼，有耻且格”（《论语・为政》）思想的继承和发挥。从人类历史和思维发展过程来看，教育有不可忽视的作用。孟子抬高教育，并且论证了教育和政治的关系，从认识史的角度看，还是比较深刻的。

以上谈了孟子仁政学说的几个方面。为了清算“左”的历史虚无主义，从积极方面讲得多些。孟子思想既然是封建社会正统意识形态的一部分，其反动性、落后性当然是存在的。本文不是对孟子思想做全面分析评价，故有些问题没有论及。历史文化遗产的研究重点应该是深入发掘和批判继承那些珍贵的精华，而不是陈列一大堆糟粕和垃圾。

否则，对于批判继承祖国文化思想的优良传统，提高民族自信心将毫无益处。孟子的仁政学说是我国古代政治思想中具有较突出的人民性的部分，其精华是主要的。诚然，历代封建统治者总是把它们挂在嘴边上，却从来没有认真地全面地实行过，这表明了它的欺骗性的一面。但历史已证明，哪个统治者或多或少地按“仁政”做了，就或大或小地获得了政治上的成功；反其道而行之，则总是或迟或早地招致或轻或重的失败，这又表现了它具有一定的真理性。因此，作为一种历史经验的总结，它还是值得重视的。

原文载于《孟子思想研究》，孔孟学研究丛书编辑委员会主编，山东大学出版社 1986 年版。

《荀子·仲尼》篇作者问题辨析

《仲尼》篇是《荀子》的第七篇，当代一些学者对于它的作者问题，提出了一些疑问，认为它不是荀子的作品。笔者认为，这还有加以辨析的必要。不揣浅陋，谨将管见就教于方家。

《荀子》一书现存三十二篇，传统观点认为，其中绝大部分是荀子自著，少数几篇是门弟子杂录。但究竟哪些篇是门弟子杂录，看法则不尽一致。从最早给《荀子》作注的唐朝人杨倞开始，就认为，后六篇（即《大略》《宥坐》《子道》《法行》《哀公》《尧问》）乃弟子杂录。近代梁启超对《荀子》多有考证。他基本同意杨倞的见解，并进而指出下列几点：

《儒效》《议兵》《强国》三篇，皆称“孙卿子”，似出门弟子记录；《大略》以下六篇中，有的段落和荀子思想相矛盾，“应为他人所述”（如《尧问》末段），且大多“文义肤浅，宜认为汉儒所杂录，非荀子之旧”。（《古史辨》第四册）

在《汉书艺文志诸子略考释》中，梁氏又对《君子》篇提出疑问，说它“疑非尽出荀子手，或门弟子所记，或后人附益也”。（《饮冰室合集》专集之八十四）

至于《仲尼》篇，从杨倞到梁启超都没有怀疑它属于荀子自著。

郭沫若首先对《仲尼》篇提出新的见解。他在《十批判书·荀子的批判》中，肯定“自《大略》《宥坐》以下六篇乃弟子杂录，早成定论”，进而认为，《仲尼》篇也是“弟子杂录”。其主要理由有二：一是《仲尼》篇大讲“术”，“读起来实在有些太卑鄙、太乡愿了。特别像‘持宠处位、终身不厌之术’，实在有点不大像荀子所说的话”。并且认为它们与《臣道》篇的思想是相矛盾的，《臣道》篇反对“偷合取容，以持禄养交”，且把这样的人斥之为“国贼”。二是《荀子》全书反复强调“礼”字，而《仲尼》篇没有一个“礼”字，这在向来认为是荀子手笔的二十六篇中是唯一的例外。

郭老的这个说法并没有被人们广泛接受，后来的许多关于荀子的专著、论文中，还常常引《仲尼》篇以阐述荀子思想。

最近，张岱年先生在其所著《中国哲学史史料学》中，又重新提出这个问题。他引证了郭沫若的主要观点，表示同意，认为“《仲尼篇》决非荀子的著作”。

说《荀子》中有些篇是“门弟子记录”，这和“自著”，当然有差别。但只要认为这种记录与荀子的基本思想一致，其差别就还是比较次要的。先秦许多思想家的著作，都不是成于本人之手，而是其弟子所记（如《论语》《墨子》《孟子》等），只要能比较准确地反映本人的思想，后人就仍把它们当作可信的资料。梁启超于《大略》等六篇之外，提出的《儒效》等四篇的问题，就属于此类，可以不深辨（何况，梁氏讲的理由，也不大体能成立）。但是，郭老、张先生提出的《仲尼》篇的问题，是说其思想走了样，乃至与荀子根本不相类，这就与“弟子杂录”的性质不同了，只能说是窜入的赝品。《仲尼》篇是不是这样的赝品呢？它究竟是不是与荀子的思想一致？这是需要讨论的。

《仲尼》篇包括意思不相连属的两部分内容。（这种情况在《荀子》其他篇中也常见）前半篇讲“霸道”不如“王道”，后半篇讲“事君之术”。这两个方面的思想，与《荀子》书中其他最有代表性的篇章的思想是基本一致的。

先看前半篇，关于王道霸道问题，《仲尼》篇认为，霸道远不及王道。说：“仲尼之门，五尺之童子，言羞称乎五霸。”为什么“羞称”呢？篇中列举了齐桓公“前事”（未称霸前的行事）、“内行”（家庭内的行为）、“外事”（外交事务）三方面的“险污”“淫汰”的劣迹，因此说他不足以“称乎大君子之门”。

可是，为什么齐桓公没亡国，反而能称霸呢？篇中又举出桓公有天下之“大知”（发现管仲之能）、“大决”（不计前嫌，立管仲为仲父）、“大节”（尊信管仲，没人敢嫉妒），因此，“其霸也宜哉！非幸也，数也”。

虽然如此，《仲尼》篇认为，齐桓公只能算“霸道”，不值得称道，这是因为，“非本政教也，非致隆高也，非綦文理也，非服人之心也”。因此，齐桓公只能算是“小人之杰”，而不足以“称乎大君子之门”。

与之相对的“王道”则不然。篇中接着对文、武、周公的圣王之业进行了歌颂（文繁不具引）。尊崇王道，但也不完全否认霸道，只是霸道远远不及王道，这便是《仲尼》篇前半篇的基本思想。这一思想，正是荀子政治思想的基本主题之一，在《王制》《王霸》《强国》《正论》等篇中多有反映（这方面可能分歧不大，故不引证原文了）。由此看来，《仲尼》前半篇应肯定是荀子的作品。

那么，后半篇呢？郭沫若先生认为是“太卑鄙、太乡愿”的“妾妇之道”的那段话是：

> 持宠处位、终身不厌之术：主尊贵之，则恭敬而僔（同“撙”，卑退）；主信爱之，则谨慎而嗛（同“谦”，谦虚）；主专任之，则拘守而详；主安近之，则慎比而不邪；主疏远之，则全一而不倍，主损绌（通“黜”）之，则恐惧而不怨。贵而不为夸，信而不处谦，任重而不敢专。财利至则善而不及也，必将尽辞让之义然后受；福事至则和而理，祸事至则静而理。富则施广，贫则用节。可贵可贱也，可富可贫也，可杀而不可使为奸也——是持宠处位、终身不厌之术也。虽在贫穷徒处之势，亦取象于是矣，夫是之谓吉人。

这是作者讲的为臣者的事君之道。他列举了在受到君主的尊贵、信爱、专任、安近、疏远、损黜等不同对待的情况下，臣子所应抱的态度，提出了面对贵贱、贫富、祸福等不同境况时作臣子的处事原则。他站在君主本位的立场上，强调的重点是：臣子对君主忠心耿耿、任劳任怨、谨慎谦虚、尽职尽责，不搞歪门邪道、不谄媚取宠、不居功自傲、不聚敛财富，等等。“持宠处位、终身不厌之术”这个提法，的确带有过分为自身谋划的意味，但看他讲的这些具体内容，却没有苟合取容、谄媚取宠、曲意逢迎之类的意思。因此，它与“妾妇之道”似不能划为一类；与那种“不恤君之荣辱，不恤国之臧否，偷合苟容，以持禄养交”的“国贼”行径（见《荀子·臣道》）显然也是大相径庭的。

它“太乡愿了”吗？其实它并没有要人做口是心非、阳奉阴违的两面派；“太卑鄙了”吗？其实它只是强调臣子对君主的忠顺和坚贞。在荀子想来，恐怕认为他的这套道理倒是堂堂正正的哩！

《仲尼》篇中还进而说到“事君之宝，而必无后患之术”。形式上看，他讲的是如何才能“处大重，任大事，擅宠于万乘之国，必无后患”的问题，似乎也“太卑鄙”了。但考其内容，实际上说的是：要善与人同（不独断专行）、授贤博施（不妒贤，不吝啬）、消除旧怨（不妨害别人），如果自己不及别人，就诚恳地举贤让贤，而且心甘情愿地追随其后。还要做到“君虽不知，无怨疾之心；功虽甚大，无伐德之色；省求多功，爱敬不倦”。这些话的中心意思，也无非是要臣子对君主绝对忠诚，尽心竭力，并没有丝毫欺诈矫伪、权谋倾覆之类的内容。

该篇结尾一段说：“少事长，贱事贵，不肖事贤，是天下之通义也。有人也，势不在人上，而羞为人下，是奸人之心也。……是故，君子时诎（通“屈”）则诎，时伸则伸也。”强调一个人应该以时屈伸，且贵有自知之明，不要不能屈居人下。

上述这些思想，都是关于“事君之术”的进一步发挥，但其立脚点，与其说是为臣子谋划，倒不如说是为君主着想更确切。尽管如此，也仍然谈不到什么“妾妇之道”的问题。

《仲尼》篇的这些思想，从今天的角度看来，其需要批判的地方的确很多（主要是封建意识过分浓重），在历史上，宋明理学家从其“存天理、灭人欲”的眼光出发，也曾对之进行过不少指摘（主要是“不纯粹”、有利己动机等）。批评可以是多种多样的，但却都不能作为判断该作品是否荀子所著的理由。为了弄清问题，主要应该看看该文的思想与《荀子》全书的思想是否一致。我们还是对照一下《荀子》中一些有代表性的篇章的思想吧。

《臣道》篇是郭老提出的根据之一，认为《仲尼》篇的思想与它相矛盾。但笔者觉得，两篇不但不矛盾，反倒是很一致的。

《臣道》篇的内容有两个重点：一是讲君主应注意选择什么样的臣子，一是讲做臣子的应怎样做。开篇所讲的“态臣”“篡臣”“功臣”“圣臣”几种情况，是从做君主的“必谨志之而慎自为择取焉”，即是从君主应注意选择什么样的臣子的角度讲的。接着，从君臣的相互关系中讲为臣之道。他分析了君有“圣君”“中君”“下君”的不同，对不同的君主，事奉之道也应不同，因此，臣子也就有“顺”“谄”“忠”“篡”“国贼”“谏争”“辅弼”等差别。其对臣子的具体要求有：

> 事圣君者，有听从，无谏争；事中君者，有谏争，无谄谀；事暴君者，有补削，无挢拂（强行纠正）。迫胁于乱时，穷居于暴国，而无所避之，则崇其美，扬其善，违其恶，隐其败，言其所长，不称其所短，以为成俗。

> 恭敬而逊，听从而敏，不敢有以私决择也，不敢有以私取与也，以顺上为志，是事圣君之义也。忠信而不谀，谏争而不谄，挢然刚折端志而无倾侧之心，是案曰是，非案曰非，是事中君之义也。调而不流，柔而不屈，宽容而不乱，晓以至道而无不调和也，而能化易，时关内之，是事暴君之义也。

篇中特别突出一个“顺”字，说：“事人而不顺，不疾者也；疾而不顺者，不敬者也；敬而不顺者，不忠者也；忠而不顺者，无功者也；有功而不顺者，无德者也。”

《臣道》篇区分了事奉圣君、中君、暴君的不同态度，这是它比《仲尼》篇细致的地方。但其基本精神，如对君主的忠顺、坚贞、不谄媚等，与《仲尼》篇的主旨应该说是毫无二致的。一样的君主本位，一样的处心积虑地为君主着想，一样的有明哲保身的考虑，等等。如果把这些叫做“妾妇之道”的话，《臣道》篇不也有些同样的意味吗！不唯《仲尼》《臣道》两篇如此，此类思想，在《荀子》其他篇中也所在多有，如：

君子……畏患而不避义死，顾利而不为所非。（《不苟》）

君子宽而不僈（怠慢），廉而不刿（伤害人），辩而不争，察而不激，直言而不胜，坚强而不暴，柔从而不流，恭敬谨慎而容（宽容），夫是之谓至文（德行完备）。（同上）

君子……与时屈伸，柔从若蒲苇，非慑怯也……以义变应，知当曲直故也。（同上）

请问为人臣？曰：以礼待君，忠顺而不懈……（《君道》）

愿悫（诚恳）拘录（劬劳），计数纤啬而无敢遗丧（漏），是官人使吏之材也。修饰端正，尊法敬分而无倾侧之心；守职修业，不敢损益，可传世也，而不可使侵夺，是士大夫官师之材也；知隆礼义之为尊君也，知好士之为美名也，知爱民之为安国也，知有常法之为一俗也……是卿相辅佐之材也。（同上）

为人臣者，不恤己行之不行，苟得利而已矣，是渠冲（攻城用的车）入穴而求利也，是仁人之所羞而不为也。（《强国》）

儒者法先王，隆礼义，谨乎臣子而致贵其上者也。人主用之，则势在本朝而宜；不用，则退编百姓而悫，必为顺下矣。（《儒效》）

上引各条，讲的角度虽有所不同，但其基本意思则无非是说，做臣子的应该忠顺、尽职，与《仲尼》篇的基本精神也是一致的。

至于文中有没有“礼”字，倒不是主要的，因为那不过是字面上形式的问题，就内容说，它们都是与荀子的“礼”相符合的。总之，这些材料当可表明，《仲尼》篇反映的完全是荀子的思想。至于其可批判之处，那是很显然的。一个封建时代的学者讲为臣子的道理，今天看来，其可鄙、可笑、可怜、可悲之处还会少吗？但这不是本文讨论的范围，故不赘述。

最后只想指出，荀子的尊君卑臣、君主本位思想，是中央集权制的封建大一统趋势日益明显的那个历史时代的反映，如果与早于他的孟子相比，其专制气味显然浓重多了（孟子说：“君之视臣如手足，则臣视君如腹心；君之视臣如犬马，则臣视君如国人；君之视臣如土芥，则臣视君如寇仇。”把君臣关系表述为互相对待、一还一报的关系；主张民贵君轻；甚至骂残民的君主为“独夫”。这些，在荀子思想中是看不到的。）近代激进思想家谭嗣同曾对“荀学”进行过严厉的批判。他说：“荀乃乘间冒孔之名以败孔之道，曰‘法后王’，尊君统，以倾孔学也；曰‘有治人，无治法’，阴防后人之变其法也；又喜言礼乐政刑之属，唯恐箝制束缚之具不繁也。”（《仁学》）又说：“二千年来之政，秦政也，皆大盗也；二千年来之学，荀学也，皆乡愿也。唯大盗利用乡愿，唯乡愿工媚大盗。”（同上）谭嗣同的观点，在细节上不见得都正确，但他一则道出了荀学尊君的特点，二则指明了荀学为封建统治服务的阶级性，这是很明锐的。而《仲尼》篇也是这样一篇作品，不应把它排斥在荀子的作品之外。

原文载于《河北大学学报》1984 年第 3 期。

《老子》精义探析

——“无为”不是“不为”，而是“善为”

“无为”是《老子》思想的中心。洋洋五千言，都是围绕这个中心而阐述和发挥。但什么叫“无为”？是否能从其字面意义解释成“不为”“不做”“无所作为”呢？回答是否定的。如果那样理解“无为”，就既有违于《老子》的本旨，又抹煞了它骨子里的积极精神，还会进而否定它的现实意义。本文认为，《老子》“无为”的精义不是“不为”，用《老子》自己的话说，“无为”即“善为”。

一、两种“为”——“无为”与“有为”

《老子》并不一般地反对“为”，而是讲了两种根本对立的“为”：一种是儒家的“为”——“有为”，这是《老子》所否定和批判的；一种是道家的“为”——“无为”，这是《老子》所肯定和赞美的。

先说《老子》对儒家的“为”——“有为”的批判。它说：

> 将欲取天下而为之，吾见其不得已。天下神器，不可为也。为者败之，执者失之。（第二十九章。“为者败之，执者失之”二语又见第六十四章。以下引《老子》只注章名）

“取天下”指治理天下。在《老子》看来，治天下是不能“为”的。如果企图靠“为”来实现，非但达不到目的，还会招致失败。如果再加以执持，不知回头，那就会造成更大的失误，遭到更惨重的失败。有鉴于此，圣人之治国，总是“以辅万物之自然而不敢

为”。(六十四章)

上述的“为”，是强做、妄为的意思，指儒家的“有为”。《老子》明确地批判道：

> 上仁为之而无以为，上义为之而有以为，上礼为之而莫之应，则攘臂而扔之。故失道而后德，失德而后仁，失仁而后义，失义而后礼。夫礼者，忠信之薄而乱之首。前识者，道之华而愚之始。(三十八章)

在《老子》看来，儒家所标榜的仁义仅只是丧失“道德”而后的东西，至于礼和智（前识)，就更是等而下之的了。它认为，儒家的这一套说教，都是强做妄为，违逆人民的自然本性，强迫人民就范，是丧失“道德”之真淳的倒行逆施，必须彻底否定。

“为”还指为非作歹、触犯刑律等行为。而究其原因，这些往往是统治者的“有为”而引起的。《老子》说：“民之饥，以其上食税之多，是以饥。民之难治，以其上之有为，是以难治。民之轻死，以其上求生之厚，是以轻死。”(七十五章）只有“无为”，才是治本的长策：“是以圣人之治……常使民无知无欲，使夫智者不敢为也。”(三章)

从上文可知，《老子》对“为”（主要指儒家的“有为”）的确是否定的。但是，却不能说《老子》一概反对“为”。事实上，《老子》又分明提到另一种“为”，如说：“为无为。”(六十三章）意思是，以无为的态度去为。“为无为则无不治。”(三章）意思是，以无为的态度去处理政事，就没有不上轨道的。

《老子》还正面阐述“道德”的作用说：

> 道生之，德畜之。长之育之，亭之毒之，养之覆之。生而不有，为而不恃，长而不宰，是谓玄德。(五十一章)

生、畜、长、育、亭（成)、毒（熟)、养、覆，都是“道”“德”的正面作用或作为，不过，与世俗不同的是。它不据为己有，不依恃己能，不加以主宰。这种“玄德”，“深矣，远矣，与物反矣”。（六十五章）生、畜、长、养之类，显然也是一种“为”。但这种“为”是“不有”“不恃”“不宰”的“为”，是“辅万物之自然”的“为”，亦即“无为”。

《老子》曾多次讲到“功”，如“自伐者无功”（二十四章)，“不自伐故有功”（二十二章)，这表明，《老子》还是希望“有功”的。只是它强调，对“功”的态度应是，“功成而弗居”（二章)，“功成不名有”（三十四章)，“功成而不处”（七十七章)，“功遂身退”（九章）。总之，有功不居功，不占有。既然是“功”，就必然是某种“为”的结果。这种“为”，从态度说，是“无为”。

《老子》甚至还具体讲到“为”的步骤和要求。如说：

> 图难于其易，为大于其细。天下难事，必作于易，天下大事，必作于细。是以圣人终不为大，故能成其大。（六十三章）

> 其安易持，其未兆易谋，其脆易泮，其微易散。为之于未有，治之于未乱。合抱之木，生于毫末；九层之台，起于累土；千里之行，始于足下。……慎终如始，则无败事。（六十四章）

上述“图”“为”“持”“谋”“治”“慎终如始”等，都有“做”的意思。可见，《老子》在一定意义上也是讲“为”的。但这种“为”是道家的“为”，是“无为”之“为”。

总之，《老子》书中，同一个“为”字，在不同的场合表达着截然对立的两种意思：一指儒家的“有为”之“为”；一指道家的“无为”之“为”。为了把握《老子》的精义，首先应该划清这种界限。

二、“无为”即“善为”

对于“无为”之“为”，《老子》常用“善为”加以表述。如说：“古之善为道者，非以明民，将以愚之。”（六十五章）就是说，使民愚朴是“善为道者”的政治方针。《老子》认为，能做到这点的是“国之福”；“以智治国，国之贼；不以智治国，国之福。”（同上）“不以智治国”即“无为”，只有“善为道者”才能如此，所以它正是“善为”。《老子》又说：

> 古之善为道（“道”一作“士”，今从帛书乙本）者，微妙玄通，深不可识。……保此道者不欲盈，夫唯不盈，故能蔽而新成。（十五章）

“善为道者”能够“蔽而新成”，可见不是毫无作为，只是“为”了又“不盈”（不自满）。“不盈”就是“善为”。

《老子》还拿水作比喻，以夸张的语气、排比的句式，正面讲“善为”说：

> 上善若水。水善利万物而不争，处众人所恶，故几于道。居善地，心善渊，与善仁，言善信，正善治，事善能，动善时。（八章）

这七个“善”字，都是形容词用如动词，有“善于××”的意思。宋人苏辙曾对此做了很恰切的解释，他说：“道无所不在，水无所不能。避高趋下，未尝有所逆，善地也。空处湛静，深不可测，善渊也。挹而不竭，施不求报，善仁也。圆必旋，方必折，塞必止，决必流，善信也。洗涤群秽，平准高下，善治也。以载则浮，以鉴则清，以攻坚强则莫能敌，善能也。不舍昼夜，盈科后进，善时也。”（《道德真经注》）苏辙这里将“七善”都解为指“水”的属性；有的注家则以为指得道者的品格，意即得道者像水那样善于如何如何。这两种说法都可通。它的意思无非是说，能做到此七善，可以说是“善为”。这种“善为”的总特征既然是“善利万物而不争”，因之，又可以说是“无为”。

《老子》二十七章还谈到几种“善为”，说：

> 善行无辙迹，善言无瑕谪，善数不用筹策，善闭无关楗而不可开，善结无绳约而不可解。是以圣人常善救人，故无弃人；常善救物，故无弃物。是谓袭明。

他如“善建者不拔，善抱者不脱”（五十四章），亦属此类，都是以铺陈的笔法，以举例的方式，极言“无为——善为”结果的完满和高妙，是对“无为”的热情讴歌和赞美。但是，古今有些学者却把这些“善为”解释成“不为”，元人吴澄可为代表，他说：

> 行者必有辙迹在地，言者必有瑕谪可指，计教者必用筹策，闭门者必用关楗，结系者必用绳约。然皆常人所为尔，有道者观之，则岂谓之善哉？善行者以不行为行，故无辙迹；善言者以不言为言，故无瑕谪；善计者以不计为计，故不用筹策；善闭者以不闭为闭，故无关楗而其闭自不可开；善结者以不结为结，故无绳约而其结自不可解。举五事为譬，以起下文圣人善救之意。圣人之救人救物以不救为救，亦若上文所譬，以不为其事为善也。盖有所救者必有所弃……圣人之善救者不然，一皆无所救，无所救则亦无所弃矣。（《道德真经注》）

当今有的学者亦主此说，兹不具引。应该承认，吴澄之说，如果从推理的角度去品味，的确很精采，它某种程度上也许揭示了“无为”思想逻辑的彻底性。（就是说，只有如此，在逻辑上才彻底）但是，后人的分析与古人的实际是两回事，二者不能混淆。《老子》反复讲的是“善为”（“行”“言”“数”“闭”等都可用一个“为”字代表），不是“不为”。如果把这种种“善为”都直接讲成“不为”，实际上就取消了问题本身，似乎只要反复说一个“不”字就解决了一切问题，其余便无须再说什么。但事实上，《老子》明明是说“善行”“善言”“善救人”“善救物”……，“善”与“不”之间，实难划等号。《道德经》五千言，充满了淳谆的告诫、沉痛的针砭，其用意显然是“救世”，而不是“不救”。如果“善×”真的是“不×”，那《老子》全书岂不都成了多余的废话？

其实，所谓“善行无辙迹”云云，如果质实一点去领会，也并不是不可理解的。“无辙迹”的行，不见得就是不行，如《庄子》所描绘的御风而行，鲲鹏展翅适南冥，都无辙迹；“乘天地之正，而御六气之变，以游无穷”就更无辙迹了。“无暇谪”之言，不见得就是不言，如可以是不由言传的意会，榜样的示范、引导等。“不用筹策”的“善数”，即不借助运算工具的运算。“无绳约而不可解”的“善结”，可以是思想上的桎梏，情感上的束缚，心理上的疙瘩，等等。（上述理解也许不很准确，只是提出一种思路而已，意在说明，“善为”本来就有十分丰富的内容，不能简单解成“不为”。）

三、“善为”思想贯穿《老子》的各方面

“无为”是《老子》的思想中心。“无为”即“善为”，“善为”思想必然贯穿于《老子》的各方面。试举其大者。

1.“道”善为

《老子》的“无为”思想有其本体论的根据，这个根据就是“道”。“道常无为而无不为”（三十七章）就是说，“道”具有无为的属性和无不为的作用。道的无为属性固然是《老子》反复描述的，而其作用，更是一再强调的。如说：

道冲，而用之或不盈，渊兮似万物之宗。（四章）

道隐无名。夫唯道善贷且善成。（四十一章）

道虽然幽隐，不可名言，却善于创始万物并完成万物。这是“道”的“善为”。

《老子》还形象地讲了天道的善为，说：

> 天之道，不争而善胜，不言而善应，不召而自来，绰然而善谋。天网恢恢，疏而不失。（七十三章）

> 天道无亲，常与善人。（七十九章）

“与”有帮助、亲近的意思。天道无所谓亲不亲，但经常帮助善良的人。“无亲”是“无为”，而“常与善人”可说是“善为”。天道的无为正是通过其善为来实现的。

《老子》讲道、讲天，落脚点总是归结在圣人法道、法天而行上。所谓“孔德之容，惟道是从”（二十一章）；“人法地，地法天，天法道，道法自然”（二十五章），都无非是说，圣人（道家思想的化身）正是以其法道、法天，才成其为圣人，才无不为。道、天是善为的，所以圣人也善为。

2. 治国要善为

道家有老、庄之分。《庄子》是出世的，《老子》是入世的。《老子》常以“侯王”“君长”为立言的对象，以“圣人”作为理想的统治者，而“无为”正是为这些统治者提出的治国方略。既然是为有国者的经邦治世而谋划，其中便不能不含着一个“善”字。这可以说是《老子》反复阐述的主题。除前文已引过的“非以明民，将以愚之……不以智治国”等以外，还可以再举一些，如说：

> 是以圣人之治，虚其心，实其腹，弱其志，强其骨，常使民无知无欲。（三章）

这里讲的是，统治者应致力于什么，而不是什么也不做。又如：

> 为无为，事无事，味无味。（六十三章）

王弼注此句说：“以无为为居，以不言为教，以恬淡为味，治之极也。”比较贴切。“居”有立身行事之意（这里主要是就统治者说的）。“为无为”，就是以无为的态度去做。《老子》又说：

> 取天下常以无事，及其有事，不足以取天下。（四十八章）

“有事”“无事”的“事”，指烦劳人民的事（河上公注），如兵役劳役、赋敛无时之类。“无事”即无繁苛之政，无扰攘之事。“无事”是手段，“取（治）天下”是目的。既然是要“取天下”，当然就不会是毫无作为。《老子》还说：

> 以正治国，以奇用兵，以无事取天下。……故圣人云：我无为而民自化，我好静而民自正，我无事而民自富，我无欲而民自朴。（五十七章）

对于最高统治者来说，开边拓土，造宫建苑，声色狗马，奇珍异宝……有诱惑力的东西实在太多了，“无为”“好静”“无事”“无欲”，谈何容易！要真做到这些，是需要花大力气，下大功夫的。这种功夫，就是无为——善为。

“为学日益，为道日损。损之又损，以至于无为，无为而无不为。”（四十八章）“无不为”，即“民自化”，“民自正”，“民自富”，“民自朴”，天下大治，就是《老子》所描绘的“小国寡民”的理想国，其人民尽管是那样的无知无欲，无羡无求，但从“使有什佰之器而不用，使民重死而不远徙……使民复结绳而用之”（八十章）几个“使”字中，传达出了“善为”的消息，这个无为而治的典型，正是善为治的样板。

治国离不开用兵。《老子》喜谈兵，更常突出一个“善”字。如说：

> 善为士者不武（不耀武扬威），善战者不怒（不情绪愤怒），善胜敌者不与（不与敌争胜）。（六十八章）

> 用兵有言：“吾不敢为主而为客，不敢进寸而退尺。”是谓行无行，攘无臂，执无兵，乃无敌。祸莫大于轻敌，轻敌几丧吾宝。故抗兵相加，哀者胜矣。（六十九章）

既然说“为客”（防守一方）、“退尺”（防守策略），其不是绝对不战可知。而“行无行”（有行阵却像没有行阵），“攘无臂”（奋臂出击却像没伸胳膊），“执无兵”（拿着武器却像没拿武器），结果是“乃无敌”。这里，善战的意思至为明显。《老子》还说：

> 以道佐人主者，不以兵强天下。……善者果而已，不敢以取强。（三十章）

就是说，善用兵的，胜之则止，不能逞强："果而勿矜，果而勿伐，果而勿骄，果而不得已，果而勿强。物壮则老，是谓不道，不道早已。"（同上）这里一再告诫的是，不要争强好战，否则就会走向反面。但取胜毕竟是目的。"兵者不祥之器，非君子之器，不得已而用之，恬淡为上，故不美也。"（三十一章）其主旨同上章。显然可见的是，《老子》不是说绝对不战，而是说，在不得已的情况下还是要战；既战，则要善战，取得"果"（胜利）；但不可"美"（自鸣得意）。这里突出的仍是一个"善"字。

"无为"还指个人修养的精神境界，其中也透露出"善为"的意思。前文引过的"微妙玄通，深不可识"的"古之善为道者"（十五章）就属此类。还有如：

> 盖闻善摄生者，陆行不遇兕虎，入军不被甲兵，兕无所投其角，虎无所措其爪，兵无所容其刃。夫何故，以其无死地。（五十章）

> 载营魄抱一，能无离乎？专气致柔，能如婴儿乎？涤除玄鉴，能无疵乎？（十章）

> 含德之厚，比于赤子。蜂虿虺蛇不螫，猛兽不据，攫鸟不搏。骨弱筋柔而握固，未知牝牡之合而朘作，精之至也。终日号而不嗄，和之至也。（五十五章）

这些"得道者"的特征是，思想深沉，精力旺盛，含敛光华，却无往不胜，有无限生机。他们与庄子所塑造的"堕肢体，黜聪明""形如槁木，心如死灰"的形象，毕竟有明显不同。

综上所述，《老子》的"无为"可以说就是"善为"，而不是"不为"。这应该是确定不移的结论。

四、"无为——善为"的丰富内涵

"无为——善为"含义丰富，概括言之，有下面几层意思：

1. 顺其自然而为

“自然”一词，在《老子》中凡五见，都是自然而然，自己如此，不知其所以然而然的意思。《老子》说：“道法自然”（二十五章）。王弼注：“法自然者，在方而法方，在圆而法圆，于自然无所违也。自然者，无称之言，穷极之辞也。”这讲得很好。就道自身说，是自己如此；就道与万物的关系说，是顺应万物之自然。《老子》还认为，道的受尊崇，也是出于自然：“道之尊，德之贵，夫莫之命而常自然。”（五十一章）虽然万物由道而生，但却是“生而不有，为而不恃，长而不宰”，任万物自然发展。体道的圣人亦须如此对待百姓，“以辅万物之自然而不敢为”（六十四章），这样，人民和万物都可以得到任其自然的发展，“功成事遂，百姓皆谓我自然。”（十七章）统治者不干涉人民，功成事遂了，老百姓说：我自己本来如此。这正是统治者的无为——善为。

《老子》还常常用形象的比喻，阐发“顺其自然而为”的意思。如：“天地不仁，以万物为刍狗；圣人不仁，以百姓为刍狗。”（五章）意思是，天地无所偏爱，听任万物自生自死；圣人无所偏爱，听任百姓自然地生活。“天地相合，以降甘露，民莫之令而自均。”（三十二章）天降甘露，是那样自然而然，没有谁下命令，普天之下都均匀地得到沾溉。“天之道其犹张弓与？高者抑之，下者举之，有余者损之，不足者补之。天之道，损有余而补不足。”（七十七章）天道没有好恶，却是如此均平和谐（用以反衬“人之道”的不均平和谐）。

《老子》的这些话，都不是认真地谈天地自然界，而是以之作为比照，阐明圣人之治民也应效法天道之自然无为。《老子》还说：“治大国若烹小鲜。”（六十章）这是又一句无为而治的名言。河上公注曰：“鲜，鱼也。烹小鱼，不去肠，不去鳞，不敢挠，恐其糜也。”烹小鱼不仅要相当谨慎小心，不能乱翻挠，而且需要高超的技巧；治国亦然，不能乱干涉，瞎折腾。这里，“无为”即“善为”的意思至为明显。

2. 不妄为

不妄为，不轻举妄动，不过分，是顺其自然一义的引申，是“无为”（善为）的又一层意思。《老子》广泛设喻道：

> 持而盈之，不如其已。揣而锐之，不可常保。金玉满堂，莫之能守。富贵而骄，自遗其咎。功遂身退，天之道也。（九章）

这是说，盈、锐、满、骄，都是祸根。

> 飘风不终朝，暴雨不终日。孰为此者？天地。天地尚不能久，而况于人乎？（二十三章）

这是说，强暴的、违反自然的事总是不能长久的。

> 企者不立，跨者不行，自见者不明，自是者不彰，自伐者无功，自矜者不长。其在道也，曰余食赘行（形）。物或恶之，故有道者不处。（二十四章）

> 不知常，妄作凶。（十六章）

这是说，过分、妄为，结果只能失败。因此，绝不能轻举妄动，而应保持静重：

> 重为轻根，静为躁君。是以圣人终日行不离辎重。虽有荣观，燕处超然，奈何万乘之主而以身轻天下？轻则失根，躁则失君。（二十六章）

“过分”既然必定导致失败，所以，“不过分”，就成了《老子》反复告诫的主题之一。如说：

> 将欲取天下而为之，吾见其不得已。天下神器，不可为也。为者败之，执者失之。……是以圣人去甚，去奢，去泰。（二十九章）

“甚”（过甚）、“奢”（过多）、“泰”（过分）都有“极端”的意思。《老子》认为，事物发展到极端，就要走向反面。因此，必须防止走极端，必须对可能导致极端的祸根加以根除。即去“有为”，行“无为”。

3. 知足、知止

“不妄为”的正面意思就是知足、知止。知足即知道自我满足，“乐今有之已多”；知止即知道适可而止，“惧后进之有损”。（取明人薛君采说）这一思想也是《老子》多次强调的。如：

> 始制有名。名亦既有，夫亦将知止，如止可以不殆。（三十二章）

知止，就是要知道有个限度（这里指名号的蔓延）。凡事知道该有个限度，就不会有危险了。又如：

> 甚爱必大费，多藏必厚亡。故知足不辱，知止不殆，可以长久。（四十四章）

过分贪爱什么，必定招致大的破费；多积藏财物，必定多丧失。惟知足知止才可以保持久长。因此，知足知止才是万全之策："知足者富。"（三十三章）"祸莫大于不知足，咎莫大于欲得。故知足之足，常足矣。"（四十六章）

知足、知止都属于"无为"的内涵。从方法论上说，它强调的是：不要为得过度，不可做得过火，不能做过了头，否则，其结果就会比完全不做更坏。知止既可"不殆"，"知足"既可"常足"，可知，此种"无为"，实际上也正是"善为"。

4. 无欲

无为，从主观心态说，就是无欲。此点，《老子》是作为根本看待的，认为：

> 不欲以静，天下将自定。（三十七章）

> 不尚贤，使民不争；不贵难得之货，使民不为盗；不见可欲，使民心不乱。是以圣人之治，虚其心，实其腹，弱其志，强其骨，常使民无知无欲，使夫智者不敢为也。为无为，则无不治。（三章）

这是《老子》提出的无为而治的纲领，其要点是引导人民无知无欲。进而，《老子》认为，一切足以引起欲望的东西都应弃绝：

> 五色令人目盲，五音令人耳聋，五味令人口爽，驰骋畋猎令人心发狂，难得之货令人行妨。是以圣人为腹不为目，故去彼取此。（十二章）

此章正好回答了第三章提出的何以要使人民无知无欲的问题。《老子》认为，不但"难得之货"之类足以引起贪欲的东西应该弃绝，就是儒家倡导的仁义圣智之类，也是造成争斗的原因（争功争名），因此也应弃绝：

绝圣弃知，民利百倍；绝仁弃义，民复孝慈；绝巧弃利，盗贼无有。此三者以为文不足，故令有所属：见素抱朴，少私寡欲，绝学无尤。（十九章）

上面几章，主要讲为政应使人民无欲。实际上，《老子》更强调统治者要无欲。两相比较，后者更具有决定性作用。前面引过的五十七章对此写得非常突出，他认为，统治者能做到“无为”“好静”“无事”“无欲”，就会造成“民自化”“民自正”“民自富”“民自朴”的局面。

总之，无欲则无为，无为则天下大治。“大治”当然是“善为”的结果。

5. 不争

《老子》非常强调“不争之德”。认为，

天之道，不争而善胜。（七十三章）

圣人之道与天道同一：

天之道，利而不害；圣人之道，为而不争。（八十一章）

《老子》举了许多例子，如水、牝、婴儿，等等，对此进行论证。如：

上善若水，水善利万物而不争，处众人之所恶，故几于道。……夫唯不争，故无尤。（八章）

水具有“不争”的品格，接近于道，是“上善”。这种“不争之德”，表现为处下、居后、守雌、守柔，谦退、俭啬等属性，最终则能无往而不胜。又说：

大国者下流，天下之交，天下之牝。牝常以静胜牡，以静为下。……大者宜为下。（六十一章）

> 江海所以能为百谷王者，以其善下之，故能为百谷王。是以圣人欲上民，必以言下之；欲先民，必以身后之。……以其不争，故天下莫能与之争。（六十六章）

> 我有三宝，持而保之：一曰慈，二曰俭，三曰不敢为天下先。慈故能勇，俭故能广，不敢为天下先，故能成器长。（六十七章）

> 知其雄，守其雌，为天下谿。为天下谿，常德不离，复归于婴儿。（二十八章）

> 圣人后其身而身先，外其身而身存。非以其无私邪？故能成其私。（七章）

> 治人事天莫如啬。夫唯啬，是谓早服。早服是谓重积德，重积德则无不克，无不克则莫知其极，莫如其极可以有国，有国之母可以长久。是谓深根固柢、长生久视之道。（五十九章）

上述种种说法，都有“不争”的意思。“不争”即“无为”，而其结果总是正面的。“是谓不争之德，是谓用人之力，是谓配天古之极。”（六十八章）可见，“不争”就是“善为”。

五、“无为”思想的价值和意义

从以上分析可以看出，《老子》“无为”思想的精义是“善为”，而不是“不为”。明确了此点，才能恰当地揭示和确认《老子》的价值和意义。而如果将“无为”解释成“不为”，那就难免会把这样一部古代优秀典籍看作是完全消极的东西，得出《老子》“反对人的有意志活动，反对人的主观能动性”之类的结论。毋庸讳言，《老子》的某些命题、某些观点，从方法论的角度看，的确有过分谦退、过分保守的毛病，有点绝对化，条件性也常常讲得不够，从而有可能导致对主观能动性的限制和压抑。但是，如果说它在出发点和归宿上全错了，则很难令人信服。它谴责统治者的圣智、仁义、巧利，不能说是一概反对人的有意志活动；它批判逞强、争胜、妄为，不能归结为反对人的主观能动性；它强调顺应自然、返朴归真、淡泊宁静，不能等同于叫人做自然的奴隶。前人多曾指出，《道德经》是“言治之书”。“无为而治”也是一种“治”，而不是“不治”。《老子》的“无为而无不为”一语，已将其旨意合盘托出。不管它讲了多少“不言”“不行”

“不争”“不敢”……，那都是手段，“无不为”“无不治”才是目的。它实质上是要以退为进，以守为攻，以柔克刚，以弱胜强。如果离开“无不为”而讲“无为”，再把“无为”等同于“不为”，那就会泯灭《老子》骨子里的积极精神，从而有违于其本旨。

从思维方式上说，《老子》的“无为”也并非一无是处，而是有其特点。人们为达到某种目的，可以采取两种不间的思路：一是从积极方面入手，努力达到正面的结果；一是从消极方面入手，努力防止反面的结果。比如，要增加财富，或强调开源，发展生产；或强调节流，减少浪费。要防病治病，或强调对症服药、打针开刀；或强调适当锻炼、养生保健。为杜绝水患，或强调修堤筑坝、浚河开渠；或强调森林植被、水土保持。为防止侵略，或强调增兵选将、修关筑垒；或强调瓦解敌军，使不能犯……等等。这是两条不同的思路，姑且称作“有为”的思路和“无为”的思路。在现实生活中，这两条思路本来是相互结合、交相为用的。不过，人们往往容易发现、采用、看重“有为”的思路，而忽视“无为”的思路。《老子》的明睿之处就在于，它把一般人容易忽视的东西特别鲜明地突出出来。在它看来，唯有“无为”的思路才最高明，才符合于“道”，才能“无不为”，才是所谓“善为”“微明”“袭明”“要妙”。

诚然，《老子》把“无为”夸张到极端，有时强调到排斥“有为”的程度，无疑有其片面性；但批判和克服了这种片面性，还是不难发现其合理因素。比如，它启发我们注意事物隐蔽的方面、掩盖着的倾向，努力抓住开始的阶段，防止向不利方面转化，等等。《老子》的片面性在于把“无为”绝对化，而不在于“无为”本身。

应当承认，《老子》的无为哲学在历史上的消极影响确实是存在的。究其原因，固然与无为理论本身的弱点分不开，但不容置疑的是，也与后人对“无为”的片面理解有关。近代严复曾对《老子》二十八章剖析道：“守雌者必知其雄，守黑者必知其白，守辱者必知其荣。否则，雌矣，黑矣，辱矣，天下之至贱者也，奚足贵乎！今之用《老》者，只知有后一句，不知其命脉在前一句也。”（《〈老子〉评点》，商务印书馆 1930 年铅印本第 18 页）这就是说，“知雄、知白、知辱”是“守雌、守黑、守辱”的前提和命脉，后者只是达到前者的策略；如果一味地只知守雌、守黑、守辱，忘记了其前提和命脉，最终便达不到雄、白、荣的目的，而只能落一个“天下之至贱”的下场。严复批评的是“今之用《老》者”，而不是《老子》本身。这话讲得深刻，也传达出了“无为”的精神实质。的确，如果忘记了最后目的，而唯方式是求，就难免不陷入退缩保守的境地，乃至躺倒不动、不思不谋、不说不做，导致主观能动性的完全丧失。道家的消极影响是应该批判的，但却很难说《老子》在提出无为思想时本身就那样消极。

对“无为”含义的不同理解，还直接关系到对于《老子》在当今的现实意义的估价。如果认为“无为”只是“不为”，那就必然认为它是消极的、自欺欺人的、“精神胜利法”，等等，这样，《老子》这部中国传统哲学的宝典便将黯然失色，只能被看成糟粕。而如果确认“无为”是“善为”，则不难发现其中积极的、合理的、辩证的精神，理直气壮地弘扬这份珍贵的遗产。

原文载于《河北大学学报》1993 年第 1 期。

《老子》“同词反义”浅探

《老子》五千言，义理精深，常使人感到索解为难。但《老子》行文也有其规律和特点，如能将其揭示和掌握，则诸多问题可迎刃而解。“同词反义”就是值得注意的特点之一。所谓“同词反义”，就是说，在《老子》中，同一个词常常具有相反的意思。这种情况不是极个别的，而是颇带普遍性，涉及《老》书的一系列范畴，有的甚至是其基本范畴。对它们如果不注意辨析，就会笼统模糊，不得其解，甚至把意思完全搞错。下面以举例的形式试做探析。

为

“无为”是《老子》的核心思想，贯穿于全书之中。“无为”一词反复出现，如“道常无为”（三十七章），“上德无为”（三十八章），“圣人无为”（六十四章），不一而足。而反对“为”，屡言“为者败之”（二十九章、六十四章），并说：“圣人无为，故无败”（六十四章），“使夫智者不敢为”（三章），“将欲取天下而为之，吾见其不得已。天下神器，不可为也”（二十九章），“以辅万物之自然而不敢为”（六十四章），等等。上述的“为”，有妄为、强为、违反规律而为、贪欲地为和蛮干、过激、过分等意思，因之是《老子》所激烈批判和否定的。

但《老子》同时也多次正面讲到“为”。如：

“为无为。”（六十三章）

“为无为则无不治。”（三章）

“为无为”的“为”，也是一种“为”，但它却与世俗的“为”根本不同。其基本内含是：“为而不恃”（二章、十章、五十一章、七十七章），“为而不争”（八十一章），“不敢为天下先”（六十七章）等。

《老子》还对“为学”和“为道”做了严格区分，认为，“为学日益，为道日损”。（四十八章）“为学日益”是世俗的人（一般人）在做着、追求着的。“益”即增益。增益什么呢？知识、学问、道德、能力等都属此类。通过此种增益，以获得更高的地位、更大的权势、更多的财富、更显赫的名望等，从而欲望越来越膨胀，距离“道”也便越来越远。“为道”则与此恰恰相反，它是要“日损”。“损”即减损。减损什么呢？《老子》说：“绝圣弃智”“绝仁弃义”“绝巧弃利”（十九章）。总之，圣智、仁义、巧利等各式各种的欲望和贪求，都在减损之列。这样“损之又损，以至于无为”（四十八章），才算是摸到了“道”的途径。

那么，“为无为”的“为”，是不是袖手裹足，躺倒不动，毫无作为呢？回答是否定的。《老子》多次讲到“善为”（十五章、六十五章）；赞美水“善利万物而不争……居善地、心善渊、与善仁、言善信、正善治、事善能、动善时”（八章）；还讲到要“善行”“善言”“善数”“善闭”“善结”，“圣人常善救人，故无弃人；常善救物，故无弃物。”（二十七章）这些，显然都属于“善为”。还说，“为”的步骤是，“图难于其易，为大于其细”（六十三章）；“为之于未有，治之于未乱”（六十四章）。“为”的态度是，“为而不争”（八十一章）。“为”的原则是，“一曰慈，二曰俭，三曰不敢为天下先”（六十七章）；“衣养万物而不为主”，“万物归焉而不为主”（三十四章）。最终目的则是要像“江海能为百谷王”那样，成为人间的“王”，“无为而无不为”。显然，这样的“为”，都是《老子》的正面主张。

知

《老子》说：“常使民无知无欲。”（三章）“爱民治国，能无知乎？”（十章）这里的“无知”，指愚朴、真淳的精神状态；而“知”则有智巧、诈伪的意思。因此，《老子》反对这种“知”，而提倡“无知”。

但《老子》又分明多次正面提到“知”。如：

> 知常曰明。不知常，妄作凶。（十六章）

> 知其雄，守其雌。……知其白，守其辱。（二十八章）

知足不辱，知止不殆。（四十四章）

不出户，知天下。……其出弥远，其知弥少。是以圣人不行而知……（四十七章）

既得其母，以知其子；既知其子，复守其母。（五十二章）

知者不言，言者不知。（五十六章）

知者不博，博者不知。（八十一章）

有的学者说：“老子主张去知，诸如知人知物，都应当否定。”这有道理，但不全面。《老子》区分了两种不同的“知”。《老子》所“去”的“知”，是智巧、诈伪一类的知；至于符合“道”的知，《老子》当然不反对，而是反复加以提倡和强调的。上文所举的“知常”“知足”“知止”，以及“不言”之知、“不博”之知，都属此类。

这里还需讨论一下“知人者智”（三十三章）这句话。有的学者以为智在老子那里是一个贬义字，因之，“知人者智”是反面观点。这尚须推敲。“知人”本是孔子的主张（《论语·颜渊》：“樊迟问知。子曰：‘知人。’”）道家是儒家的反对派，对此不会无微词。《老子》将“知人者智”与“自知者明”对举，确有贬低前者的意味。但二者是否一定是对立关系呢？王弼注此句说：“知人者，智而已矣；未若自知者，超智之上也。”从语气看，王弼是把二者理解为层递的关系，而不是排斥、相反的关系。当代许多学者注解或翻译此句，也大多是这样理解的。事实上，《老子》绝不是一概反对知人知物。如《老子》说：“不出户，知天下。……其出弥远，其知弥少。”（四十七章）还说：“吾何以知天下之然哉?”（五十四章）“天下”也是物，对于“天下”，《老子》分明是主张“知”的。只是最好是“不行而知”（四十七章），尤其是要“不自知”（不自以为知）：“知不知，上；不知知，病。”（七十一章）知道自己不知，也是一种“知”。《老子》还抱怨世人对其思想不理解，说：“吾言甚易知，甚易行；天下莫能知，莫能行。”“知我者希”，“夫唯无知，是以不我知。”（七十章）《老子》既然希望人们理解自己，对于“知人”怎么能完全反对呢?

明

上节引到，《老子》认为："自知者明。"（三十三章）还说："自见者不明"（二十二章），"不自见故明"（二十三章）。可见，此类自知之明，是《老子》所提倡的。至于对"道"的认识的那种"明，就更是《老子》所赞美的。所谓"袭明"（因循常道的明智。见二十七章）、"微明"（洞察几微的明智。见三十六章），皆属此类。又说："见小曰明，守柔曰强。用其光，复归其明，无遗身殃，是谓袭常。"（五十二章）这里的"小"指"道"（"道"是超形象、超感觉的，故可名为"小"）"用其光，复归其明"中的两"其"字亦指"道"，意思是说，运用道那涵蓄的光，又复归于道的"明"，这样就不会给自己留下祸殃，因之叫做"袭常"（因循常道）。由此可见，对于认识道或复归于道的"明"，《老子》是作为最高智慧来看待的。

但《老子》对于有些"明"又是反对的。如说："古之善为道者，非以明民，将以愚之。"（六十五章）作为施政原则，《老子》主张"愚民"，而反对"明民"。《老子》又说："俗人昭昭，我独昏昏；俗人察察，我独闷闷。"（二十章）"昭昭""察察"也就是"明"。作为这种计较心态的"明"，也是《老子》所不赞成的。

强

《老子》贵柔弱，对刚强取批判态度。以为，"柔弱胜刚强"（三十六章），"强梁者不得其死"（四十二章）。他以生命体的初生和死亡的不同状态为据，阐述道："人之生也柔弱，其死也坚强；万物草木之生也柔脆，其死也枯槁。故坚强者死之徒，柔弱者生之徒。是以兵强则灭，木强则折。"（七十六章）总之，柔弱有前途，有力量；刚强无前途，无希望。既然"兵强则灭"，所以关于行兵打仗问题，《老子》便反对争强、逞强。说："以道佐人主者，不以兵强天下。……善者果而已，不敢以取强。……果而勿强。"（三十章）谁如果争强，"则不可得志于天下矣"（三十一章）。

但《老子》对有的"强"又分明取肯定态度。如"守柔曰强"（五十二章），"自胜者强"（三十三章）。这种"强"，是持守柔弱之道的强，是战胜自己的好胜心（或克服自己弱点）的强，可谓真正的强。此点在"自胜者强"中表现得最清楚。原文是："胜人者有力，自胜者强。"胜人与自胜对举，虽然不是将后者否定前者，但显然带有前者不如后者的意味。王弼就是把二者看作层递关系的，注曰："胜人者，有力而已矣，未若自胜者，无物以损其力。"并综合前四句发挥道："用其智于人，未若用其智于己也；用其力于人，未若用其力于己也。明用于己，则物无避焉；力用于己，则物无改〔攻〕焉。"很好地阐发了《老子》的意思。

《老子》还写道："知足者富，强行者有志。"（三十三章）上半句讲的"富"，不是多财、多藏的世俗之富，而是知足者的富，"知足之足，常足矣。"（四十六章）这当然是《老子》所肯定的。下半句"强行者有志"究竟是《老子》的正面观点还是反面观点呢？有的学者以为，老子主张无为，反对有志，有志并不好。这有道理，但具体到这句话却未必尽然。关于"志"，留待下节再讨论，这里只说"强行"。"强行"要看是行什么。如果是行"守柔"的强、"自胜"的强、"心使气"的强（亦即第十章的"专气致柔"）就都是按道而行，这样的勉强力行，当然是《老子》所提倡的。

志

《老子》提出，"圣人之治"的原则是："虚其心，实其腹，弱其志，强其骨。常使民无知无欲。"（三章）元人吴澄注"弱其志"道："谓使民不知名之可尚而无争心也。"这讲得很准确。"志"既指争竞之心，《老子》当然认为是应当削弱的。

但《老子》又说："兵者不祥之器……而美之者，是乐杀人也。夫乐杀人者，则不可以得志于天下矣。"（三十一章）"得志于天下"，即在天下得到成功。这当然是《老子》的正面主张。

下面再分析一下上节提到的"强行者有志"的话。王弼注此句道："勤能行之，其志必获，故曰强行者有志。"这里"强行"有"勤行"的意思。"上士闻道，勤而行之。"（四十一章）可见，此种"志"是"上士"之志，与《老子》"弱其志"要"弱"的争竞之志根本不同。由此亦可见，《老子》并不一概地反对有志，不会以为凡有志都不好，而是要看志于什么。另外，从三十三章全章的结构看，"强行者有志"也不可能是反面观点。该章八句话，两两相对，构成四个复句。前两个复句都是层递关系，以为"自知""自胜"比"知人""胜人"更高；后两个复句完全是并列关系："知足者富，强行者有志。不失其所者久，死而不亡者寿。"其一、三、四句显然是肯定义，那第二句亦不可能是否定义。因此，上引王弼注所言，当近于《老子》本旨。

上、下

《老子》贵柔守雌，多次强调要处后、居下。这层意思，六十一章讲得很集中：“大国者下流。天下之交，天下之牝。牝常以静胜牡，以〔其〕静为下。故大国以下小国，则取小国；小国以下大国，则取〔于〕大国。故或下以取，或下而取。……大者宜为下。”意思是说，大国应该（像江海那样）居于下游，才能为天下众流所归。大国用谦下的态度对待小国，就可以会聚小国；小国用谦下的态度对待大国，就可以见容于大国。大国尤其应该谦下。

六十六章也是讲这个意思：“江海所以能为百谷王者，以其善下之，故能为百谷王。是以圣人欲上民，必以言下之；欲先民，必以身后之。是以圣人处上而民不重，处前而民不害。”根据《老子》的对立转化原则，居后反而能占先，处下反而能居上。因此，在策略意义上讲，“下”最有前途，最有希望；而“上”则没前途，无希望。所以说：“贵以贱为本，高以下为基。是以侯王自谓孤寡不谷。”（三十九章）侯王越是这样谦下，才越是能当人上之王。所以说：“善用人者为之下。”（六十八章）因为越是“为之下”，人们才会越是乐于为他所用，从而最终越能为人之上。

可见，“处下”是《老子》的策略性原则，其最后目的则还是要“处上”。既然“上”是最后目的，“下”不过是暂时策略，那么，在结局的意义上，《老子》便必然肯定“上”，而否定“下”。七十六章最后两句“强大处下，柔弱处上”正是如此。这两句话的意思是：强大的反而落在下位，柔弱的反而占在上面。这里，《老子》分明贬低“下”，而赞美“上”。显然，这里所谓“上”“下”，是就结局的意义上说的，而不能拿“对立转化”的公式去硬套。不然，全章的意思便无法讲通了。

圣

《老子》说：“绝圣弃知，民利百倍。”（十九章）《老子》要弃绝的“圣”，是儒家的“圣”。《尚书·洪范》孔安国传：“于事无不通谓之圣。”此种儒家所主张的“圣”，在《老子》看来，不过是要小聪明，只会使人诈伪，所以才要绝之、弃之。

但《老子》书中，同时又充满着对“圣人”的礼赞和崇敬。全书“圣人”凡三十二见，所有“圣人云”，都是正面观点，“圣人”之行都是样板和典型。例如“圣人处无为之事，行不言之教”（二章）；“圣人后其身而身先，外其身而身存”（七章）；“圣人云：我无为而民自化……”（五十七章）；等等。显然，这种“圣人”，与“绝圣”的“圣”不同，他们是道家的圣人，是《老子》作者的化身。

愚

《老子》的作者有时又自称“愚人”：“我愚人之心也哉。”（二十章）又说其施政原则是使民愚：“古之善为道者，非以明民，将以愚之。”（六十五章）这种“愚”，当然是正面观点，而不是贬义的愚昧。其含义是什么呢？王弼注：“愚谓无知，守其真，顺自然也。”河上公注：“使朴质不诈伪也。”高延第注：“愚之谓返朴还纯，革去浇漓之习。”陈鼓应解“愚”为“真朴”，“人格修养的理想境界”。都很有道理。

但《老子》又说：“前识者，道之华而愚之始。”（三十八章）“前识”是“先物行，先理动”（《韩非子·解老》）的预见、前知。《老子》认为，此种“前识”恰恰是愚昧的开始。这里的“愚”是真正的愚蠢，是《老子》所反对的。

昏

《老子》说：“六亲不合，有孝慈。国家昏乱，有忠臣。”（十八章）“民多利器，国家滋昏。”（五十七章）“昏”有黑暗、混乱的意思。国家如此，当然是很糟糕的。

但《老子》又说：“俗人昭昭，我独昏昏；俗人察察，我独闷闷。”（二十章）这里，“昏”“闷”同义，指愚朴、真淳的样子，是对得道者的精神状态的一种形容。此种“昏”，显然是《老子》所提倡的。

美

《老子》说：“天下皆知美之为美，斯恶已。”（二章）“美之与恶，相去何若？”（二十章。“美”，王弼本作“善”，此依帛书本。）这里，美恶对举，犹云美丑，与讲道德的善恶不同。“美”作为对于事物性质的评定，与“丑”相反，显然是《老子》所肯定的。所以八十一章形容“小国寡民”之人的心态说：“甘其食，美其服，安其居，乐其俗。”“美其服”意即自以其服装为美。这是一种朴实的美、纯真的美。

《老子》书中，“美”有时又有华美义：“信言不美，美言不信。”（八十一章）意思是，信实的话不华美，华美的话不信实。此种“美”当然是《老子》所反对的。

德

《老子》有“上德”“下德”之分：“上德不德，是以有德。下德不失德，是以无德。”（三十八章）《老子》讲的“玄德”（十章、五十一章、六十五章）、“孔德”（二十一章）、“广德”（四十一章）、“建德”（四十一章），都属“上德”。这种“德”，是得道的意思。（王弼注：“德者，得也。……何以得德，由乎道也。”确当。）得道为德，德与道同在。二十三章说：“从事于道者，道者同于道，德者同于德。……同于德者，德亦乐得之。”这里的德，也指“上德”。

“德”如果都指“上德”，那就不会有什么歧义了。但《老子》书中有时“德”却指“下德”。三十八章说：“失道而后德，失德而后仁。”这种“失道而后”的“德”，按文意应属“下德”。它的内容是仁、义、礼等儒家的伦理观念。“上仁为之而无以为，上义为之而有以为，上礼为之而莫之应，则攘臂而扔之。”这就是说，上仁、上义、上礼虽然也有差别，但共同点都是“为之”，这正是企图“不失德”的“下德”的表现。虽然名字叫“德”，但既然属于“下德”，是“失道而后”的东西，实质上便是对“道”的背离和违反，便是“无德”。这样的“德”当然就是《老子》所批判的了。

盈

《老子》说：“持而盈之，不如其已。”（九章）意思是，执持着追求盈满，必然导致倾危，不如止而勿行。《老子》认为，不盈满（虚）是道的本然状态：“道冲而用之或不盈。”（四章）所以，人要法道、守道，也须“不盈”，“保此道者不欲盈，夫唯不盈，故能蔽而新成。”（十五章）这里，《老子》提倡“冲”（虚）、反对盈的态度是明显的。

但“盈”又有充盈、充实义。《老子》说：“洼则盈。”（二十二章）意思是，自处于低洼，就能向充盈转化。“盈”甚至还是得道的状态：“谷得一以盈。……谷无以盈将恐竭。”（三十九章）这里似乎有问题：“上德若谷”（四十一章）、“为天下谷”（二十八章）讲“谷”之“虚”，与这里说的“谷”之“盈”岂不自相矛盾吗？仔细揣摩，它们并不矛盾，只是谈的角度不同罢了：“上德若谷”是从谷的本然属性说的；“为天下谷”是从守道的方法说的；而“谷得一以盈”是从得道的结果说的。唯其“虚”，最后才能得到“盈”。好似空虚，却是最大的充盈（“大盈若冲”——四十五章）。这样的“盈”，无疑是《老子》的正面主张。

虚

“虚”在《老子》书中常用来描写道的属性：“道冲而用之或不盈。”（四章）冲即虚。“天地之间其犹橐籥乎！虚而不屈，动而愈出。”（五章）“虚”正是作用永不穷竭的源泉。“虚”既有如此巨大的妙用，人守道、效法道，就要保持“虚”。所以要：“致虚极，守静笃。”（十六章）

但“虚”如果指物质生活条件的空乏，则就是《老子》所反对的了：“朝甚除，田甚芜，仓甚虚……是谓盗夸。”（五十三章）显然，这样的“虚”是《老子》对统治阶级向人民巧取豪夺的批判。

慈

《老子》说：“大道废，有仁义。智慧出，有大伪。六亲不合，有孝慈。国家昏乱，有忠臣。”（十八章）这里的“孝慈”，指儒家的父慈子孝之类的伦理观念，是《老子》所批判的。

但《老子》又说：“绝圣弃知，民利百倍。绝仁弃义，民复孝慈。”（二十章）这里的“孝慈”，显然不能与儒家的“孝慈”混同，它是指人类在没有伦理道德观念的愚朴时代长幼之间自然流露的爱敬情感。虽名之为“孝慈”，也仅仅是“不知其名”而“强为之名”而已。

《老子》六十七章还一连讲了五个“慈”字：“我有三宝，持而保之。一曰慈，二曰俭，三曰不敢为天下先。慈故能勇，俭故能广，不敢为天下先，故能成器长。今舍慈且勇，舍俭且广，舍后且先。死矣。夫慈，以战则胜，以守则固。天将救之，以慈卫之。”有的学者解“慈”为慈爱、仁慈，这恐不确，有混淆儒道两家思想界限之嫌。而且，从“三宝”的内容看，既然它的后两项——俭啬、不争先，都是某种原则，这第一项（“慈”）当然也应是某种原则，而不能指某种道德。任继愈先生解之为“宽容”，并指出，“这里不是仁慈的意思”（《〈老子〉新译》），这讲得很好。但“慈”何以训“宽容”，并未讲出根据，而且，“宽容”何以能起文中所说的那么巨大的作用（“能勇”，“以战则胜，以守则固”等）也不好理解。对此，笔者冒昧地提出一种揣测性看法：据《老子》帛书甲乙本，本章的“慈”皆作“兹”。人们多以“兹”为“慈”的借字。笔者以为，从《老子》的整个思想体系看，贵柔守雌是其基本原则，因此，帛书本的“兹”、王弼本的“慈”，是否都是“雌”的借字，似值得怀疑。如果“慈”真是“雌”，那不愧是《老子》的第一“宝”，文中所谓“能勇”“以战则胜，以守则固”云云也就都可得到顺畅的解释了。当然，这一推测尚未找出版本依据，有待证实，仅是提供一个思考的线索而已。

以上十四例，当可大致反映出《老子》“同词反义”的特点。它们在具体运用中，固然有很大的灵活性，但综合观之，也有某些共同性的规律。这就是：

（一）某个词，如果从方法、手段、策略的角度使用时，其褒贬义与通用含义相反；而从目的、结局的角度使用时，其褒贬义与通用含义相同。

（二）同一个词，如果用来批判儒家的观念，则赋予贬义；如果用来表达道家的正面主张，则取褒义。

总之，《老子》书的“同词反义”现象是值得注意研究的。把握了它，也许是打开《老子》奥义的一把钥匙。

原文载于《河北大学学报》1992年第3期。

《孙子兵法》三题

被誉为“兵经”的《孙子兵法》，不仅是军事学宝典，也是一部哲学名著。在简约的文字中，包含着具有普遍意义的智慧和哲理。下面就它的三个命题谈一些浅见。

一、“胜可知而不可为”

《孙子》说：“胜可知而不可为。”（《孙子·形》，以下引《孙子》只注篇名）又说：“胜可为也。”（《虚实》）形式上看，这是两个矛盾的命题，有必要加以解释。

说“胜可为”（胜利是能够做到的），这好理解，《孙子》一书反复阐述的中心就是如何克敌致胜的道理。那么，“胜可知而不可为”是什么意思呢？从其上下文意可知，它是说，胜虽可预知，但不可强为。因为还须看有关的主客观条件是否具备，是否成熟。

可见，在“胜可知”的前提下讲“胜不可为”，是坚持了战争的唯物论；而既讲“胜可为”（总体上说），又讲“胜不可为”（具体地说，条件是否成熟），则是坚持了战争的辩证法。“胜可为”的思想后面再谈，这里先谈其前提“胜可知”。

“胜可知”是《孙子》对于战争结局的基本观点，其要点有二：

（一）“庙算”

《孙子》说：“夫未战而庙算胜者，得算多也；未战而庙算不胜者，得算少也。多算胜，少算不胜，而况于无算乎？吾以此观之，胜负见矣。”这段话是《孙子》首篇《计》的末段，可看作是该篇的结论。所谓“庙算”，是指古代用兵前，在宗庙举行的一定仪式上，君主与重臣一起对战争的谋划。所谓“庙算胜”“庙算不胜”，是指对战争的主客观条件判断高明还是不高明；而“得算多”“得算少”，则是指这种谋划是否深远、周密。这充分表明了《孙子》对于作战前的谋划的重视。

《计》讲的“五事”，就是“庙算”的具体内容。它说：“故经之以五事，校之以计而索其情：一曰道，二曰天，三曰地，四曰将，五曰法。道者，令民与上同意也。……天者，阴阳、寒暑、时制也。地者，远近、险易、广狭、死生也。将者，智、信、仁、勇、严也。法者，曲制、官道、主用也。凡此五者，将莫不闻，知之者胜，不知者不胜。”道、天、地、将、法，这“五事”，概括了能否取胜的主客观两方面内容。天、地是客观条件，道、将、法是主观条件。形式上虽然是并列的，但实质上更强调主观条件。因为“天、地”也有一个如何利用的问题。所以《孙子》又论述道：“故校之以计而索其情，曰：主孰有道？将孰有能？天地孰得？法令孰行？兵众孰强？士卒孰练？赏罚孰明？吾以此知胜负矣。”这就是所谓“七计”。“计”有谋算、比较的意思，是从七个方面对敌我双方的优劣进行比较，其内容可说是对“五事”的引申和展开。其中，对于“法”讲得尤其详细，后四句都属于“法”的内容。“五事”“七计”都把君主放在第一条，看作是取胜的首要环节。认为有道的君主实行贤明的政治，才会造成“民与上同意”“上下一心”的政治局面，这是取得战争胜利的政治基础。对这个意思，《孙子》一再强调，如说：“知胜有五……上下同欲者胜。”（《谋攻》）“善用兵者，修道而保法，故能为胜败之政（通“正”，主宰）。”（《形》）《孙子》在两千多年前能对“政治”问题如此重视，尽管其“道”的内涵还比较笼统，且有英雄史观的成分，但毕竟表明了它的见识的高明。

“庙算”既是对战争的谋划，必然包括对有关各种情况、情报的分析研究，其间往往夹杂着迷信活动。在古代，“国之大事，在祀与戎”（《左传·成公十三年》），遇有征战的大事，进行占卜、观星象以预决吉凶，一般是必不可少的程序。而《孙子》对这些迷信活动一概以为“不可”。它说：“故明君贤将，所以动（出兵）而胜人，成功出于众者，先知也。先知者不可取于鬼神（占卜之类），不可象于事，不可验于度（观星象之类），必取于人，知敌之情者也。”（《用间》）在《九地》篇，它还明确提出“禁祥”的主张。这种无神论观点，反映了《孙子》的唯物主义的清醒态度，是十分可贵的。

“庙算”“先知”的思想，从认识论意义说，属于计划性、预见性问题。计划性是人心的基本特征之一。《孙子》从用兵的角度对之做了一定的揭示，既注意了须以客观事实做基础，又强调主观能动性的发挥，这对于发展理论思维也是有一定意义的。

（二）“知彼知己”

“知彼知已，百战不殆。”《孙子》这句名言，可谓家喻户晓。《孙子》不仅提出了这个命题，还对之进行了有说服力的论证。它认为，有的人明于知彼却暗于知己，另一些人明于知己而暗于知彼，这两种偏向都会带来失败的后果。“不知彼而知己，一胜一负；

不知彼，不知己，每战必殆。”（《谋攻》）只有做到既知彼又知己，才能百战百胜。

对于“彼”“己”这两方面，一般说来，己方情况比较容易了解，而彼方情况则比较复杂，不易掌握。因此，《孙子》在“知彼”方而论述更详。如说：“不知诸侯之谋者，不能豫交（预先结交）；不知山林、险阻、沮泽之形者，不能行军；不用乡导者，不能得地利。”（《军争》《九地》）“故知战之地（地点），知战之日（时间），则可千里而会战。不知战地，不知战日，则左不能救右，右不能救左，前不能救后，后不能救前。”（《虚实》）

《孙子》对“地形”（地理状况）特别关注。说：“夫地形者，兵之助也。料敌制胜，计险厄远近，上将之道也。知此而用战者必胜，不知此而用战者必败。”（《地形》）还说：“知吾卒之可以击，而不知敌之不可击，胜之半也；知敌之可以击，而不知吾卒之不可击，胜之半也；知敌之可击，知吾卒之可以击，而不知地形之不可以战，胜之半也。……故曰：知彼知己，胜乃不殆；知地知天，胜乃可全。”（同上）

《孙子》对地形如此重视，固然有时代的印迹（春秋末期盛行车战，战争的胜负受地形的影响甚大），但其中蕴含的从实际出发的精神则是具有普遍意义的。

《孙子》的“知胜”思想还表现在它对自然现象的细致观察上。除对种种“地形”有详尽的分析（见《地形》《行军》，文繁不具引）外，还有不少材料。如说：“上雨，水沫至，欲涉者，待其定也。”（《行军》）河水有泡沫涌至，表明上游下了雨，要想涉水过河，就须等水流稍定。又如：“发火有时，起火有日。时者，天之燥也；日者，月在箕、壁、翼、轸也。凡此四宿者，风起之日也。”（《火攻》）这就是说，运用火攻，须注意天气干燥的时节和容易起风的日期。又说：“昼风久，夜风止。”（同上）就是说，白天刮了一天风，晚上风就会停止。运用火攻就须抓住时刻，不能错过时机。这些说法，虽然还显得粗糙，但确有不同程度的科学依据，是值得珍视的。

《孙子》对客观情况的分析，不但注意了定性分析，还涉及定量分析。如说：“兵法：一曰度，二曰量，三曰数，四曰称，五曰胜。地生度，度生量，量生数，数生称，称生胜。”（《形》）所谓“度、量、数、称、胜”，是指敌对双方土地面积的大小、物产资源的多少、能动员兵卒的众寡、军事力量对比、胜负的可能性（一说指战场地幅的大小、战场容量的多少、参加兵力的众寡、军事实力的强弱、谁胜谁负的判断）。这里涉及到对一系列相关量的估计问题。还说：“凡用兵之法，驰车千驷，革车千乘，带甲十万，千里馈粮，则内外之费，宾客之用，胶漆之材，车甲之奉，日费千金，然后十万之师举矣。”（《作战》）这涉及到对战争规模、兵员及装备数量、财物消耗的估算。战争在某种意义上是经济实力的较量，这一点，《孙子》在两千多年前就已深刻地注意到了。

《孙子》还指出，战争对于物资的消耗是惊人的：“百姓之费，十去其七；公家之费，破车罢马，甲胄矢弩，戟楯蔽橹，丘牛大车，十去其六。”（同上）因此，它提出“因粮于敌”的思想，认为，“故智将务食于敌，食敌一钟，当吾二十钟；萁秆一石，当吾二十石”。（同上）这里，固然反映了剥削阶级军事思想的掠夺性和利己性的一面，但毕竟是对于战争的某种规律性的认识。而且，从另一角度看，这些数量分析表明，《孙子》力求对有关客观情况做出精确的掌握和判断，这种追求思维精确化的趋向也是应该给予肯定评价的。

总之，“知彼知己”的思想，贯穿着实事求是的精神和观察的客观性原则，不仅对于战争，而且对于各项工作都具有普遍的指导意义。毛泽东同志在著作中多次提到它，绝非偶然，说它“仍是科学的真理”（《论持久战》，《毛泽东选集》第二卷第 480 页），实属定评。

二、“致人而不致于人”

《孙子》大部分篇幅是讲如何克敌致胜，“致人而不致于人”（《虚实》）是其主旨和核心。“致人”就是争取和造成主动，“不致于人”就是避免和摆脱被动。总之，就是要充分掌握战争的主动权。它说：“故善攻者，敌不知其所守；善守者，敌不知其所攻。微乎微乎，至于无形；神乎神乎，至于无声。故能为敌之司命。”（同上）“进而不可御者，冲其虚也；退而不可追者，速而不可及也。故我欲战，敌虽高垒深沟，不得不与我战者，攻其所必救也；我不欲战，画地而守之，敌不得与我战者，乖（迷惑）其所之（去向）也。”（同上）

这些论述，就是今天读来，也觉得十分精彩。毛泽东同志说：“自觉的能动性是人类的特点。人类在战争中强烈地表现出这样的特点。”（《论持久战》，《毛泽东选集》第二卷第 467 页）《孙子》的“致人而不致于人”思想对于人的“自觉能动性”，可以说做了相当充分的阐述。为做到“致人而不致于人”，《孙子》提出了一系列方法和原则，主要有：

（一）出奇制胜

《孙子》说：“三军之众，可使必受敌而无败者，奇正是也；兵之所加，如以碫投卵者，虚实是也。凡战者，以正合，以奇胜。故善出奇者，无穷如天地，不竭如江河。”（《势》）

“奇正”是军事学上的重要范畴，其含义丰富而多变。“奇”，大体上指灵活的、出其不意的战法；“正”，大体上指正规的、正面迎敌的战法。《孙子》把两者看作是既有区别，又互相联系的关系，它把这种关系叫做“奇正相生”，具有变化无穷的妙用。它说：“终而复始，日月是也。死而复生，四时是也。声不过五，五声之变，不可胜听也。色不过五，五色之变，不可胜观也。味不过五，五味之变，不可胜尝也。战势不过奇正，奇正之变，不可胜穷也。奇正相生，如循环之无端，孰能穷之？”（《势》）

《孙子》的“奇正相生”思想，受到后世军事家的普遍重视，理论上也不断得到丰富和发展。它之所以有巨大的生命力和永久的魅力，就是因为它朴素地接触到了对立统一这一辩证法的精髓。

（二）造势

“势”即态势，气势。《孙子》认为，战场上应该努力造成一种态势，即运用军事实力而形成的压倒敌人的气势。它形容“势”的作用说：“故善战者求之于势。……任势者，其战人也，如转木石。木石之性，安则静，危则动，方则止，圆则行。故善战人之势，如转圆石于千仞之山者，势也。”（《势》）

《孙子》还形容说：“激水之疾，至于漂石者，势也；鸷鸟之疾，至于毁折者，节也。是故善战者，其势险，其节短。势如彍弩，节如发机。”（同上）这里既讲了“势”，又讲了发动这种势的时机（“节”）。它用急速的流水能漂移石头来形容“势险”，用雄鹰搏击鼠雀和弓弩扣发扳机来形容“节短”（近距离发起冲锋），讲得生动形象，令人信服。

“势”离不开一定的军事实力。这种实力，《孙子》叫做“形”。它说：“胜者之战民也，若决积水于千仞之溪者，形也。”（《形》）“形”是“势”的物质基础，“势”是“形”的表现。但“形”“势”的造成不是自发的，而是需要在客观条件的基础上，充分发挥人的主观能动性——将帅的机动灵活的正确指挥。这样，才能形成无坚不摧、势不可当的力量。

（三）示形

出奇致胜和造势，都必须千方百计地隐蔽自己，迷惑敌人，即所谓“示形”。《孙子》说：“乱生于治，怯生于勇，弱生于强。治乱，数也；勇怯，势也；强弱，形也。故善动敌者，形之，敌必从之；予之，敌必取之。以利动之，以卒待之。”（《势》）“形之”，即运用伪装和欺骗。纪律严明（“治”）可伪装成混乱，勇敢善战可伪装成怯懦，兵力强大可伪装成弱小，这便是“示形”。其目的在于调动敌人，使之贪利上当，然后用主力（“本”）给予迅猛打击。

《孙子》还提出了著名的“诡道十二法”，说：“兵者，诡道也。故能而示之不能，用而示之不用，近而示之远，远而示之近。利而诱之，乱而取之，实而备之，强而避之，怒而挠之，卑而骄之，佚而劳之，亲而离之。攻其无备，出其不意。此兵家之胜（奥妙），不可先传也。”（《计》）“能而示之不能”等四句，是“示形”的举例，俗语说“兵不厌诈”。这“十二法”，把用兵这种诡诈之术讲得很充分，而其中心则是“攻其无备，出其不意”一句，它强调的是隐蔽性、机动性和突然性。唯其如此，才能获得最大的主动权，战而胜之。所谓“不可先传”，即不可预先做出死板规定。情况是复杂的，多变的，贵在随机应变，因时因地而制宜。

（四）快速

《孙子》一般主张速战速决，说“兵之情主速”（《九地》），即兵贵神速。其战略方面的理由是：“其用战也，久则钝兵挫锐，攻城则力屈，久暴师则国用不足。……故兵闻拙速，未睹巧之久也。夫兵久而国利者，未之有也。……故兵贵胜，不贵久。”（《作战》）在战术上，则要发动突然袭击：“乘人之不及，由不虞（防备）之道，攻其所不戒也。”（《九地》）

《孙子》主张，在发动进攻之前要尽量隐蔽意图，封锁消息；一旦敌人出现漏洞，立即发动突然袭击。在这方面，它有一段精彩的论述，说：“是故政举之日（进攻计划决定之后），夷关（封锁关口）折符（废除通行符证），无通其使；厉（反复计议）于廊庙之上，以诛（治，研究）其事。敌人开阖（有隙），必亟入之。”（《九地》）

快速并不见得一味求快，而是要掌握一定时机，在快中把握一定的节奏。《孙子》说：“是故始如处女（喻沉静），敌人开户（放松戒备），后如脱兔（喻快速），敌不及拒。”（同上）又说：“故兵以诈立，以利动，以分合为变者也。故其疾如风，其徐如林，侵掠如火，不动如山，难知如阴，动如雷震。”（《军争》）

《孙子》主要是从战略进攻方面讲速决战的，而没有从战略防御方面讲持久战，这固然有一定片面性。但它提出的快速而有节奏的思想，还是有意义的，其论述也是精辟而深刻的。

（五）避实击虚

《孙子》说：“夫兵形象水。水之形，避高而趋下；兵之形，避实而击虚。水因地而制流，兵因敌而制胜。故兵无常势，水无常形。能因敌变化而取胜者，谓之神。故五行无常胜，四时无常位，日有短长（冬日夏日），月有死生（出没圆缺）。”（《虚实》）这段话对于灵活性原则做了精彩的表述，其要点是“避实击虚”“因敌制胜”。战争中，固然有时必须“啃硬骨头”，打攻坚战；但聪明的将帅总是千方百计避开精锐，避免硬拼，选取“突破口”，拣最容易打的地方打。《孙子》将其概括为“避实击虚”，这确实是规律性的认识。

《孙子》还说：“故三军可夺气，将军可夺心。是故朝气锐，昼气惰，暮气归。故善用兵者，避其锐气，击其惰归，此治气者也。以治待乱，以静待哗，此治心者也。以近待远，以佚待劳，以饱待饥，此治力者也。无邀（截击）正正之旗，勿击堂堂之阵，此治变者也。”（《军争》）这里讲的“治气”“治心”“治力”“治变”，后人称作“四治战法”（意即掌握士气、掌握军心、掌握战斗力、掌握机动变化的方法），其中也包含“避实击虚”的意思（“避其锐气，击其惰归”）。其前两项（治气、治力），把精神因素看作军队战斗力的重要组成部分，把瓦解敌军的士气军心作为主要的斗争手段。尽管它尚不能揭示士气军心的本质，但能提出这样的见解，也是应该给予高度评价的。

（六）以众击寡

《孙子》说：“故用兵之法，十则围之，五则攻之，倍则分之，敌则能战之，少则能逃之，不若则能避之。”（《谋攻》）这里讲的是在敌我兵力不同对比的情况下所应采取的战法，“十”“五”等数字仅有近似的意义，不能拘泥。其总精神是集中兵力，以众击寡；在不利的情况下，应采取灵活对策。

战场上的形势是多变的。指挥员的正确指挥，则可能变不利为有利，在总兵力敌众我寡的情况下，也可以造成局部的我众敌寡的局面。这一点，《孙子》也谈到了。它说：“故形人（示形于敌，使敌情暴露）而我无形，则我专（集中）而敌分（分散）。我专为一；敌分为十，是以十攻（对付）其一也，则我众而敌寡。能以众击寡者，则吾之所与战者，约（少）矣。吾所与战（进攻）之地不可知，不可知，则敌所备（设防）者多，敌所备者多，则吾所与战者，寡矣。”（《虚实》）

《孙子》的“以众击寡”思想，历来为军事家所推重。毛泽东同志讲的“集中优势兵力，各个歼灭敌人”的思想与此是一脉相承的。上述六点，角度虽有不同，但其中有一条主线贯穿，那就是充分发挥主动性、灵活性、自觉性，最大限度地掌握主动权。尽管其抽象水平还不够高，但它的意义绝不限于军事领域，而是具有普遍的方法论意义。人们把它们当作古代辩证法思想看待，是有道理的。

（七）“杂于利害”

《孙子》在开篇第二句话就讲：“兵者，国之大事，死生之地，存亡之道，不可不察也。”（《计》）这里贯穿着两点论的辩证精神。《孙子》分析问题，总是注意到多侧面、多角度，尤善于从利害关系着眼。它提出了“杂于利害”的观点，认为：“智者之虑，必杂于利害。杂于利，而务可信也；杂于害，而患可解也。”（《九变》）“军争为利，军争为危。”（《军争》）“故不尽知用兵之害者，则不能尽知用兵之利也。”（《作战》）而目的无非趋利避害，达到克敌制胜的目的。“合于利而动，不合于利而止。”（《九地》《火攻》）

适当地运用“杂于利害”的原则，还是调动敌人的好方法。《孙子》说：“是故屈诸侯者以害，役诸侯者以业，趋诸侯者以利。”（《九变》）意思是，用诸侯最害怕（或最忌讳）的事去扰害他，以使之屈服；用诸侯不得不做的事去烦劳他，以使之被役使；用小利去引诱诸侯，以使之被动奔走。

一个将帅，如果不能“杂于利害”，而是只固执一端，单向思维，就有可能招致危险的后果。《孙子》说：“故将有五危：必死（一味死拼），可杀也；必生（贪生怕死），可虏也；忿速（易怒，不冷静），可侮也；廉洁（好名，过于自矜），可辱也；爱民（只顾掩护人民），可烦也。凡此五者，将之过也，用兵之灾也。覆军杀将，必以五危，不可不察也。”（《九变》）

这些道理，总的看，都颇能令人信服。

《孙子》也有一些话，似乎有些片面。如：“故用兵之法，高陵勿向，背丘勿逆，佯北勿从，锐卒勿攻，饵兵勿食，归师勿遏，围师必阙，穷寇勿追，此用兵之法也。”（《军争》）今天的许多论著对“穷寇勿追”云云多持批判态度。本文认为，似应再斟酌。这段话前人称作“用兵八戒”，就其本义说，都是讲的用兵之常法，是“一般说来应如此如此”的意思，而非“绝对不能如此”的意思。郑友贤在《孙子十家注·遗说》中讲得好：“所谓高陵勿向，背丘勿逆，盖亦有可向可逆之机；佯北勿从，锐卒勿攻，亦有可从可攻之利；饵兵勿食，归师勿遏，亦有可食可遏之理；围师必阙，穷寇勿追，亦有不阙可迫之胜。此兵家之常法，尚有反复微妙之术，智者不疑而能决，所谓用兵之法妙也。”这就是说，确有此理，但又不可死搬硬套，聪明的将帅是能根据实际情况灵活运用的。他如《孙子》讲的“坦地无舍，衢地交合，绝地无留，围地则谋，死地则战”（《九变》）和“绝山依谷”“无迎水流”等，“处山之军”“处水上之军”“处川泽之军”“处平陆之军”（《行军》）等原则，以及对“通形”“挂形”“支形”“隘形”等地形的分析（《地形》），其意与“穷寇勿追”之说大同。今人读这些话，贵在领会其精神实质，吸取其合理因素，剔除其已不符合现实的内容，结合此时此地的具体条件，灵活而运用之。这样就不难发现，《孙子》的这些论述，总的说的确是很精辟的。

三、“将者国之辅也”

《孙子》有不少关于“将”的论述，从中既表现了它对将帅的重视，又阐述了对将帅条件、素质的要求。在春秋末期能提出这些见解是很有意义的，值得单独谈一谈。

《孙子》讲到了将帅的重要地位，认为：“夫将者，国之辅也。辅周（辅助得周密）则国必强，辅隙（有漏洞）则国必弱。”（《谋攻》）又说：“知兵之将，民之司命，国〔家〕安危之主也。”（《作战》）意思是说，将帅不仅对于国家起辅助作用，而且，这种作用发挥得如何，还关系到人民的生死、国家的安危。

《孙子》还提出了将帅应具备的条件，即“智、信、仁、勇、严”（足智多谋，才能出众；信赏必罚，说到做到；爱护士卒，体恤部下；勇敢坚定，英明果断；军令严明，令行禁止）。这五条，后人称作“五德”。这是对于高级将帅条件的基本规定，但对于一切将领乃至所有官员也有参考意义。因为这里面包含了对于领导者在道德、才智、素质、能力、执法诸方面比较全面的要求。《孙子》这一思想影响深远，古往今来，许多优秀军事家常以此为座右铭。

“仁”的问题值得特别提出来说一说。“仁”，孔子解作“爱人”（《论语・颜渊》），表明“仁”在本义上有“爱”的意思。《孙子》讲的“仁”，从对象说，指将帅对士兵的爱（体恤、爱护）。它说：“视卒如婴儿，故可与之赴深溪；视卒如爱子，故可与之俱死。”（《地形》）这里固然是从如何使士卒为将帅效忠尽力的角度讲的，有其阶级和历史的局限性。但这种爱未尝没有将帅与士卒在出生入死的战斗中所形成的感情基础，而且既然把士卒看作婴儿、爱子，则士卒在将帅心目中的地位显然不是无足轻重的，而是极其重要、极可宝贵的。因此，这一思想是包含一定的人民性的。

“仁”（爱兵）的思想在历史上影响也很深远，可以说，它是从古至今许多著名军事家普遍具有的优良品格。

《孙子》在讲“爱兵”的同时，也提出了“愚兵”的理论。如说：“能愚士卒之耳目，使之无知。”（《九地》）就保守军事机密说，在一定时机内不让士卒知道军事行动的计划和意图，固然是必要的。但《孙子》毕竟有把士卒完全当作工具来使用的意思，如说：“帅与之期，如登高而去其梯。”（使士卒只能前进，不能后退）“焚舟破釜，若驱群羊，驱而往，驱而来，莫知所之。”（《九地》）这是剥削阶级军事思想的表现，是应该批判的。这种愚兵思想在历史上的影响同样深远，为一切旧军事家所不同程度地继承。

“爱兵”也罢，“愚兵”也罢，在《孙子》那里，都是为增加军队内部的凝聚力，为夺取战争的胜利服务的。《孙子》说：“卒未亲附（亲近、信任）而罚之，则不服，不服则难用也。卒已亲附而罚不行，则不可用也（指挥不灵）。故令之以文（宽厚），齐之以武（法令威刑），是谓必取。令素行以教其民（士卒），则民服；令不素行以教其民，则民不服。令素行者，与众（士兵）相得（关系好）也。”（《行军》）《孙子》从军队内部团结着眼而论官兵关系，这是有见地的。

《孙子》对将帅的气质也有论述，如：“将军之事，静以幽，正以治。”（《九地》）就是说，将军的处事，（在考虑谋略方面）冷静而幽深，（在管理部队方面）公正而严明。对将帅易犯的过失也有所指陈，如“五危”（《九变》）、“六败”（《地形》）等。这些见解，也是有参考意义的。

《孙子》还提出了“君命有所不受”（《九变》）的著名命题，对将帅的机断指挥之权做了突出的强调。它认为，将帅固然不可脱离君主的领导，但将帅既受命统率三军，就必须有机动指挥之权，君主不能事事处处对将领掣肘，否则就会贻误战机，导致失败。因此，它说：“战道必胜，主曰无战，必战可也；战道不胜，主曰必战，无战可也。”（《地形》）这里，对于“有所不受”的条件做了明确的解释。“战道”，即战场的实际情况和变化趋势，将帅要善于据此做出独立判断，不能机械地执行君主的指示。

《孙子》还对昏庸君主的瞎指挥提出了批评，指出：“君之所以患于军者三：不知军之不可以进而谓之进，不知军之不可以退而谓之退，是谓縻军；不知三军之事，而同（参与、干涉）三军之政者，则军士惑矣；不知三军之权（权变、权谋）而同三军之任，则军士疑矣。三军既惑且疑，则诸侯之难至矣，是谓乱军引胜。”（《谋攻》）在这样的条件下，将帅能“君命有所不受”是多么重要，多么难能可贵！

由此也可知，要做到“君命有所不受”是很不容易的。《孙子》也早看到了这点，提出：“故进不求名，退不避罪，唯民是保，而利合于主。”（《地形》）这就是说，将帅首先要没有私心，有坚定的节操和坦荡的心怀，进不求战胜的名声，退不避战败的罪责，对人民负责，对君主（国家）负责。这里，《孙子》提出了正确处理上下级关系的原则，部门领导（将帅）不应该只是对上级领导（国君）负责，而首先应是对人民负责，对国家负责。这一思想，就是在今天，也是有积极意义的。

宋人郑厚说：“《孙子》十三篇，不惟武人之根本，文士亦当尽心焉。其词约而缛，易而深，畅而可用。《论语》《易大传》之流，孟、荀、扬诸书，皆不及也。”（《艺圃折衷》。转引自吴如嵩：《孙子兵法浅说》24—25 页，战士出版社 1983 年版）这话细节上或有过誉之处，大旨是不错的。《孙子》确实是我国优秀传统文化宝库中的瑰宝，值得进一步发掘。

原文载于《孙子研究新论——孙子学术讨论会论文集》，新华出版社 1992 年版。

董仲舒思想的人学特质

董仲舒是西汉时期最著名的学者，他适应时代的需要，继承和发展了先秦儒家思想，广泛吸收了阴阳、道、法、墨等各家的因素，以儒为主，冶为一炉，创造并完成了庞大的思想体系，为上升时期的地主阶级提供了比较完备的意识形态。他本人尽管没有封侯拜相、位列公卿，而仅仅以中大夫的身分“两事骄王”[1]，却在当时就赢得了很高的社会声誉，“为群儒首”[2]，“为儒者宗”[3]。他的思想还给予后世深远而多方面的影响。历史上对董仲舒的评价一直很高；新中国成立以来，则评价很低。近十年来，学术界在这个问题上仍有较大分歧。本文仅对董仲舒思想的人学特质进行讨论。

一、对人的地位的突出

本文不同意用“神学”来概括董仲舒的思想，这是因为，董仲舒思想的特质正在于他讲的是人学。

判断一种思想是不是属于神学，不应只看它是否提到神，而应看它对神做怎样的解释。凡是刻意塑造一个至高无上、全知全能、唯我独尊的偶像，让人匍匐在它的脚下，顶礼膜拜，唯命是听，这是神学。凡是强调人的地位和作用，突出人之所以为人的特点，关心完善人性、完善人格的养成，关注人的生活条件、生存环境的改善及未来发展的，这是人学。后者虽然也讲神，但又认为神的意志和作用要以人的意志和作为为转移，故不能叫作神学，至少不是完全意义上的神学。董仲舒的思想正是属于后者。

董仲舒设定“天”为最高的存在，宣称“天者，百神之大君也”[4]，“天者，万物之祖”[5]。谈问题讲道理也总喜欢从“天”来立论，说“天常以爱利为意，以养长为事”[6]，“察于天之意，无穷极之仁也”[7]。还讲了不少天人相类、人副天数、天人感应之类的话。

据此，把董仲舒说成是神学目的论的代表，确有相当道理。但是，这样论定却不全面，甚至不能说抓住了主要方面。因为，董仲舒在讲天的同时，总是讲到人；在突出天的至上地位的同时，突出人的并立地位；在讲天的决定作用的同时，强调人的能动作用。

在董仲舒的思想体系中，人具有与天地并立为三的地位，他说：

天、地、人，万物之本也。天生之，地养之，人成之[8]。

天道施，地道化，人道义[9]。

天德施，地德化，人德义[10]。

儒家一贯把天地人称为三才。如《易传》说："《易》之为书也，广大悉备，有天道焉，有地道焉，有人道焉。兼三才而两之，故六。"[11]"立天之道，曰阴与阳；立地之道，曰柔与刚；立人之道，曰仁与义。兼三才而两之。"[12]这里只讲了人与天地并立的意思，为什么能并立则讲得不大清楚。董仲舒则在讲人与天地并立的同时，突出了人对天地潜能的完成作用，这是他对三才思想的发展和贡献。应该说，正是这种"成"的作用，才是人之所以能与天地并立的原因和特点之所在。董仲舒说：

天气上，地气下，人气在其间。……天地之精所以生物者，莫贵于人[13]。

这与荀子讲的"人有气有生有知亦且有义，故最为天下贵"[14]是一脉相承的。他还继承了荀子"善假于物"的观点，认为人之所以贵于物，在于人能役使万物，为我所用：

生五谷以食之，桑麻以衣之，六畜以养之，服牛乘马，圈豹槛虎，是其得天之灵，贵于物也[15]。

进而，董仲舒认为，人之所以贵于物，在于人有伦理，讲礼义。他说：

人受命于天，固超然异于群生，入有父子兄弟之亲，出有君臣上下之谊，会聚相遇，则有耆老长幼之施，粲然有文以相接，欢然有恩以相爱，此人之所以贵也。[16]

如果到此为止，董仲舒只不过是重复了荀子的思想，至多是讲得更详细充分了些。实际上，董仲舒并没有止于此，而是又向前发展了。他明确提出，人之所以贵于物，还在于人“知自贵于物”。他说：

> 孔子曰：“天地之性人为贵。”明于天性，知自贵于物，然后知仁谊；知仁谊，然后重礼节；重礼节，然后安处善；安处善，然后乐循理；乐循理，然后谓之君子[17]。

“知自贵于物”是人的一种高度的理性自觉。当然不是每一个人都能达到这种自觉的（董仲舒把它规定为只有君子才具有的品格），唯其如此，有这种自觉就更加可贵。这一观点表明了对于人之所以为人的特点的更深层次的认识，应该给予充分的评价。

董仲舒提出了“天有十端”之说，把人说成是与天地阴阳五行并立的宇宙的要素之一，其用意固然是为了给他的“官制象天”的理论设定宇宙论的根据[18]。但就天人关系尤其是人与万物的关系说，实际上还是突出了人的地位。这在下面一段话中讲得更清楚。他说：

> 天、地、阴、阳、木、火、土、金、水，九，与人而十者，天之数毕也。故数者至十而止，书者以十为终，皆取之此。圣人何其贵者？起于天，至于人而毕。毕之外谓之物，物者投所贵之端，而不在其中。以此见人之超然万物之上，而最为天下贵也。人，下长万物，上参天地[19]。

说人“下长万物，上参天地”，这一概括，把人之所以贵于物的特点讲得很精辟，是对《易传》《中庸》“人可参天”思想的继承和发展。董仲舒认为，天地人“三者相为手足，合以成体，不可一无也”[20]。天地的重要性是不证自明的，董仲舒突出的是人的重要性。万物的生长固然是自然过程，但有了人的参与，才生长得更好；天地固然有生养万物的机能，但有了人的参与，才能完成。对于这层意思，董仲舒结合其政治观做了进一步的发挥。他说：

> 天道积聚众精以为光，圣人积聚众善以为功。故日月之明，非一精之光也；圣

人致太平，非一善之功也。……故圣人之为天下兴利也，其犹春气之生草也，各因其生小大而量其多少；其为天下除害也，若川渎之写（一本作“泻”）于海也，各顺其势倾倒而制于南北。故异孔而同归，殊施而钧德，其趣于兴利除害一也。是以兴利之要在于致之，不在于多少；除害之要在于去之，不在于南北[21]。

为天下兴利，为天下除害，这个意思讲得很好。由此亦可知，董仲舒所谓“正其宜不谋其利，明其道不计其功”[22]，“不谋”“不计”的是一己的私利、私功；至于天下之利，他倒是大力提倡的。

还须指出，就是董仲舒讲的天人相类、人副天数等说法，其本来意思也只是说，由于人在天地间最贵，所以才能“偶天地”。下面引一段他的常受批判的话，从中不难看出他的本意。他说：

天地之精所以生物者，莫贵于人。人受命乎天也，故超然有以倚（原注：倚疑当从下文作“高物”二字）。……唯人独能偶天地。人有三百六十节，偶天之数也；形体骨肉，偶地之厚也。上有耳目聪明，日月之象也；体有空窍理脉，川谷之象也；心有哀乐喜怒，神气之类也。……是故人之身，首（妄）坌而圆，象天容也；发，象星辰也；耳目戾戾，象日月也；鼻口呼吸，象风气也；胸中达知，象神明也；腹胞实虚，象百物也。……天地之符，阴阳之副，常设于身。身犹天也，数与之相参，故命与之相连也[23]。

用现代自然科学来衡量，董仲舒讲的这一套显然是牵强附会。但是，董仲舒认为，人是天所生，因此人是天的一部分，二者具有相类似的结构和功能。天不是高居于人之上的异己存在，而是与人息息相关，“数与之相参”“命与之相连”。这里的天，毫无神学意味，一点儿也不神秘，只不过是阴阳、四时、五行、日月、星辰，等等，一句话，就是自然界及其客观规律。他的主旨在于强调，人应该与天相偶、相参，即相顺应、相一致：“以人配天”，而唯有人才能“偶天地”，才能“与天地参”，这当然还是抬高人，而不是贬低人。应该指出，说人应该与自然界相适应、相一致，这正是中国哲学天人合一论中的精辟之点，而且与现代科学理论也有相一致之处。

二、对人的能动性的高扬

主观能动性是人之所以为人的重要特点。先秦儒家一贯重视主观能动性，董仲舒继承了这一传统，并做出了具有自己特色的发挥。在貌似夸大天的权威性的词句中，实际上高扬了人的能动性。这从上文“人可参天”的思想中已可看得很清楚。下面就他提出的“事在强勉而已”的著名命题再做些分析。

这句话是董仲舒在回答汉武帝的策问时说的。汉武帝在策问中，列举五帝三王礼乐兴盛、桀纣王道大坏的历史，问道：“岂其所持操或悖谬而失其统与？固天降命不可复反，必推之于大衰而后息与？”[24]就是说，是人为的呢，还是天定的？对此，董仲舒明确地做了回答：“事在强勉而已矣。强勉学问，则闻见博而知益明；强勉行道，则德日起而大有功。此皆可使还至而有效者也。《诗》曰‘夙夜匪懈’，《书》云‘茂哉茂哉’，皆强勉之谓也。”[25]强勉即主观努力、积极从事的意思。他认为，大到政治的好坏、国家的兴衰，小到个人道德学问的进退，最终结果都取决于是不是主观努力、积极从事。这正是董仲舒的《天人三策》的主题。

汉武帝在策问中还提到天命、性情、灾异、祥瑞等问题，定下了浓重的神学基调。董仲舒对此当然必须回答。有意思的是，他表面上承认天的权威，而实际上做出的具体解释却是强调人的作用。

比如关于“谴告”。他说：

天人相与之际，甚可畏也。国家将有失道之败，而天乃先出灾害以谴告之；不知自省，又出怪异以警惧之；尚不知变，而伤败乃至。以此见天心之仁爱人君而欲止其乱也。自非大亡道之世者，天尽欲扶持而全安之[26]。

说天有仁爱之心，能有意识地对人君反复告诫，其荒谬性是显然的，后世思想家（如王充）以天道自然无为为据对之进行批判也是有道理的。但是，董仲舒所做的解释中，也包含有主观应随顺客观现象的变化而自觉地加以调适的意思，如果不顾已经出现的不良后果，一味在错误的路上滑下去，才会最终一败涂地。他说：

夫人君莫不欲安存而恶危亡，然而政乱国危者甚众，所任者非其人，而所由者非其道，是以政日以仆灭也。……故治乱废兴在于己，非天降命不可得反，其所操持悖谬失其统也[27]。

意思再明白不过了：并非天命，而在人为。应该说，这才是他的正面观点。

再说“祥瑞”和“灾异”。董仲舒承认“受命之符”，引《尚书》“白鱼入于王舟，有火复于王屋，流为乌”为据，承认这些所谓“白鱼赤乌之瑞”的真实性，认为“天瑞应诚而至”：“必有非人力所能致而自至者。”[28]这也不免荒谬。但他的进一步解释则是：所谓“受命”，“皆积善累德之效也”；而失道败德，“此灾异所缘而起也”[29]。就是说，所谓祥瑞和灾异，最终全是人的所做所为引起的。

董仲舒进而认为，灾异既然是人引起的，也需要人来救治。他说：

五行变至，当救之以德。施之天下，则咎除。……木有变，春凋秋荣。秋木冰，春多雨。此徭役众，赋敛重，百姓贫穷叛去，道多饥人。救之者，省徭役，薄赋敛，出仓谷，赈困穷矣[30]。

下文还讲到火、土、金、水有变，会发生什么现象，如何挽救，等等。不难看出，这是以推衍灾异的形式，倡导儒家的政治主张，认为糟糕的政治会导致五行错乱，发生天灾；只有通过改善政治，才能加以救治。把自然与人事相混淆，不免荒唐。但是，说人的倒行逆施会造成自然界的失调，人的良法美政有助于自然秩序恢复正常，却不能说没有一点道理。况且，这里完全排除了“天意”，而讲“吉凶由人”，总体上还是积极的。

还应提到的是，即使是求雨、止雨这类迷信活动，在董仲舒的解释中，也包含着值得注意的内容。他说：

天有阴阳，人亦有阴阳。天地之阴气起，而人之阴气应之而起；人之阴气起，而天地之阴气亦宜应之而起，其道一也。明于此者，欲致雨，则动阴以起阴；欲止雨，则动阳以起阳。故致雨非神也。而疑于神者，其理微妙也[31]。

这是董仲舒对求雨、止雨活动做出的近似“科学”的解释。他认为，求雨止雨并不是乞求神灵的保护或宽宥，而只是人们根据自然界阴阳两种属性相克相治、五行相生相胜的道理加以有针对性的实施而已。它们本质上并不神秘，只是其道理微妙难知罢了。

当然，问题并不这样简单，董仲舒确有将求雨止雨神秘化的地方——《春秋繁露》有《求雨》《止雨》两篇，文中，详叙了求雨和止雨的仪式及祷词，煞有介事，迹近巫术。这当然是董仲舒思想中的糟粕。不过，也应看到，这一套也并没有脱离儒家思想的轨道。荀子在讲到雩祭时说："君子以为文，而百姓以为神。以为文则吉，以为神则凶也。"[32]范缜在论及祭祀宗庙鬼神时说："圣人之教然也，所以从孝子之心而厉偷薄之意。"[33]儒家学者一贯讲神道设教，董仲舒的这一套也应从这个意义去理解。

三、对民生民瘼的关注

关心人、关切人的命运是人学的重要内涵。像许多中国古代思想家一样，董仲舒不大喜欢抽象地讨论这个问题，但他在涉及政治问题的言论中，却总是鲜明地表现出对人民生活、人的命运的关心。

1. 关心民瘼，揭露社会矛盾

董仲舒在给皇帝的上书中，曾将理想化的古代政治与暴秦的统治对比：

> 古者税民不过什一，其求易共（供）；使民不过三日，其力易足。民财内足以养老尽孝，外足以事上共税，下足以畜妻子极爱，故民说从上。至秦则不然，用商鞅之法，改帝王之制，除井田，民得卖买，富者田连阡陌，贫者亡立锥之地。又颛川泽之利，管山林之饶，荒淫越制，逾侈以相高；邑有人君之尊，里有公侯之富，小民安得不困？又加月为更卒，已复为正；一岁屯戍，一岁力役，三十倍于古。田租口赋，盐铁之利，二十倍于古。或耕豪民之田，见税十五。故贫民常衣牛马之衣，而食犬彘之食。重以贪暴之吏，刑戮妄加，民愁亡聊，亡逃山林，转为盗贼，赭衣（指犯罪者）半道，断狱岁以千万数[34]。

这里，虽然有些看法不免保守（如对商鞅变法废井田开阡陌的批评），但他揭露了当时深刻的社会矛盾：赋税沉重，劳役频繁，政策不当，造成严重的两极分化，人民在死亡线上挣扎；官吏贪暴，刑罚酷烈，逼得人民只得造反。形式上，这是批判秦朝政治，但实际上针对的却是汉朝的现实。他在前文之后明白地接着说："汉兴，循而未改。"这就是说，上面列举的那些严重的社会问题就是眼前的现实，已经到了非改变不可的时候了。

在《天人三策》中，董仲舒也直接涉及许多现实问题，对当时的政治给予尖锐的批判。比如：

他批判赋税沉重造成的恶果：

> 好用惨酷之吏，赋敛无度，竭民财力，百姓散亡，不得从耕织之业，群盗并起。是以刑者甚众，死者相望，而奸不息[35]。

还批判吏治腐败产生的种种问题：

有的造伪虚诈："诛名而不察实，为善者不必免，而犯恶者未必刑也。是以百官皆饰虚辞而不顾实，外有事君之礼，内有背上之心。造伪饰诈，趣利无耻。"[36]

有的与奸为市："今吏既亡教训于下，或不承用主上之法，与奸为市，贫穷孤弱，冤苦失职（失其本业）。"[37]

有的熬年头，混资格："夫长吏多出于郎中、中郎，吏二千石子弟选郎吏，又以富訾，未必贤也。……累日以取贵，积久以致官，是以廉耻贸乱，贤不肖混淆，未得其真。"[38]

他还批判了当时官与民争利，造成了严重的社会危机：

> 身宠而载高位，家温而食厚禄，因乘富贵之资力，以与民争利于下，民安能如之哉！是故众其奴婢，多其牛羊，广其田宅，博其产业，蓄其积委，务此而亡已，以迫蹵民，民日削月朘，寖以大穷。富者奢侈羡溢，贫者穷极愁苦；穷急愁苦而上不救，则民不乐生；民不乐生，尚不避死，安能避罪！此刑罚之所以蕃，而奸邪不可胜者也[39]。

两极分化是剥削制度下不可避免的顽症。聪明的统治者不是加剧而是努力延缓这一过程，以有效的政策为手段，努力给上层以适当限制，给下层人民提供起码的生活条件。这后一点，正是董仲舒特别加以强调的。他发出的警告，不仅足以使当时的皇帝惊心动魄，对于后世也具有深远意义。面对封建皇帝，敢于如此坦诚直率地指陈时弊，其胆识不能不令人敬佩。从立足点上说，他当然是为君主、为国家着想，但同时也确实贯注着对人民的关切和同情，从而使儒家的人道主义精神大大发扬了。

2. 在尊君权的同时伸民权

先秦儒家具有民本主义传统，孔、孟、荀对此都有精彩论述。董仲舒继承了这一传统，并做了进一步的阐发。他借阐述《春秋》的微言大义说：

《春秋》之法，以人随君，以君随天。……故屈民而伸君，屈君而伸天，《春秋》之大义也[40]。

显然，尊君是第一位的，但在尊君的同时，他对民的地位也给予足够的重视。他曾这样解释君民的关系："君者，民之心也；民者，君之体也。心之所好，体必安之；君之所好，民必从之。"[41]君主是人民的心，人民是君主的体，这个比喻颇为深刻。因为心是身的主宰，而身是心的载体，二者互为依存。这个比喻，恰当地表达了儒家对君民关系的理解，较之先秦诸大家的"民为邦本""君使臣以礼，臣事君以忠""民贵君轻""君舟民水，载舟覆舟"诸论，更恰当地表达了君民之间的本质关系。

董仲舒还曾这样解释"君""王"二字的含义：

王者，民之所往。君者，不失其群者也[42]。

有众多的人民归往，才称得上"王"；有广大群众归心，才称得上"君"。在董仲舒的心目中，君王的存在是以能否得民为前提的。

董仲舒还讲到君主之所以设立的本意：

天之生民，非为王也；而天之立王，以为民也。故其德足以安乐民者，天予之；其恶足以贼害民者，天夺之。王者，天之所予也；其所伐，皆天之所夺也。……夏无道而殷伐之，殷无道而周伐之，周无道而秦伐之，秦无道而汉伐之。有道伐无道，此天理也，所从来久矣[43]。

这里，董仲舒借天的名义提出，君王是为百姓设立的，而不是相反。这个观点为后世许多进步思想家所继承。董仲舒还进而提出一条历史规律（"天理"）：有道伐无道，历来如此。它蕴含着这样的意思：如果汉朝无道，也必然会有有道者起而伐之。而有道无道的标准，就是看它安乐人民还是贼害人民。由此不难看出，在董仲舒的思想体系中，民意的分量是何等重！

在批评现实弊政的基础上，董仲舒还提出许多改制更化的正面主张。如"限民名田，以赡不足；塞并兼之路；盐铁皆归于民；去奴婢，除专杀之威；薄赋税，省徭役，以宽民力”[44]，等等。由此可见，说董仲舒心中总想到人民，是有根据的。

汉代学者刘向称赞“董仲舒有王佐之才，虽伊、吕亡以加。管晏之属，伯（霸）者之佐，殆不及也。”[45]这个说法也许有些过誉。但说董仲舒一心想在天下实现王道，让广大人民过稳定的生活，则是无疑的。

注释：

[1] [2] [15] [16] [17] [22] [24] [25] [26] [27] [28] [29] [35] [36] [37] [38] [39] [45]《汉书·董仲舒传》。

[3]《汉书·五行志》。

[4]《春秋繁露·郊语》。

[5]《春秋繁露·顺命》。

[6] [7]《春秋繁露·王道通三》。

[8] [20]《春秋繁露·立元神》。

[9]《春秋繁露·天道施》。

[10] [13] [23]《春秋繁露·人副天数》。

[11]《易·系辞下》。

[12]《易·说卦》。

[14]《荀子·王制》。

[18] 参见《春秋繁露·官制象天》。

[19]《春秋繁露·天地阴阳》。

[20]《春秋繁露·考功名》。

[30]《春秋繁露·五行变救》。

[31]《春秋繁露·同类相动》。

[32]《荀子·天论》。

[33]《神灭论》。

[34] [44]《汉书·食货志》。

[40]《春秋繁露·玉杯》。

[41]《春秋繁露·为人者天》。

[42]《春秋繁露·灭国上》。

[43]《春秋繁露·尧舜不擅移汤武不专杀》。

原文载于《董仲舒与儒学论丛——董仲舒学术思想国际研讨会论文集》，河北人民出版社 1996 年版。

试论董仲舒人性论的逻辑层次

董仲舒是中国哲学史上继荀子之后第二个写有人性论专著的思想家，有《深察名号》《实性》两篇人性论专题论文传世，还有不少人性论言论散见于其他文章中。他批判地继承了先秦时期孔、孟、荀等人在人性论方面的理论成果并加以新的发展，为汉、唐的人性论奠定了基本框架。因此，董仲舒无疑在人性论史上占有重要地位。但是，从古到今，人们对董仲舒的人性论的认识和评价却很不一致。从归属上说，有说他近孟的，有说他近荀的，还有说他近告子的；有人说他是性三品论者，有人则说他绝不是性三品论者。至于评价，有的说他做出了杰出贡献，有的则说他实际上是倒退了；有的说他有辩证眼光，有的则说他走向了形而上学。如果能够循着董仲舒人性论自身的线索，揭示其内在逻辑层次，抓住其论述的重点和核心，这些分歧和疑难，也许可以得到恰当的解释和解决。本文不敢说能完全做到这些，但力求尝试着这样做。

一、天——人性的根据

董仲舒认为，人是受命于天的。因此，天是“性”的逻辑起点，是他的人性论的根据。中国古人讲政治伦理，谈社会人生，大多喜欢设定一个形上的根据（虽然往往并不详加论证），以加强其思想的权威性和可信度。董仲舒也是如此，甚至可以说是一个典型的代表。他是自觉地将自己的人性论建立在天人合一的宇宙观的基础之上的。他说：

天者，万物之祖也。（《春秋繁露·顺命》。以下引该书只注篇名）

为人者天也。人之为人本于天（下“为”字原缺，依凌曙本据卢文弨说补），天亦人之曾祖父也，此人之所以乃上类天也。人之形体，化天数而成；人之血气，化天志而仁；人之德行，化天理而义；人之好恶，化天之暖清；人之喜怒，化天之寒暑。……天之副在乎人，人之情性，有由天者矣。(《为人者天》)

意思是说，人是由天所生，天是人的根据，人的一切方面无不具有与天相类的属性。因此，人的情性是由天决定的。(这里“情性”并提，表明了董仲舒对人性问题的基本理解，隐含着其人性论内部的多义性，详后。)

正因为人与天相类，所以人具有与天并立为三的地位，他说：

天地人，万物之本也。天生之，地养之，人成之。(《立元神》)

这是说，人在天地之间具有重要的地位和作用，在天生地养的前提下，人能够帮助完成天地的作用。这是对《易传》《荀子》“参天”思想的继承。由此出发，董仲舒也认为，人与万物相比是最为高贵的：

莫精于气，莫富于地，莫神于天。天地之精所以生物者，莫贵于人。人受命乎天也，故超然有以倚(据卢文弨说，倚当作“高物”)，物疢疾莫能为仁义，唯人独能为仁义；物疢疾莫能偶天地，唯人独能偶天地。……观人之体，一何高物之甚而类于天也！……此见人之绝于物而参天地。是故，人之身，首(妢)坌而圆，象天容也；发，象星辰也；耳目戾戾，象日月也；鼻口呼吸，象风气也；胸中达知，象神明也；腹胞实虚，象百物也。……天地之符，阴阳之副，常设于身。身犹天也，数与之相参，故命与之相连也。(《人副天数》)

从这种人超然优越于万物的观点出发，董仲舒推导出他的人性论，必然也认为人性超然异于众物之性，他说：

人受命于天，固超然异于群生，入有父子兄弟之亲，出有君臣上下之谊，会聚相遇，则有耆老长幼之施；粲然有文以相接，欢然有恩以相爱，此人之所以贵也。生五谷以食之，桑麻以衣之，六畜以养之，服牛乘马，圈豹槛虎，是其得天之灵，贵于物也。故孔子曰：“天地之性人为贵。”(《天人三策》，见《汉书·董仲舒传》)

从上述引文可知，董仲舒认为人性高于、优于万物之性，这是没有疑义的。但是，能不能由此推出人性善的结论呢？不能。董仲舒从来不用“善”字概括人性，也不同意别人用“善”字概括人性。上述这些话都是在讲其他问题时附带说到的，而不是专论人性。实际上，董仲舒认为人性中包含着复杂的内容。见下节。

二、阴阳——决定人性的两种基本属性

阴阳是董仲舒哲学的基本概念。阴阳既是天的两种基本属性，也是构成万物的两种“气”，从而也就成为万事万物的两种不可或缺的属性。人性中的两种因素就是由阴阳两种属性决定的。因此，阴阳是董仲舒人性论的第二个层次。董仲舒说：

天道之大者在阴阳。（《天人三策》）

天地之气，合而为一，分为阴阳，判为四时，列为五行。（《五行相生》）

天道之常，一阴一阳。……天亦有喜怒之气，哀乐之心，与人相副。以类合之，天人一也。（《阴阳义》）

这是董仲舒对世界的基本解释。由此出发，他认为，人性当然也是天赋的，因此，也必然有阴阳两种成分，两种属性，他说：

栣众恶于内，弗使得发于外者，心也。故心之为名，栣也。人之受气苟无恶者，心何栣哉？吾以心之名，得人之诚。人之诚有贪有仁，仁贪之气，两在于身。身之名取诸天，天两有阴阳之施，身亦两有贪仁之性。（《深察名号》）

意思是，天有阴阳两种气，它们施于人，表现在人性上就有贪、仁两种属性。对于贪、仁两种属性，董仲舒分别称作情、性。他说：

天有阴阳禁，身有情欲栣，与天道一也。（同上）

是正名号者于天地。天地之所生谓之性情。性情相与为一瞑，情亦性也。……身有性情也，若天之有阴阳也。言人之质而无其情，犹言天之阳而无其阴也。(同上)

阴阳是天的两种基本属性，不可能有阴而无阳，也不可能有阳而无阴。其施于人，在人性上便也有两种基本属性，这就是性和情。(性表现于外为仁，情表现于外为贪。)它们分别与天之阴阳二气相应，天之阳气在人即仁，即性，也就是善质；天之阴气在人即贪，即情，也就是恶质。由于他们同受于天，因此是不可或缺的。人们习惯上把情也说成性，所以董仲舒说“情亦性也”。但是，与“情”相对的“性”，与作为人性总体(包含情、性两个方面)的“性”显然不能混为一谈。董仲舒的这个说法，表明了古人在使用概念上尚不够严密。不过，其意思还是清楚的。冯友兰先生曾对这两个“性”字加以区别，认为董仲舒所说的性有广狭二义，称与“情”相对的“性”为狭义的性，而称包含性情二者的“性”为广义的性。(见两卷本《中国哲学史》下册第515—516页)冯先生的这一辨析很是精当，有助于人们更准确地把握董仲舒的思想。

由阴阳观念引出人性中包含贪仁(性情)两种因素，是董仲舒人性论的一个重要观点，他对人性的进一步解释都以此为基础。

三、性者质也，待教而善

这是董仲舒人性论的第三个层次，也是其人性论的重点。此点又可以分为几层意思：

(一)对“性”的界定

董仲舒很注意概念的准确性。他说：

> 名生于真，非其真弗以为名。名者，圣人之所以真物也。名之为言真也。(《深察名号》)

意思是说，圣人制定概念(名)就在于真实地表现事物，因此，每个概念都有其特定的内涵。对于“性”概念的界定，就是“以名真物”的一个具体例证。他说：

> 今世暗于性，言之者不同。胡不试反性之名？性之名非生与？如其生之自然之资谓之性。性者质也。诘性之质于善之名，能中之与？既不能中矣，而尚谓之质善，

何哉？性之名不得离质，离质如毛，则非性已，不可不察也。（《深察名号》）

“性之名非生与”，这话粗看与告子的“生之谓性”有些相像。其实不然。告子的基本观点是“性无善无不善”，其所谓“生”，指生来就有的种种欲望、本能，无所谓善、恶，人性的善恶全在于后天的引导。董仲舒则认为，生来就有的“性”是包含善、恶两种质的，是贪仁之性“两在于身”的。

“如其生之自然之资谓之性。性者质也”这话又有点像荀子。荀子说：“凡性者，天之就也。”（《荀子·性恶》）“生之所以然者谓之性”，“不事而自然谓之性。”（《荀子·正名》）用语确实有些近似，但是董与荀的区别也是显著的。因为荀子所谓“生之所以然”的性是指人的种种欲望，它们是“恶”的。荀子的基本观点是“人之性恶，其善者伪也。今人之性，生而有好利焉，顺是，故争夺生而辞让亡焉；生而有疾恶，顺是，故残贼生而忠信亡焉；生而有耳目之欲，有好声色焉，顺是，故淫乱生而礼义文理亡焉。然则从人之性，顺人之情，必出于争夺，合于犯分乱理而归于暴。故必将有师法之化，礼义之道，然后出于辞让，合于文理而归于治。”（《荀子·性恶》）按董仲舒的观点加以衡量，通过“师法之化，礼义之道”，由教化（荀子叫做“伪”，即人为）而达到善，他是同意的。但是，将人性笼统地用一个“恶”字概括，则是他不能同意的。因为如前所述，董子认为，人性中除了恶（贪）之外，还有仁即善质的一面。

（二）区分“善质”不等于“善”

古今许多学者都曾指出，董仲舒的人性论有与孟子一致之处。如清人张皋文说，董氏的人性论是“救世之论，与孟子并行不悖”。（《春秋繁露·深察名号》篇末凌曙注引张编修曰）的确，董仲舒的一些说法是与孟子有相似之处。如：

人受命于天，有善善恶恶之性，可养而不可改，可豫而不可去，若形体之肥瘫而不可得革也。（《玉杯》）

今善善恶恶，好荣憎辱，非人能自生，此天施之在人者也。（《竹林》）

这里把赞美善、憎恶恶、喜好荣、憎恶辱，说成是人受命于天的本性，与孟子所谓“人皆有之”的“羞恶之心”“是非之心”似可相通。又如：

正也者，正于天之为人性命也。天之为人性命，使行仁义而羞可耻，非若鸟兽然，苟为生、苟为利而已。（《竹林》）

这里，把“行仁义”“羞可耻”说成是“天之为人性命”，这与孟子说的“恻隐之心”（仁）、“恭敬之心”（礼）、“羞恶之心”（义）似也相当，说它们给孟子的性善论补上了宇宙论根据似乎也说得通。事实当然不是如此。董与孟的差别也是清楚的。在董子看来，人受命于天的，除了阳气还有阴气，除了仁性还有贪性，除了善质还有恶质，因此，仅仅提善质是不全面的。况且，善质善端仅仅是可能性，能否完成为善性，还需要王者之化。因此，善质与善不能等同。

为了划清与孟子的界线，董仲舒不止一次对孟子的性善论进行批评，还不厌其详地反复进行论证。

首先，他抬出圣人标准作为自己的根据，说：

天生民有六经（苏舆注引或曰：六当为大），言性者不当异。然其或曰性已善，或曰性未善，则所谓善者各异意也。性有善端，动之爱父母（苏舆曰：“动”疑为“童”），善于禽兽，则谓之善，此孟子之善；循三纲五纪，通八端之理，忠信而博爱，敦厚而好礼，乃可谓善，此圣人之善也。（《深察名号》）

这是说，像孟子那样，把善端叫做善，把“孩提之童无不爱其亲”叫做善，把比禽兽善叫做善，善的标准未免太低了。只有圣人之善才真正称得上是善。他还特别强调自己与孟子分歧的实质在于评判标准的不同，说：

吾质之命性者异孟子。孟子下质于禽兽之所为，故曰性已善；吾上质之圣人之所善，故谓性未善。善过性，圣人过善。（同上）

“质”字本义是箭靶，这里用如动词，有作为标准加以评判、衡量的意思。在董仲舒看来，一个是“下质于禽兽”，一个是“上质之圣人”，这就是他与孟子分歧的实质。

接着，董仲舒又引圣人之言作证：

孔子曰：“圣人，吾不得而见之矣，得见有恒者斯可矣。”由是观之，圣人之所谓善，亦未易当也，非善于禽兽则谓之善也。使动其端善于禽兽则可谓之善，善奚为弗见也？……正朝夕者视北辰，正嫌疑者视圣人。圣人以为无王之世，不教之民，莫能当善。善之难当如此，而谓万民之性皆能当之，过矣。（同上）

引孔子之言作为论据，在今人看来，或许觉得没多大说服力；但在习惯于“畏圣人之言”的古代，则不失为一种论证的手段。（当然，推敲起来，董仲舒此论是有漏洞的：一是不得见善人，并不意味着就没有善人；二是善人和性善是两个概念，不是善人，不足以否定性善。）

其次，他广泛设喻，反复论证善质不等于善和待教而善的观点。说：

故性比于禾，善比于米。米出禾中，而禾未可全为米也。善出性中，而性未可全为善也。善与米，人之所继天而成于外，非在天所为之内也。天之所为，有所至而止。止之内谓之天性，止之外谓之人事。事在性外，而性不得不成德。民之号，取之瞑也。使性而已善，则何故以瞑为号？……有似目，目卧幽而瞑，待觉而后见。当其未觉，可谓有见质，而不可谓见。今万民之性有其质而未能觉，譬如瞑者待觉，教之然后善。当其未觉，可谓有质，而不可谓善。与目之瞑而觉，一概之比也。静心徐察之，其言可见矣。（《深察名号》）

这里打了两个比喻，把善质和善性，比作禾与米、眼睛与见物的关系。（按，“禾与米”或应作禾与粟，或粟与米，才比较贴切）禾可结粟，但禾不等于粟；粟中含米，但粟舂碾后才成米，因此粟不等于米；眼睛能见物，但只有觉醒后开目而视才能见物，因此目不等于见。由此可知，善质与善性不能混同。又说：

性如茧如卵，卵待覆而为雏，茧待缫而为丝，性待教而善，此之谓真天。（同上）

性如茧，善如丝；性如卵，善如雏：这两个比喻生于文景时期的韩婴已经讲过，他说：“茧之性为丝，弗得女工燔以沸汤，抽其统理，不成为丝；卵之性为雏，不得良鸡覆伏孚育，积日累久，则不成为雏。夫人之性，非得明王圣主扶携，内之以道，则不成君子。”（《韩诗外传》）韩婴和董仲舒都强调了后天教化的作用。不同的是，韩婴直接承认性善，而董仲舒则用以表明善质与善性的区别。对于这种区别，董仲舒还曾特别加以强调：

> 或曰：性有善端，心有善质，尚安非善？应之曰：非也。茧有丝而茧非丝也，卵有雏而卵非雏也。比类率然，有何疑焉！（《深察名号》）

“比类率然”的意思是，此类事例还可以举出许多，大率都是如此。董仲舒承认人性具有善端、善质，但他强调的重点是，如果没有后天的教化，这些善端、善质是不能自发地成为善性的，此点再次揭示了他与孟子的区别。众所周知，孟子固然也重视教化和环境对于完成善性的作用，但他强调的重点则在于对善端“扩而充之”“保存勿失”；而董仲舒则不大讲“扩充”，而是反复强调“王教”。在这点上，董仲舒实更接近主张“化性起伪”的荀子。当然，董与荀的差别也是明显的：荀子之“伪”，意在矫正恶性而达到善；董仲舒之“教化”，意在发展善质而达到善。如果从逻辑的彻底性说，董仲舒既认为“贪仁之性两在于身”，其教化便也应包含发展善质（待教而善）和矫正恶质（化性起伪）两个方面。但董仲舒在论述问题时对于后一方面讲得较少。

对于待教而善这层意思，董仲舒在《实性》篇中还曾一再反复论述，字眼常与《深察名号》篇大同小异，但也有互相不能包含的意思。将两文参看，常能将意思理解得更准确、更丰富。我们再引几段：

> 善如米，性如禾，禾虽出米，而禾未可谓米也；性虽出善，而性未可谓善也。米与善，人之继天成于外，非在天所为之内也。（《实性》）

> 天之所为，止于茧麻与禾。以麻为布，以茧为丝，以米为饭，以性为善。此皆圣人所继天而进也，非情性质朴之能至也。故不可谓性。（同上）

> 中民之性如茧如卵，卵待覆二十日而后能为雏，茧待缫以涫汤而后能为丝，性待渐于教训而后能为善。善，教诲之所然也，非质朴之所能至也，故不谓性。（同上）

> 性者宜知名矣，无所待而起，生而所自有也。善所自有，则教训已非性也。是

以米出于粟，而粟不可谓米；玉出于璞，而璞不可谓玉；善出于性，而性不可谓善。其比多，在物者皆然，在性者以为不然，何不通于类也？卵之性未能作雏也，茧之性未能作丝也，麻之性未能为缕也，粟之性未能为米也。……性者，天质之朴也；善者，王教之化也。无其质，则王教不能化；无其王教，则质朴不能善。（同上）

在上述这些文句中，董仲舒为了阐明性与善的关系，设喻竟达九个之多：禾与米、目与见、粟与米、茧与丝、卵与雏、麻与布、米与饭、璞与玉、麻与缕。它们未必都很贴切，但在强调善出于性却不等于性，性待教而善这个基本点上是一致的。

除目与见已如前述外，这些比喻实可分为三类：

禾粟、卵雏之喻为一类。禾如果正常生长，必然结粟；卵如正常孵化，必然为雏。禾中包含粟的萌芽，卵中已具备雏的胚胎。犹如人的本性中包含着善的资质。性与善之间是必然关系，这一点与孟子的性有善端论正好相同。不过，孟子径称善质为性善，董仲舒则说善质不等于性善。

粟米、璞玉之喻为一类。米与玉是粟与璞的核心和本质。剥去其外壳，内在的本质才会显露出来。粟对于米、璞对于玉来说，糟粕中包含着精华，去掉糟粕，其精华自见。善恶混论对这两个比喻也许不会不同意。不同的是，恶善混论指所有人，董仲舒则仅指中民。（详后）

另外四个比喻又可归为一类。茧缫才为丝，麻剥才为缕，麻（缕）织则为布，米煮则为饭，由前者发展到后者，其间仅仅是一种可能性，却并不存在必然关系。比如麻既可织布，也可编成绳索，化为纸浆；米既可煮饭，也可酿酒、做醋、磨成面粉还可做许多食品，等等。这些比喻用来作为“性可以为善可以为不善”论的论据也当能成立。不同之处在于，董仲舒也仅仅是就中民而言，只不过他没有处处加以明确罢了。

当然，这些比喻在董仲舒那里有一点是一致的，即都是为了阐明善质不等于性善，由善质到性善需要“继天而成于外”的加工，也就是王者的教化作用。而这正是董仲舒全部人性论的落脚点。

（三）性待教而善

“性待教而善”是董仲舒人性论的核心和归宿。前述种种关于人性的论述，无不围绕着这个核心。董仲舒虽然也有关于什么叫性、什么叫善之类的讨论，但大多三言两语，显然不是作为重点。唯有对“性待教而善”的命题，才反复论述，不厌其详。其具体观点，这里不再赘述；而对其重要意义，再申说几句。

董仲舒认为，从善性的完成说，离不开王者的教化；而从王者的角度说，化民成性则是义不容辞的任务，他说：

> 天生民性，有善质而未能善，于是为之立王以善之，此天意也。民受未能善之性于天，而退受成性之教于王。王承天意以成民之性为任者也。今按其真质，而谓民性已善者，是失天意而去王任也。万民之性苟（性）已善（性字为衍文，当删），则王者受命尚何任也？其设名不正，故弃重任而违大命，非法言也。……今万民之性，待外教然后能善。善当与教，不当与性。（《深察名号》）

这就是说，教化人民完成善性，是上天立王的本意之一，为王者能够成教化民，才算是承天意而尽王任；反之，则是违天命，去王任。这一席话虽不免有神秘色彩，但意在加强其神圣性，因此不无意义。董仲舒还说，化民成性这个任务非同一般，它是王者的根本任务之一："天令之谓命，命非圣人不行；质朴之谓性，性非教化不成；人欲之谓情，情非制度不节。是故王者谨于承天意，以顺命也；下务明教化民，以成性也；正法度之宜，别上下之序，以防欲也。修此三者，而大本举矣。"（《天人三策》，见《汉书·董仲舒传》）这些话的意思很明显，意在强调王者必须对"明教化民"的任务十分重视，像执行天的命令那样不可丝毫懈怠。它们对于当政者具有一定约束作用。

四、中民之性——对讨论范围的划定

如前所述，"民有善质而未能善"，"性待教而善"，是董仲舒人性论的基本观点。但是，其中包含一个问题：这个"民"是不是包括所有的人？如果包括所有的人，那么，教化靠谁去完成？又为什么还有教亦无效、怙恶不悛的人？这是需要加以回答的。董仲舒为此提出人有三类说，并为他的人性论的讨论范围做了划定。他说：

> 名性不以上，不以下，以其中名之。（《深察名号》）

"中"指中民。意思是说，他所讲的性，不是就中民以上的人说的，也不是就中民以下的人说的，而是就中民说的。又说：

圣人之性，不可以名性；斗筲之性，又不可以名性；名性者，中民之性。（《实性》）

这段话与上文意思一致，并明确将中民以上者称作圣人，而将中民以下者称作斗筲之人。并说他们各有不同的性，而他讨论的只是中民之性。关于圣人，先秦儒家做过不少论述，如孟子说："圣人，人伦之至也。"（《孟子·离娄上》）"大而化之之谓圣。"（《孟子·尽心下》）荀子说："齐明而不竭，圣人也。"（《荀子·修身》）"圣人者，道之极也。"（《荀子·礼论》）至西汉时期，"圣人"指哪些人，人们心目中是大致清楚的，一般指尧、舜、禹、汤、周文武王等古圣王和皋陶、周公等古贤臣，以及被称作素王的孔子（尽管孔子本人不以圣自居）。这些人不仅有崇高的道德，而且都以明教化民为务。在人们的心目中，圣人是纯善的象征和化身，是礼乐的制定者和推行者。他们的性只能设定为先天的善，因此，董仲舒把圣人之性排除在"待教而善"的讨论之外。

所谓斗筲之人，当指与圣人截然对立的人。斗筲本是量器名称，十升为一斗，五升为一筲（一说筲容一斗二升）。斗筲连用用以指人，言其器量狭小，孔子曾说："斗筲之人，何足算也！"（《论语·子路》）但谁是斗筲之人，不但孔子没有明确说过，后人也很少讲到。如果单从不能教化的角度，后世倒是提到过一些具体的人，如《淮南子·修务训》说："沉画耽荒，不可教以道，不可喻以德，严父弗能正，贤师不能化，丹朱、商均也。"如此看来，丹朱（尧之子）、商均（舜之子）以及桀纣之类，大概可以算是斗筲之人。斗筲之人与圣人是对立的两极，圣人既然是纯善的象征和化身，那么，斗筲之人便是纯恶的象征和化身。他们的本性只能设定为先天的恶，是不可救药、不可救化的，因此也被排除在"待教而善"的讨论之外。

圣人和斗筲之人，从理论上说都是极少数，他们的性（纯善与纯恶）是先天的，不可改变的。至于一般人、普通人、大多数人，则是贪仁之性"两在于身"的，通过圣人的教化，可以弃恶向善或由不完全的善到完全的善。所以董仲舒说，他讨论的只是此类中民之性。

董仲舒此说在人性论史上具有重要意义。他将人性分为三类，并冠以"圣人之性""中民之性""斗筲之性"之名，这是他的创造。他所谓"不可以名性"云云，意在把上下两种性排除在他的讨论之外，并不是说它们不是性。实际上，他已经很明确地称作性了，只是说，"圣人之性"和"斗筲之性"不在他所讨论的"待善而教"的性的范围之内罢了。因此，说董仲舒开了性三品论之先河是能够成立的。

当然，董仲舒此论也是有所继承的。追本溯源，则来自孔子。孔子讲："性相近也，习相远也。""唯上智与下愚不移。""中人以上，可以语上也；中上以下，不可以语上也。""生而知之者，上也；学而知之者，次也；困而学之，又其次也；困而不学，民斯为下矣。"（俱见《论语》）有的话尽管并不是直接谈人性，但由于其巨大的包含性，足以给后人以启发。从思想发展的脉络看，它们可以说是为董仲舒的人性论提供了理论前提，但尚没有明确地提出人性分为三类的观点，而是包含了性三品说的萌芽。至董仲舒，性三品说才具雏形，却又将上下两种性排除在讨论之外。不过无论如何，董仲舒还是为性三品论确立了基本的框架，王充和韩愈只是将它完善化而已。

以上，我们对董仲舒人性论的逻辑层次分别进行了考察，论述了其人性论与世界观的关系以及其人性论的重点和核心，阐明了其人性论与告子、荀子尤其是与孟子的联系与区别，明确了它实际上开了性三品论之先河的历史意义。这一切，奠定了董仲舒在人性论史上的重要地位。当然，董仲舒的人性论观点并不都是无懈可击的，有些论述尚不够严密、充分，他宣称只讨论中民之性，无异于主动地让出了"上""下"两块地盘，留下了理论空白，使其思想的全面性大打折扣。这些局限，给后人留下了修正、补充和发展、完善的课题。

原文载于《中国哲学史》（季刊）1998年第2期。中国人民大学复印报刊资料"中国哲学"1998年第7期全文刊载。

“崇本举末”和“崇本息末”

王弼既讲“崇本举末”，又讲“崇本息末”。这两个命题该如何理解，本文试做分析。

在《老子注》中，王弼提出了“崇本举末”的命题。他说：

> 本在无为，母在无名。弃本舍母而适其子，功虽大焉，必有不济；名虽美焉，伪亦必生。（《老子》三十八章注。以下引该书只注章名）

这是说，“道”本是无为、无名的，如果不把注意力集中在道上，而去追求万物（末），虽然暂时可能获得大功和美名，但最终必将无益而有害。他举例说：

> 弃其所载（指“道”），舍其所生（指“母”），用其成形，役其聪明，仁则伪焉，义则竞焉，礼则争焉。故仁德之厚，非用仁之所能也；行义之正，非用义之所成也；礼敬之清，非用礼之所济也。（同上）

舍弃对“道”（本）的把握，一味追求仁义道德（末），非但得不到，反而会产生虚伪和争夺。换句话说，要想求得仁义等，是不能靠追求它们本身来实现的。只有通过“崇本举末”的方法才能达到。他说：

> 用夫无名，故名以笃焉；用夫无形，故形以成焉。守其母以存其子，崇其本以举其末，则形名俱有而邪不生，大美配天而华不作。故母不可远，本不可失。……舍其母而用其子，弃其本而适其末，名则有所分，形则有所止。虽极其大，必有不周；虽盛其美，必有患忧。（同上）

这就是说，通过无名，才能得到笃厚的名；因为无形，形象才能完成。守母才能保子，崇本才能得末（这里的“举”，有“取”“得”的意思）。如果舍本逐末，最终反而得不到末。

在《老子注》中，王弼又提出了“崇本息末”的命题。他说：

> 夫以道治国，崇本以息末。以正（政，刑政）治国，立辟（法，刑法）以攻末，本不立而末浅，民无所及，故必至于以奇用兵也。（五十七章注）

“以道治国，崇本息末”是王弼的治国原则。如果不是这样，而是用刑政的方法治国，设立刑罚来制止人民的违法行为（攻末），结果只能造成“乱兵起”的局面。他说：

> 立正（政）欲以息邪，而奇兵用（起）；多忌讳以耻（一说“耻”当作“止”。见楼宇烈：《王弼集校释》151 页）贫，而民弥贫；利器欲以强国者也，而国愈昏（弱）。皆舍本以治末，故以致此也。（同上）

这就是说，要想“息邪”“止贫”“强国”，是不能靠“立政”“多忌讳”（法令规章）、“利器”等方法，而应该通过“崇本”即无为无欲等途径来实现。

王弼在《老子指略》中，对“崇本息末”做了更为集中、更为详尽的阐述。他说：

> 故其大归也，论太始之原以明自然之性，演幽冥之极以定惑罔之迷。因而不为，损而不施；崇本以息末，守母以存子；贱夫巧术，为在未有；无责于人，必求诸己。此其大要也。（《老子指略》）

他还认为，“崇本息末”是《老子》一书基本精神的概括。他说：

> 《老子》之书，其几乎可一言而蔽之，噫！崇本息末而已矣。观其所由，寻其所归，言不远宗，事不失主。文虽五千，贯之者一；义虽广瞻，众则同类。解其一言而蔽之，则无幽而不识；每事各为意，则虽辩而愈惑。（同上）

这里所谓“宗”“主”皆指道（无）而言。他反复申明，只要把握了它，就可以认识一切；离开了它，就只能陷入迷惑。他举例说：

> 尝试论之曰：夫邪之兴也，岂邪者之所为乎？淫之所起也，岂淫者之所造乎？故闲（防）邪在乎存诚，不在善察（一作“察善”）；息淫在乎去华，不在滋章；绝盗在乎去欲，不在严刑；止讼存乎不尚，不在善听。故不攻其为也，使其无心于为也；不害其欲也，使其无心于欲也。谋之于未兆，为之于未始，如斯而已矣。（同上）

意思是说，邪淫的兴起，并不是邪淫本身造成的，因此，要防止它，就不能只从制止邪淫入手。防止邪恶，在乎存诚，而不在乎明察；止息淫浮，在于“去华”，而不在于繁多的法令；灭绝盗贼，在于去欲，而不在于严刑；停止诉讼，在于使人不尚争竞，而不在善于断案。总之，不要盯着邪、淫、盗、讼这些现象本身，而应首先着眼于从思想上去掉可能导致这些现象的原因，把它们消灭在萌芽之中。他说：

> 故竭圣智以治巧伪，未若见（推重）质素以静民欲；兴仁义以敦薄俗，未若抱朴以全笃实；多巧利以兴事用，未若寡私欲以息华竞。故绝司（伺）察，潜聪明，去劝进，翦（除）华誉，弃巧用，贱宝货，唯在使民爱欲不生，不在攻其为邪也。故见素朴以绝圣智，寡私欲以弃巧利，皆崇本以息末之谓也。（同上）

这就是说，要想去掉巧伪，竭尽圣智也不中用，不如推崇素朴“以静民欲”；要想去掉浇薄的民俗，兴仁义是没用的，不如保持素朴“以全笃实”；要想“兴事用”，靠巧利器物是满足不了的，不如减少私欲和止息竞尚浮华。总之，唯一的办法就是使人民爱欲不生。“见素”“抱朴”“寡欲”，就是“崇本”，它们是达到“治巧伪”“静民欲”“敦薄俗”“兴事用”（这些是“末”）的根本的办法。崇了“本”，这些“末”也就自然止息。

以上，我们分别阐释了“崇本举末”和“崇本息末”两个命题。它们的含义既有所同，又有所不同。“崇本”是它们的共同原则，“举末”（得到末）和“息末”（止息末）是指“崇本”所达到的不同目的或结果。同是“末”，有的要“举”，有的要“息”，这是针对不同对象、不同问题而言。在王弼看来，社会生活现象，有些是应该取消、止息的，如邪、淫、盗、讼、贫、昏之类。但要取消、止息它们，单单盯着这些现象本身，非但解决不了问题，反而会使问题闹大、闹糟。必须从“本”入手，这些“末”才能止息，这叫做“崇本息末”。另一类现象是应该或希望取得和掌握的，如仁义圣智、权势地位之类。但要想牢靠地得到它们，则不能一味地去追求，不能“舍本而逐末”。只有崇本，这些“末”才会牢靠地得到。这叫“崇本举末”。在王弼的表述中，“举末”和“息末”有时也指同一事物的两个方面，如王弼认为，《老子》书中说的“天下多忌讳，而民弥贫；民多利器，国家滋昏；人多伎巧，奇物滋起；法令滋彰，盗贼多有”这四个方面，“皆舍本以治末，故以致此也”。而“我无为而民自化，我好静而民自正，我无事而民自富，我无欲而民自朴”，“此四者，崇本以息末也。”（五十七章注）这里说的“无为”“好静”“无事”“无欲”是崇本；“民自化”“民自正”“民自富”“民自朴”，是“举末”。而民自化则无盗贼，民自正则无奇物，民自富则止贫穷，民自朴则去薄俗，从另一方面说，它们又是“息末”。

总之，“崇本举末”“崇本息末”都是王弼哲学的方法论原则，值得仔细玩味。

原文载于《中国哲学史研究》1985 年第 3 期。

韩愈的唯物主义思想不应忽视

近年来出版的中国哲学史著作，大多把韩愈说成是天命论者。“四人帮”横行时，更有人按“儒法斗争”的框子，对韩愈的天命论大加渲染，大讲韩愈与柳宗元的天命论与反天命论的斗争。事实真的如此吗？从韩愈有关文章看，我们觉得，不但“韩柳之争”纯属歪曲，就是对韩愈的某些唯心主义观点，也须作更中肯的分析和评价；何况在韩的哲学思想中还有不少唯物主义成分，这也是不应忽视和抹杀的。

先说所谓韩、柳在天命问题上的斗争。许多持这一论点的人主要是以柳宗元的一篇短文《天说》作为根据。可是，他们的结论与原文的意思并不相符。

《天说》全文仅五百四十七字。前半篇引述韩愈的观点，约占全篇的三分之二。后半篇是柳宗元的观点，约占全篇的三分之一。这样的比重，就不大像是在论战。两个人讲的内容，也不是针锋相对的。我们先看韩愈讲了些什么。

韩愈说：人们遭受到“疾痛倦辱饥寒”，往往“仰而呼天曰：‘残民者昌，佑民者殃’，又仰而呼天曰：‘何为使至此极戾也?’”他认为，这种呼天怨天的人“举不能知天”，全是对于天的不了解。接着他阐述了关于“天”的一大套议论，说：

> 夫果蓏飲食既坏，虫生之；人之血气败逆壅底，为痈疡、疣赘、瘘痔，虫生之；木朽而蝎中，草腐而萤飞：是岂不以坏而后出耶？物坏，虫由之生；元气阴阳之坏，人由之生。

这是说，正如同物坏了就生虫子一样，人是由于元气阴阳坏了所产生的。在韩愈这里，是把“元气阴阳”与“天地”当作同义语使用的，所以他接着说：虫子生出后，越繁殖，对物的破坏就越厉害，从物的角度看，“其有能去之者，有功于物者也；繁而息之者，物之仇也”。同理，人产生后，越是繁衍生息，对元气阴阳的破坏就越是厉害，如果从元气阴阳的角度来看，有能“残斯人”（残害这些人）的，就是有功于天地；相反，“繁而息之者，天地之仇也”。现在，由于人们对于“天”的这番道理不了解，才对于天“呼且怨”。想来，“天”如果听到人们的怨声，一定会对“有功者”即“残民者”给予更大的奖赏，而对于“祸焉者”即“佑民者”给予更重的处罚。

韩愈的这段话字里行间都透露出一种激愤的情绪，尽管声言是“为子言天之说”，实际上显然不是为讲天而讲天，而是借题发挥。韩愈写给柳宗元的这封信，没有收入《韩昌黎集》，我们无法确定其写作的确切年代。仅从其思想内容推断，它当是在屡遭贬黜之后的产物，是借“言天”以发泄胸中的抑郁和不平。

但是，不少论者却把残民者该受天赏、佑民者该受天罚当作韩愈的正面观点予以批判。如有的说：“……韩愈从而断言，‘残民者昌，佑民者殃’，以此来为封建统治者残害人民制造理论根据。”（《柳宗元诗选注》，上海人民出版社第 152 页）这里有这样一个问题：儒家人物都是以“保民”相标榜的，现在，作为正统儒家卫道者的韩愈，竟然公开提倡“残民”而反对“佑民”，这不是咄咄怪事吗？不要说一个封建士大夫，就是任何人，只要不是发了疯，难道谁会在文章中正面主张“残民”，而攻击“佑民”吗？把这种话当作正面观点而加以批判，岂不是强加于人吗？

我们认为，韩愈的这段话不但不是宣扬天命论，倒是控诉天的赏罚颠倒、功祸混淆，表示了对于天命的怀疑和否定，具有一定的唯物主义的成分。

韩愈这里是如何解释“天”的呢？他明明是把天与果蓏、痈痔、草木作类比，正像草木等“物”坏了就生虫子一样，天地（即元气阴阳）坏了，就生出人。如此说来，天地无非是像果蓏、草木一类的物质性的东西，丝毫没有至上神之类的神秘意味。这样的天，本来是不可能有什么意志，行什么赏罚的。韩愈接下去讲的“有功”“有仇”问题，是从物与物的关系说的：物坏而生虫，虫滋生就更破坏物，从这个意义上说，虫是物的仇敌。同理，元气阴阳坏而生人，人繁息就更破坏元气阴阳（而元气阴阳就是天地），从这个意义上说，人就是天地的仇敌了。进而，韩愈才谈到天的赏罚问题，值得注意的是，他连用了两个“吾意……”（即“我想来”）的句式，表明这是推测之词，带有假设意。尽管字面上有天能赏罚的神秘形式，但既然这个“天”不是赏善罚恶，而是赏恶罚善，那就绝不是在为封建统治制造舆论，恰恰相反，倒是在控诉天的不公平，是对那个善恶混淆、赏罚颠倒的社会发出的抗议和诅咒。

《天说》的后半篇，也清楚地表明了这一点，作为好友的柳宗元对韩愈的思想情绪是完全理解的。他首先指出："子诚有激而为是耶!"肯定这是激愤之词，牢骚之语；并称赞"则信辩且美矣"，即议论精彩，文笔漂亮。然后说，"吾能终其说"，即把你提出的问题（"若知天之说乎"）加以完成，把你未尽的意思讲完。柳讲的是"终其说"，而不是"辩"或"驳"。的确，柳宗元在下文首先是承接着韩的意思讲的，进而又有所修正，有所批评，有所升华罢了。

柳宗元肯定了韩愈把天地看成是元气阴阳，是与果蓏、痈痔、草木同类的观点，略加提炼和界说，指出，天地（元气阴阳）"是虽大，无异果蓏、痈痔、草木也"，进而强调，它们都没有意志，不能赏功罚祸，世间的一切都是"功者自功，祸者自祸"，"欲望其赏罚"及"呼且怨"都是错误的。最后，柳宗元说："子而信子之仁义以游其内，生而死尔，乌置存亡得丧于果蓏痈痔草木耶!"这是对韩愈的规劝和勉励。意思是，您既然坚信自己的仁义学说而生存于天地之间，那么，生也罢，死也罢，就都这样坚持，何必把存亡得失的原因归之于果蓏痈痔草木一样的天呢!

柳宗元这段话，唯物主义观点鲜明有力，纠正了韩愈讲的天能赏罚（尽管是颠倒的赏罚）的毛病，这是事实。但是，在这里韩、柳也有相同之处（都把天地看成是元气阴阳，是与果蓏等同类的物；都相信"仁义"学说），这也是显而易见的。有些论者对于后者避而不谈，而对于前者极力夸张，据此大讲韩柳间的天命论和反天命论的斗争，不能不说是缺乏根据的。

实在说，判断韩愈是不是天命论者，仅根据《天说》中转引的话，显然是不够的，也是不严肃的，还必须联系韩的其他文章进行分析。

韩愈在写给别人的一些信中，多次谈到"天""命"及富贵穷通的遭遇问题，其中有的与《天说》中的思想颇相类似。由于背景不同，有时态度更为激烈，有时则比较矛盾。有些论者正是根据这类言论论定韩愈是天命论者的。我们觉得，这同样需要加以具体分析。其中有些话的确表露了韩愈相信有天命的落后的一面，但也有不少地方，倒是表现了他对天命的怀疑。

比如，在《上考功崔虞部》中，他说，过去曾"以为得失固有天命，不在趋时"，但后来改变了看法，"今则复疑矣，未知夫天竟如何？命竟如何？由人乎哉？不由人乎哉？"这封信是他在参加吏部的"博学宏辞"考试落选之后写的（据国学丛书《韩昌黎集》注），个人的遭遇，使他对天命由相信到动摇，而发出了怀疑性的追问，意思显然是说，那种平正无私的天，实际上是不存在的。

他还结合历史人物的遭遇，说："自古贤者少，不贤者多。自省事以来，又见贤者恒不遇，不贤者比肩青紫；贤者恒无以自存，不贤者志满气得；贤者虽得卑位，则旋而死，不贤者或至眉寿。不知造物者意竟如何？无乃所好恶与人心异哉？又不知无乃都不省记，任其死生寿夭邪？未可知也。”“天之与人，当必异其所好恶无疑也。”（《与崔群书》）在这里，天与人的好恶是相反的，赏罚是颠倒的。虽然没有完全摆脱天命观念的樊篱，但这种愤世嫉俗的言辞不正是对统治者所宣扬的那个主宰一切、大公无私的天的怀疑和否定吗？这种思想，和《天说》里转述的韩愈对“天“的认识正属于同一类型。

韩愈是个封建士大夫，他自认为对皇帝满怀忠贞，对纲常名教笃行不倦，但却不被理解，屡遭贬黜，仕途的坎坷，使他牢骚满腹，无限怨尤，于是才发出上述那些慨叹。这些，大多都是从其个人的遭遇出发的，缺乏像诗人杜甫那样的深厚生活基础和忧国忧民的感情，因此，它们的社会政治意义并不高。但是，就他对天命表示了一定程度的怀疑来说，是不能全盘抹杀的。

基于这种对天的认识，韩愈还表示了如下的生活态度：“贤不肖存乎已，贵与贱、祸与福存乎天，名声之善恶存乎人。存乎已者，吾将勉之；存乎天、存乎人者，吾将任彼而不用吾力焉。”“以道德为己任，穷通之来，不接吾心。”（《与卫中行书》）这就是说，道德修养问题，全在于自己，而贵贱祸福，或是别人说自己什么，都是个人没法把握的。所以，一个人应该努力加强道德修养，而不必管会有什么样的遭遇。这种态度，其实就是柳宗元在《天说》中讲的那种“子而信子之仁义以游其内，生而死尔”听任它去的态度。韩愈在这里承认天的主宰作用，这是他的局限。但是，他注意的却是“人”的一面。而且，这个“天”充其量不过是一种“无可奈何”的异己力量，并不是人格化的至上神，丝毫不存在天人感应、福善祸淫之类的迷信成分。从这些话的基调看，还是积极的、进取的。把这种思想境界放到唐代中期那个神佛迷信盛行的时代去衡量，其水平不能认为是非常低下的。

韩愈还讲过“夫为史者，不有人祸，则有天刑”的话（见《答刘秀才论史书》），也被有人作为“天命论”的证据。韩愈这封信的情调的确不高，讲了许多泄气话，如：以往搞历史的人遭遇如何不幸，当代的历史如何不好搞等，表示自己不能胜任。当时，韩愈在几经浮沉之后，新任“史馆修撰”之职，基于对官场腐败的深知，和“为史者”匡难的考虑，流露这种心情是可以理解的。韩愈曾以同类的意思写信给柳宗元，受到柳的批评（见《与韩愈论史官书》）。柳宗元的态度的确积极得多。但是，他说韩愈讲“天刑”的那句话的意思有“若以罪夫前古之为史者”，却是误会了。韩愈主要是对于为史者没有好结果而发了一番感慨，哪里是认真地讲凡为史者天都应当不相容呢！用这样的话来论定韩愈是天命论者，应该说，理由也并不是充分的。

韩愈没有论“天”“命”问题的专著。除了上述在书信中时而提到这个问题以外，有些比较严肃的论文也提到这个问题，其哲学倾向更值得注意。他在“五原”之一的《原人》中，就讲到了天地。他说：

> 形于上者谓之天，形于下者谓之地，命于其两间者谓之人。形于上，日月星辰皆天也；形于下，草木山川皆地也；命于其两间，夷狄禽兽皆人也。（《原人》）

这里的“形于上“不同于《易传》的“形而上”，“形”是表现的意思，“上”“下”指相对于“人”的空间方位。意思是说，“天”就是在人们头上的附有日月星辰的天空，“地”就是在人们脚下的生有草木山川的大地。这种对于天地的看法没有一点儿人格化的色彩，应该说是唯物主义的。而且，这与他把天看成是如同果蓏、痈痔、草木同类的自然物的观点（见《天说》）也是吻合的。

韩愈还有一首诗《孟东野失子》，饶有风趣地表达了他对天的看法。诗前有一个小序，叙述了写此诗的缘由：“东野连产三子，不数日辄失之，几老无后以悲。其友人韩愈昌黎惧其伤也，推天假其命以喻之。”即为了安慰朋友，假借天命的神话形式给予开导。诗中说：东野失子，对天怨恨，伤心落泪，滴地入泉，使地神很不安。于是，地神便派一个大灵龟到天上去问，为什么天这么不公平，“问天主下人，薄厚胡不均?”天便做了下述回答：“天曰：天地人，由来不相关。吾悬日与月，吾系星与辰。日月相噬啮，星辰踣而颠，吾不汝之罪，知非汝由因。”接着讲了些“有子与无子，祸福未可原”的道理。灵龟把天的这些话转告了孟东野，使得他宽了心，“收悲以欢忻”。这首诗虽然采用的是神话形式，有天神、地祇、灵龟出现，但其基本思想却是唯物主义的，并不因这种神话形式而削弱。它的中心意思显然是：天并不主宰人的吉凶祸福，天、地、人三者，从来是“不相关”的，人的行动，对于天无所谓功罪，人的遭遇，与天也没有什么因果联系。所谓天，只不过是悬挂着日月星辰的天空罢了。这一看法，与《原人》中所讲的“天”正是一个意思。与柳宗元在《答刘禹锡天论书》中讲的天人“其事各行不相预”的观点也是十分相似的。至于这首诗里流露的“上智下愚”的思想糟粕，下文再一并谈。

韩愈是唐代一位勇敢的反佛斗士。他在有些文章中讲到天，往往还有与佛教作斗争的意味。在著名的《谏迎佛骨表》中，韩愈指出，所谓“佛骨”，不过是其身死已久，“枯朽之骨，凶秽之余”，表示极度轻蔑。还说，“佛如有灵，能做祸祟，凡有殃咎，宜加臣身。上天鉴临，臣不怨悔”。这种对于天的假设之词，显然是对于皇帝的安慰。在那种神佛迷信泛滥的时代，为了打动皇帝的心，他不得不如此说。其实从全篇谏表看，他坚决否认佛有灵，也不相信什么天神的态度是很明朗的。

他有时强调“天”的权威，其用意在于对抗佛的权威。如说：“凡君子行己立身，自有法度，圣贤事业，具在方册，可效可师。仰不愧天，俯不愧人，内不愧心。积善积恶，殃庆自各以其类至。何有去圣人之道，舍先王之法，而从夷狄之教以求福利也?”又说：假如释氏能与人为祸祟，非守道君子所惧也。“况万万无此理。且彼佛者果何人哉？其行事类君子耶？小人耶？若君子也，必不妄加祸于守道之人；如小人也，其身已死，其鬼不灵。天地神祇，昭布森列，非可诬也，又肯令其鬼行胸臆、作威福于其间哉?”（《与孟尚书书》）这里，他把孔孟的“圣人之教”，与佛教的“夷狄之法”相对立，坚决否认佛有灵、能为祸福，指斥神佛迷信“万万无此理”。但同时，他又错误地讲到有一个鉴察一切，并能抵制佛教流行的“天地神祇”存在，还讲什么“积善积恶，殃庆自各以其类至”，虽然这是出于批判求佛得福讲的，毕竟有更明显的神秘色彩，甚至与因果报应思想都难以划清界限了。这些唯心主义杂质是勿庸讳言的。但是这类思想并不是韩愈思想的主流。就是上述这篇思想毛病较多的书信的主旨，也在于批判佛教的虚妄，而不是宣扬儒家的天命，其糟粕部分并不能掩盖其战斗的光辉。

关于韩愈的天命思想，还可以和他对于鬼神的看法联系起来考察。

韩愈在文章中有时讲到鬼神，但其神秘色彩并不重，甚至有某些唯物主义倾向。他曾专写了《原鬼》一文，把鬼神说成是一种无声、无形、无气的东西，同有形无声的土石、有声无形的风霆、有形有声的人兽一样，是世间的一种具体物。正因为如此，鬼神并不能降祸赐福。他在文中提出一个问题：“然则有怪而与民物接者何也?”即人们为什么会看到怪异现象，他回答说：“漠然无形与无声者，鬼之常也。民有忤于天，有违于民（一说应作“时”），有爽于物、逆于伦，而感于气，于是乎鬼有形于形、有凭于声以应之，而下殃祸焉，皆民之为之也。其既也，又反乎其常。”（《原鬼》）意思是说，渺茫而没有形体和声音，是鬼的常态。当人们的行为出现了种种错误（“忤于天”“逆于伦”等，这是韩愈从封建伦理的角度看的，是他的地主阶级阶级性的表现，姑且不论）的时候，便正巧有鬼或者依赖于某形体，或者凭借于某声音相应地出现，这时便发生了灾祸。但是，发生灾祸的原因都是人们自己的行为造成的。等到这种“巧合”的情况过去，鬼神就又恢复它那无形无声的常态。这篇文章的最后，韩愈对鬼神物怪问题做出如下的归结：“故其作而接于民也无恒，故有动于民而为福，亦有动于民而为祸，亦有动于民而莫之为祸福，适丁民之有是时也。”适者，正值也。这意思是说，鬼神的行动与人们的行动相交接并不固定，有时鬼神的行动接触人们产生灾祸，有时带来幸福，也有时无所谓祸福，只是鬼神的活动恰好遇到人们自己造成的祸或福的时候罢了。这是明确地肯定祸福都是人们自己的行动造成的，鬼神根本没有降祸造福的能力。

但是，有的书上对于韩愈这段话却做出了完全相反的解释，他们的引文只引到“而下殃祸焉”，就划了句号，而将“皆民之为之也”一句及后面的话拦腰砍去，进而做出韩愈认为鬼神能给人们降祸赐福的结论，这只能说是断章取义。把一段连贯的话截去后半截，意思当然就没有办法正确领会了。从《原鬼》全文看，尽管有相信鬼神为实有的缺点，也还有一些其他毛病，但坚决否认鬼神能为祸福这一点还是很清楚的，不应曲解。

当然，韩愈关于鬼神的这种非人格化的看法并不那么彻底。他有时也说某人“死而为神”，对“神道设教”也表示拥护，他本人还搞祭神祀祖之类的活动，等等。但应该说，这些都是一个封建士大夫所不可避免的局限。试想，不是连公认的唯物主义思想家荀子、范缜等也有类似的看法吗？（如“皇天隆物，以示下民，或厚或薄，帝〈常〉不齐均。”——《荀子·赋》；“有禽焉，有兽焉，飞走之别也。有人焉，有鬼焉，幽明之别也。”——范缜《神灭论》）不是连公认的无神论者柳宗元也搞祭祀活动吗？（《柳河东集》中有祭人、祈晴、祷雨等文章多篇）就是后于韩愈的唯物主义者张载，尽管认为“鬼神者，二气之良能”，对鬼神做了唯物主义的解释，不也还有某些不彻底的说法吗？（如“天不言而信，神不怒而威”，“天不言而四时行，圣人神道设教而天下服”。——《正蒙·天道》）我们并不因为他们有这些观点就论定他们是唯心主义者，对于韩愈为什么就苛求呢？如果我们就韩愈的比较有代表性的著作《原人》《原鬼》等篇的基本思想分析，可以说他的主要倾向是唯物主义的，尽管他同时还存在不少毛病。

在认识论方面，韩愈的思想也存在矛盾。他有某些先验论的说法，也有相当明确的唯物主义观点，是不应该加以抹杀的。他在人性问题上主张性三品说，维护“唯上智与下愚不移”的观点，属于唯心论的先验论。为论证其性三品说，还举了一些《国语》《左传》等书上的荒诞例子，如叔鱼、杨食我、越椒等人一降生，其母一看就知道将来有贿死或灭宗的灾祸。这表明，韩愈相信这些神学臆语，是他思想中的糟粕。但这种思想的理论来源却恰恰是东汉的唯物主义者王充。王充在《论衡·本性》篇中为证明性三品说，曾举了叔鱼、羊舌食我（即杨食我）等人做例子，证明人一降生就有善或恶的性。这些当然也是王充思想的糟粕。但既然王充虽有这种糟粕而不失为一个杰出的唯物主义者，拿相类似的材料论定后于王充的韩愈是天命论者，其理由就显得不那么令人信服了。

实际上，韩愈是比较重视环境和教育的作用的。他认为，不仅中品的性“可导而上下”，就是上品的性也是“就学而益明”，下品的性则可“畏威而寡罪”（见《原性》）。这里，其地主阶级的偏见固然十分强烈，但从认识论上说，不能说全是错的。在另一些文章中，他对后天的教育和学习就强调得更高些，有时甚至完全走到了先验论的反面。如在有名的《师说》中，他明确主张“人非生而知之者”，即使是圣人也是学习的结果，“古之圣人，其出人远矣，犹且从师而问焉”。“圣人之所以为圣，愚人之所以为愚，其皆出于此乎！”即圣人和愚人的差别全在于学不学，从师不从师。干脆否定了圣人生知说。他还主张虚心地向各方面学习，而不论其年龄的少长和地位的高低，“无贵无贱，无长无少，道之所存，师之所存也”。谁掌握了道，谁有长处，就向谁学习。甚至可以向自己的教育对象学习，“弟子不必不如师，师不必贤于弟子，闻道有先后，术业有专攻，如是而已”。（以上俱见《师说》）认为学生不见得一切方面都不如老师，老师不见得一切方面都比学生强，知识、道理的获得有先有后，学术、业务各有专长。这些见解，应该说是颇为精辟的。他还讲过，“业精于勤而荒于嬉，行成于思而毁于随”（《进学解》）。即功夫的大小，思考的勤惰，决定了结果的好坏。他还说：“世有伯乐而后有千里马。千里马常有，而伯乐不常有。”（《杂说四》）以千里马喻人才，把人才的成长看作一个过程，而能否发现、能否培养、物质条件是否跟得上、训练方法是否得当等，则是人才能否最后形成的关键。如果没有这些后天的条件，任多少“千里马”也是会被埋没的。（见《杂说四》）这些生动的论述，从认识论上看，是符合唯物论的反映论原则的。

至于在历史观方面，韩愈是个历史唯心主义者，他的“圣人立教”的英雄史观是相当突出的。本文不再赘述。

总的看来，韩愈在哲学上没有像在政治上反对佛教、在文学上提倡古文运动那样突出的成绩和建树。但是，如果把他说成是个典型的天命论者，说他是唐代唯心主义思想的最大代表，说他的天命论与柳的反天命论是唐代哲坛的主要斗争云云，则是不符合事实的。韩愈的哲学思想是矛盾的，既有天命论、有神论和先验论的糟粕，又有唯物论、无神论和反映论的精华。二者相较，甚至其唯物主义倾向更鲜明些，更强烈些。我们应当把他的这些唯物主义思想作为中国哲学史上优秀遗产的一部分，给予恰当的评价和一定的地位。

原文载于《河北大学学报》1979年第1期。

《西铭》义蕴析论

《西铭》(《订顽》)是一篇仅有253字的短文,但它一出现即受到当时学术界的高度重视,随之引起一次次的争论。回顾这些争论,对于正确把握张载的思想,并进而认识《西铭》的意义,当是有益的。

一、关于《西铭》主旨

(一)历代对《西铭》的重视和褒扬

程颢率先对《西铭》给予高度评价:

> 《订顽》之言,极醇无杂,秦汉以来,学者所未到。(《河南程氏遗书》卷二上)

又引之以为同调,且谦称自愧不如:

> 《西铭》某得此意,只是须得他子厚有如此笔力,他人无缘做得。孟子以后未有人及此。得此文字,省多少言语。(同上)

程颐也说:

> 横渠道尽高,言尽醇,自孟子后,儒者都无他见识。(见《张载集·张子语录·后录上》)

程颐对《西铭》的赞扬有时也有所保留，如：

问："《西铭》如何?"伊川先生曰："此横渠文之粹者也。"曰："充得尽时如何?"曰："圣人也。""横渠能充尽否?"曰："言有多端，有有德之言，有造道之言。有德之言谈自己事，如圣人言圣人事也。造道之言则智足以知此，如贤人说圣人事。"（《河南程氏粹言》卷一）

在程颐看来，《西铭》仅可算是"造道之言"，属于贤人说圣人事。就是说，张载只能算贤人，还不是圣人。

朱熹对《西铭》下的功夫最大。他写有《西铭解》，又写了《西铭论》和其他几篇关于《西铭》的文章，朱门师生间关于《西铭》的讨论，仅记载下来的就有三十余条之多（见《朱子语类》卷九十八）。

南宋事功学派代表人物陈亮对《西铭》也甚为推重，他写有《西铭说》，认为"《西铭》之书，先生之言，昭如日星"，并批评"世之学者"穷究其理，"浅则失体，深则无用"，其原因就在于，"未尝以身体之也"。（见《陈亮集》卷二十三，中华书局 1987 年增订本）

明代以后，《西铭》仍然受到关注，如明代曹端撰《太极图说述解》，明清之际王夫之撰《张子正蒙注》，对《西铭》都做了比较详细的注解。清代理学家继续赞扬《西铭》自不必说，连著名书画家扬州八怪之一的郑板桥对《西铭》也非常称道，以为"张横渠《西铭》一篇，巍然接六经而作，呜呼休（美善）哉!"（《郑板桥集·家书·焦山别峰庵雨中无事书寄舍弟墨》）

一篇短文，引起历代学者如此重视，实不多见。

（二）所谓"《西铭》明理一而分殊"

二程在对《西铭》赞扬的同时，对其主旨也进行了阐发。程颢讲得比较平实。说："要之仁孝之理备于此，须臾而不于此，则便不仁不孝也。"（《河南程氏遗书》卷二上）程颐则加以抽象化，提出"《西铭》明理一而分殊"的著名论断。朱熹进而对此进行了细密的论述，说：

天地之间，理一而已。然乾道成男，坤道成女，二气交感，化生万物，则其大小之分，亲疏之等，至于十百千万而不能齐也。不有圣贤者出，孰能合其异而反其同哉？《西铭》之作，意盖如此。程子以为“明理一而分殊”，可谓一言以蔽之矣。盖以乾为父，以坤为母，有生之来，无物不然，所谓理一也。而人物之生，血脉之属，各亲其亲，各子其子，则其分又安得而不殊哉？一统而万殊，则虽天下一家，中国一人，而不流于兼爱之弊；万殊而一贯，则虽亲疏异情，贵贱异等，而不梏于为我之私。此《西铭》之大指也。（《西铭论》，《朱熹集·遗集》卷二）

程朱对《西铭》的阐扬，扩大了《西铭》的影响，也有助于对其思想的把握。但一味地用“理一分殊”论解之，将《西铭》纳入自己的思想体系，难免在一定程度上偏离张载的本旨。比如，“民吾同胞，物吾与也”显然是《西铭》的核心论点，朱熹却一再说：“《西铭》大要在‘天地之塞吾其体，天地之帅吾其性’两句。”（《朱子语类》卷九十八）众所周知，这两句是借用孟子论浩然之气的话，在《西铭》中是作为论据出现的。朱熹为便于演绎其理一分殊之论，对它们特别强调，从重点的把握说，很难说是准确的。

《西铭》的主旨是什么，其答案当然应该从原文中去寻找。它的基本意思是阐述如何做人的道理。但它不是枝枝节节地讲伦理道德礼仪规范，而是从宇宙的高度立论，从人的本体、性之渊源讲起，先确立人在宇宙间的地位，得出“民吾同胞，物吾与也”的结论。进而讲人应抱的生活态度：人既为天地所生，天地便犹如人的父母，人就应像子女对父母尽孝道那样，对天地尽孝道，承担并履行对天地的义务和责任。个人的处境和遭遇可能有种种不同，但都应视作天地对自己的眷顾或考验。活着，就恪尽职守、勤勉不息；死了，就可以心无愧怍地安息。——平实地说，《西铭》就是讲了这些意思。

（三）“民胞”之说是否会流为“兼爱”

程颐的弟子杨时（龟山）首先提出这个问题。他写信向程颐质疑：

《西铭》深发圣人之微意，然言体而不及用，恐其流遂至于兼爱。后世有圣贤，以推本而乱（“乱”一本作“论”），未免归过于横渠。夫子盍为一言，推明其用乎？

程颐复信对之进行了驳斥：

横渠立言，诚有过者，乃在《正蒙》。至于《西铭》之为书，推理以存义，扩前圣所未发，与孟子性善、养气之论同功，岂墨氏之比哉？《西铭》明理一而分殊，墨氏则二本而无分。（老幼及人，理一也。爱无差等，本二也。——伊川原注）分殊之

> 蔽，私胜而失仁。无分之罪，兼爱而无义。分立而推理一，以止私胜之流，仁之方也。无别而迷兼爱，至于无父之极，义之贼也。子比而同之，过矣。且谓言体而不及用，彼欲使人推而行之，本为用也；反谓不及，不亦异乎？（《答杨时论西铭书》，《河南程氏文集》卷九）

提倡爱人，把人与人之间看成兄弟关系，是儒家的传统思想。孔子释“仁”为“爱人”，又说“泛爱众而亲仁”，“博施于民而能济众”，他的学生说“四海之内皆兄弟也”。（俱见《论语》）这可以说是“民胞”思想的滥觞。孟子在“杨墨之言盈天下，天下不归杨，则归墨”的严峻形势下，出于对孔子之道的捍卫，对杨氏之“为我”、墨氏之“兼爱”展开激烈批判，但即便如此，也并没有否定“爱人”，而是主张“老吾老以及人之老，幼吾幼以及人之幼”，“亲亲而仁民，仁民而爱物”。（俱见《孟子》）这就是所谓“爱有差等”，而在“施由亲始”这点上倒是与墨家一致的。张载的“同胞”之说，与孔孟的精神是完全一致的，不同只在于，他做了本体论（乾父坤母）和人性论（天地之帅吾其性）的论证而已。从《西铭》所谓“尊高年，所以长其长；慈孤弱，所以幼其幼”等语可知，这里所谓“兼爱”，仍然是推广爱双亲的心而及于爱普天下的老人，推广爱子女的心而及于爱普天下的孩子，仍然是儒家的思路，是不容妄加诋毁的。

（四）“大君宗子”说是否会导致无君

历史上，全盘否定《西铭》的人也是有的，南宋林栗（字黄中，时任侍郎）就是个代表。他对“近世士人尊横渠《西铭》过于六经”愤愤不平，写了《西铭说》对《西铭》的主要观点一一进行批判，其中对“大君宗子”说的批判最为激烈：

> 若言大君者吾父母宗子也，其以大君为父母乎？为宗子乎？《书》曰：“惟天地万物父母，惟人万物之灵，亶聪明，作元后，元后作民父母。”兹固《西铭》所本以立其说者也。然一以为父母，一以为宗子，何其亲疏厚薄尊卑之不伦也！其亦不思甚矣。父母可降而为宗子乎？宗子可升而为父母乎？是其易位乱伦，名教之大贼也。学者将何取焉？（转引自《朱熹集》卷七十一《记林黄中辨〈易〉〈西铭〉》）

面对林栗这种声色俱厉、咄咄逼人的指责，朱熹给予反驳，毫不含糊地说：

> 无可疑处。都是侍郎（指林栗）未晓其文义，所以不免致疑。其余未暇细论，

> 只“大君者吾父母宗子”一句，全读错了，尤为明白。本文之意盖曰：人皆天地之子，而大君乃其嫡长子。所谓宗子，有君道者也，故曰大君者乃吾父母之宗子尔。非如侍郎所说，既为父母，又降而为子也。（同上）

林栗尚未读懂文义，便信口雌黄，实属可笑。但是，也应承认，《西铭》把君主比作宗子，把人人视同兄弟，相对于视君主为民之父母（林栗正是以《尚书·泰誓》“元后作民父母”作为论据）的观念说，的确流露了某种平等观。尽管是有条件的，有限度的，微弱而不健全的，却仍然是可贵的。以封建卫道士自居的林栗们对此反感，倒恰恰表明了它确有一定的进步意义。

（五）现代学者冯友兰对《西铭》的评价

现代学者中以冯友兰先生对《西铭》最为重视。《贞元六书》中，有多篇都一再说到《西铭》，有时还占了较大篇幅。冯先生论《西铭》，一方面意在阐发其固有精义，一方面也在于以《西铭》为例，论述自己的“四境界”说。他认为，《西铭》讲的是一种精神境界，这种精神境界是道德境界和天地境界的统一。他说：“尽人职尽人伦底事，是道德底事。但天民行之，这种事对于他又有超道德的意义。张横渠的《西铭》，即说明此点。”（《新原人》第七章“天地”）

这个基本观点，冯先生至晚年仍坚持，他在《中国哲学史新编》第五册专设一章讲“张载的《西铭》与人的精神境界”，认为：

> 《西铭》所讲的是一种精神境界，也是一种生活方式。……它只要求在不足百年的有生之年，人尽其作为宇宙的成员和社会成员所应负的责任和义务。责任和义务虽有两重，但人并不需要做两种事。事虽是一种，但意义可有两重。

冯先生对于《西铭》主旨的概括，从总体上看，较之古人更清晰了。

二、《西铭》的现代意义

《西铭》文字虽短，价值却并不齐同。中间两段（从“于时保之”至“伯奇也”）句句用典，颇有“掉书袋”的意味。它们对于熟读经史的古代士人来说，也许感到“亲切”；对于今人来说，不加注解，简直无法弄懂。这些典故虽说是为了讲“即事亲以明事天”的道理，但像“无所逃而待烹”“勇于从而顺令”等语，封建气息未免过重。因此，它们在今天已经丧失了现实意义。《西铭》的首尾两段则不同，思想精纯，立意高远，在当今仍有巨大现实意义。谨分四点略做阐述。

（一）“民胞”情怀

《西铭》提出“民吾同胞”说，进而认为，大君、大臣、圣人、贤人以至种种不幸的人都如同兄弟。这就是说，不但要把他人看成如同自己一样的人，还须看作是自己的同胞兄弟。这是一种崇高的美好的情怀和信念，是对传统的儒家“爱人”思想的继承和凝炼化。前文提到，孔子是主张“泛爱众”“四海之内皆兄弟”的，他向往“人不独亲其亲，不独子其子，使老有所终，壮有所用，幼有所长，鳏寡孤独废疾者皆有所养”的“大同之世”。《礼记·礼运》中说：“圣人耐（能）以天下为一家，以中国为一人。”这可以说是孔子思想合乎逻辑的发展。从言词中亦不难看出《西铭》与它们的渊源关系。

“民胞”思想表达了对人的本性和人类未来的美好信念，它与那种把人与人看作豺狼关系，把人间看作地狱的观点是截然对立的。在世界已进入“地球村”的今天，“民胞”观如果能成为处理人与人、国与国、族与族之间关系的思想基础，世界就真会“充满了爱”。

（二）“物与”意识

“物吾与也”意即把万物看作自己的同类和伙伴。它所表达的是一种视天地万物为一体的可贵思想，这一思想也有悠久的渊源。孔子“钓而不纲，弋不射宿”（《论语·述而》），他认识到，“刳胎杀夭，则麒麟不至郊；竭泽涸渔，则蛟龙不合阴阳；覆巢毁卵，则凤凰不翔”（《史记·孔子世家》）。孟子提出“亲亲而仁民，仁民而爱物”的原则，《易传》则进而升华为“与天地合德”的思想：“夫大人者，与天地合其德，与日月合其明，与四时合其序，与鬼神合其吉凶，先天而天弗违，后天而奉天时。”（《乾卦·文言》）《中庸》则说：“唯天下至诚为能尽其性，能尽其性则能尽人之性，能尽人之性则能尽物之性，能尽物之性则可以赞天地之化育，可以赞天地之化育，则可以与天地参矣。”这些先哲的论述，都为张载的“物与”之说准备了条件。

“物与”思想还得到同代和后世学者的认同和发展，其中最有代表性的是程颢和王守仁。

程颢写有《识仁篇》，说：

> 学者须先识仁。仁者浑然与物同体，义礼知信皆仁也。识得此理，以诚敬存之

而已，不须检防，不须穷索。……《订顽》意思乃备言此体，以此意存之，更有何事？（《河南程氏遗书》卷二上）

“浑然与物同体”，也就是《西铭》说的“民胞物与”。程颢又说：

医书言手足痿痹为不仁，此言最善名状。仁者以天地万物为一体，莫非己也。认得为己，何所不至？若不有诸己，自与己不相干，如手足不仁，气已不贯，皆不属己。故博施济众，乃圣人之功用。（《河南程氏遗书》卷二上）

王守仁对“万物一体”的思想做了更进一步的发挥，他说：

大人者，以天地万物为一体者也，其视天下犹一家，中国犹一人焉。……是故见孺子之入井，而必有怵惕恻隐之心焉，是其仁之与孺子而为一体也；孺子犹同类者也，见鸟兽之哀鸣觳觫，而必有不忍之心焉，是其仁之与鸟兽而为一体也；鸟兽犹有知觉者也，见草木之摧折而必有悯恤之心焉，是其仁之与草木而为一体也；草木犹有生意者也；见瓦石之毁坏而必有顾惜之心焉，是其仁之与瓦石为一体也。是其一体之仁也，虽小人之心亦必有之。是乃根于天命之性，而自然灵昭不昧者也。（《大学问》，《王阳明全集》卷二十六）

然后又从反面进一步做了阐述：

及其动于欲，蔽于私，而利害相攻，忿怒相激，则将戕物圮类，无所不为，其甚至有骨肉相残者，而一体之仁亡矣。（同上）

这些论述，今日读来，也是颇有感染力的。“物与”意识视天地万物为一体，从本质上说，是一种生态意识和宇宙意识。它强调，万物不是人征服的对象，而是人类的朋友和伙伴，与人类息息相关，命运相连。在环境污染、生态失衡、能源危机日益严重的今天，“物与”意识的树立就显得特别重要而迫切。

（三）顺境逆境两面观

《西铭》说：“富贵福泽，将厚吾之生也；贫贱忧戚，庸玉女于成也。”意思是，如果生活在富裕、尊贵、幸福、享受恩泽的优越境况中，那要看作是上天对自己的优厚（从而更加勤勉）；如果生活在贫穷、低贱、忧伤、悲哀的恶劣环境中，则要看作是上天对自己的磨炼和考验（从而更加不屈不挠，发愤图强，最终取得成功）。

张载的这一思想，可能与孟子有继承关系。孟子曾列举"舜发于畎亩之中，傅说举于版筑之间"等六个从忧患中崛起的人物，然后说："生于忧患，死于安乐也。"（《孟子·告子下》）这正是"贫贱忧戚，玉女于成"的意思。从古到今，许多事例都是明证。《西铭》还讲了另一面："富贵福泽，厚吾之生。"它的意思显然不是说，上天优厚你，让你尽情享受；而是说，有此优厚的条件，事情易于成功（也易于玩忽、荒废），因此应更加勤勉，不应辜负了这大好的条件。

孟子曾把"富贵不能淫，贫贱不能移，威武不能屈"称作"大丈夫"人格，是从主体不要被客体所征服的角度立论；《西铭》这两句话则是说，无论客观情况如何，都须挺立主体精神，它表现的是一种顺境逆境两面观，有重要的启迪意义。在人生的旅途上，往往顺境逆境相继而生，变化莫测，如何正确对待，是个历久常新的问题。《西铭》所论，能帮助人们更清醒，更冷静，更坚定。

（四）"存顺没宁"的人生态度

《西铭》结尾说："存，吾顺事；没，吾宁也。"它表达的是儒家一贯的人生态度。孔子说："未知生，焉知死。"孟子说："尽其道而死，正命也。"《荀子·大略》载子贡与孔子的一段对话，结语说："大哉死乎！君子息焉，小人休焉。"意思是说，一个人在生前恪尽自己的义务和责任（文中提到的有事君、事亲、养育妻子儿女、交友、耕种等），这样可以安详地死去，宁静地安息。儒家只重生前，不问死后。只求生活得有价值、有意义。人是社会的人，都必然处在一定的社会位置（阶层、职业、岗位等），扮演一定的"角色"。把这种位置和角色绝对化、固定化，是错误的，但否认它们则是不现实的，因为它们"无所逃于天地之间"。因此，正确的态度便应该是"顺事"，而不是"逆事"。人是社会的一员，同时也是宇宙的一员，人对社会同时也对宇宙承担一份义务和责任，也应"顺事"。所谓"顺事"，即按照自己对社会、对宇宙承担的义务和责任，做应该做的事。反之，就是"逆事"。因此，"存顺没宁"是一种人生觉悟，是超越了一己私利的精神境界。在今天，它对于抵制极端个人主义的泛滥，仍然是有积极意义的。

原文载于《保定师专学报》2001年第1期。收入《张载关学与实学》，西安地图出版社2000年11月版。

朱熹“格物致知”论析评

凡是分析朱熹哲学思想的论著，几乎没有不讲“格物致知”论的。但着重点却各不相同，分析评价也有较大分歧。本文拟从几个方面对“格物致知”论的基本精神做一些探讨。

“格物”含义

朱熹对“格物致知”的解释，以《大学·格物补传》为代表。因为据朱熹说，这篇《补传》是“窃取程子之意”而精心构思、字斟句酌写成的。朱熹郑重地将它补入《大学》正文，充分表现了他理论上的自信和对这段文字的欣赏。我们立论，自然应以《补传》作为主要依据。

《补传》开头第一句话就是对“致知在格物”的定义式的解释：“所谓致知在格物者，言欲致吾之知，在即物而穷其理也。”据此，所谓“格物”就是“即物而穷其理”。

朱熹在《大学章句》“经”一章的注文中又说：“格，至也；物，犹事也。穷至事物之理，欲其极处无不到也。”

同一著作中的这两段话，粗看似差不多，细绎则有所不同。从句式看，“即物而穷其理”是由两个动宾词组构成的并列结构。“即物”之“即”，朱熹没再解释，从字义说，“即”有“就”“接近”等义。“即物”，犹如说接近物，接触物，到事物中；“即物而穷其理”，犹如说，“到事物中去穷究它的道理”。而“穷至事物之理”则只是一个动宾词组，朱熹先将“格”训为“至”，这本是传统观点，但他却不是把“至”按照传统讲成“到”的意思，而是直接讲成“穷至”（穷尽，彻底研究）；又将“物”先训为“事”，再引申为“事物之理”，这样，“格物”的意思就成了“穷尽事物之理”。与《补传》相比，“即物”

（到事物中去）的意思竟隐而不明了。这不能不说朱熹在行文上前后有不严密之处。

《朱子语类》（以下简称《语类》）和《朱文公文集》（以下简称《文集》）中，有关“格物”的论说也不少。有些近似定义的话，竟也有时这样说，有时那样说。如：

> 格物，格，犹至也。如“舜格于文祖”之格，是至于文祖处。（《语类》卷十五）

> 格，是到那般所在。（同上）

“至于××处”，“到那般所在”，就是“到事物中去”。这里，只说到“即物”的意思，而没有说到“穷理”的意思。但又说：

> 格物者，格，尽也，须是穷尽事物之理。若是穷得三两分，便未是格物，须是穷尽得十分，方是格物。（同上）

“尽”也就是“穷”。训“格”为“穷”，本是程颐的创造，程颐说：“格，犹穷也；物，犹理也。犹曰，穷其理而已。”（《河南程氏遗书》卷二十五）朱熹师尊二程，故也常将“格物”直接讲为“穷理”。如：

> 格物，是穷得这事当如此，那事当如彼。（《语类》卷十五）

> 物必格而后明，伦必察而后尽。格物只是穷理，物格即是理明。（《答汪尚书》，《文集》卷三十）

这些话都只说到“穷理”的意思，却不能说是给“格物”下的完备的定义。比较起来，《补传》所谓“即物而穷其理”才更完整准确地表达了朱熹对“格物”的理解。在“穷理”之前，加上“即物”二字来释“格物”，这是朱熹的创见，也是对程颐思想的重要补充和发展，因为它把“穷理”的前提和基础讲清楚了。另外，程颐讲的“穷其理”的“其”字，何所指本没有着落，有了“即物”二字，才把意思说明白了。

“即物而穷其理”不仅是朱熹对“格物”做出的创造性的解释，而且也表明了他的哲学的务实性格。他曾多次指出，“即物”（朱熹有时用“格物”来表述）是“穷理”的

“下手处”，“此心顿放处”。（《语类》卷十五）可见，“即物”还是不即物，非同小可，它关系到对朱熹哲学基本特色和基本精神的理解。对于这层意思，朱熹曾反复进行过阐述。如：

穷理格物，如读经看史，应接事物，理会个是处，皆是格物。只是常教存此心，莫教它闲没勾当处。（《语类》卷十五）

“读经看史”“应接事物”是对“即物”的举例，不接触这些事物，心便“闲没勾当处”，架空了。从中“理会个是处”属于“穷理”，但为什么不直接穷理，而要“即物”呢？朱熹解释说：

《大学》不说穷理，只说个格物，便是要人就事物上理会，如此方见得实体。所谓实体，非就事物上见不得。（《语类》卷十五）

格物。不说穷理，却言格物。盖言理，则无可捉摸，物有时而离；言物，则理自在，自是离不得。释氏只说见性，下梢寻得一个空洞无稽的性，亦由他说，于事上更动不得。（同上）

这些例句中，都是将“格物”与“穷理”并提。如前所述，照朱熹的解释，“穷理”是“格物”的含义之一，二者是包含关系，而不是并列关系。那么，这里的“格物”，其实是“格物”的另一含义——“即物”的意思。由此可见，朱熹把“言物”（即“即物”）还是“离物”，看作是自己的学说与释氏及一切谈空说妙的学说的分水岭。诚然，“即物”只是手段，“穷理”才是目的，对这一点朱熹也是非常强调的。但同样重要的是，“穷理”绝不能“离物”，不能脱离人生日用之常。不然，就会陷于禅而不自知了。

“即物”“不离物”，都有接触事物的意思。但朱熹却没有这样解释过。有人将“格物”训为“接物”，他还表示反对，认为：

训格物以接物，则于穷极之功有所未明。人莫不与物接，但或徒接而不求其理，或粗求而不求其极，是以虽与物接，而不能知其理之所以然与其所当然也。今曰一与物接而理无不穷，则亦太轻易矣，盖特出于闻声悟道、见色明心之余论，而非吾

之所谓穷理者，固未可同年而语也。且考之他书，格字亦无训接者。（《答江德功》，《文集》卷四十四）

这表明，朱熹之所以不同意“训格物以接物”，并不是否认“格物”有“接物”的意思，而是反对只接触事物而不求其理，或“粗求而不求其极”，尤其不同意“一与物接而理无不穷”的轻易之论。朱熹对于当时不健康的学风进行批评是有见地的，但因此便不同意“训格为接”这个与他相近的观点，则显得理由不足。

从上引例句可知，朱熹讲“格物”，还要求“至极”，就是对事物之理要穷究到终极。此点在《格物补传》中已明确讲到：

是以大学始教，必使学者即凡天下之物，莫不因其已知之理而益穷之，以求至乎其极。

“格物”的这层意思，也是朱熹反复强调的。如说：

须穷极事物之理到尽处。（《语类》卷十五）

格物云者，要穷到九分九厘以上，方是格物。（同上）

凡万物之理皆要穷，但穷到底，无复余蕴，方是格物。（同上）

综上所述，朱熹讲的“格物”，包含有“即物”“穷理”“至极”这三个不可分割的意思。尽管由于谈话对象、语言环境等不同，其具体表述不见得都那么完备，但作为理论分析，则不能任意丢掉某一方。这三层意思，对于朱熹的整个哲学思想关系甚大。由于强调“即物”，使他的哲学具有一定的实践性；由于突出“穷理”，使他的哲学形成了较强的思辨性；而由于要求“至极”，则形成了他的哲学的系统性。但是，由于受到泛道德主义的束缚，其所谓的“物”和“理”，基本上被局限在伦理修养的范围内，从而削弱了它们的方法论意义；而所谓“至极”，在理论上也有说不通的地方。因为人们的认识（包括道德认识），总要受到主客观诸多条件的限制，要求“穷尽”，“极处无不到”，事实上是不可能的。“即物”的观点则在哲学史上影响深远，许多唯物主义思想家在讲“格物”

时都可能从中吸取了营养。叶适所谓“是故君子不可以须臾离物也”（《水心别集·进卷·大学》）；王夫之说的“博取之象数，远征之古今，以求尽乎理，所谓格物也”（《尚书引义·说命》中二）；以至人们特别称道的颜元所谓格物“乃犯手实做其事”（《四书正误·大学》），都可以说是对于朱熹“格物”论中“即物”这一合理因素的继承和发展。

致知便在格物中

格物、致知是《大学》“八条目”的前两条，二者常连在一起说，它们是什么关系呢？朱熹在《大学章句》中这样界说它们的含义：“致，推极也；知，犹识也。推极吾之知识，欲其所知无不尽也。格，至也；物，犹事也。穷至事物之理，欲其极处无不到也。”又说：“物格者，物理之极处无不到也。知至者，吾心之所知无不尽也。”“致知”既是“推极”，其意思似指广度说，但又说“所知无不尽”，因而又包含深度；“格物”既是“穷至”，其意思似指深度说，但又说“极处无不到”，因而又包含广度。《格物补传》中，干脆将“格物致知”结合在一起说，所谓“必使学者即凡天下之物，莫不因其已知之理而益穷之，以求至乎其极”，便是“致知在格物”的意思。可见，“格物”“致知”二者是互相渗透、互相包含的。

但是，格物、致知的意思毕竟有所不同，不能混淆。对于二者的区分和联系，朱熹曾多次做过解释。如：

格物，是物物上穷其至理；致知，是吾心无所不知。格物，是零细说；致知，是全体说。（《语类》卷十五）

格物致知，只是一事，非是今日格物，明日又致知。格物，以理言也；致知，以心言也。（同上）

致知，是自我而言；格物，是就物而言。（同上）

格物者，穷事事物物之理；致知者，知事事物物之理。（同上）

格物只是就一物上穷尽一物之理，致知便只是穷得物理尽后我之知识亦无不尽

处，若推此知识而致之也。……但能格物则知自至，不是别一事也。（《答黄子耕》，《文集》卷五十一）

这就是说，格物、致知二者，讲的角度有所不同：有时，格物是从事物之理的角度讲的，致知是从自我之心的角度讲的；有时，格物是从具体的局部讲的，致知是从全体讲的。但二者又是统一的，是一个过程的两个阶段或一个问题的两个方面，是互相渗透、互相并进、紧密联系、不可脱节的。

为了强调二者的密不可分性，朱熹有时索性说："致知、格物，只是一个。"（《语类》卷十五）"致知、格物，一胯底事。"（同上）这一说法也不难理解，事实上，我们穷究了一事物之理（格物），我们的心中也就求得了这一事物的知（致知）。二者是一个统一的过程，而不是分作两橛。

为了把这个意思表达得更清楚，朱熹提出了"致知便在格物中"的命题。他说：

格物致知，彼我相对而言耳。格物所以致知，于这一物上穷得一分之理，即我之知亦知得一分；于物之理穷得二分，即我之知亦知得二分；于物之理穷得愈多，则我之知愈广。其实只是一理，"才明彼，即晓此"。所以《大学》说"致知在格物"，又不说"欲致其知在格其物"。盖致知便在格物中，非格之外别有致处也。（《语类》卷十八）

格物之理，所以致我之知。（同上）

朱熹还多次从《大学》的文势上阐述"致知在格物中"的道理。如说：

自"欲明明德于天下"至"先致其知"，皆是隔一节，所以言欲如此者，必先如此。"致知在格物"，知与物至切近，正相照在。格物所以致知，物才格，则知已至，故云"在"，更无次第也。（《语类》卷十五）

《大学》"明明德于天下"以上，皆有等级，到致知格物处，便较亲切了，故文势不同，不曰"致知者先格其物"，只曰"致知在格物"也。（同上）

"欲"与"先"字，谓如欲如此，必先如此，是言工夫节次。若"致知在格物"，则致知便在格物上。（同上）

他在通信中，也常阐发"致知便在格物中"这一要旨。如说：

熹之所闻，以为天下之物，无一物不具夫理。是以圣门之学，下学之序，始于格物以致其知，不离乎日用事物之间，别其是非，审其可否，由是精义入神以致其用。其间曲折纤悉，各有次序，而一以贯通，无分段，无时节，无方所。以为精也，而不离乎粗；以为末也，而不离乎本。必也优游潜玩，餍饫而自得之，然后为至。固不可自画而缓，亦不可欲速而急。（《答江元适》，《文集》卷三十八）

对于脱离格物而求致知的佛道观点，则有所批判，如说：

又谓老佛之学乃致知而离乎物者，此尤非是。夫格物所以致知，犹食所以为饱也。今不格物而自谓有知，则其知者妄也；不食而自以为饱，则其饱者病也。若曰老佛之学欲致其知而不知格物所以致其知，故所知不免乎蔽陷离穷之失而不足为知，则庶乎其可矣。（《答江德功》，《文集》卷四十四）

这些话强调的重点是，致知须以格物为基础，"吾心"的主观的"知"，是不能脱离客观的"物"而凭空产生的。

朱熹的"致知便在格物中"的观点，与其说是对吾心之知的重视，不如说表明了他对于客观事物之理的深切关注。它在理论上与"只说大本"的释老之学，以及只讲"发明本心"的陆氏之学对立了起来，对于引导后人广泛接触社会生活乃至自然现象，从中"格物以致其知"，还是有启发意义的。尽管朱熹所谓"格物"的内容多局限在儒家经典的研读、注疏和义理的体认、践履之类狭窄的范围，使其积极性大打折扣。但对于其中包含的真理性还是应该给予应有的评价。何况，即使单从其研究和注释《四书》等经籍说，由于它们达到了当时的较高水平（既总结了前人和同时人的学术成果，又有不少创造性），其对于中国传统文化的传承和发展的意义，也是不应低估的。

博与约

程颐论格物，曾说："须是今日格一件，明日又格一件，积习既多，然后脱然自有贯通处。"（《二程遗书》卷十八）朱熹常称引这段话，并发挥说："'积累多后'，便是学之博；'脱然有贯通处'，便是约。"（《语类》卷五十七）

博与约，或者说积累和贯通，属于"为学之方"问题。"约"（贯通）固然是朱熹的最后追求，但从朱熹的大量言论和治学实践中，却可发现他对"博"（积累）似更偏重。为学须以"博"为基础，这层意思他曾不厌其烦地讲过。如：

> 世间之物，无不有理，皆须格过。（《语类》卷十五）

> 以事之详略言，理会一件又一件；以理之浅深言，理会一重又一重。（同上）

> 如读书，便就文字上格；听人说话，便就说话上格；接物，便就接物上格。精粗大小，都要格过。（同上）

> 上而无极太极，下而至于一草一木一昆虫之微，亦各有理。一书不读，则缺了一书道理；一事不穷，则缺了一事道理。须着逐一件与他理会过。（同上）

> 圣贤所谓博学，无所不学也。自吾身所谓大经大本，以至天下之事事物物，甚而一字半字之义，莫不在所当穷，而未始有不消理会者。虽曰不能尽究，然亦只得随吾聪明力量理会将去，久之须有所至。岂不胜全不理会者乎！若截然不理会者，虽物过乎前，不识其名，彼亦不管，岂穷理之学哉！（《语类》卷六十四）

这些说法，清楚地表明了朱熹"格物"内容的广泛性和途径的多样性。有人援引程颐"格物穷理非是要尽穷天下之物，但于一事上穷尽，其他可以类推"（《二程遗书》卷十五）的话，概括为"一物格而万理通"，请教朱熹，朱熹深不以为然，说："伊川尝云：'虽颜子亦未到此。'天下岂有一理通便解万理皆通！也须积累将去。如颜子高明，不过闻一知十，亦是大段聪明了，学问却有渐，无急迫之理。有人尝说：学问只用穷究一个大处，则其他皆通。如某正不敢如此说，须是逐旋做将去。不成只用穷究一个，其他更不用管，便都理会得，岂有此理!”（《语类》卷十八）

有人说，朱熹的“为学之方”是“欲令人泛观博览而后归之约”。（见《象山年谱》，《陆九渊集》卷三十六。中华书局1980年版）这话不无道理。上引各条，的确都突出地表明了朱熹为学之方的一个方面——泛观博览的精神。这种治学精神的是非，历史上是有争论的。在著名的“鹅湖之会”上，陆氏兄弟就曾讥讽朱熹“留情传注翻榛塞”，“支离事业竟浮沉”。朱陆的是非，我们姑且不论，但从学术史上考察，朱熹的“泛观博览”，实在不可一笔抹杀。正是在这种精神的指导下，朱熹进行了在当时条件下一个封建士大夫所可能做到的比较广泛的社会和学术实践。如，他对社会民生乃至政治军事，都密切关心，这从他给皇帝所上封事及陛对时所陈述的道理和建议中，以及他任地方官时实行的办社仓、救灾荒等措施中，都可以看出来。至于在学术上，他更是在许多领域都取得了辉煌的成就。他勤于著述，著作等身。其在经学，理学上的建树，有口皆碑，勿庸赘述。在史学上，他对著史、论史、考史皆所留心，并有一系列著作传世。在文学上，他不仅完成了《诗集传》《楚辞集注》《韩文考异》三部名著，而且，他自己写的许多诗文也堪称精品。此外，他对书法、绘画、音乐、医药皆有兴趣，对地质、天文、历法、生物等自然科学亦勤于观察思索，乃至亲身实验，并往往提出独到见解。在这样广泛的领域中，一个人哪怕在一个方面做出成绩，就已经是难能可贵了，而朱熹却“物物格之”，终于成为古代最渊博的学者之一，这不能不令人钦佩。朱熹作为一个学问家，对后世的贡献是应该充分肯定的。而这，与他在治学上求“博”的精神是密切相关的。

当然，必须指出，朱熹的“博”，并非一味求“泛”，而是有选择的。他从“万物各具一理，万理同出一原”的本体论出发，固然主张“世间之物，无不有理，皆须格过”，但他同时又认为，“天下之理，逼塞满前，耳之所闻，目之所见，无非物也，若之何而穷之哉！须当察之于心，使此心之理既明，然后于物之所在从而察之，则不至于泛滥矣”。（《语类》卷十八）

他对于程颐说的“徒欲泛然观万物之理，恐如大军之游骑，出太远而无所归”的话，屡表赞同。（《语类》卷十八）并指出，其意义在于，告诫人们“务切已”，“从近去”，“察之于身”，“就身上理会”。（同上）他在书信中还说：

“格物之论，伊川意虽谓眼前无非是物，然其格之也，亦须有缓急先后之序，岂遽以为存心于一草木器用之间，而忽然悬悟也哉！且如今为此学，而不穷天理，明人伦，讲圣言，通世故，乃兀然存心于一草木器用之间，此是何学问！如此而望有所得，是炊沙而欲其成饭也。”(《答陈齐仲》,《文集》卷三十九)这与他以及程颐讲的“一草一木,无不有理,皆所当穷”的话,不免有些矛盾,封建道德说教气息也显得过分浓重。不过,其中渗透的某些原则,如不要因小失大,而须抓根本;不要泛滥无归,而须切己省察等,也许还不无意义。而且,就是在这些话中,仍然透露出“泛观博览”的某些色彩。如文中所谓“穷天理,明人伦,讲圣言,通世故”,除“天理”较抽象外,其余三项,还是涉及到社会生活、经史典籍、人际关系等比较多方面的内容,并没有离开他的“格物”论的基本立场。

这一切都说明,朱熹在理智上也许对“约”更重视,而在感情上则对“博”更关注。“约”是他为学的更高要求,而“博”则代表了他的学风的主要倾向。王阳明搞《朱子晚年定论》,以朱熹的“博”(“支离”)为攻击的重点之一,所引材料固然有考订欠详、断章取义等毛病,但不能说他无所见。如果真的否定了朱熹的“博”,那朱子也就不成其为朱子了。

当然,朱熹实际上并未陷入一偏,前述材料亦可证明,他并不是一味主张“泛观博览”,他的“为学之方”是在“博”的基础上“归之约”。对于“博”与“约”的关系,他能两面兼顾,折衷处理。他的原则是:“内外交相助,而博不至于泛滥无归,约不至于流遁失中。”(《语类》卷三十三)对此,他做过不少论证,如:

孟子曰“博学而详说之,将以返说约也”,这却是知要。盖天下之理,都理会透,到无可理会处,便约。盖博而详,所以方能说到要约处。约与要同。(《语类》卷三十六)

为学须先立大本。其初甚约,中间一节甚广大,到末梢又约。……近日学者多喜从约,而不于博求之。不知不求于博,何以考验其约!如某人好约,今只做得一僧,了得一身。又有专于博上求之,而不反其约,今日考一制度,明日又考一制度,空于用处做工夫,其病又甚于约而不博者。要之,均是无益。(《语类》卷十一)

务反求者,以博观为外驰;务博观者,以内省为狭隘。堕于一偏,此皆学者之大病也。(《语类》卷九)

他还就《论语》“博我以文,约我以礼”阐发道:

博学，亦非谓欲求异闻杂学，方谓之博。博之与约，初学且只须做两途理会。一面博学，又自一面持敬守约。（《语类》卷三十三）

博文工夫虽头项多，然于其中寻将去，自然有个约处。圣人教人有序，未有不先于博者。（同上）

他很欣赏孟子讲的“博学而详说之，将以返说约”，多次加以阐发。如说：

约自博中来。既博学，又详说，讲贯得直是精确，将来临事，自有个头绪。才有头绪，便见简约；若是平日讲贯得不详悉，及至临事，只觉得千头万绪，更理会不下，如此则岂得约？……贯通处便是约，不是贯通了，又去里面寻讨个约。（《语类》卷五十七）

这些论述表明，朱熹是清醒的，他努力防止片面性，力求恰当地处理博与约的关系。朱熹讲的“约”，有时指“豁然贯通”，有时指内省反求，有时指用礼来约束。三者相通，其内涵多局限于精神修养方面。理学家的这一通病，朱熹亦未能免。但其中毕竟含有由积累到贯通的方法论意义。对此，还是应给予恰当评价。

以上，我们粗浅地分析了朱熹格物致知论的三个方面。无论从朱熹对“格物”含义的界说中，还是对“格物”“致知”的关系以及“博”与“约”的关系的表述中，都明显地贯穿着一种基本精神，这就是对“物”的重视。尽管就其整个哲学体系看，“理”具有更高的地位，但“理”不离“气”（本文未涉及），穷理不能离物，却是其哲学的基石。这正是朱熹哲学最具光彩的部分，是其精华所在。

朱熹的格物致知论，从它的本来意义说，无疑讲的是精神修养方法，但其中的确有认识论和方法论的含义。由于时代的隔阂（生活范围、价值观念、学习内容、学习目的等，无不有了巨大差异），它的许多内容（如穷天理，做圣人等）已失去了现实意义，今天的人读起来，已经觉得很陌生，很难理解，更不要说接受。但是，剔除其封建性的糟粕，善加利用，还是能够从中发现不少有价值的东西。比如，作为精神修养的一般原则，未尝不可以借鉴；作为认识论、方法论的一些原理，也会对我们有启发。总之，八百多年来产生过巨大影响的这种理论，是不应该简单抛弃的，而应作为一笔可贵的精神财富，加以批判继承。

原文载于《河北大学学报》1991 年第 1 期；收入《朱子学新论——纪念朱熹诞辰 860 周年国际学术会议论文集》，上海三联书店 1991 年版。

白沙之学的主体精神

陈献章（学者称白沙先生）崛起岭南，开创江门心学，在明代思想史上具有转变风气的重要作用。但对白沙之学的是非邪正，历来看法不一，有进一步探讨的必要。本文试从三方面对白沙之学的主体精神进行剖析。

“惟在静坐”的为学之方

白沙有一句名言：“为学须从静坐中养出个端倪来，方有商量处。”（《与贺克恭》，《陈白沙集》卷二。以下引《陈白沙集》只注篇名）白沙的学生说：“先生教人，初必令静坐，以养其善端。”（林缉熙：《记白沙语》，《明儒学案》卷六）这两句话可以互相印证，也道出了白沙之学的主要方法。对此，白沙自己有高度自觉，他曾自述为学经历道：

> 仆才不逮人，年二十七，始发愤从吴聘君（吴与弼）学，其于古圣贤垂训之书盖无所不讲，然未知入处。比归白沙，杜门不出……惟日靠书册寻之，忘寝忘食，如是者亦累年，而卒未得焉。所谓未得，谓吾此心与此理未有凑泊吻合处也。于是舍彼之繁，求吾之约，惟在静坐，久之，然后见吾此心之体，隐然呈露，常若有物，日用间种种应酬随吾所欲，如马之御衔勒也。体认物理，稽诸圣训，各有头绪来历，如水之有源委也。于是涣然自信曰：作圣之功，其在兹乎！有学于仆者，辄教之静坐，盖以吾所经历粗有实效者告之，非务为高虚以误人也。（《复赵提学》）

这段话讲得很肯切。既说“惟有静坐”，又说“辄教以静坐”，可知白沙是把静坐视为自己的得力处，又以之作为教人的要诀。

但正是由于主张静坐，白沙遭到时人和后世许多非议。“流于禅学”便是主要罪名之一。他曾辩解说：

> 佛氏教人静坐，吾亦曰静坐。（佛氏）曰惺惺（心存警觉），吾亦曰惺惺。调息近于数息，定力有似禅定，所谓流于禅学者，非此类欤！（《复赵提学》）

静坐、惺惺、数息、禅定都是佛教的修行理论或方法，白沙有些说法或做法与此相近，于是被看作“流于禅学”。为了替自己辩护，陈白沙曾以几位理学大师的言行为例谈到静坐的必要性，他说：

> 伊川先生每见人静坐，便叹其善学。此一静字，自濂溪先生“主静”发源。后来程门诸公，递相传授。至于豫章延平（李侗，朱熹之师），尤专提此教人，学者亦以此得力。晦翁恐人差入禅去，故少说静，只说敬，如伊川晚年之训。此是防微虑远之道，然自学者须自量度如何，若不至于为禅所诱，仍多著静，方有入处。若平生忙者，此尤为对症之药。（《与罗一峰》）

这里，颇有借前代学术权威以证己说之合理性的意味，但所说也不无道理。静坐旨在排除外界事物的干扰，专注于自我本性的思索和体认，这对于“平生忙者”（如忙于追求功名利禄之类）来说，为使浮躁的心灵平静下来，不失为一种“对症之药”。

还应指出，白沙的静坐，并不是唯一的，排他的。其弟子张诩曾讲到他的另一面：“（先生）自见聘君归后，静坐一室，虽家人罕见其面。数年来未之有得。于是迅扫夙习，或浩歌长林，或孤啸海岛，或弄艇投竿于溪涯海曲，捐耳目，去心智，久之然后有得焉。”（《白沙先生墓表》）文中说的“浩歌长林”等活动，是在长期静坐仍未有得的情况下而采取的极端逆反之举，是狂放的动，夸张的动，表面看似与静坐截然对立，但从修养的总历程说，不过是如周敦颐说的“静极复动”，“一动一静，互为其根”，是统一的。张诩在《墓表》中正是这样理解的：“盖主静然后见大矣。由斯致力，迟迟至于二十余年之久，乃大悟广大高明不离乎日用，一真万事本自圆成，不假人力。无动静，无内外，大小精粗，一以贯之。先生之学，自博而约，由粗入细，其于（疑当作“与”）禅学不同如此。”在张诩看来，作为儒家学者的白沙先生与佛道二氏尽管都讲主静，但差别是明显的。这种区别在于，佛老追求本体的广大高明，一味讲虚静；儒家则认为动静是合一的，一真（即“理”或“道”）与万事是圆成的，主静只是在心理上求宁静，于名利上守淡泊，而在人生态度上，则要在事父事君的“日用常行”上恪尽政治伦理义务，因而不能与佛老混为一谈。

但从古至今，对陈白沙的“近禅”仍多有批评，乃至对张诩所作《墓表》亦多有指摘。明人湛若水说：“（张诩）全是以己学说翁……全是禅意。”（《甘泉先生文集》卷四《知新后语》）《四库全书简明目录》说：“献章学本于禅，其诗文亦似高僧作偈，随口机锋。”直至今天，仍然有人说白沙的“忘形骸”等是老庄的修养方法，“一真万事本自圆成”是佛学话头，是“以佛老解心学”。（《宋明理学史》下卷）这种依据个别词语相近的表面现象而做出的推论，很难说是切中肯綮的。

理学与佛老的关系是个比较复杂的问题，非本文所能详论。值得注意的是，许多理学家对于自己与佛老的联系并不讳言，张、程、朱、王诸大家都曾说自己“出入佛老有年”，更常常毫不掩饰地使用佛老的语言和典故。而同时，他们又自信地认为，自己与佛老的区别是清楚的。陈献章也是如此。他说：

> 禅家语初看亦甚可喜，然实是笼统，与吾儒似同而实异，毫厘间便分霄壤。此古人所以贵择之精也。（《与何时矩》）

历史上，持论公允者也不少。黄宗羲便不同意简单地说“白沙近禅”。他说：“圣学久湮，共趋事为之末，有动察而无静存。一及人生而静以上，便邻于外氏。此庸人之论，不足辩也。”（《明儒学案》卷五，白沙一）又说：“白沙论道，至精微处极似禅。其所以异者，在握其枢机，端其衔绥而已。禅则并此而无之也。奈何论者不察，同类并观之乎？”（同上卷六，白沙二）

“陷入二氏”是旧时学派间相互辩难经常扣给对方的一顶“帽子”，今人批评唐宋以来学者，也往往以“佛道唯心论的翻版”来指责其局限性。但是，学界普遍承认，宋明理学吸收了佛道的本体论、修养论和精于思辨的思维方法，构造了贯通天人的精致的思想体系，从而使传统儒学得到改造和升华，成为儒学发展的新高峰。如果从这个意义上看，就应该承认，吸收佛道非但不是缺点，倒是应该肯定的。一个人无论“出入于佛老”多久，只要不最终陷入虚无（老）寂灭（佛），只要仍然认同“修齐治平”“三不朽”的人生追求，其学派的归属就应该是清楚的，其对于佛道的吸收、融摄方面的建树就应该视为创造性贡献。遗憾的是，我们对此常常陷入自相矛盾，这是需要深思和重新评价的。

现代学者崔大华曾对理学家援引庄子做过如下论述："理学家都很熟悉《庄子》，也常引《庄子》。这是因为理学具有从理论上消化庄子的能力，所以理学家能将《庄子》中本来是具有异己性质的概念、观念改造成和自己要表述的思想观念一致，并用来帮助说明自己的思想观点。"（《庄子研究》第475页）这讲得很好。不仅适用于濂关洛闽，也适用于陈白沙。理学家们对佛道的引用吸收，并不是迷失了自我，把自己变成佛道。而是化佛道成果为己用，从而壮大了自己，扩大了儒学的内涵，突显了主体精神，增加了儒学的表现力和感染力，是一种创造性的转化。对此，扣上一顶"近禅"的帽子加以否定，是不应该的。

追求自得的学术归宿

"自得"原是孟子提出的概念，指一种无任何功利得失负累的精神境界。后来，魏晋玄学家阐发庄子思想，也使用"自得"一词，指自由自在的逍遥状态。这里主要指前者，也吸收了后者的成分。

孟子说："君子深造之以道，欲其自得之也。自得之则居之安，居之安则资（积蓄）之深，资之深则左右逢其原。故君子欲其自得之也。"（《孟子·离娄下》）所谓自得，朱熹注为"自然而得之于己"。意思是对于某种道理有自己独到的体会，不随波逐流，不人云亦云，不唯书唯上，不受环境的影响和束缚等。理学家无不推崇孟子，"自得"也就成了他们的普遍追求。

陈白沙更是如此，他把自得看作是一种挺立主体精神的精神境界。他说：

> 忘我而我大，不求胜物而物莫能挠。孟子云："我善养吾浩然之气。"山林朝市，一也；生死常变，一也；富贵贫贱，夷狄患难，一也，而无以动其心，是名曰自得。自得者，不累于外物，不累于耳目，不累于造次颠沛，鸢飞鱼跃，其机在我。知此者，谓之善学，不知此者，虽学无益也。（《赠彭惠安别言》）

又说：

> 士从事于学，功深力到，华落实存，乃浩然自得，则不知天地之为大，死生之

为变，而况于富贵贫贱、功利得丧、屈伸予夺之间哉！（《李文溪文集序》）

陈白沙认为，做到自得，就可以达到“优游自足，无外慕，嗒乎若忘，在身忘身，在事忘事，在家忘家，在天下忘天下”的境界。（《送李世卿还嘉鱼序》）

自得还是一种鄙弃荣利的自觉精神。陈白沙曾对周敦颐的一段著名的话发过议论。周说：“铢视轩冕，尘视珠玉。”（《通书》）轩（轿车）冕（礼帽）是官爵地位的象征，珠玉是钱财富贵的象征，周说对轩冕要看得像铢两一样轻，对珠玉要看得像尘埃那样微不足道。这个意思已经够清高了，但陈白沙认为，这话只不过是前贤对初学者的一种粗浅的教诲而已，如果从“自得”的角度看，还不够彻底。他说：

前辈云：铢视轩冕，尘视珠玉。此盖略言之以讽始学者耳。人争一个觉，才觉，便我大而物小，物尽而我无尽。夫无尽者，微尘六合，瞬息千古，生不知爱，死不知恶，尚奚暇铢轩冕而尘珠玉耶？（《与何时矩》）

又说：

天下之物尽在我；而不足以增损我，故卒然遇之而不惊，无故失之而不介，舜禹有天下而不与，烈风雷雨而弗迷，尚何铢轩冕、尘金玉之足言哉!”（《论前辈言铢视轩冕尘视金玉》）

这一说法道家色彩较重，大有庄子遗世独立的意味。但毕竟又有不同。庄子重在顺乎自然，道通为一；而白沙强调的是挺立自我，超悟自得。从根本立场上看，陈白沙仍然认同陆九渊的“心即理”和对“理”的体认。他说：

终日乾乾，只是收拾此心而已。此理干涉重大，无内外，无终始，无一处不到，无一息不运。会此，则天地我立，万化我出，而宇宙在我矣。……此理包罗上下，贯彻终始，滚作一片，都无分别，无尽藏故也。（《与林缉熙》）

从致思倾向说，这与“宇宙便是吾心，吾心便是宇宙”当是一个路数。

为了追求自得，陈白沙对许多世俗之学加以批评。他对注疏之学批评道：“孔子，大圣人也，而欲无言。后儒弗及圣人远矣，而汲汲乎著述，亦独何哉？虽然，无言二字，亦著述也，有能超悟自得，则于斯道思过半矣。然则六经四书，亦剩语耳，矧其他乎？”（张诩《白沙遗言纂要序》引，《明儒学案》卷六）并发挥陆九渊“六经注我”之旨，做出大胆的判断：“虽匹夫匹妇，胸中自有全经。此《风》《雅》之渊源也。”（《夕惕斋诗集后序》）进而对世俗的庸俗诗风加以批评：“而诗家者流，矜奇炫能，迷失本真，乃至旬锻月炼，以求知于世，尚可谓之诗乎？”（同上）对于记诵词章之学，更是加以挞伐：

夫子之学，非后世所谓学。后之学者，记诵而已耳，词章而已耳。天之所与我者，固懵然莫知也。夫何故，载籍多而功不专，耳目乱而知不明，宜君子之忧之也。（《道学传序》）

他认为，其原因就在于他们不能将经书与自我之心相印证。他接着说：

六经，夫子之书也，学者徒诵其言而忘味，六经一糟粕耳，犹未免于玩物丧志。……学者苟不但求之书，而求诸吾心。察于动静有无之机，致养其在我者，而勿以闻见乱之，去耳目支离之用，全虚圆不测之神，一开卷尽得之矣。非得之书也，得自我者也。盖以我观书，随处得益；以书博我，则释卷而茫然。（同上）

白沙的不少诗篇也表达了上述意思。如：“六经尽在虚无里，万理都归感应中。若向此边参得透，始知吾学是中庸。”（《与湛民泽》。万理之“理”原作“里”，疑误，据文义改）还屡屡说：“他时得遂投闲计，只对青山不著书。”（《留别诸友》之三）“莫笑老慵无著述，真儒不是郑康成。”（《再和示子长》）“莫笑狂夫无著述，等闲拈弄尽吾诗。”（《雨中偶述效康节》）其实，陈白沙并非无著述，传世的《白沙集》（文四卷，诗五卷）就是明证。不过，他的确没有传注疏释一类著作，从中也显现了他的个性和追求自得的精神。

为了追求自得，陈白沙还提倡怀疑。他说：

前辈谓学贵知疑，小疑则小进，大疑则大进。疑者，觉悟之机也。一番觉悟，一番长进，更无别法也。（《与张廷实》）

这个前辈就是陆九渊。文中词语除末句外均引自陆集（见陆集卷三十五《语录》、卷三十六《年谱》）他还发挥说："疑而后问，问而后知，知之真则信也。故疑者，进道之萌芽也。"（《明儒学案》卷五引）从中可以清楚地看出白沙之学的思想渊源，以及陆学"收拾精神，自作主宰"之论给予他的影响。

陈白沙有时把自得与读书对立起来。他有诗道："此心自太古，何必生唐虞。此道苟能明，何必多读书。"（《赠羊长史寄辽东贺黄门钦》）这类话表达了作者的一种体悟：明道是根本，读书只是手段。读书的多少，乃至要不要读书，应以能否明道为转移。理学大家也偶尔讲过鄙弃读书的话，程颢有诗："云淡风轻近午天，傍花随柳过前川。"（《偶成》）朱熹更吟道："书册埋头何日了，不如抛却去寻春。"（《喜晴》）这些话当都是"有激有云"，不能拘泥地从字面上去理解，以为他们把读书绝对地排除在明道之外。不过，陈白沙有时走得似乎更远些，他说：

> 夫学有由积累而至者，有不由积累而至者。有可以言传者，有不可以言传者。夫道至无而动，至近而神，故藏而后发，形而斯存。大抵由积累而至者，可以言传也；不由积累而至者，不可以言传也。……是故，道也者，自我得之、自我言之可也。不然，辞愈多而道愈窒，徒以乱人也。（《复张东白》）

对于这层意思，他还写有一首诗：

> 古人弃糟粕，糟粕非真传。眇兮一勺水，积累成大川。亦有非积累，源泉自涓涓。至无有至动，至近至神焉。发用兹不穷，缄藏极渊泉。吾能握其机，何必窥陈编。（《答张内翰廷祥书，括而成诗，呈胡希仁提学》）

糟粕云云，指圣人之书，语出《庄子·天道》，以为书本所载，不过是古人的糟粕，古人的精华，非语言文字所能传达，所以读书无用。陈白沙引此语，意在强调防止只读经典却不与我心相印证的偏差。他说："学贵乎自得也。自得之，然后博之以典籍，则典籍之言，我之言也。否则，典籍自典籍，而我自我也。"（张诩：《陈白沙先生行状》）由此可知，陈白沙批评的重点，是读书不从主体修养出发，而仅仅当作猎取功名利禄的手段或"当作一种光景玩弄"的弊病。从这个意思看，还是有积极意义的。

以自然为宗的学术宗旨

黄宗羲说："大凡学有宗旨，是其人之得力处，亦是学者之入门处。天下之义理无穷，苟非定以一二字，如何约之使其在我？故讲学而无宗旨，即有嘉言，是无头绪之乱丝也。学者而不能得其人之宗旨，即读其书，亦犹张骞初至大夏，不能得月氏要领也。"（《明儒学案》发凡）陈白沙之学是有宗旨的，这个宗旨就是自然。他说：

人与天地同体，四时以行，百物以生，若滞在一处，安能为造化之主耶？古之善学者，常令此心在无物处便运用得转耳。学者以自然为宗，不可不着意领会。（《与湛民泽》）

又说：

自然之乐，乃真乐也。宇宙间复有何事？（同上）

陈白沙所谓自然，一是指宇宙中万象化生的本然状态，所谓"一痕春水一条烟，化化生生各自然"（《观物》）。一是指遂顺自然、不待勉强的生活态度，所谓"进到鸢飞鱼跃处，正当随柳傍花时"（《次韵仁夫湖莲见寄》）。一是指对天理的体认，"日用间随处体认天理，著此一鞭，何患不到古人佳处"（《遗言湛民泽》），最终达到与天理同一。可见其所谓自然，既不与"人为"对立，更不与"名教"对立。在陈白沙的心目中，他与佛老的界限是清楚的。他有诗道："不著丝毫也可怜，何须息息数周天。禅家更谈除生灭，黄老惟知养自然。肯与蜉蝣同幻化，只应龟鹤羡长年。吾儒自有中和在，谁会求之未发前。"（《夜坐》）诗中用明确的语言对佛老的人生态度加以批判，表明了其认同儒家的基本立场。他还常常以"文章、功业、气节"为念，表现出"终日乾乾"的情绪，而否定"同与禽兽居"的消极态度，他说：

呜呼！人所得光阴能几？生不知爱惜，漫浪虚掷，卒之与物无异，造物所赋于人，岂徒具形骸，喘息天地间，与虫虬并活而已耶？……彼文章、功业、气节，世未尝乏人，在人立志大小，岁月固不待人也。（《漫笔示李世卿、湛民泽》）

又说：

> 人具七尺之躯，除了此心此理，便无可贵，浑是一包脓血，裹一大块骨头，饥能食，渴能饮，能著衣服，能行淫欲，贫贱而思富贵，富贵而贪权势，忿而争，忧而悲，穷则滥，乐则淫，凡百所为，一信气血，老死而后已，则命之曰禽兽可也。（《禽兽说》）

由此可知，陈白沙志存高远，鄙弃庸俗，肯定有意义有价值的人生，而不赞成混同于动物的浑浑噩噩的生活。这种积极有为的态度与“以自然为宗”是否矛盾？统体来看，并不矛盾。因为白沙认为，文章、功业、气节等也不应离开主体修养，当作一种外物去刻意追求，而应该是从主体修养出发而自然获得的结果。他辨析说：

> 文章、功业、气节，果皆自吾涵养中来，三者皆实学也。惟大本不立，徒以三者自名，所务者小，所丧者大，虽有闻于世，亦其才之过人耳，其志不足称也。学者能辨乎此，使心常在内，到见理明后，自然成就得大。（《书漫笔后》）

“涵养”指身心方面的修养，“大本”指修身（语出《大学》）。强调的重点尽管有所不同，但其与“以自然为宗”的精神是一致的。

明末学者刘宗周纵论明代学术，对陈白沙给予高度评价：“先生学宗自然，而要归于自得。自得故资深逢原，与鸢鱼同一活泼，而还以握造化之枢机，可谓独开门户，超然不凡。”（《明儒学案》“师说”）但也不无微词。一则说白沙讲的“自得”“似与古人言自得异”；再则说白沙的“静中养出端倪”不知果是何物；进而归结道：“今考先生证学诸语，大都说一段自然工夫，高妙处不容凑泊（接近），终是精魂作弄处。盖先生识趣近濂溪，而穷理不逮；学术类康节，而受用太早，质之圣门，难免欲速见小之病。似禅非禅，不必论矣。”（同上）这个结论就未免有所贬低了。

黄宗羲承继刘宗周而又有所修正和发展，他对陈白沙之学给予全面论定和很高评价，认为“先生之学，以虚为基本，以静为门户，以四方上下、往古来今穿纽凑合为匡郭，以日用常行分殊为功用，以勿忘勿助之间为体认之则，以未尝致力而应用不遗为实得，远之则为曾点，近之则为尧夫，此可无疑者也。”（《明儒学案》卷五《白沙学案》序）这段话从多角度、多侧面概括了白沙以自然为宗旨、以自得为归宿的精神，又把白沙比作崇尚“风乎舞雩”的自然情趣、被称作孔门狂者的曾点和一生隐居不仕自称安乐先生的邵雍，而没有一句贬抑之词。接着，将白沙与阳明并提，充分肯定了白沙之学在思想史上结束朱学统治，开启心学风气的作用，说：“故有明儒者，不失其矩矱（规矩，法度）者亦多有之，而作圣之功，至先生而始明，至文成而始大。”并以为说白沙近禅是“庸人之论，不足辨也。”（同上）这些评价是比较准确、全面的，也成为后世评论白沙的基调。文中的“作圣”，即振奋主体精神追求圣人境界，如果不论其学做圣人的具体内容，仅从抽象意义理解，与今天讲的“弘扬主体精神”意思相近，这的确是陈白沙思想主要价值之所在。

原文载于《河北职工大学学报》2001 年第 1 期；收入《陈白沙研究论文集》，湖南大学出版社 2001 年 10 月版。

王阳明平议

古人评价人物，有“三不朽”之说。王阳明以其凛然的气节、显赫的战功、易简的学说，被人们看作是“三不朽”的典型，这在“五四”以前，几乎已成定论（其学术是非固有争议）。王门弟子的赞颂自不必说，即后人的评述，也基本一致。但是，新中国成立以来，对王阳明的事功和道德，大多一概否定，认为他“效忠于朱明王朝”，残酷镇压农民起义和少数民族起义，这种对朝廷的功劳，对人民只是罪行；他的道德，充其量不过是封建道德，何况他还有权诈的一面；至于他的学说，更是大受挞伐，说它是主观唯心主义，是变相的禅学。近年来，随着实事求是学风的恢复，对王阳明的评价也有了改变。但分歧也还不小。近年出版的一些文科教科书上提到王阳明，差不多还是旧调子。看来，还有进一步加以讨论的必要。

一、关于王阳明的事功

王阳明为朱明王朝建立了不世之功。主要有三：一是平定江西福建农民暴动；二是平定明宗室宁王朱宸濠的反叛；三是平定广西少数民族的暴动。

对于这些军功该如何评价，人们的看法是很不一致的。长期以来，学术界对于历史人物的军功，大致已形成如下评价模式：对于抵御外患中建树的功勋交口称赞（如岳飞抗金），誉为爱国主义；对于平定内乱，如系讨伐割据势力（如讨伐安禄山），也能给予肯定评价；如系镇压农民或少数民族暴动，则一律看作是污点或罪行。王阳明的军功，三分之二属于后一种情况，因此只能是罪行，不是“功”，而是“过”。这样的评价模式恰当吗？似应再加以讨论。

林则徐曾有诗道：“苟利国家生死以，岂因祸福避趋之！”这里提出了一个评价历史人物的标准，可称之为国家标准。凡是能为了国家的利益，英勇拼搏，不顾生死存亡，不计利害祸福，按理说，无论成败，都应给予肯定；如果为国家建立了奇功伟勋，则更应给予充分评价。岳飞、林则徐等就是这样的人。他们在抗金、抗英斗争中的事迹和精神受到人们的称颂和钦敬是当之无愧的。但是，如果正巧发生了农民起义，而朝廷又派这些爱国英雄人物去率兵镇压时，他们便会像抵御外侮那样，慷慨赴死，义无反顾。对此该如何评价，人们就颇费踌躇了。事实正是如此，林则徐最后病故于赴广西镇压农民起义的途中，岳飞也曾镇压江西、洞庭湖等地的农民军，岳家军中其实就包含一大批收编的起义军将士；有的士人虽然没有与起义军军事对抗，但同样表示誓不两立，如王夫之，当张献忠强邀他入伙时，他坚决不从，以毁伤肉体而脱身。这样的例子实在不胜枚举。在封建时代，任何一个抱定忠君爱国之志的士人，如果遭遇到此类情况，都必然是这样做的。

在封建社会中，国家是地主阶级的国家，本质地说，是阶级压迫的工具。维护封建国家，代表的主要是统治阶级的意志和利益。但是，对立的阶级之间是否就没有任何“统一”、一致性呢？就没有任何共同利益呢？恐怕也不能说得这样绝对。这是因为，地主和农民两个阶级从其产生的第一天起，就是一方的存在以另一方的存在为前提，双方共处于封建社会这个统一体中，谁也离不开谁。在长达两千年的中国封建社会历史中，个别阶层、集团、家族、家庭以及个人有荣枯、升沉、生死、兴衰，利益和地位不断发生调整和变化（有时甚至是疾风暴雨式的剧烈调整和变化），但作为阶级，它们始终存在。有的原先是地主，后来没落了，或被打倒了，降为农民；有的农民则上升为地主，甚至大地主。除了此类“互换位置”的转化以外，地主和农民两个阶级的利益则是处于不断的调整中，什么时候共同利益协调得好，社会就稳定，经济就发展，国力就强盛，广大人民群众的生活就有不同程度的改善和提高，这时便是所谓“盛世”。广大人民群众对这样的“盛世”，也是憧憬和向往的。

在封建社会，农民作为小生产者并不是先进生产力的代表，因而不可能超越自己的阶级局限而提出更先进的思想。他们反抗压迫，勇于斗争，幻想铲除不平，改善生活状况。但从总体上说，他们对良好的封建统治秩序是维护的，对于统治阶级的意识形态也是基本认同的。因此，他们“只反贪官，不反皇帝”。他们可以推翻一个昏庸的皇帝，但又会拥戴另一位英明的皇帝。在封建社会中，农民因不堪忍受压迫剥削而造反的事件层出不穷，还经常发展为大规模的农民起义，但从最终结局说，则不外三种：一是被官军镇压或被其他义军吞并（吞并者也不可能长期存在或长期保持“农民军”的性质）；二是被招抚（有的被收编，转化为地主阶级武装；有的被遣散还乡；有的甚至又被阴谋杀害）；三是在角逐中不断消灭官军和吞并其他起义武装，建立政权，割据一方，自称××王，如洪秀全；有的甚至取得全国性的胜利，当了皇帝，成为新的最大的封建主，如朱元璋。如果不是被消灭，农民起义军则或迟或早一定会发生性质变化，不可能存在一支始终代表农民利益的起义军。

还应指出，对于“人民起义”这顶桂冠，也不宜随意滥戴，不能把旧时代一切暴动、一切盗贼（如地痞、豪强“拉杆子”，做土匪，小的如《水浒传》中的李鬼，大的如《林海雪原》中的座山雕）都说成是人民起义。暴动者是不是代表了广大人民的利益、愿望和要求（有的起初是人民造反，但其后是否变质，是否始终代表广大人民的利益、愿望和要求），也应做具体分析。

因此，仅仅以是否镇压农民暴动作为评价历史人物功过的标准是并不恰当的。那么应该用什么标准呢？

毛泽东在论文艺批评问题时曾提出过一个评价标准，他说：“无产阶级对于过去时代的文学艺术作品，也必须首先检查它们对待人民的态度如何，在历史上有无进步意义，而分别采取不同的态度。”（《在延安文艺座谈会上的讲话》，《毛泽东选集》合订本第826页）这里提出的标准，作为一般的原则，对于评价一切历史现象也应该是适用的。

“对待人民的态度如何”，是从主观方面看；“在历史上有无进步作用”，是从客观主面（社会效果方面）看。综合起来，可以说就是人民利益的标准。即看其是否反映或符合人民的利益、愿望和要求。这个标准不是空洞的，而是有着丰富的具体的内容。比如人民希望有富足的物质生活（丰衣足食），稳定的社会秩序（轻徭薄赋，买卖公平，无豪强恶霸，无盗窃劫夺等），安定的政治环境（君主贤明，官吏清廉，无战乱，无叛乱，无外患，天下太平等）。用这一标准来衡量王阳明，应该说，他的事功在总体上是符合人民的利益、愿望和要求的。

王阳明作为一个正统的封建士大夫，其地主阶级的阶级性是十分顽强坚定的，他忠于朝廷，尽瘁国事，对于“犯上作乱”不能容忍，对于危害社会秩序的行为不能坐视，因此，无论是农民暴动、少数民族暴动，还是宗室叛乱，在他看来，都是对国家的亵渎，对社会的危害，对广大人民百姓的荼毒。因此，当他受命征剿时，便义无反顾，“忍死以效职”。王阳明自幼就受忠君爱国教育的熏陶，早年就有“经略四方之志”，深慕东汉马援“愿死边野，马革裹尸”的气概，又曾研习兵法，演“八阵图”。因此，一旦风云际会，便以身许国，忠勇赴难。试看他的有关表现：

（一）对造反者有同情的理解

王阳明受命“剿贼”，却并不处心积虑地以人民为敌，倒是能对造反者有某种同情的理解。他在对浰头造反者的告谕中说：人民造反“其间想亦有不得已者，或是为官府所迫，或是为大户所侵，一时错起念头，误入其中，后遂不敢出。此等苦情，亦甚可悯”。他坦诚地说：“今谓我全无杀人之心，亦是诳尔。若谓必欲杀尔，又非吾之本心。尔等今虽从恶，其始同是朝廷赤子。”他接着打了一个著名的比喻：“譬如一父母同生十子，八人为善，二人背逆，要害八人。父母之心，须去二人，然后八人得以安生。均之为子，父母之心何故必欲偏杀二子？不得已也。吾于尔等，亦正如此。若此二子一旦悔恶从善，号泣投诚，为父母者必哀悯而赦之。何者？不忍杀其子者乃父母之本心也。今得遂其本心，何喜何幸如之！吾于尔等，亦正如此。”告谕结尾说：“呜呼！民吾同胞，尔等皆吾赤子，吾终不能抚恤尔等而至于杀尔，痛哉痛哉！兴言至此，不觉泪下。”（《告谕浰头巢贼》，《王阳明全集》卷十六，上海古籍出版社 1992 年版。下引该书简称《全集》）这些话不免有劝降的味道，但如果从王阳明信奉的“仁者以天地万物为一体，其视天下犹一家，中国犹一人焉”（《大学问》）的人生信条看，也不能说其中没有一点真情实感，全是虚伪的假慈悲。从效果看，这篇告谕的确发生了作用。《年谱》说，由于受到谕文“蔼然哀怜无辜之情”的感动，“当时酋长若黄金巢、卢珂等即率众来投，愿效死以报”。（《全集》卷三十三）

对于“官逼民反”的情况，王阳明在给朝廷的上疏中也多次提及，如：

> 今府库空虚，民穷财尽，若盐税一革，军饷之费，苟非科取于贫民，必须仰给于内帑。夫民已贫而敛不休，是驱之从盗也。（《再请疏通盐法疏》，《全集》卷十一）

> 军旅干旱，一时并作，虽富室大户不免饥馑，小户小民得无转死沟壑流散四方乎？设或饥寒所迫，征输所苦，人自为乱，将若之何？（《旱灾疏》，《全集》卷十二）。

> 夫荒旱极矣，而又因之以变乱；变乱极矣，而又加之以师旅；师旅极矣，而又竭之以供馈，益之以诛求，亟之以征敛。……计穷势迫，匿而为奸，肆而为寇。两月以来，有司之以鼠窃警报者，月无虚日，无怪也，……孰肯闭口枵腹，坐以待死乎！（《乞宽免税粮救民困以弥灾变疏》，《全集》卷十二）。

感情之沉痛，言辞之尖锐，即使在后世，总也不多见吧！说王阳明对人民的不幸遭遇怀有同情，殆非虚言。

（二）尽量用和平方式解决问题

王阳明的后半生是以督抚大员的身份完成其事功的，但他却并不迷信武力，而是坚信“用兵之法，伐谋为先；处夷之道，攻心为上”（《绥柔流贼》，《全集》卷十八）的原则，认为，“夫柔远人而抚戎狄……岂专恃兵甲之盛、威力之强而已乎？”应该用“忠诚恻怛之心以爱其民”；“诚心抚恤，以安其心”。（同上）他要求所属官员，“亲至已破贼巢各邻近良善村寨，以次加厚抚恤，给以告示，犒以鱼盐，待以诚信，敷以德恩”，并“为之推选众所信服，立为酋长……优其礼待，厚其犒赏”。对于果能迁善改过者，“即开其自新之路，决不追既往之恶”。（同上）在平定思、田的军事行动中，王阳明坚持这一攻心感化的方针，使得卢苏、王受等囚首“自缚与头目数百人赴军门请命”。接着发生连锁反应，“诸夷感慕，旬日之间，自缚来归者一万七千”。（《年谱》三，《全集》卷三十五）

在军事对峙中，死伤是不可避免的。但王阳明强调只可诛灭元凶，剿灭怙恶不悛者，绝不滥杀无辜，不一味嗜杀，更不是杀良冒功，而是力求少杀，化敌为己。他明确表示：“欲杀数千无罪之人，以求成一将之功，仁者之所不忍也。”（同上）

王阳明信奉孟子“不嗜杀人者能一之”的格言，牢记老子“民不畏死，奈何以死惧之”的警告，以“民胞物与”的胸襟，坚持招抚感化与武力围剿并用的策略，收到了明显的良好效果。征浰头，他感化了酋长黄金巢、卢珂等率众来投；平横水、桶冈，“抚其降囚张仲全等二百余人”。（《年谱》一，《全集》卷二十二）平思、田，竟然能“不折一矢，不戮一卒，而全活数万生灵”。（《年谱》三，《全集》卷三十五）

（三）善后工作处理稳妥

王阳明在军事活动中，谋求地方的长治久安。他所谓的“破山中贼易，破心中贼难”，就包含着这层意思。他说：“区区剪除鼠窃，何足为异？若诸贤扫荡心腹之寇，以收廓清平定之功，此诚大丈夫不世之伟绩。”（《与世德书》，《年谱》一，《全集》卷三十三）因此，他对于战争结束后的善后工作非常重视。他做的主要事情有：

1. 宥胁从，安士民

王阳明对投诚者或遣散还乡，或收编为己，对胁从者则一律宽宥，不追咎既往，还“量给盐米，为之经纪生业”。如广西之役平定后，他“为之选立酋长，使有统率，毋令涣散。一面清查侵占田土，开立里甲，以息日后之争”（《年谱》三，《全集》卷三十五），从而收到了安定民心、恢复秩序的效果。

2. 设县治，安定一方

王阳明认为，为了安定一方，必须“视地里险易，立县置隘”。(《年谱》一) 经他的申奏，设置了福建清平县、平和县，江西崇义县，广东和平县。加强了地方管理，即加强了地方政权建设。

3. 存土官，管理少数民族地区

王阳明在平定两广后，力主从实际出发，“土人治土”，存土官以管理少数民族地区。他经过调查，知道“流官久设，亦徒有虚名，而受实祸”。“必须存土官，藉其兵力，以为中土屏蔽”。(《年谱》三) 同时又采取一定的牵制措施，“特设流官知府，以制土官之势；仍立土官知州，以顺土夷之情”。(《处置平复地方以图久安疏》,《全集》卷十四) 结果效果良好，这一带“经久无患”。

4. 兴学重教

王守仁继承了儒家学者兴学重教的优良传统，每至一地，都以兴学为务。三浰平，他立即“兴立社学，延师教子，歌诗习礼”，“雍雍然渐成礼让之俗矣”。(《年谱》一) 平定两广后，他认为，“用夏变夷，宜有学校”，“风化之原，不可缓也”。于是兴办了思田学校和南宁学校。(《年谱》三) 此举，不仅有化民成俗之效，对于中国传统文化的传承和普及也具有重要作用。

5. 体恤民困

王阳明对于遭受战火灾难的人民是满怀同情的。为了减轻人民的负担，维护社会秩序的稳定，他屡屡上疏朝廷，请减免赋税。江西之役，他两次上疏请疏通盐法，以图“用资于军饷，赋省于贫民”。(《再请疏通盐法疏》,《全集》卷十一) 平宸濠，遇旱灾，他上疏“乞宽免税粮救民困以弥灾变”。发生水灾，他上疏自劾；完不成皇家的税赋，他上疏请罪，说：“民之疮痍已极矣，实无可输之物矣，别夫离妇，弃子鬻女，有耳者不忍闻，有目者不忍睹也。如是而必欲驱之死地，其将可行乎?”(《征收秋粮稽迟待罪疏》,《全集》卷十三) 最后，他请求贬削自己的禄秩，放回田里。(同上) 这种为民请命的胆识，令人肃然起敬。

(四) 良好的社会效果

王阳明用兵，并不单纯以求取军事胜利为务，而是注重综合的社会效果。因此，他采取了全方位的治理措施。除前文提到的各项外，他还“行十家牌法”，强化地方基层管理；“选民兵”，以谋求地方自保，守土安民；“立兵符”，以严密军队组织；“举乡约”，以谕告父老子弟，使相警戒，“敦礼让之风，成淳厚之俗”。

由于处置得宜，王阳明每次用兵都取得了良好的杜会效果。平三浰，“自是境内大定”。（《明史·王守仁传》，《全集》卷四十）“南赣自此无盗”。（邵廷采：《明儒王子阳明先生传》，同上）平思、田，“不杀一卒，不费斗米，直宣扬威德，遂使思、田顽叛，稽首来服”。平八寨、断藤峡，“百数十年豺虎窟穴，扫而清之，如拂尘然”。（学士霍韬等上疏，见《年谱》三，《全集》卷三十五）“两地进兵，各不满八千之众，而三月报捷，共已逾三千之功。两广父老皆以为数十年来未有此举也”。（同上）

（五）深受人民欢迎

王阳明用兵，“以忧国安民”“拯溺救焚”为宗旨，尽量做到不扰民而乱平，因而受到广大人民群众的热烈欢迎。

平南、赣，“师至南康，百姓沿途顶香迎拜。所经州县隘所，各立生祠。远乡之民，各肖像于祖堂，岁时尸祝。”（《年谱》一，《全集》卷三十三）

征思、田路上，王守仁“至南浦，父老军民俱顶香林立，填途塞巷，至不能行。父老顶舆传递入都。先生命父老军民就谒，东入西出，有不舍者，出且复入，自辰至未而散。”（《年谱》三，《全集》卷二十五）

王阳明平定两广，回师途中突然病故，当地人民更表现出发自真心的悲痛。当王阳明的灵柩到达南安时，“士民远近遮道，哭声振地，如丧考妣”。至赣州，“士民沿途拥哭如南安”。（《年谱》三）

如果不是深受人民爱戴，人民是不会为之抛洒这样多的热泪的。

综上所述，王阳明的事功，如果用人民利益的标准来衡量，岂不是应该给予充分肯定吗！

二、关于王阳明的品格

在一些思想史论著中，对于阳明的品格或者不谈，或者谈时也有不少保留，于是就唤不起读者应有的爱敬之情。其实，王阳明的品格是很高尚的。

据《王阳明年谱》说，王阳明早在十一岁时就有“欲做圣贤”之志，这也许有些夸张。但说他在十八岁时“始慕圣学”，当还是可信的。后来，经过“泛滥于辞章”，“出入于佛老”的曲折，终于归宗于儒，“遂以倡明圣学为事”，并遵循“言顾行，行顾言”的原则，以当时公认的道德相砥砺，在人格上达到了堪称楷模的程度。除前文述平叛中表现出的忠君爱国之诚外，还可举出几点：

（一）刚直不阿，忠心赤胆

王阳明的这一品格很突出。众所周知，他是因为仗义直言，抗旨上疏，而被廷杖四十，贬为贵州龙场驿丞的。还值得一提的是，他不仅敢于藐视权倾朝野的宦官刘瑾，还曾在上疏中正面批评皇帝，说："君仁臣直。铣等以言为责，其言如善，自宜嘉纳；如其未善，亦宜包容隐覆，以开忠谠之路。乃今赫然下令，远事拘囚……自是以后，虽有上关宗社危疑不制之事，陛下孰从而闻之?"（《乞宥言官去权奸以章圣德疏》，《全集》卷九）刚烈精神，跃然纸上。

宸濠叛乱，王阳明在截获伪檄后向朝廷的上疏中，再次正面批评皇帝："陛下在位一十四年，屡经变难，民心骚动，尚尔巡游不已，致使宗室谋动干戈，冀窃大宝。且今天下之觊觎，何特一宁王！天下之奸雄，岂直在宗室？兴言及此，懔骨寒心。"（《奏闻宸濠伪造檄榜疏》，《全集》卷十二）这无异于说，宸濠的叛乱是由于你这个当皇帝的行为不端引起的。疏的最后，不仅对皇帝提出希望，还把矛头指向皇帝左右的宦官，说："伏望皇上痛自刻（克）责，易弦改辙，罢去奸谀，以回天下豪杰之心；绝迹巡游，以杜天下奸雄之望，则天下尚有可图。"（同上）皇帝和宦官看了这些话会多么不舒服，不难想见。大概是由于当时局势紧张，"正在用人之际"吧，朝廷才没有加罪。王阳明接着又上疏谏武宗亲征，疏中除申明亲征已无必要且有危险外，再次提到宦官泄密和阻塞言路的问题："窃惟宸濠擅作辟威，虐焰已张于远；睥睨神器（皇帝位），阴谋久蓄于中。招纳叛亡，辇毂（代指天子）之动静，探无遗迹；广营奸细，臣下之奏白，百不一通。"（《请止亲征疏》，《全集》卷十二）宦官专权是明朝政治的一个痼疾，得罪宦官，常会招来不测之祸。王阳明对此中的利害是深知的。但他硬是敢于"碰硬"，没有超人的胆识，实在是难以做到的。

不仅如此，就是皇帝派来追索宸濠的锦衣千户，他也绝不从谀，既不肯出迎，还仅仅给五两银子作见面礼，"锦衣怒不纳"，被他婉言顶住，"其人竟不能出他语而别"。（《年谱》二）

苏东坡在《潮州韩文公庙碑》中赞美韩愈说，"忠犯人主之怒，而勇夺三军之帅"，这句话用来形容王阳明也是很恰当的。

（二）隐忍负重，鞠躬尽瘁

一般论著在介绍王阳明的生平时，限于篇幅，往往只比较简略地述及他任过什么职，做过什么官，受过什么封赠。于是给人一种错觉，似乎王阳明官运亨通，一帆风顺，是个深得朝廷宠幸的人物。实际情况却远不是如此。他早年因仗义直言，由中央朝官的兵部主事，贬为穷苦之地的龙场驿丞，境况几近发配，历尽艰难险阻，这且不去说。晚年的两次立大功，却也伴随着种种怀疑、诋毁、诬陷、打击。平宸濠，奇功伟勋，本可昭著日月，但却“遭不明之谤”，宦官诋毁他“暗结宸濠”，“必反”等，武宗皇帝对他也疑虑重重，一时处境十分险恶。幸好武宗驾崩，新皇帝（世宗）继位，才得以免罪，并使他加官进爵。但是，所任南京兵部尚书，不过是个虚衔，并无实权。所任巡抚、提督等职，也都属于临时差遣性的职务，旋进旋退。所获封赏（“岁支禄米一千石，三代并妻一体追封，给与诰卷，子孙世世承袭——《皇帝圣旨》），但实际上却都没“到位”，“铁券未给，禄米未颁，朝事无与，迹比樵渔。”（黄绾：《明军功以励忠勤疏》，《全集》卷三十九），而且，王守仁丁父忧服满后朝廷也不予起用，一搁六年，对他不加理睬。对于这些极其不公正的待遇，王阳明泰然处之，并不为自己剖白。但他对于与他同时起兵的“同事诸臣”因他的连累而受到的不公正待遇却不能平静，他慨叹说：“同事诸臣，延颈而待且三年矣。此而更不一言，……谁复有为之论列者！”于是两次上疏，诉说“赏未施而罚已及，功不录而罪有加”；“或不行赏而并削其绩，或赏未及播而罚已先行，或虚受升职之名而因使退闲，或冒蒙不忠之号而随以废斥”的种种不平（《再辞封爵普恩赏以彰国典疏》，《全集》卷十三），表彰同事诸臣的“捐躯效死之忠，戮力勤王之绩”（同上）。一些朝臣（有的是王门弟子）也多次上疏为之申辩，但是由于“当路”的阻挠，这些申辩，迄无结果。直到六年后，广西一带发生少数民族暴动，官兵进剿无功，蔓延日甚一日，朝廷这才又起用王阳明，任命他为总督两广及江西湖广军务，兼都察院左都御史，征思、田。他两番以病辞免，不允。此时王阳明病情确已很严重，身遭谗构、危疑汹汹的不公正待遇也尚没洗刷清楚，但国事当头，他没有延迟，再次毅然扶病到任，仅半年，“一举平之”。遗憾的是，王阳明在班师途中病逝。更不幸的是，功高见嫉，朝中又起异议，诬王阳明“抚剿失当，学术僻狂”等等，下公卿议，竟被“停恤典世袭，诏禁伪学”。（邵廷采：《明儒王子阳明先生传》，《全集》卷四十）

诸葛亮说：“鞠躬尽瘁，死而后已。”这话用来概括王阳明的精神境界，也很恰当。而在“隐忍负重”这点上，似有过之。

（三）宁静淡泊

王阳明出身官僚世家，环境使他不可能不走仕进的道路。但可贵的是，他没有被腐败的官场污浊空气所浸染，而是时刻以圣贤的标准自我要求，束身守正，宁静淡泊，其人格之高尚，为时人所称道，为后学所钦敬。

王阳明也像许多封建士大夫一样属“进士出身”，但他却对于“功名”并不刻意追求。还在早岁读书时他对于塾师说的“惟读书登第为第一等事”就不以为然（《年谱》一）。第一次参加会试落榜，“同舍有以不第为耻者”，王阳明安慰说：“世以不得第为耻，吾以不得第动心为耻。”（同上）正因为确立了这样的人生目标，王阳明才能保持人格的尊严。

作为正统儒家，王阳明的人生观也是积极入世的。他努力建功立业，勤勉精进，但对于官禄却并不热中，对于每次任职，他常怀忧惧，自谓德薄能鲜，难于胜任，因而多次上疏辞免。完成任务后，他也并不趾高气扬，希图封赏，倒是一而再、再而三地“乞求致仕”，“乞归田里”。其中固然确有健康不佳的原因，但更主要的是受他的淡泊宁静的人生态度支配的。

上文提到，王阳明功高而见嫉，学显而谤生，面对汹汹而来的这些无名之谤，他泰然处之，说：“毁谤自外来的，虽圣人如何免得？人只贵于自修，若自己实实落落是个圣贤，纵然人都毁他，也说他不着。却若浮云掩日，如何损得日的光明？”（《传习录》卷下）他还对学生说：“胸中须常有舜禹有天下而不与气象。”就是说，应该有功而不自以为功。他认为，这是一种精神境界，有了这种境界，“又何得丧介乎其中？”（《年谱》三）“区区在外之荣辱得丧，又足挂之齿牙间哉？”（《与王纯甫》，《全集》卷四）总之，王阳明的品德，不但在封建时代堪称高尚，就是今天看来，总体上也是值得令人钦敬的。

三、关于王阳明的学说

王阳明前半生多受困厄，后半生戎马倥偬，并没有专心著书立说，因此，也没有大部头的著作传世。他也没有刻意构造思想体系，但后世却公认他是心学的集大成者。限于篇幅，本文不拟全面评价王阳明的学说，仅简略谈谈王学的魅力和特点。

（一）王学的魅力

阳明学说具有使人心折的巨大魅力。还在贬官龙场期间，阳明的学说就显示了打动人心的力量，时任提学副使的席元山听了阳明的讲论，大为叹服，“遂与毛宪副修葺书院，身率贵阳诸生，以所事师礼事之”。（《年谱》一）

其后，阳明声名日彰，从学者日众，许多当世名士拜他为师。其中有的比他官大（如方献夫，任吏部郎中时，竟师事任吏部主事的王阳明）；有的比他年长（如董萝石，68 岁时强拜阳明为师）；有的甚至在阳明死后，还自己追认为阳明弟子（如聂豹）。《阳明年谱》中记载了不少阳明讲学，众多弟子踊跃追随的事例，如：

正德八年（42岁），王阳明在滁州，“日与门人遨游琅琊、瀼泉间，月夕则环龙潭而坐者数百人，歌声振山谷”。（《年谱》一）

正德十三年（47岁），平定桶冈、横水、三浰后，“四方学者辐辏，始寓射圃，至不能容，乃修濂溪书院居之”。（同上）

嘉靖三年（53岁）“门人日进。……于是辟稽山书院，聚八邑彦士，身率讲习以督之。宫刹卑隘，至不能容。盖环坐而听者三百余人”。（《年谱》三）同年八月，“宴门人于天泉桥。……设席于碧霞池上，门人坐侍者百余人”。（同上）

门人钱德洪回忆说：“先生初归越时，朋友踪迹尚寥落。既后四方来游者日进。癸未（嘉靖三年）已后，环先生而居者比屋，如天妃、光相诸刹，每当一室，常合食者数十人。夜无卧处，更相就席，歌声彻昏旦。南镇、禹穴、阳明洞诸山远近寺刹，徙足所到，无非同志游寓所在。先生每临讲座，前后左右环坐而听者常不下数百人。送往迎来，月无虚日。至有在侍更岁，不能遍记其姓名者。……诸生每听讲出门，未尝不跳跃称快。”（《传习录下》钱德洪跋，《全集》卷三）

在现代，组织一个二三百人规模的学术会议，也不是一件轻易的事，而王阳明的讲学规模如此之大，听众如此之多，持续时间如此之长，在交通、食宿都比较困难的古代，实在是了不起。之所以能如此，当然与王阳明人格精神的感召力分不开，但也表明了王阳明学说具有非同寻常的魅力，因而才会有如此巨大而持久的吸引力和凝聚力。

（二）王学特点

阳明学说为什么会有如此之大的吸引力，是个需要深入探讨的问题。本文认为，这至少与王学的如下特点密不可分。

第一，高扬人的主体性。

主体性是人之所以为人的特性，指人的自尊自贵、自信自强、自觉自律的精神。儒家从孔孟到程朱、陆九渊，都有这个传统，王阳明更做了充分的发展和高扬。

阳明的全部学说都贯穿这个特点，而尤以良知说最典型。

“良知”的概念源于孟子，原指天赋的道德意识和道德情感。王阳明把它作为“心之本体”，并与“天理”划等号，把程朱客观化的“理”主观化。进而认为，良知是天地的本原，万物的主宰，说：“良知是造化的精灵。这些精灵生天生地，成鬼成帝，皆从此出，真是与物无对。”“天地万物，俱在我良知的发用流行中。”（《传习录下》）阳明这里说的“我”不是一己的小我，而是人类的大我，即人类的心。此论意在确立人在宇宙间的崇高地位，人应该是宇宙的中心，宇宙间的事事物物也就都由人的良知而被决定。这些说法，如果从科学的眼光、实证的角度去看，自然难以成立；但如果从主观能动性的角度，用心灵去体悟，则自有其道理。

良知说的重点在于抬高良知的神圣性，将良知作为道德判断、道德评价的最高标准，他说："尔那一点良知，是尔自家的准则。尔意念著处，他是便知是，非便知非，更瞒他一些不得。"这个良知标准，对于端正人的认识，威力无穷："人若知这良知诀窍，随他多少邪思妄念，这里一觉，都自消融，真个是灵丹一粒，点铁成金。"（《传习录下》）阳明认为，良知是知是知非的心。是非的标准不在心外，只在心中。对于什么是"是"，什么是"非"，没有比自己的良知更可靠、更有权威的了。认识了此点，才能确立对良知的自信。

良知并不是一己的私心，而是天下之公心。因此良知又具有最大的普遍性："自圣人以至凡人，自一人之心以达四海之远，自千古之前以至于万代之后，无有不同。是良知也者，是所谓'天下之大本'也。致是良知而行，则所谓'天下之达道'也。天地以位，万物以育，将富贵贫贱，患难夷狄，无所入而弗自得也矣。"（《书朱守乾卷》，《全集》卷八）这是对陆九渊的良知无有不同观点的继承。王阳明认为，良知是普遍的，但它就体现在个人的心中，不假外求。这后一方面，是阳明强调的重点。阳明有诗："人人自有定盘针，万化根源总在心。却笑从前颠倒见，枝枝叶叶处处寻。/无声无息独知时，此是乾坤万有基。抛却自家无尽藏，沿门托钵效贫儿。"（《咏良知四首示诸生》，《全集》卷二十）这"自家无尽藏"指的正是此心良知。

阳明勉励人们要对自己的学说充满自信："与其尽信于天下，不若真信于一人。道固自在，学亦自在。天下信之不为多，一人信之不为少。"（《答聂文蔚》，《传习录中》）

从对于良知的自信出发，王阳明把良知（心）的标准置于圣人标准之上："夫学贵得之心，求之于心而非也，虽其言之出于孔子，不敢以为是也，而况其未及孔子者乎！求之于心而是也，虽其言之出于庸常，不敢以为非也，而况其出于孔子者乎！"（《传习录中》）王阳明此话，固然不是要否定孔子的权威，但的确有对抗朱子权威的意思。这番话具有振聋发聩的力量，发人深思，催人奋进。

第二，易简直截。

在南宋哲坛上，陆九渊与朱熹之间，曾就治学方法问题展开过争论，有所谓尊德性与道问学何者为主的问题。陆标榜自己"易简工夫终久大"，而批判朱的"支离"。王阳明是陆学的支持者和继承者，他屡次为象山之学遭到"摈放废斥"鸣不平，亲自为重刻

《象山文集》作序，称赞陆学“简易直截，真有以接孟氏之传”。(《象山文集序》,《全集》卷七）还褒崇陆氏子孙，“免其差役”，“送学肆业”。(《年谱》二）对于朱学则多有微辞，宣称：“影响尚疑朱仲晦，支离羞作郑康成。”(《月夜二首》,《全集》卷二十）的确，在治学方法上，王阳明不赞成朱熹“泛观博览”“物物格之”的道路，更不屑于像郑玄那样矻矻从事传笺训诂，注经解经，而是推崇陆氏的“发明本心”。他说：“学者学圣人，不过是去人欲而存天理耳。……故不务去（在）天理上着工夫，徒弊精竭力，从册子上钻研，名物上考索，形迹上比拟，知识愈广而人欲愈滋，才力愈多而天理愈蔽。”“吾辈用功，只求日减，不求日增。减得一分人欲，便是复得一分天理。何等轻快脱洒，何等简易!”(《传习录上》)

易简固然主要是方法、“工夫”，但又不限于方法、“工夫”。就本体论上说，王学也是以“易简”为特点的。王阳明说：“君子之学，心学也。心，性也；性，天也。圣人之心纯乎天理，故无事于学。下是，则心有不存而汩其性，丧其天矣。故必学以存其心。学以存其心者，何求哉？求诸其心而已矣。求诸其心何为哉？谨守其心而已矣。”(《谨斋说》,《全集》卷七）心学在方法论上，之所以强调存心、守心，原因在于，在本体论上，心、性、天、理是同一的。这个为学方向，早在“龙场悟道”时就已经确定了。他说：“始知圣人之道，吾性自足，向之求理于事物者，误也。”(《年谱》一)

阳明在本体论上，有所谓“心外无物，心外无理，心外无事，心外无学”诸命题，有“身之主宰便是心，心之所发便是意，意之本体便是知，意之所在便是物”的“四句理”。为论证“心外无物”，还有过“山中观花”的著名论辩。这些，都曾受到过严厉批评。诚然，作为哲学观点，它们确有不够严密之处。但是，如果把握住他的“立言宗旨”，如果换一个角度去体味，它们还是不难理解的。比如所谓“四句理”，无非是“为了论证格物不可离心这一心学的基本立场”(陈来：《有无之境》，人民出版社 1991 年版第 55 页)；而所谓“心外无物”，仅仅是说，只有被人感知的事物，对于人来说才有意义，如果根本没有被人所感知，对于人就没有任何价值可言。王阳明也许主要是从道德观上立论，而其命题实则有更广泛的认识意义。我们试做一些推衍——由于世界的无限丰富性，人们“视而不见，听而不闻”的情况比比皆是：煤的能燃烧的性能在未被发现前，仅仅被看作是黑色的石头，后来才知道它是比柴草更好的燃料，再后来又知道了它是重要化工原料……；大江东去，年复一年，任其流淌，后来方知道用来灌溉、航运、发电……。人们在未认识它们之前，它们岂不是“与吾心同归于寂”吗？这正是：“天没有我的灵明，谁去仰他高？地没有我的灵明，谁去俯他深？……”(《传习录下》）世界是客观的，但又是属人的，所谓世界的意义，都是对于人而言的。人固然存在于世界中，但换一个角度，也可以说，世界存在于人的心中。

由此看来，抓住心学“简易直截”的特点，直认本心，才可以揭示心学的秘密，才可以发现它的价值。

原文载于《王阳明国际学术讨论会论文集》，贵州教育出版社 1997 年 12 月版。

明代哲坛两颗星

——王守仁与王廷相之比较

王守仁和王廷相是明代思想史上两个重要人物。学术界大多认为，王守仁是心学的集大成者，唯心主义大师；王廷相是气学中坚，唯物主义的代表。这基本属实。前些年，对王守仁颇多挞伐，对王廷相则比较推重；近年来，对王守仁赞美有加，王廷相则受到冷落。这未必公平。其实，这两个人可谓明代哲坛的两颗明星，互相辉映，都有其贡献和成就。其生平思想异中有同，同中有异。将它们加以比较分析，对于加深对二人思想的理解，也许是有意义的。

一、相似的生平遭遇，相近的政治态度

二人出身不同。阳明出身官僚世家，先祖可以追溯到晋光禄大夫王览，高祖以下大多累代为官，父王华官至南京吏部尚书。浚川则出身平民，父以上至曾祖“皆隐迹弗耀”。

二人的经历却颇为近似。他俩只差两岁，都在二十一二岁中举，小受挫折，二十八九岁进士及第，后来都成为高级官吏。两人都当过都察院左都御史、南京兵部尚书，王廷相更升至兵部尚书，兼管院事多年，加太子太保；都镇压过农民起义和少数民族起义，为朱明王朝立过功；但又都曾遭受过宦官、权臣的迫害，去世时都正遭受打击，王守仁立了大功反遭弹劾，诏禁伪学，王廷相则被罢官为民，直到逝世二三十年后的隆庆初年，二人又都得以恢复名誉，赠爵加谥。朱明王朝的许多大臣不得善终，二人的遭遇，可说是不幸中的万幸了。

二人同朝为官，但由于任职不同地、不同时，相互间便没有交往，著作中也没有相

互提及。但是两人在政治态度上却有十分相近之处，表现为：

忠于朝廷，勤于国事

忠君爱国是古代士人的大节，二人在这方面均很突出。阳明三度为朝廷立大功，常常是不顾蒙冤受谤，不顾重病在身，不顾不测之祸，捐躯赴难，戮力报国。浚川“历事三朝，以忠诚不欺为本”，“凡有益国事，有补圣学，虽负天下之谤不恤，不则，即可以致誉不为”[1]。

敢忤权贵，刚正不阿

宦官专权是明朝政治的一大顽症。他们二人虽无力改变这一现实，但都对滥施权威的宦官进行了一定的斗争，即使被廷杖、被贬谪也无所屈挠；对于当朝权臣的倒行逆施，他们敢于揭露，对于皇帝也屡屡犯颜直谏，表现了大义凛然的骨鲠之气。

同情人民，关心民生疾苦

他俩都继承了民本主义传统，为官行政，力求造福一方；大小举措，常以利国利民为怀。如请疏盐法、请宽租、平反冤狱、兴办学校等。阳明说：“平民之所恶，从民之所好；顺民之所趋，警民之所忽；拯民之所患，复民之所同。”[2]浚川说：“天下顺治在民富，天下和静在民乐，天下兴行在民趋于正。”[3]这反映了他们的追求。他们确曾镇压过人民起义，但在他们看来，这种镇压犹如不肖子弟要害父母和其他兄弟，父母不得已才对之加以惩处，是出于无奈，出发点还是定国安民，并非与人民为敌。

锐意改革，不墨守成规

阳明和浚川都没当过内阁大学士，没能进入权力中枢，更主要的是，当时的皇帝武宗好巡游，世宗好神仙，都很昏庸，根本不是大有为之君，因而阳明、浚川空有“澄清天下之志”，其改革也仅仅是局部的、枝节的。但他们确实针对现实中存在的问题，在职权范围内做了力所能及的改革，如阳明的立保甲、行十家牌法、选民兵、奏设新县、立社学、举乡约；浚川的严考校以正学术、行义仓以救灾荒、屡上奏本以除奸革弊、拟定宪纲以考察御史。这些，都反映了他们不因循苟且、不墨守成规的改革精神。

二、异中有同的学术思想

（一）学术思想之差异

从学术思想上看，二人的差异是明显的。举其大者有：

1. 哲学基本观点不同

阳明持心本论，倡言心外无理，心外无物，心外无事，心外无学。浚川持气本论，认为“元气者，万物之宗统”[4]，“元气之上无物、无道、无理”[5]。二人都以程朱的理本论作为批判对象，但立足点不同，阳明重在批评“析心与理而为二”，论证“合心与理而为一”[6]；浚川则重在批评理在气上，气根于理，论证理在气中，理根于气。

阳明倡“心即理”，以为“学者，学此心也；求者，求此心也”[7]。浚川则认为，在道德修养范围内，推重心知是对的，但不能无限夸大推广于其他领域，说：“儒者以虚静清冲养心，此固不可无者。若不于义理、德性、人事著实处养之，亦徒然无益于学矣。”[8]

阳明倡“致良知”，以为“知是心之本体，心自然会知”[9]。浚川则强调见闻，以为“物理不见不闻，虽圣哲亦不能索而知之”。“知”是“思与见闻之会”[10]。

2. 治学范围不同

阳明为学经历过“五溺”（溺于任侠、骑射、辞章、神仙、佛氏），龙场悟道，“始归正于圣贤之学”。其后，他对二氏以及辞章、考据等务外之学取激烈批判态度而专明圣贤之学。王廷相则认为：“文章，衍道之具也，要之，乃圣贤可久之业。”[11]所以对文章颇为在意；他对自然科学亦感兴趣，写有《玄浑考》《岁差考》《阳月阴月辩》等，对名物制度也颇有考证兴趣。

3. 为学方法不同

阳明重体验，讲反身而诚：浚川重实证，讲实用笃行。讨论问题，阳明喜欢从良知讲起，浚川则喜欢从天地自然讲起。大体说来，阳明走的是象山“发明本心”的路子，而浚川则近于朱子格物穷理的路子。

（二）基本精神相通之点

二人的差异并不是绝对的。王守仁从未讨论气学，王廷相有时批评心学。在论战中，他们二人并不以对方作为对立面，而是站在各自的立场上，以程朱理学作为批判对象，有时便有某些共同语言，在观点上有接近之处。尤其是在学术基本精神上有相通之点，试举其要：

1. 主体精神

挺立主体精神，自贵其心，是阳明心学的突出特点。阳明屡说：“圣人之学，心学也。”[12]他只肯定以自己的心做标准，而否认以众人之见做标准，说：“夫君子之论学，要在得之于心。众皆以为是，苟求之于心而未会焉，未敢以为是也；众皆以为非，苟求之于心而有契焉，未敢以为非也。……不得于心而惟外信于人以为学，乌在其为学也已！”[13]进而，阳明又否认以圣人之言作为是非标准，他说：“夫学贵得于心。求之于心而非也，虽其言之出于孔子，不敢以为是也，而况其未及孔子者乎！求之于心而非也，虽其言之出于庸常，不敢以为非也，而况其出于孔子者乎！”[14] “夫道，天下之公道也；学，天下之公学也，非朱子可得而私也，非孔子可得而私也。”[15]当然，这里绝不是真要否定孔子的权威，而是意在破除朱熹的权威。阳明认为，“人胸中各有个圣人。只自信不及，都自埋倒了。”[16]他的门徒也一再说：“满街人都是圣人。”[17]以此唤起人们对“良知”的自信。阳明还继承陆象山“六经注我”的传统，认为“《四书》《五经》不过说这心体”[18]；“《六经》者非他，吾心之常道也”；“《六经》者，吾心之记籍也，而《六经》之实则具于吾心”[19]。阳明说这些话的目的，在于强调儒家经典与个人良知的一致性。但是，既然“良知之外别无知”，从其逻辑的彻底性出发，就必须得出否定任何绝对的外在权威的结论。这对于解放思想，破除禁锢，崇尚独立思考，追求思想自由，无疑是有巨大意义的。

无独有偶，王廷相在这方面也有相似的观点，他说：“学者于道，贵精心以察之，验诸天人，参诸事会，务得其实而行之，所谓自得也已。使不运吾之权度，逐逐焉惟前言之是信，几于拾果核而啖之者也，能知味也乎哉？”[20]对于外在权威，他也在一定程度上予以否定，认为“儒者之为学，归于明道而已。使论得乎道真，虽纬说稗官亦可从信……使于道有背驰，虽程朱之论，亦可以正而救之”[21]。高拱为王廷相作传，称他“上下古今，惟求自得，无所循泥；灼见其是，虽古人所非者不拘；灼见其非，虽古人所是者不执”[22]。所谓“自得”，当指重视内在精神生活的体验。尽管阳明与浚川，从为学的出发点说，一主良知，一求自得，确有不同，但在强调主体性方面则获得了大致相近的结论，这是值得重视的。

2. 批判精神

宋代以降，儒家学者大多以批判二氏（佛老）为帜志，王阳明和王廷相也不例外。他们这方面的言论比比皆是，兹不具引。值得指出的是，他们常将二氏与理学挂钩，批二氏正是为了批理学。如王阳明说：“彼释氏之外人伦，遗物理，而堕于空寂者，固不谓之明其心矣；若世儒之外务讲求考索，而不知本诸其心者，其亦可谓穷理乎？”[23] “只说明明德，而不说亲民，便似老佛。”[24]王廷相也说：“世逖风漓，异端窃起，而老佛清静无为之论出，世乃为之大惑。……虽宋儒极力诋辩，以挽返洙泗之风，而才性有限，不能拔出流俗，亦未免沾带泥苴，使人不得清澄宣朗以睹孔门之景，良可恨矣。”[25] “老庄谓道生天地，宋儒谓天地之先只有此理，此乃改易面目立论耳，与老庄之旨何殊?”[26]从这些话中不难看出，二人批判理学的指向是相同的。

阳明每每公开声言，“若鄙人之见，则与朱子正相反矣”[27]；“吾说与晦庵时有不同者，为入门下手处有毫厘千里之分，不得不辩。”[28]王门师生间的学术讨论，许多都是从程朱的言论中引出来的话题，作为批评的靶子。可以说，阳明的心学体系正是建立在对朱熹理学体系批判的基础之上的。

王廷相的批判意识也很强烈，其学术著作中，论战性的内容占了很大比重，鬼神迷信、灾异风水、图书象数，都是他批判的对象，程朱理学更是他集中批判的目标。这方面的内容，世所公认，兹不论。值得一提的是他对心学的批判。

王廷相说：“近世学者之弊有二：一则徒为泛然讲说，一则务为虚静以守其心，皆不于实践处用功，人事上体验。往往遇事之来，徒讲说者多失时措之宜，盖事机无穷，讲论不能尽故也；徒守心者茫无作用之妙，盖虚寂寡实，事机不能熟故也。晚宋以来，徒为讲说；近世学者，崇好虚静，皆于道有害。”[29]这里，所谓“徒为讲说”和“崇好虚静”显然分别指朱学和王学。

王廷相还写有《石龙书院学辩》，对朱王两家做了更深入的批判：“有为虚静以养其心者，终日端坐，块然枯守其形而立，曰学之宁静致远者在此矣；有为泛讲以求知者，研究载籍，日从事乎清虚之谈，曰学之物格知至者在此矣。浚川子曰：斯人也空寂寡实，门径偏颇，非禅定则支离，畔于仲尼之轨远矣。”他进而把前者比作“赤子生而幽闭之”，说“彼徒虚静以养其心者何以异此?”把后者比作“闭户学操舟之术”，说“彼徒泛讲而无实历者何以异此?”

这里，王廷相对朱王两家的批判是明确而坚定的。不过，需要进一步指出的是，在王廷相心目中，对朱王两家并非等量齐观。资料显示，王廷相对朱子的批判是全方位的，而对王学的批判则集中在“虚静守心”一点。这种批判，实际上带有某种为王学流弊纠偏的性质。而此点，与王守仁的自我批判，在方向上恰好是一致的。

阳明针对“游学之士多放言高论，亦有渐背师教者”的情况，曾说：“吾年来欲惩末俗之卑污，引接学者多就高明一路，以救时弊。今见学者渐有流入空虚，为脱落新奇之论，吾已悔之矣。故南畿论学，只教学者存天理、去人欲，为省察克治之功。”[30]

他还告诫学生，不要把他的学说当作“一种光景玩弄”：“某于此良知之说，从百死千难中得来，不得已与人一口说尽。只恐学者得之容易，把作一种光景玩弄，不实落用功，负此知耳。”[31]还恳切地说：“应加实践以入于精微，不可有轻灭世故，阔略伦物之病。”[32]

在所谓“天泉证道”一番论说之后，阳明又告诫说：“人有习心，不教他在良知上实用为善去恶工夫，只去悬空想个本体，一切事为俱不着实，不过养成一个虚寂。此个病痛不是小小，不可不早说破。”[33]据说，听了这番话，他的学生“德洪、汝中俱有省”。但正是这位汝中（王畿），坚持并发展其“四无”之说，把王学中虚静的一面加以片面扩张，“渐失阳明本旨”。

前文提到的《石龙书院学辩》，因涉及王廷相与王学的正面交锋，还须附带说几句。石龙即黄绾，是阳明的弟子，后来也是王廷相的朋友，官至南京礼部尚书。他与阳明的关系非同一般，除多次相聚会外，还常有书信、诗文相往还。阳明逝世后，他为之作行状，写祭文，为阳明存稿作序，为了替阳明辩诬，他不顾利害向朝廷上《明军功以励忠勤疏》《辨王守仁理学疏》，还把自己的女儿许配给阳明年仅三岁的儿子，以“悯其孤而抚之”。这些都表明，黄绾对阳明的人格、思想是十分佩服的，断不会“师死而遂背之”。他在作品中对“空虚之弊”的批判矛头分明是指向王龙溪等王学末流，并不是针对自己的老师。即使说有所批评，也是意在纠正可能产生的偏向，这与阳明自己对学生的告诫并无二致。而正是在这点上，王廷相与黄绾有了共同语言。可见，那种依据《石龙书院学辩》而把黄绾与阳明对立起来的说法是有待商榷的。

3. 实践精神

王廷相论学，一重见闻，认为“物理不见不闻，虽圣哲亦不能索而知之”；“神性虽灵，必藉见闻思虑而知”[34]。二重实行，认为“讲得一事即行一事，行得一事即知一事，所谓真知矣”[35]。三重验证，主张“验诸天人，参诸事会，务得其实而行之”[36]。反对“未尝观物，踵讹立论”。[37]他累年观察土蜂产卵及孵化的过程，破除土蜂之子化为螟蛉的旧说；亲自观察陨星实况，对“星陨如雨”做出恰当解释，从而显现出某些符合近代自然科学方法的精神。

阳明论学主心即理、致良知，集中于道德修养和精神境界领域，范围没有王廷相那么广阔。他不屑于搞烦琐哲学和章句之学，有“影响尚疑朱仲晦，支离羞作郑康成”[38]之句。又曾主张“静坐”。这些，都给人以“徒虚静以守其心”的印象。但是，如果不是寻章摘句，而是从其全部言论去考查；如果不是从今人所谓的“认识论”领域，而是从其本来的道德哲学的领域去评价，那么就应该承认，王守仁其实也是重视实践的。应该说，力避虚寂，注重践履，正是阳明学的基本精神。

阳明虽曾教人静坐，但更重视静坐之后的“真实用功”：“一日，论为学工夫。先生曰：‘教人为学，不可执一偏。初学时心猿意马，拴缚不定，其所思虑多是人欲一边，故且教之静坐，息思虑。久之，俟其心意稍定，只悬空静坐，如槁木死灰，亦无用，须教他省察克治。省察克治之功，则无时而可间。如去盗贼，须有个扫除廓清之意。……不可姑容与他方便，不可窝藏，不可放他出路，方是真实用功，方可扫除廓清。’”[39]

阳明还教导学生注意在事务上磨炼。他的学生金克厚深有感触地说：“先生常谓学必操事而后实，诚至教也。”[40]

众所周知，王阳明是个出色的军事家、政治家，是个有显著实绩实功的人。这样的人怎么可能一味主张虚寂呢？试看他的那些奏疏、公移，举凡政治、经济、人情、物理，哪方面不是论述得实实在在、底底细细呢？表面看，阳明的学术思想与政治实践似乎不搭界，实际上，它们是统一的。阳明说，他一生经常处在险恶环境中，全凭良知在支撑、在引导。他还教育学生用良知指导政治：学生朱子礼当了诸暨宰，问政，“阳明子与之言学而不及政。子礼退而省其身……三月而政举。叹曰：‘吾乃今知学之可以为政也已。’他日，又见而问学，阳明子与之言政而不及学。子礼退而修其职……期年而化行。叹曰：‘吾乃今知政之可以为学也已。’他日，又见而问政与学之要，阳明子曰：‘明德，亲民，一也。……’子礼退而求至善之说，炯然见其良知焉，曰：‘吾乃今知学所以为政，而政所以为学，皆不外乎良知焉。’”[41]这则材料充分表明，王学本身并不空疏，它与政治人生是紧密结合的。

至于王学末流，的确发生了问题。阳明的大弟子钱德洪在《大学问》小序中说：“且师没既久，表仪日隔，苟得一纸一墨，如亲面觌。况当今师学大明，四方学者徒喜领悟之易，而未究其躬践之实，或有离伦彝日用，乐玄虚妙顿以为得者。”在《大学问》跋语中又说：“师既没，音容日远，吾党各以己见立说。学者稍见本体，即好为径超顿悟之说，无复有省身克己之功。谓一见本体，超圣可以跂足，视师门诚意格物、为善去恶之旨，皆相鄙以为第二义。简略事为，言行无顾。甚者荡灭礼教，犹自以为得圣门之最上乘。噫！亦已过矣。自便径约，而不知已沦入佛氏寂灭之教，莫之觉也。”钱德洪慨叹：“兹未及一传，而纷错若此，又何望于后世耶？”由此可见，王学末流的确存在禅学倾向，对此，王学内部也是有争论的，不应将王学末流与王学本身相混同。

4. 超越精神

入世——关切现实，关注人生，强调道德义务，积极为治国平天下奋斗，是儒家的共同品格。阳明与浚川都属于正统儒家学者，都有强烈的入世精神，此不待言。

二人又都有超越的一面。“超越”有外在、内在之分，本文所谓超越，指内在超越，即不是指对来生后世、天堂地狱、上帝鬼神之类的信仰，而是指具有超脱凡俗、淡泊名利的精神追求。试举几点：

（1）不计利害。超越利害得失的计较，是提升精神境界的第一步。阳明和浚川都具备这一品格：阳明面对会试下第的挫折说："世以不得第为耻，吾以不得第动心为耻。"[42]王廷相被刘瑾以罪谪亳州判官，"人咸为不堪，而公初无失志意"[43]。阳明平宸濠，建不世之功，却遭诬陷、被弹劾、受审查，他处之泰然，说："胸中须常有舜禹有天下不与气象。"学生请问，他说："舜禹有天下而身不与，又何得丧介乎其中？"[44]浚川也说过类似的话："人能体大舜'有天下不与'之心，则举世之利益不足动矣。"[45]

（2）不恋官位。封建时代的读书人，视登第做官为大出路。阳明、浚川自然也不例外。可贵的是，他们从未攀附钻营，而是完全凭自己的道德才能和政绩突出才被赏识的。兵部尚书王琼极力推荐和支持阳明，但他们二人却从未见过面，就是明证。

他们对官位不贪恋，被罢黜时不灰心失望，被提拔时不趾高气扬。每次授官或获封赏，他们往往上疏恳辞。

阳明的学生南大吉入觐，见黜于时，致书阳明，"略无一字及于得丧荣辱之间"，阳明读后慨叹说："此非真有朝闻夕死志者，未易以涉斯境也。"赞赏他"捐富贵，轻利害，弃爵禄，快然终身，无入而不自得"。[46]这里，当然也表现了阳明自己的精神境界。

王廷相也曾多次上疏自劾，其中最突出的是嘉靖十八年，66岁的他，借天变之机上《天变自陈疏》，揭露当时严重的贪污奔竞之风，矛头直指权臣严嵩。王廷相其时官居显职，且已暮年，但他没有为保官位而缄默。后人称其"义守坚正"[47]，确非虚言。

王廷相有一子一弟，凭他的地位，不难为他们谋取一官半职，但他却没这样做，二人"皆布衣以至垂老"。他认为，"吾儿与弟学既无成"，就不能"强为冒取朝廷名器"[48]。其律己之严，于此可见。

孔子说："不得中行而与之，必也狂狷乎？狂者进取，狷者有所不为也。"[49]王阳明不敢说自己已达到圣人境界，却曾说自己有狂者胸次。在平定宸濠却遭诬陷的险恶环境下，他对学生说："我在南都以前，尚有些子乡愿意思在。我今信得这良知真是真非，信手行去，更不着些覆藏。我今才做得个狂者的胸次，使天下之人都说我行不掩言也罢。"[50]还有诗道："老夫今夜狂歌发，化作钧天满太清。""铿然舍瑟春风里，点也虽狂得我情。"[51]如果把"狂"理解为"超越功名事业的超然自得的无我境界"[52]，那么，应该说阳明和浚川都不同程度地达到了这样的境界。不过，从个人的性格说，阳明似更多些率性而行、义无反顾的情调，而浚川更多一些"有所不为"的意思。在这个意义上是否可以说，阳明近“狂”，浚川近“狷”。

（3）淡泊宁静。二人都有淡泊宁静的一面。他们的诗中有不少向往田园生活的内容，如阳明说：“涓埃未遂酬沧海，病懒先须伴赤松。”[53]“最羡渔翁闲事业，一竿明月一蓑烟。”[54]浚川说：“携手妻孥老耕稼，鹿门久矣羡知几。”[55]“渚鹭汀凫归知己，相将重结老来缘。”[56]不一而足。作为士大夫，他们的确不会如闲云野鹤似的甘心归隐，但山林情结又确实存在于他们内心深处，使他们能保持一种宁静从容的心境，关键时刻便能弃官禄如敝屣，从而维系其高尚的人格。阳明病故于班师途中，临终前唯一的一句话是，“此心光明，亦复何言”[57]。浚川晚年罢官家居，“角巾野服，怡怡如也”[58]，“一入乡园，日惟以图史耕渔自适，绝口不及世事”[59]。阳明学生称其师，“虽处富贵，常有烟霞物表之思，视弃千金犹如土芥。藜羹珍鼎，锦衣缊袍，大厦穷庐，视之如一”[60]。时人称浚川“居家以勤俭为训，虽位极人臣，犹无异布衣时，每诫子以节用，不干官事，以故人咸安之，浚邑中若不知有王公家者”[61]。“在官，一于俭素；居家，四时疏布常服，朝夕饮馔，惟菜羹疏食数盂。既老归田，犹与诸生时无异”[62]。可见，阳明和浚川具有淡泊情怀是世所公认的。

三、几点启示

其一，充分注意思想家思想的复杂性、多面性，避免简单化、单线条化。过去受“两军对战”理论的影响，喜欢划分“阵营”。结果，线索虽然显得清楚，一读原著，常发现被肢解、割裂、断章取义、强物就我之弊。对二王的研究，也多少存在这个问题。只讲两人思想上的对立，对其相近、相通的一面绝少顾及，这便难免会失真。比如，阳明在《朱子晚年定论》中选了朱熹《与吴茂实》中一段话，作为其“晚岁大悟旧说之非”的例子。有意思的是，浚川在《雅述》上篇也选了朱熹这封信中的这段话，且选得更全：除阳明所选的话之外，接着引了朱熹对“陆子寿兄弟近日议论大不同”的评论，然后说：“观此则知文公先生亦曾悔悟自己偏于讲论文义之非。子静先生亦非不曾讲学者，但其门人无识，各竞门户之胜，自相排诋，遂致二先生有支离、禅定之异。后学不能深察详考，随声附和，眇无会通之见，崇朱者以讲论为真诠，守陆者以禅定为要轨，终身畔于圣人之学而不自知，由之各相沿习，误天下后学，至于今尚然。”这里，在认定朱熹曾进行自我批判这点上，浚川与阳明的看法是一致的。浚川进而指出，把朱学说成只重讲论，把陆学说成只守禅定，是两家后学造成的门户之见，以此来概括朱、陆的思想，是不全面的。这一见解应该说是有说服力的。据此，返观前文所引《石龙书院学辩》所说的“非禅定则支离”，也应是他对两家后学流弊的批判，径指为批朱批陆本人，则似欠准确。

其二，对古代学派的划分，不可绝对化。研究思想史（哲学史）不能不划分学派，而学派的划分，往往是就某一（或某些）方面着眼，至于其他方面，同一学派的人不见得全相同，倒往往存在差异。当然，尽管有差异，只要主要方面相同或相近，无害其为同一学派；不同学派的人，一些具体观点可能相近或相同，但只要在根本观点上不同，就仍属于不同学派。宋明时期学者众多，学派的划分比较复杂。古代常以地域或人物划分，如《宋元学案》《明儒学案》等，但或失之笼统，或过于细琐。今人曾用唯物、唯心划分，实践证明也行不通。后又分为理学（狭义）、心学、气学（或理本论、心本论、气本论）三派，差强近之。但在分析论述时，对于同一学派的人，往往只论其同，而忽略其异；对于不同学派的人，往往只论其异，而忽略其同。这便难于窥其全貌。比如王廷相在理气观上认同张载，而在修养论上对张载则有批评，说：“张横渠云：‘读书以维持此心，一时放下则一时德性有懈。’此与维摩诘数念珠何异？学者贵收养其心，不令放纵耳，何必用书以为维持之具？但能操之纯熟，则心有定向，不待持之而无不存矣。”[63]又说：“横渠谓：‘心宁静于此，一向定叠，目前纵有何事，亦不恤也。’此似欠会通。心固贵静定，目前之事有不得不动而应者，虽细小之感，亦当起而应之，所谓常静常应是也。……岂有事至目前而不恤也？若然，类禅定而无应矣，于道也奚益？”[64]浚川指责横渠的养心守静之说，近于佛教的数念珠、禅定，这一批判足够尖锐，这表明，气学内部在修养学说中是有分歧的。值得注意的是，作为心学大师的王阳明，其论养心却恰与浚川相近，也强调不能离却事物：“吾儒养心，未尝离却事物。只顺其天则自然，就是工夫。释氏却要尽绝事物，把心看作幻相，渐入虚寂去了，与世间若无些子交涉，所以不可以治天下。”[65]浚川对同属气学的横渠进行批判，而与阳明心学有了共同语言，这岂不是很值得注意的吗？

古人论学，常注意异中之同。《易大传》所谓“天下同归而殊途，一致而百虑”。班固论九流十家，相灭相生，相反相成；黄宗羲论朱、陆之学，以为“象山之尊德性，何尝不加工于学古笃行，紫阳之道问学，何尝不致力于反身修德，特以示学者之入门各有先后，曰此其所以异耳。然至晚年，二先生亦俱自悔其偏重。”“二先生同植纲常，同扶名教，同宗孔孟，即使意见终于不合，亦不过仁者见仁，智者见智。”[66]这些精彩之论，足以给我们巨大启发，其注意把握对立中的同一的精神，是值得学习和发扬的。

注释：

[1] [47] [48] [59] [62] 张卤：《少保王肃敏公传》。

[2] [41] 王守仁：《书朱子礼卷》，《王阳明全集》卷八。

[3] 王廷相：《慎言·御民篇》。

[4] 王廷相：《慎言·道体篇》。

[5] [8] [10] [26] [34] [35] [63] [64] 王廷相：《雅述》（上篇）。

[6] [7] [27] 王守仁：《传习录》（中），《王阳明全集》卷二。

[9] [18] [24] [28] [39] 王守仁：《传习录》（中），《王阳明全集》卷一。

[11]《杜研冈集序》。

[12]《象山文集序》，又见《重修山阴县学记》。

[13] 王守仁：《答徐成之》（二），《王阳明全集》卷二十一。

[14] [15] 王守仁：《答罗整庵少宰书》，《王阳明全集》卷二。

[16] [17] [33] [50] [65] 王守仁：《传习录》（下），《王阳明全集》卷三。

[19] 王守仁：《稽山书院尊经阁记》，《王阳明全集》卷七。

[20] [36] 王廷相：《慎言·见闻篇》。

[21]《太极辩》。

[22] [43] [58] [61]《浚川王公行状》。

[23] 王守仁：《与夏敦夫》，《王阳明全集》卷五。

[25]《雅述序》。

[29]《与薛君采》。

[30] [42]《年谱》一，《王阳明全集》卷二十三。

[31]《年谱》二，《王阳明全集》卷三十四。

[32] [40] [44] [46] [57]《年谱》三，《王阳明全集》卷二十五。

[37] 王廷相：《雅述》（下篇）。

[38] [51] 王守仁：《月夜二首》，《王阳明全集》卷二十。

[45] 王廷相：《慎言·作圣篇》。

[49]《论语·子路》。

[52] 陈来：《有无之境》，人民出版社 1991 年版第 254 页。

[53] 王守仁：《鄱阳战捷》，《王阳明全集》卷二十。

[54] 王守仁：《即事漫述》，《王阳明全集》卷二十。

[55]《四十述志》。

[56]《六十四作》。

[60] 黄绾：《阳明先生行状》，《王阳明全集》卷三十八。

[66]《宋元学案·象山学案》。

颜元思想再评价

颜元是清初著名思想家。他的学说在当时一度流行，在近代，又一再被不同政治倾向和思想倾向的人们所提倡。新中国成立以来，学术界对颜元评价甚高，称之为反理学的思想家、唯物主义的哲学家、启蒙思想家，等等。对其思想的落后面虽也有所揭示，但往往语焉不详。本文认为，如何恰当评价这位思想家还值得进一步探讨。

一、颜元是“反理学”的思想家吗?

颜元面对宋儒“赫赫之炎势”，欲挽“泛滥东奔之狂澜”，敢于对“今之尧舜周孔”的程朱、陆王两派理学家进行批判，这种胆识和斗争精神是令人钦佩的，其批判的锋芒也很尖锐泼辣，富于战斗性。这种批判，集中在两个问题上，一是批判宋儒空疏无实的学风，一是批判“气质性恶”论。这正是他的两篇代表作《存学编》和《存性编》的主旨。其中，尤以对宋儒学风的批判最为突出。对此，学术界一般无异议，兹不赘述。

但是，能否据此就说颜元是“反理学”的思想家呢?似不能这样简单归结。颜元对理学的批判诚然尖锐，但范围毕竟比较狭窄，只集中在为学方法和人性论两点上。至于在世界观上，则与理学家基本一致。这方面的问题，下面再谈。仅就为学之方说，他与理学家同调的地方也不少。试举几例：

颜元平日与弟子及友人常以劝善规过相砥砺。三十岁以后，坚持记日谱（日记），“日日改过，时时省躬”，其中有不少“心得”，与理学家毫无二致。这大量反映在李塨作的《习斋先生年谱》中。如：

思：心时时严正，身时时整肃，足步步规矩，即时时习礼也。念时时平安，声

气时时和霭，喜怒时时中节，即时时习乐也。……故曰：礼乐不可斯须去身（55 岁）

思：内笃敬而外肃容，人之本体也，静时践其形也。六艺习而百事当，性之良能也，动时践其形也。絜矩行而上下通，心之万物备也，同天下践其形也。禅宗焉能乱我哉！（56 岁）

七月，之小店。途诵程子《四箴》，觉神清气笋。因思：心静气舒一时，乃为生一时，故君子寿长；神昏气乱一日，即是死一日，故小人年短。（61 岁）

思：吾身原合天下为一体。行夏时，乘殷辂，服周冕，舞韶乐，放郑声，远佞人，合天下之视听言动，俱归于礼也。故曰：天下归仁。（64 岁）

这些思想感情，不是与讲“存天理，去人欲”的理学家很相像吗？《习斋先生言行录》中，此种玄妙的高论也不少。如：

思：天地，一我也；我，一天地也。万物，一我也；我，一万物也。既分形而为我，为天地万物之灵，非是天地万物之外别有一我也。时而乘气之高，我宜效灵于全体；时而乘气之卑，我亦运灵于近肢。分形灵之丰啬，乘气机之高卑，皆任乎此理之自然，此气之不得不然。不特我与万物不容强作于其间，亦非天地所能为也。（《言行录·赵盾第十六》）

从这些材料可知，至少在道德知识的来源问题上，颜元有浓重的先验唯心主义的因素，而从他运用的大量的理学的概念和推理形式看，说颜元思想中仍然有一个理学王国大概不算过分吧？颜元攻击理学家“闭目静坐、著述讲读”之学不遗余力；正面提倡“尧舜三事（正德、利用、厚生）、六府（水、火、金、木、土、谷）之道，周公、孔子六德（知、仁、圣、义、忠、和）、六行（孝、友、睦、姻、任、恤）、六艺（礼、乐、射、御、书、数）之学”（《存学编·上陆桴亭》）；身习“兵农、钱谷、水火、工虞之属”（《存学编·明亲》），这都是可贵的。但是，这些所谓“实学”的核心是礼乐。他的注意点并不是这些具体事物本身，而是落实在封建纲常上，在“道德践履”上下功夫。他说：“我天朝道理，只有这五件（指君臣有义、父子有亲、夫妇有别、长幼有序、朋友有信），制许多刑政法度之文，礼乐兵农之具，水火工虞之事，都是要节宣这个，维持这个。”（《存人编》）他自己也有此类体会：“吾用力农事，不遑食寝，邪妄之念，亦不自起。”（《言行录·理欲第二》）在实践上，颜元就更差些。他和弟子们虔诚认真地坚持的“常仪功”，不过是习礼、习乐、记日谱、静坐、罚跪、劝善规过，等等，颜元自己更是“非正勿言，非正勿行，非正勿思，有过即于圣位前罚跪、伏罪”（《言行录》卷上），“行必习恭，步步规矩，如神临之”（《年谱》47岁）。这样的“躬行实践”，很难说能比宋儒高出多少。

再有，颜元对理学的揭露批判，诚然痛快淋漓，但是，这种抨击有时也有失实之处。如他曾批评说：“程朱派头始终与尧舜周孔无干……朱子则并杨墨亦不及。只著述训诂，双目俱盲，其能‘为我’乎？入仕二十七年，分毫无益于社稷生民，分毫无功于疆场天地……其能‘兼爱’乎？妄谓之口诗书、身禅静，而别作一色之文人。”（《朱子语类评》）

其实，朱熹立朝仅四十六日，居官约十年。他在任地方官期间，设“社仓”，赈灾民，减赋税，兴水利，弹劾赃官，惩办污吏，还是做过许多有益于人民的事的。朱熹在朝中任侍讲时，也一再劝皇帝关怀民生，还曾斥责权臣，以致被罢官。朱熹的确没有在对外的疆场上立过战功，但在宋金对抗中，他基本上是主战派，在任“武学博士”时，还教学生习兵马武艺，因与主和的宰相不合，被迫去职；至于在对内镇压农民起义和少数民族起义的“疆场”上，朱熹是颇为尽职尽力的，不但运筹策划，编练军士，还亲自弹压，宋朝皇帝为表彰他的“功绩”，曾在岳麓书院建“渝苗台”。这些，从颜元的立场看，也当视之为“功”的。朱熹固然好讲义利之辨、理欲之辨，但却绝不是不关心政治、经济、军事、教育等实事实功。事实上，他在这些方面，无论是理论上还是实践上，都有所建树；就是自然科学素养方面，他在那个时代也算是比较高的。把朱熹说成是“只著述训诂，双目俱盲”的腐儒，实在有点冤枉。颜元的批判，恐怕是没有把道学末流与道学的奠基人程朱区别开来，以致把腐儒、贱儒、陋儒的毛病，都算到了程朱的账上，这就难免有过当之处。

二、颜元在宇宙本原问题上是唯物主义的吗?

颜元在批判宋儒的空疏学风的同时，阐发了自己重习行的思想，他以弹琴、行医、穿衣、吃饭等为例，广泛设喻，论证习行的重要。他还对传统的“格物致知”命题做了精辟的解释，认为只有“亲下手一番”，才能获得认识，“是谓物格而后知至”（《四书正误》卷一）。颜元这一思想，强调行在知先，属于唯物论的经验论。

但是，能否据此就论定颜元的整个哲学性质呢？显然不能。颜元虽然反对著书，但也毕竟写了《四存编》，其中的《存性编》更是其哲学代表作，从中能更清楚地看到他的哲学性质。

《存性编・性图》认真探讨了人性问题。颜元也同宋儒一样，首先给自己的人性论建立本体论根据。他画了七张图（“为妄见图七”）。第一图“浑天地二气四德化生万物之图”最为根本。其图如下：

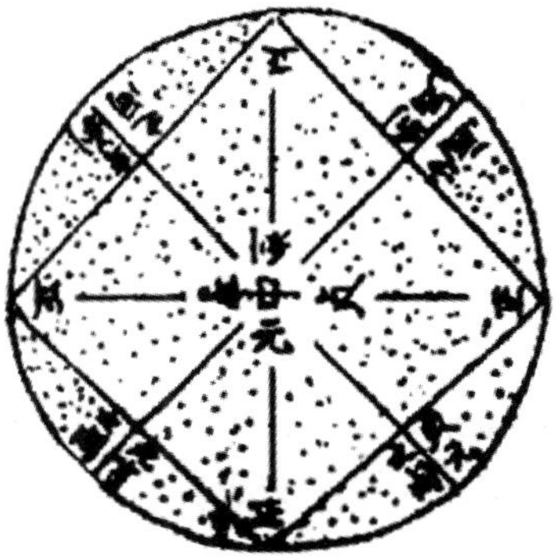

他解释说：“大圜，天地统体也（即代表整个宇宙）。上帝主宰其中，不可以图也。左阳也，右阴也，合之则阴阳无间也。阴阳行而为四德，元亨利贞也。横竖正画，四德正气正理之达也。四角斜画，四德间气间理之达也。交斜之画，象交通也。满面小点，象万物之化生也。莫不交通，莫不化生也，无非是理是气也。知理气融为一片，则知阴阳二气，天道之良能也。元亨利贞四德，阴阳二气之良能也。化生万物，元亨利贞四德之良能也。知天道之二气，二气之四德，四德之化生万物，莫非良能，则可以观此图矣。”（《存性编》卷三）作为世界观，这段话强调了“理气融为一片”，有合理因素。其宇宙生成的序列是：二气（阴阳）——四德（元、亨、利、贞）——万物化生。而且，把它们的运动（“流行”）都看作是事物的固有属性（良能），似乎也有一些自然论的味道，但是，在最终本原的意义上，他明确说这个“统体”的宇宙是由上帝主宰着。这个表述尽管与说一切都是上帝所创造还有区别，但总体上仍然不能不说属于客观唯心主义。

李塨在《性图・书后》说：“……特先生《性图》，入太极、五行诸说，则于后儒误论，当时尚有未尽洒者。塨后质先生曰：‘周子《太极图》，真元品道家图也，易有太极两仪，指揲蓍言，非谓太极为一物，而生天地万物也。五行为六府之五，乃流行于世，以为民物用者……非谓五行握自帝天，而能生人生物也。生克乃邹衍以后方家秕说，圣经无有。’先生曰：‘然，吾将更之。’”可见，李塨对于其师摭拾周敦颐和道家旧说，把太极看作宇宙本体，把五行看成帝天用来创造人物的材料的说法是不赞成的，经过李塨质疑，颜元也承认了这一点。可惜，他“未及卒业”而殁。

把上帝看成万物主宰，是颜元经常坚持的观点。如《习斋记余·人论》中说太极肇阴阳，阴阳生五行。他在65岁时，书写“小心翼翼，昭示上帝”八字于日记首，“日服膺之”（《年谱》）。他对天帝十分迷信，说：“鬼神，福善而祸淫。”（《存人编》卷三）“古今神灵，固人间良吏为之哉!”（《习斋纪余·送彭恒斋尹长洲序》）他作《寻父神应记》，记他赴关东寻父过程中，到处求签问卜，以及托梦、圆梦、显灵等，认为他终于寻回父亲的木主，“皆神为之”。如此浓厚的迷信思想，还堂而皇之地写进著作中，可见他对上帝、鬼神的迷信是多么深。

人性论也是颜元思想中很有特色的部分。他激烈批判宋儒的“气质性恶”论，而维护孟子的性善论。认为，人性就是一个，不必分什么天命之性和气质之性，更不能说天命之性是纯善的，而气质之性是恶的。人性之善一点儿也离不开气质，气质本来就是善的。宋儒把气质说成恶的，结果矛盾百出，不能自圆其说。他说：“气即理之气，理即气之理。乌得谓理纯一善而气质偏恶哉?”（《存性编·驳气质性恶》）又说：“二气四德者，未凝结之人也；人者，已凝结之二气四德也。存之为仁义礼智，谓之性者，以在内之元亨利贞名之也。发之为恻隐、羞恶、辞让、是非，谓之情者，以及物之元亨利贞言之也。才者，性之为情者也，是元亨利贞之力也。”（《存性编·性图》）他还用孟子的性善论，对抗道学家的“气质性恶”论，说：“凡孟子言才情之善，即所以言气质之善也。归恶于才情气质，是孟子所深恶，是孟子所亟辩也。……不知耳目、口鼻、手足、五脏、六腑、筋骨、血肉、毛发俱秀且具备者，人之质也。虽蠢，犹异于物也。吸呼充周荣润，运用乎五官百骸，粹且灵者，人之气也；虽蠢，犹异于物也。故曰‘人为万物之灵’，故曰‘人皆可以为尧舜’。其灵而能为者，即气质也。非气质无以为性，非气质无以见性。”（《存性编·性理评》）

颜元这种不脱离气质而言性的观点，坚持了体用一致、形性不二的原则，从这个意义上说，有唯物主义倾向，是比较精辟的。但是，他在出发点上，则是袭用孟子的性善论观点，把仁义礼智说成心所固有，还总是将“元亨利贞”与之相附会，因之在总体上不能不陷入唯心论的先验论。有的论者不顾颜元性善论的前提，单单依据其“若无气质，理将安附”（《存性编·棉桃喻性》）等语，就做出颜元的人性论是唯物主义的结论。还有的把它们当作本体论的命题，作为分析物质和精神关系的例证，笔者认为，这是不够准确、不够恰当的。因为，这里所谓“理”，是指仁义礼智之性，而“气”是气质，指人的各种器官。他只是说，仁义礼智之性不能脱离各种器官而存在。所谓“若无气质，理将安附？且去此气质，则性反为两间无作用之虚理矣。”的确是颜元人性论中的合理因素，但将它们上升为本体论，用来评价颜元的世界观，未免有拔高立论之嫌。

三、颜元是启蒙思想家吗?

颜元生在明清之际那个“天崩地解”时代的晚期。他成年时，清帝国的统治已稳定下来，封建经济逐渐恢复，缓慢发展，但一度摧折的资本主义萌芽仍潜伏地下，尚未破土而出。孔孟之道和程朱理学仍被确定为官方哲学，一度由西方传教士带来的一点儿西土新风，不久即告平息。这确实是一个需要启蒙的时代。颜元的“实学”就是在这种情况下出现的。它有没有启蒙意义，当然要看它对时代提出的问题做了怎样的回答。

颜元继承顾炎武、黄宗羲等开创的经世致用的学风，对于政治经济问题比较关注。虽然由于未进入仕途，他没有机会从事改革实践，但他却提出了一套社会政治思想，“复井田”“复封建”“复选举”“复宫刑”等就是他的最有代表性的学说。试看他讲了些什么。

“复井田”是关于改革土地制度的问题的思想。他说：“使予得君，第一义在均田。田不均则教养诸政俱无措施处。”（《言行录》卷上）这立意是好的。至于如何“均田”，他却没有也不可能提出更高明的办法，而只能陷入恢复“井田”古制的幻想。他说：“如赵甲田十顷，分给二十家，甲止得五十亩……使十九家仍为甲佃，给公田之半于甲，以半供上，终甲身。其子贤而仕，仍食之。否则，一夫可也。”（《年谱》卷上）这是个以不触动封建土地所有制为原则，充分照顾土地占有者利益的方案。且不说它根本不能实行，即使实行，广大农民也不过继续作地主和帝王的双重佃户而已。“均田”是封建时代农民的幻想，不仅表现在起义农民的口号中，还经常曲折地从地主阶级知识分子的著作中反映出来，从孟子到东汉何休，从张载到明代王艮，都提出过行井田、正经界的方案。颜元的“复井田”是对它们的继承，肯定它有一定进步性是应该的，但“启蒙”却谈不到。

所谓“复封建”，即恢复分封制。颜元认为，“非封建不能尽天下人民之治，尽天下人才之用”。还说，“封建”恢复，能够“服卫迭迭，星环棋布，隐摄海外之觊觎，秘镇朝阙之奸回，有以辅引王家天祚也。以视后日之一败涂地、历数日短者，封建亦何负人国哉!”（《存治篇》）这显然是错误地总结了明朝亡国的教训而得出的荒谬结论。“封建”（分封）作为政治制度，早已丧失了合理性，这在唐代柳宗元已做了历史性的结论。颜元却说：“祖龙之罪上通于天矣！文人如柳子厚者，乃反为‘公天下自秦始’之论，是又与于不仁之甚者也。”（同上）这是多么严重的颠倒之见！生在封建社会即将寿终正寝时期的颜元，还想用“分封”制去挽救社会的政治危机，不能不说是落后的。

所谓“复选举”，是针对当时科举制的弊害而提出的。颜元激烈抨击科举制度，认为它不过是引诱人们追求富贵利达的工具，把“万卷诗书只作名科引子”（《存人编》），认为，“八股行，天下无学术矣”，“八股之害，甚于焚坑”（《言行录》卷下）。这些看法，切中时弊，有进步意义。但是，他的正面主张却没有提出什么新东西，而是又把眼睛转向过去：“尝窃谋所以代之，莫若古乡举里选之法。”（《存治编·重征举》）想恢复历史上早被淘汰了的“选举”制，这一主张显然也是落后于时代要求的。

至于“复宫刑”，就更加荒唐。他说：“吾所谓复宫刑者，第以宫壶之不可无妇寺，势也，即理也。倘复封建，则天下之君所需妇寺愈多，而皆以无罪之人当之，胡忍哉?”（《存治编·宫刑》）就是说，王侯的后宫是一定要宦官（妇寺）的，与其用利诱的办法，将良民的孩子“宫之”（去势）而为宦官，不如以宫刑治罪犯而充当宦官。这不要说绝对办不到，只是这个想法也陈腐不堪，毫无积极意义可言。

分析颜元有无“启蒙思想”还需看他的理欲观。一些论者征引《存人编》的一些说法，证明颜元肯定人欲的合理性。提到的主要论据有：“男女者，人之大欲也，亦人之真情至性也。”“你看见妇人，果不动念乎？这一动念，就是天理不可灭绝处。”（《存人编》）这些话本是针对佛教徒蔑弃伦常说的，意在劝和尚还俗（“归人伦”）。从反佛这一点说，确有一定积极意义。但是这些思想仅是对正统儒家思想的继承，《礼记·礼运》早有“饮食男女，人之大欲存焉”之类说法，颜元并没有由此出发，否定束缚个性的封建伦理观念，恰恰相反，他对伦理纲常是处处加以维护的。他劝僧道的理论，也多是这一套。如说：“上与朝廷添个好百姓，这便是忠；下与祖父添个好儿孙，这便是孝。……生做有夫妇、有父子、有宗族亲友的好人家，死入祖宗坟墓……做个享祭的鬼。”《存人编》五“唤迷途”，千言万语，不过就是该文中的两句话：“凡不遵子臣弟友之道者，便是邪说；不安为朝廷百姓而名为道人者，便是左道。”

颜元批评过妇女单方面守节的谬论。说：“世俗非类相从，只知斥辱女子失身。……男子之失身，更宜斥辱也。”（《言行录》卷上）这可以说是对夫权的一定程度的非议。但这话并不是主张男女平等，也不是主张一夫一妻制。所谓“男子失身”仅是指男子搞不正当的男女关系。至于三妻四妾，是并不算“失身”的。颜元自己就因“无子”而纳过两个妾。可见，在颜元的心目中，并没有什么“个性解放”之类的观念。颜元对改嫁的母亲不鄙弃，“时往随东村看嫁母”，“嫁母贫，时周问”，母病，他“亟之随东侍候”；母死，他“送丧，哭拜”。（《年谱》）这表明，他没有固执“失节事大”的观念，对于不幸的母亲寄予了同情和关心，是难得的。但从颜元的整个思想体系看，与其说这是他对理学观念的叛逆，不如说是对母亲尽孝道更恰当。颜元的《年谱》《言行录》中称颂节妇烈女的言行比比皆是就是明证。颜元自己的言行中就有不少束缚妇女的内容。如他曾作“妇人常训三章”（《年谱》31 岁），他与妻妾之间也要时时遵礼而行。《年谱》记载说：“先生自外过中门，侧室田氏急掩扉避。先生遥嘉之曰：可谓能守礼矣。”（《年谱》52 岁）这表明颜元遵守封建伦理，简直达到迂腐可笑的地步。

颜元还讲过不少辨析理欲关系的话，有的与理学家如出一辙。如说：“天理暗长一分，人欲自暗消一分。”（《言行录·学问》）“人欲，污心之尘垢也；天理，洗心之清凉也。而持静，则净拭之润巾也。”（同上）“若用十分心力，时时往天理上做，则人欲何自生哉?”（《言行录·理欲》）等等，不一而足。

从上述各点可以看出，颜元的社会政治观和伦理观中，虽然有某些具有进步意义、积极意义的观点，但是，从总体上、根本上说，则是落后的、消极的。他的一些正面主张，往往毫无新意，不仅旗帜是旧的，内容也是陈腐的。梁启超说它是“以复古为解放”（《清代学术概论》），我们实在看不出它的“解放”精神在那里。许多论者说颜元是“启蒙思想家”，上述内容当可证明，他实在不配这个称号。孙叔平先生说得好：“颜元的头脑一点也没有从封建桎梏中解放出来。”（《中国哲学史稿》下册 357 页，上海人民出版社 1981 年版）这个评价应该说是恰如其分的。

原文载于《晋阳学刊》1987 年第 4 期；又载《河北史学会通讯》总第 11 期“颜李讨论会专号”。

《天演论》基本思想辨析

严复是现代重要思想家，他一生的业绩中，以翻译赫胥黎的《天演论》最著名。准确、恰当地评价这部著作，不仅关系到正确理解原著的思想，也直接影响到对严复思想的认识。近年出版的中国哲学史、思想史论著中，对于严译《天演论》有个很流行的说法，即《天演论》上半部是唯物论，下半部是唯心论；上半部讲达尔文的生物进化论，下半部讲反动的社会达尔文主义。（见任继愈主编的四卷本《中国哲学史》第四册第 206 页、上海师范大学编的《中国哲学史纲要》第 249 页等）笔者认为，这个对于该书基本思想的总论断是不符合事实的，有加以辨析的必要。

一

该书是不是上半部讲生物进化论，下半部讲社会达尔文主义？我们先从该书的结构谈起。

《天演论》新译本（即《进化论与伦理学》，科学出版社 1971 年版）分为Ⅰ、Ⅱ两部分（相当于严译本的卷上、卷下，亦即所谓“上半部”“下半部”）。正文前，译有原著者赫胥黎的一篇简短的序言。其中，对该书的形成过程和主要思想做了扼要介绍。它指出，该书的第Ⅱ部分原是作者在牛津大学的一篇讲演（“目录”上注明时间是 1893 年），而第Ⅰ部分则是作者后来（“目录”上注明是 1894 年）加写的“引言”，其“内容主要是属于基础性的或重复性的东西”，是作者原先讲演时认为“不需要去重复的”“早已有了定论的，并且事实上也是我先前一些场合就已提出而无人反驳的命题”，趁出版的机会将它们补上，一起发表，是为了“回答别人提出的批评”，以帮助读者更好地理解正文（即该书的第Ⅱ部分）。这层意思，严复在《天演论》的“译例言”中也大致讲到了。他说：

“此书上卷导言十余篇，乃因正论理深，先敷浅说。”这就清楚地表明，该书的下半部是正文，而上半部是作者为了帮助读者理解正文而加写的导言。

这两部分各讲了些什么内容呢？先从标题上看，新译本第Ⅰ部分“导论”共十五段，第一段讲“自然状态的演变与生物进化的原理”；第二段至第四段讲在人的作用下生物的发展（它叫做“人为状态”或“园艺过程”）与“自然状态”或“宇宙过程”的对抗；从第五段至第十五段讲人类社会的发展问题，如“过剩人口和人为选择”，“人类社会与动物社会的差别”，“伦理过程与宇宙过程的对抗”，“人类社会的生存斗争”等。可见，该书上半部并不是专讲或主要讲生物进化论，而只是从生物进化论的原理讲起，着重阐明宇宙（自然）过程和“园艺”（人为）、伦理过程的对抗，强调社会进化过程不同于生物进化过程，绝大部分篇幅都是讲社会伦理问题。

上半部如此，下半部如何呢？该书的下半部也是先从生物界普遍存在的“循环进化”现象讲起，引出“生存斗争”与“伦理原则”的矛盾；接着讲了与宇宙的进化过程同时存在且日益发展的人类社会的忧愁、痛苦。然后依次考察了古代的、印度佛教前的、佛教的、古希腊的伦理思想；最后，再用一段较长的文字，正面阐发他的“进化论与伦理学”。他的主要观点是：

> 就人类而论，它已表现出构成生存斗争的本质的“自行其是”、那种不择手段地攫取一切所能抓到的东西和顽强地把持着一切所能保持的东西等特性。在整个未开化时期，人主要靠着他与猿虎并有的那些特性，靠着人的特殊的体质结构，靠着他的灵巧、他的社会性、他的好奇心和他的模仿力，以及靠着在受到对方激怒而引起的粗暴、凶猛的破坏作用，才取得有成效的进展。
>
> 然而人类愈是从无政府状态进到有社会组织，文明的价值愈是增高，这些根深蒂固的有用的特性就成了缺陷。（《进化论与伦理学》第 36 页）

> ……猿与虎的生存斗争方法与健全的伦理原则是不可调和的。（同上书第 37 页）

> 社会中的人，无疑是受宇宙过程支配的。正如其他动物那样，繁殖不断地进行，并为寻求生存资料而进行激烈的斗争。生存斗争使那些比较不能使自己适应于他们生存环境的人趋于灭亡。最强者和自我求生力最强者趋于蹂躏弱者。但是，社会的文明越幼稚，宇宙过程对社会进化的影响就越大。社会进展意味着对宇宙过程每一

步的抑制，并代之以一种可以称为伦理的过程，这个过程的结局，并不是那些碰巧最适应于已有的全部环境的人得以生存，而是那些伦理上最优秀的人得以继续生存。（同上书第 57 页）

这种（指善或美德的实践——引者注）行为的途径在各方面都是同在宇宙生存斗争中导致成功的那种行径对立的。它要求用“自我约束”来代替无情的“自行其是”；它要求每个人不仅要尊重而且还要帮助他的伙伴，以此来代替推开或践踏所有竞争对手；它的影响所向，与其说是在于使适者生存，不如说是在于使尽可能多的人适于生存。它否定格斗的生存理论。（同上书第 57 页）

赫胥黎还清醒地指出，不能“幻想几个世纪就足以使其（指“宇宙过程”——引者注）主宰势力屈从于纯粹伦理的目的”。但是，他同时乐观地认为，人类凭着科学知识和团结协作“将能够改变生存的环境，使之持续比现在历史所经历的更为长远的时期。对于这种改变的程度，我看不出有什么限制。还可以做很多事情来改变人自身的本性。已经把狼的弟兄（指狗——译者注）改变为羊群的忠诚保卫者的人的智慧，应该对抑制文明人的野蛮本能有所作为。……珍惜在我们前进道路上降临的善，忍受我们之中和周围的恶，并下决心消除它。”（同上书第 60—61 页）

赫胥黎在《天演论》下半部的结论性的正面观点，十分显然地表明，他绝没有宣扬弱肉强食的社会达尔文主义，却恰恰是反对那种理论的。社会达尔文主义模糊生物界和人类社会的差别，硬说生存竞争、自然选择的生物进化规律，同时也是人类社会的发展规律，《天演论》则强调“宇宙过程”与“伦理过程”的差别和对抗。社会达尔文主义宣扬只有“强者”“适者”才能生存，“弱者”则活该灭亡，《天演论》则强调人类能够“抑制文明人的野蛮本能”，“使尽可能多的人适于生存”。社会达尔文主义本质上是为帝国主义的侵略政策作论证，《天演论》则实际上是为被压迫民族的觉醒而抗争。如此针锋相对的两种思想，怎么能说成是一回事呢？

严复译的《天演论》，虽说不是个很准确、很忠实的译本，但上面这个中心思想还是表达得很清晰的，并没走样。

严复把那种一味听凭“宇宙过程”的自然选择，崇拜“格斗的生存理论”的观点，称为“任天为治”。他在“按语”中虽然批评过赫胥黎的某些观点，而赞扬过斯宾塞的“全面进化”的理论，但是对于斯氏的“任天为治”和赫氏的“胜天为治”两种对立观点，严复的态度是明朗的，他赞成后者而反对前者。他在《天演论·自序》中说："赫胥黎氏此书之旨，本以救斯宾塞任天为治之末流……且于自强保种之事，反复三致意焉。"他之所以翻译赫氏的这部书，正是欣赏的这一点。

对此，收入《天演论》的吴汝纶的序中也提到了。他说："……赫胥黎氏起而尽变故说，以为天不可独任，要贵以人持天。……严子之译是书……盖谓赫胥黎氏以人持天，以人治之日新卫其种族之说，其义富，其辞危，使读焉者怵然知变，于国论殆有助乎!"可见，不但赫胥黎在《进化论与伦理学》原书中没有宣扬社会达尔文主义观点，就是它的译者严复，虽然接受了斯宾塞的某些错误理论，但却没有接受（更不要说"宣扬"）社会达尔文主义。恰恰相反，他强调的是与天争胜，自强保种。其基本精神与社会达尔文主义是根本相反的。

二

《天演论》是不是"上半部唯物，下半部唯心"呢？也不尽然。

前已指出，该书上、下两部分都只是在第一段讲生物进化原理，其后面绝大部分篇幅都是讲的人类社会的进化发展问题。其中，贯穿了作者的哲学观点。恩格斯和列宁都曾对赫胥黎的哲学思想做过精辟论断。恩格斯称赫氏为"羞羞答答的唯物主义者"（《马克思恩格斯选集》第 3 卷第 386 页）；列宁说，这个首次提出并自我标榜为"不可知论"者的学说，"实质上掩盖着唯物主义"（《列宁选集》第 2 卷第 89 页）。又说："赫胥黎的哲学正像马赫的哲学一样，是休谟主义和贝克莱主义的混合物。但是，在赫胥黎的著作中，贝克莱主义是偶尔出现的，他的不可知论是唯物主义的遮羞布。"（同上第 211 页）这些分析，深刻地揭示了赫胥黎哲学思想的内在矛盾。在《天演论》一书中，这种思想矛盾也有所表现。但却很难说这种矛盾是二一添作五地分别存在于上下两部分之中。《天演论》的论述本身表明：该书上半部唯心主义并不少，下半部唯物主义的论述倒很多。试看：

新译本第Ⅰ部分"小结"，主要论点有：

人类社会起源于由模仿和同情心体现出的官能上的需要……

在社会的进化中，像园艺家和育种工作者所做的那种直接选择，既没起过也不能起到什么重要的作用。除其他理由外，还因为，如果不严重削弱，甚至毁灭使社会结合在一起的纽带，我看不出这样的选择怎样能够付诸实践。使我感到惊讶的是，有这么一些人，他们习惯于图谋主动或被动地灭绝人们当中的弱者、不幸者和多余者，他们为自己的这种行为辩护，自称这是由宇宙过程所批准的，是保证种族进步的唯一途径；假如他们坚持下去的话，必然会把医学看成妖术，而且把医生看作是不适于生存的人的恶意的保护者。在他们撮合婚姻时，种马繁殖原则产生了主要影响，因此他们的整个一生都是在培育一种抑制自然感情和同情心的高贵技艺（讽刺语——译者注），看来，他们的这些东西（指自然感情和同情心——译者注）剩下不太多了。但是，如果没有这些东西，就会既没有良心，也没有对人类的行为的任何约束，剩下的只是自私自利的打算，和对某些眼前的利益与难以预料的未来的痛苦之间的权衡。经验告诉我们，这究竟有多大价值。（新译本第 25—26 页）

赫胥黎在这里批判了社会达尔文主义的观点，是积极的。但是，他从“良心”和“同情心”立论，以之作为观察分析社会问题的尺度，从哲学上看，能说是唯物主义的吗？

另外，在“导言十七善辟”“导言十八新反”等篇中，这类思想也很突出。这些内容，都不是枝节之论，而是其基本观点。由此可见，许多论著中所谓“《天演论》前半部主要讲的是生物进化论，是唯物主义的”的说法实在是不能成立的。

《天演论》下半部是不是唯心主义的呢？诚然，其中唯心主义的、实证论的、不可知论的东西的确不少，但却也不是没有唯物主义成分。尤其是其第一段“宇宙是不断进化的”（新译本），内容全讲自然界的情况，认为，动植物界“生命过程表现出同样的循环进化”，“天上的列星和地上的万物都是宇宙物质的部分过渡形式，在沿着进化道路前进……而回复到它们由之产生的不确定的潜在状态……它所表现的面貌，与其说是永恒的实体，不如说是变化的过程。在这过程中，除了能量的流动和渗透于宇宙的合理秩序之外，没有什么东西是持续不变的”。这应该属于达尔文生物进化论的一个基本观点，既唯物，又辩证，是很精辟的。（严译本将上述内容译为“论一能实”一篇，基本精神也传达了出来。）

又如在“论十六群治”的按语中，严复指出：“前篇皆以尚力为天行，尚德为人治。争且乱则天胜，安且治则人胜。此其说与唐刘柳诸家天论之言合，而与宋以来以理属天、以欲属人者致相反矣。”严复把赫胥黎的观点与中国古代朴素唯物主义挂钩，这是有道理的，而且也表明了他在这个问题上的哲学基本倾向。

综上所述可知，《天演论》上下两部分的基本思想内容是大体一致的，都是从自然界的生物进化讲起，而重点讲人类社会的进化发展。作为自然科学家的赫胥黎，在自然观上有自发的唯物主义倾向；他的社会政治思想中，虽然总体上陷入唯心主义，但也包含一些唯物主义观点。这两种哲学倾向在《天演论》上下两部分中都有表现，并不是两部分各有截然不同的哲学思想。

原文载于《河北学刊》1984 年第 4 期。《新华文摘》1984 年第 7 期刊发了本文摘要。

关于完善“中国哲学史史料学”体系的构想

“中国哲学史史料学”是一门既古老又年轻的学科，又是当今中国哲学专业研究生普遍开设的课程。但是，近年来关于这一学科的理论研究却开展得不够。必须进一步完善其理论体系，才能适应该学科发展的需要。本文对该学科研究的历史和现状作了回顾和评析，进而对该学科的定义及体系建构的有关问题进行了探讨。

一、中国哲学史史料学的研究现状

中国哲学史史料学是一门既古老又年轻的学科。说古老，是因为它的历史悠久，按最保守的说法，从西汉末年的刘向、刘歆父子整理“中秘书”、编著《别录》《七略》算起，至今也已有两千多年的历史。两千年间，不断发展，积累了大量著作和宝贵经验。至清代，朴学大兴，考据盛行，与中国哲学史史料学有密切关系的目录学、校勘学、辨伪学、训诂学等空前繁荣，名家辈出，在古籍整理与研究方面做出了很大成绩，从而为中国哲学史史料学打下了坚实的基础。说它年轻，是因为把“史料”作为一个专门的学科来研究，毕竟为时不长，是直到中国近代才开始的。如果从近似的著作（如梁启超的《中国历史研究法》《古书真伪及其年代》，胡适的《治学方法与材料》等）算起，不过六七十年；如果从正式提出“中国哲学史史料学”之名（如冯友兰的《中国哲学史史料学初稿》，上海人民出版社 1962 年版）算起，则仅有三十多年的历史。

值得令人兴奋的是，改革高校招生制度以来，史料学一科得到普遍重视。20 世纪 80 年代初，出现过一个史料学研究的小高潮。在哲学、历史学领域，有一批史料学专著问世。如张岱年的《中国哲学史史料学》（三联书店 1982 年版），刘建国的《中国哲学史史料学概要》（吉林人民出版社 1983 年版），陈高华、陈智超的《中国古代史史料学》（北京出版社 1983 年版)，谢国桢的《史料学概论》(福建人民出版社 1985 年版) 等。同时，在高校教学中，史料学也得到前所未有的关注。当年，冯友兰先生的《初稿》原是为“初学中国哲学史的人”(大概指哲学专业的大学本科生) 编写的；而今，这一课程则成为中国哲学专业研究生普遍开设的专业必修课。(参见李宗桂：《中国哲学史研究的回顾和展望》，载《中国哲学史》1998 年第 1 期。文中称，当前“国内几乎所有招收中国哲学专业硕士生、博士生的大学，都给研究生开设史料学课程”。) 此举无疑是恰当的，有针对性的。勿庸讳言，我们的许多哲学专业本科毕业生，对于史料学比较生疏，从而限制了眼界和能力，给今后独立地进行学术研究造成困难，这与新一代学子在学术上担负的继往开来的重任是不相适应的。因此，为中国哲学专业的研究生开设中国哲学史史料学，正好可以弥补这一不足。

但是，与对课程开设的普遍重视形成反差的是，对史料学的理论研究却相对薄弱。从 80 年代中期至今，长期没有史料学专著出版，报刊上有关史料学的论文也比较少见。可喜的是 1998 年 5 月出版了萧萐父先生的新著《中国哲学史史料源流举要》(武汉大学出版社) 该书“弁言”称，它是在为武汉大学中国哲学专业历届研究生开设《中国哲学史史料学》讲义的基础上修订而成的，可见，它实际上讲的就是史料学，之所以名为“史料源流举要”，是因为“中国哲学文化史料之繁富，可谓浩瀚无涯；其源流考辨也异说纷纭，难以穷举”，因此只能“略举其要”。这固然是谦词，也是深知其中甘苦的经验之谈。该书在体例上有所创新，在内容上既有所扩充，又有所提炼。但是，该书基本上仍属于史料介绍式著作，与理想的“中国哲学史史料学”似还有距离。时代的前进和学术的发展，都呼唤中国哲学史史料学的研究应该开出新生面。

首先，体系有待完善。迄今为止，已出版的中国哲学史史料学著作主要有四部，即冯著《中国哲学史史料学初稿》、张著《中国哲学史史料学》、刘著《中国哲学史史料学概要》和萧著《中国哲学史史料源流举要》。它们各有特点，冯著比较通畅，且有首创之功，张著比较简明，刘著比较详悉，萧著比较凝炼。前三书是中国哲学史史料学的奠基之作，对这一学科的确立有重要贡献。但也有所不足，主要是对有关史料学理论的阐述尚嫌薄弱。三书在详略取舍上虽有所不同，但在体例上倒基本一致，即都是以时代为序，用绝大部分篇幅逐人逐书地介绍史料。严格地说，这与“史料学”的名称不甚相符，倒与“史料介绍”大致近似。史料学既然是“学”，就应该以探讨史料的有关理论为主，而不能仅止于介绍史料。此点，上述三书其实也程度不同地注意到了，只是，它们更多地是将有关理论分别穿插在史料介绍当中，因而理论的阐述就显得不够集中、不够系统或不够充分。萧著在这方面有了明显的改进，它认为，“本课不可能（按，似应作“不能”）单是介绍现成史料，而必须考索源流，辨析真伪，故其内容近于目录学、校雠学、文献学、史源学之综合”。因此，该书特设“古史祛疑”“朴学简介”两讲，使其理论色彩大为加强。但是，该书仍然以绝大部分篇幅按人物、学派或思潮介绍史料，将“辨章学术，考镜源流”的任务贯注于清理和评介史料当中，没有超出冯、张、刘三著的基本模式。这是有待于改进和完善的。

其次，需要吸收有关新成果。80 年代中期以来，专门的史料学论著诚然比较缺乏，但有关的研究成果还是不少，需要加以吸收。其中，尤以考古新发现所涉及的问题最为突出。李学勤先生提出了“走出疑古时代”的著名观点（参见李先生的同名著作，辽宁大学出版社，1995 年版），通过对 70 年代以来的考古成果的具体分析论证，对从清代到近代在疑古思潮下产生的关于中国古籍的一些“定论”提出了质疑和修正，引起了学术界的广泛关注和讨论，并形成了一些新的共识，如认为疑古思潮一方面有冲击封建独断和古史迷信的积极作用，一方面又有怀疑过度、否定过多，难免造成古史研究的空白的消极作用，因此需要重新认识。1993 年湖北荆门郭店楚墓竹简的出土和 1998 年《郭店楚墓竹简》释文的发表，更引起人们的极大兴趣，短短一年间，已有数十篇文章见诸报刊，《中国哲学》第 20 期还出了“郭店楚墓竹简研究专辑”，有关的学术讨论会也在国内、国际开过多次。郭店楚简直接涉及到对《老子》与早期道家和《子思子》与早期儒家的再认识和再评价。有的学者认为，楚简中的儒家著作，填补了孔子以后孟子以前的资料真空；有的学者认为，楚简中的道家著作，呈现了《老子》的原始面貌，可以去除关于《老子》的弥漫千古的迷雾；有的学者认为，郭店楚简影响所及，也许要部分地改写先秦思想史。尽管有关研究尚在进行之中，但对于如此重要的史料，“中国哲学史史料学”显然不应置之不理。萧著在介绍文史考古知识方面比较重视，但所论及的内容中上古的居多，而与中哲史直接有关的考古重要发现，论述则嫌过于简略。

最后，许多新的哲学史料需要补充介绍。冯、张、刘三书在介绍有关著作的版本时，偏重于历史上的版本沿革和珍善本的评介，这无疑是正确的，在当时也有其历史的合理性。但是，许多史籍的原始版本和珍善本，今天已很难看到，常见易得的倒是近年来出版的新书。十几年来，中哲史籍的出版如雨后春笋，层出不穷，其中有古籍珍善本的影印本，重新点校的古籍单行本或丛书本，今人的译注本、选注本，其他相关著作如年谱、评传和研究论著也很多，这些，无疑是史料学应该加以介绍的。清末张之洞著《书目答问》，介绍书籍以“常见易得”为原则，颇为后人称道。这一宗旨我们也应加以遵循。只有从当今的实际出发，为今天的读者着想，注重介绍和评介新版史籍，才能使“史料学”更好地起到“为学习者指示读书门径”的作用。萧著在这方面有了较大改进，值得称道和发扬。

上述三点，就是完善中国哲学史史料学体系所要解决的主要课题。

二、关于中国哲学史史料学的定义

一个学科的理论体系是由于对其定义、对象和范围的理解所决定的。什么是中国哲学史史料学，顾名思义，这个问题似乎不难回答，但实际上，人们的理解并不完全一致，以致写出来的史料学著作，从内容到形式就有所不同。

冯友兰在《中国哲学史史料学初稿》附录中引述了《苏联大百科全书》给“史料学”下的定义，即“史料学阐明史料的研究和利用方法，是历史辅助科目之一”。“史料学的任务，是把史料分类，予以批判地分析，确定其来源、阶级性质和用途以及可靠程度与实际价值，最后就史料的多样性、它们的相互关系和相互依存性综合研究整个的史料”。众所周知，从50年代初开始，我们曾经一边倒地全面学习苏联，在冯先生编写此书的60年代初期，虽然中苏两党两国在政治关系上恶化了，但在意识形态的许多领域，苏联的一些理论仍然被中国学术界奉为圭臬。《苏联大百科全书》对于“史料学”所下的这一番界说，自然也为中国学人所遵循。冯先生的这部书乃至其后的史料学著作，实际上都受到它的巨大影响。

可贵的是，冯友兰先生在他的《初稿》中对“史料学”提出了一个简明定义：“史料学是历史科学中的一个部门，为历史学的研究作准备工作，是关于史料的方法论。”尽管冯先生在书中没有把这个定义贯彻到底，没能全面地讲史料的方法论，而是仅仅写了一章“论目录”，其余各章都是关于具体史料的介绍，但这一定义的提出仍然是了不起的真知卓见，因为它清晰地指明了史料学研究的方向和内容。

冯著还有一个特点是选了51篇有关史料学的原始资料作为附录（长达92页）。这些资料大部分是讲史料的方法论的，一定程度上弥补了正文的不足。而且，它们有些是不易看到的；有的虽不难得到，但将它们汇编在一起，也省去了读者的翻检之劳。在篇幅允许的情况下，这不失为一种可取的编著方法。

张岱年先生的《中国哲学史史料学》没给史料学下定义，只提到其“任务”，说：“中国哲学史史料学的任务，就是对于中国哲学史的史料作全面的调查，考察各种史料的来历，确定其作为真实史料的价值。”根据这一界定，张著便主要是具体介绍史料，而将方法贯注于评介当中。张著比冯著晚出 20 年，广泛吸收了其间关于考古新发现（如银雀山竹简、马王堆帛书）的研究成果和其他学术成果，因此，观点较新、考订更加翔实。相对而言，该书先秦两汉部分内容比较丰富，魏晋以后略嫌简略。张著也收录了几篇附录，与正文也有相得益彰之效。

比张著晚一年出版的刘建国先生的《中国哲学史史料学概要》，分上下两册，从先秦写到现代，共 20 章，容量较前两书大为扩充。该书对史料学下了较长的定义：“史料学是阐明史料的来源，辨别史料的真伪，评判史料的价值，为史学研究提供客观依据的一门科学。”进而推出：“中国哲学史史料学是阐明中国哲学史的史料来源，辨别中国哲学史史料的真伪，评判中国哲学史史料的价值，为中国哲学史研究提供客观依据的一门料学。因此，中国哲学史史料学的任务在于，研究如何掌握中国哲学史史料的来源，怎样进行科学的鉴别和分类，以及学会搜集史料的方式方法，为研究中国哲学史打下基础。”就内容来说，“基本包括：到何处找史料，怎样才能找全史料，史料利用的价值，以及积累史料的方法诸方面”。从刘先生的这一界定看，他也是主张史料学应该讲关于史料的种种理论和方法的，但遗憾的是，在刘著中只有前两章（共 34 页）属于此类内容，而其他篇幅（共 18 章，934 页）都是逐人逐书介绍史料，未能将自己所下的定义贯彻到底。

比张著、刘著略为晚出的《中国大百科全书》哲学卷Ⅱ有“中国哲学史史料学”辞条（石峻先生撰），首段便是给该辞条下的定义：“关于中国哲学史史料的搜集、整理、研究、分析、鉴别和使用的科学。它是中国哲学史研究的基础学科之一，目的在于为中国哲学史的研究提供可靠依据。”这里，尽管没有明确指出史料学是关于史料的方法论，但既然说史料学是关于史料诸方面的理论和方法的科学，那也就是史料方法论的意思，与冯先生的看法基本一致。此点从其后的文字中可以看得更清楚。该辞条在定义之后，分为对象与范围、任务与方法、总结与展望、参考书目四节分别论述。其“任务与方法”一节说：“发掘隐没史料、辑佚、鉴别真伪善否、校勘、训诂等，是中国哲学史史料学的主要任务。”然后分发掘、辑佚、鉴别、校勘、训诂五个方面分别做了论述。显然，石峻先生是把这些理论视为中国哲学史史料学应该加以阐述的内容，在提法上更加清晰明确了。

对于什么是史料学，还有一种提法值得注意，即把“史料学”分为“史料学通论”和“具体的史料学”两类（见陈高华、陈智超等编著的《中国古代史史料学》）。该书“前言”中说：“史料学就是研究史料的搜集、鉴别和运用的科学，是历史学科的一个分支。史料学可大体区分为两类：一类研究搜集、鉴别和运用史料的一般规律的方法，可称为史料学通论；另一类研究某一历史时期或某一史学领域史料的来源、价值和利用，可称为具体的史料学。”还说，他们编著的这本书仍属于后一类，即“具体的史料学”。

陈高华等提出的这一理论颇有可取之处，一方面，它对已出版的几部史料介绍型的史料学著作的价值和合理性给予了肯定；另一方面，又对理论型的“史料学通论”的出现做了呼唤。它虽然是从中国古代史史料学的角度立论的，但对于解决中国哲学史史料学的体系构想也同样具有启发意义。

陈高华等关于“史料学通论”的呼唤在历史学界似乎尚未引起应有的反响，倒是在中国哲学史界有人著文对此做出了回应，这就是洪波的《中国哲学史、思想史史料学刍议》（载《西北大学学报》1984 年第 4 期）。该文比较详细地论述了史料学的历史发展，评价了冯友兰、张岱年、刘建国三先生的史料学著作的得与失，进而，该文总括道：“总之，这些著作深受中国哲学史工作者的欢迎，但尚感遗憾的是，基本上还是有关哲学史论著提要的汇集，已不能完全适应当前深入开展中国哲学史史料学研究的需要。”进而认为，史料学应该“主要解决史料研究方法论问题。也就是说，要培养同学了解史料的内容和价值，以及搜集史料、审订史料、运用史料的能力；同时也可以使同学认识祖国丰富的思想文化遗产，增强民族自信心”。接着作者还提出了对《史料学概论》课应讲授内容的设想，即“应讲授与搜集史料、审订史料、运用史料有关的问题，如史料学研究的对象和任务，史料的搜集、鉴别和运用，史料学与相关学科、相关知识的联系，史料学与哲学史、思想史的关系，与图书目录、类书丛书的关系，与正史、野史、笔记、杂艺的关系，与文字训诂、版本校勘、辨伪考证、辑佚汇编的关系，以及有关工具书的介绍、重要史料学著作的评介等”。这一看法，除细目的设定、内容的取舍和次序的安排等细节尚有可斟酌之处以外，总体上是可取的，与陈高华等提出的“史料学通论”的看法大体上不谋而合。

近年出版的萧萐父先生的《中国哲学史史料源流举要》没有对史料学的定义进行论述，但该书说：“其内容主要是：以中国历代哲学资料及有关史料为对象，序列文献，综述目录，介绍研究成果，考辨学术源流。”可知它讲的主体部分仍然是“具体的史料学”。其“朴学简介”一讲，偏重在知识介绍，方法涉及较少。这与上述关于中哲史史料学体系的设想仍有距离。

三、关于中哲史史料学体系的构想

通过以上的讨论，可以得出下面的认识：中国哲学史史料学应该担负两个任务，一是阐述中国哲学史史料的方法论，一是为学习和研究中国哲学指示读书门径。前一个任务由“史料学通论”解决，后一个任务由“具体的史料学”即“史料举要”加以解决。这样，与其说史料学著作分为“史料学通论”和“具体的史料学”并行的两类，不如说，一部完整的史料学应该包括史料学通论和史料举要两部分更恰当。

史料学应该讲关于史料的理论（即通论），此点，冯、张、刘、萧四先生在他们的著作中其实也都有所体现，冯著的前两章（共 20 页）、张著的引言（共 4 页）、刘著的前两章（共 34 页），萧著的前三章（60 页），都带有通论性质，只是篇幅未免偏少，没有达到通论性史料学应有的规模。

张岱年先生另外有一部著作，恰好包含了史料学通论的内容，这就是《中国哲学史方法论发凡》（中华书局 1983 年版）。该书与他的《中国哲学史史料学》构思于同一时期，二书都是在给硕士研究生授课的讲稿的基础上整理成书的，因此两书相辅相成，可以互相补充。今天看来，该书虽然没有使用“史料学”之名，但其中一部分内容，讲的正是关于“史料学”的通论。这就是该书的七、八两章：“整理史料的方法”（上、下），共讲了五个问题：（一）史料的调查与鉴别；（二）校勘；（三）训诂；（四）史事的考证；（五）史料的诠次。这些内容，讲的都是关于中哲史史料的方法论问题。该书把这些问题归入“中国哲学史方法论”，固然言之成理，因为对于中国哲学史史料的研究当然可以说是中哲史研究的一个组成部分。但是，“哲学史”与“哲学史史料”毕竟有区别，关于哲学史的方法论与关于哲学史史料的方法论讲的也不是同一个问题。“史”包含“史料”，“史学”要利用和分析“史料”，但“史”与“史料”毕竟不能等同。因此，我们觉得，把《中国哲学史方法论发凡》中的这两章，视作“中国哲学史史料学通论”倒是更合适些，至少是为中国哲学史史料学通论提供了雏型。

前引洪波《刍议》一文关于“《史料学概论》课应讲授内容的设想”，也很有参考价值。只是文中所列各项略嫌琐细，有的内容只须在有关章节中做些交代就可以了，似不宜作为一章展开论述。有些问题（如史料学与相关资料、相关知识的联系，史料学与哲学史、思想史的关系，与图书目录、类书丛书的关系，与正史、野史、笔记、杂艺的关系）是“史料学”编著者应该加以仔细考虑的问题，但将这些内容写入书中，似不合适，因为这些问题并不是关于“中哲史史料”的方法论问题。不然，史料学的内容就未免过于庞杂了。

综上所述，谨提出关于中国哲学史史料学体系的构想，这就是：中国哲学史史料学设上、下两编，上编讲史料学通论，下编讲史料举要。另外，酌情设附录。

上编通论部分共设八章。第一章为“绪论”，讨论中国哲学史史料学的定义和任务、史料学的历史发展以及学习中国哲学史史料学的意义和方法等。第二章至第七章是主干部分，分别论述中哲史史料的搜集、鉴别、考证、校勘、解释、运用诸问题的意义、历史发展、主要成绩和代表著作及其研究方法等。其中，涉及中国古典学术中的目录学、辨伪学、考据学、校勘学、版本学、训诂学等许多学科，这些学科，每一门都有自己的体系，企图把这些体系原封不动地搬入史料学中，显然是不可能也不必要的，而应择其精要，做概括介绍，同时，紧密结合中国哲学资料作为典型例子进行具体分析。最后一章介绍与中国哲学有密切关系的工具书的主要类型、代表著作及其编排和检索方法。以上各章都应尽可能安排一些练习，以利于不单获得知识，更能掌握方法。

下编“中国哲学史史料举要”，设若干章。以时代为序，分别介绍各流派、各思想家的主要哲学著作。

如果说，上编以开扩见闻、掌握方法为目的，那么，下编则以指示读书门径、分别版本优劣为目的。因此，在内容取舍和详略安排上应贯彻下述几点：

1. 力求精当。人物、著作的选择，应避免烦琐。冯友兰先生著《中国哲学史新编》，自许“要言不繁”（第四册“自序”），“提纲挈领，提要勾玄”（第五册“自序”），诚非“自吹自擂”。皇皇六册巨著，涉及的人物并不太多，堪称精炼。我们讲史料举要，可大体以《新编》所收范围为限。

2. 不求划一。人物、著作的介绍，大致包含生平史料、流传、真伪、版本等方面内容，但不求划一，有话则长，无话则短。一般不必讲“史料分布”，以防止以偏概全，对读者造成束缚和误导。

3. 切于实用。版本介绍以习用常见易得为主。古旧版本，着重介绍有代表性的，有影印本的，对流传过程不过多介绍，以省篇幅。对最新版本则尽量介绍，以利易于寻求，切于实用。

关于附录。附录选得好，可以与正文互相补充印证，有相得益彰之效。而且，等于为读者提供了学习史料学最必需的参考资料，省去了读者的翻检之劳。其意义是勿庸置疑的。只要篇幅允许，适当设附录十分必要。但是，由于版面、书价等原因，又不能收得太多。冯著、张著在这方面已提供了先例，足资参考。

原文载于《河北大学学报》1999 年第 4 期；中国人民大学复印报刊资料《中国哲学》2000 年第 4 期全文刊载。

下编

中国传统文化研究

弘扬中国传统文化，振奋中华民族精神

文化的内涵有广狭之分。广义的文化，指人类创造的物质的和精神的成果的总和。其中，包括物态的、制度的、思想的和习俗的等不同层次。狭义的文化指社会意识形态，如哲学、宗教、教育、历史、文学、艺术等。本书讲的文化，基本取狭义。有时为了说明问题，也涉及某些广义文化的内容。

中国传统文化，指中国古代（鸦片战争以前）的文化。中国是世界文明古国之一，有文字可考的历史长达 5 000 年之久。中国传统文化具有强大的生命力和延续力。世界上曾经有过与中国古代文化相媲美的文化类型，如巴比伦文化、古埃及文化、古印度文化、古希腊及古罗马文化，它们对于人类文明也做出了巨大贡献。但是，由于种种原因，它们有的消失了，有的衰败了，有的中断了。唯独中华文化传承不绝。虽然它也曾遇到过种种危机和挑战，但却如同奔腾不息的长江黄河一样，一往无前，至今仍保持着勃勃生机。中国古代文化内容丰富，气势恢宏，蕴涵深刻，形式多样。它的悠久和辉煌，足以使每个中国人感到骄傲和自豪。弘扬中国传统文化是每个中国人义不容辞的责任。

中国传统文化是中华民族勤劳和智慧的结晶。在丰富多彩的中国传统文化中，凝结着中华民族精神。中国传统文化是中华民族精神的载体和表现。为了振奋中华民族精神，有必要具体了解和深入学习中国传统文化。

一、中华民族与中华民族精神

（一）中华民族的形成过程

中华民族是中国各民族的总称。今天，它是由 56 个兄弟民族组成的。中华民族的形成经历了漫长的过程。考古学证明，早在 170 万年前，中国境内就有了人类活动。距今

7 000年前，中华先民已进入新石器时代。远古时代，中华先民的一部分生息于黄河中下游流域，自称“华”“夏”或“华夏”，其中最著名的有黄帝和炎帝两部，黄帝打败了炎帝，两部融合，成为华夏的代表。所以，至今中国人自称是黄帝子孙或炎黄子孙。

大约在公元前2100年，禹建立国家——夏朝。历商至周，历史上称为“三代”。此时期，华夏族有了更大的发展。他们自认为居于天下之中央，自称“中国”，称四方的部族为蛮、夷、戎、狄。华夏与四方有密切交往，并互通婚姻[1]。

春秋战国时期，中国境内各部族进一步融合。秦汉时期，随着巩固而强大的封建中央集权制国家的建立，一个以华夏族为主体、融合蛮夷戎狄等部族的统一的民族——汉族正式形成。

东汉以后，历三国、两晋、南北朝，近400年间，战乱不断，王朝更迭频繁。中原周围的匈奴、鲜卑、羯、氐、羌等少数民族也频频介入，有的还一度建立过王朝。此时期，中国人民饱受苦难，但从另一角度看，这是中国又一次民族大融合时期。随着隋、唐王朝的统一，许多原先的少数民族融入汉族之中。

宋至清，是我国历史上第三次民族大融合时期。契丹族、女真族、党项族都建立过长达一二百年的政权。蒙古族和满族还先后建立起全国统一的政权。数百年间，以汉族为主体的中华民族逐渐形成。上述这些曾经统治过中原的非汉族及其他少数民族，绝大部分已融入汉族。这就是说，今天的汉族，实际上是由古代华夏族和许多少数民族融合而成的。汉族和许多少数民族都认为华夏族是自己的祖先，如匈奴出于夏、羌出于姜氏、鲜卑出于黄帝、氐出于有扈氏等。这些说法见于中国的正史[2]，是有根据的。未融入汉族的少数民族，今天还有55个，他们都是中华民族大家庭的成员。

中华民族在发展过程中，各兄弟民族之间的关系以共同劳动、和平相处为主流，但相互间也有隔阂、压迫、掠夺和纷争，有时甚至以敌国的形式相对抗。但从总体看还是日益接近和亲密。即使是在分裂、割据的状态下，主流仍然是由接近而逐步融合，最后形成一个紧密联系在一起的民族——中华民族[3]，建立起统一的国家——中国[4]。在近代，由于帝国主义的侵略，中华各族人民的民族意识大大增强，自觉地联合成一个不可分割的整体。

（二）中华民族生息的历史地理环境

地理环境是人类赖以生存和发展的物质基础，对于人类的物质文明和精神文明的产生和走向具有重要意义，特别是在科学技术和生产力不发达的古代，这种影响就更加明显。中华民族生息的地理环境十分独特，正是这独特的中华大地，孕育了灿烂的中国古代文明。

中华先民的活动范围，早在秦、汉时期即已大体确定。“黄河是中华民族的摇篮”，这话有相当的道理。黄河中下游的确是古代先民华夏族生息之地，夏、商、周三代都在黄河中下游建都立国。虽然考古发掘证明，中华民族的发祥地不限于黄河，在淮河、长江、珠江，乃至辽河、云南等地，都发现有早期人类活动的遗迹，但从中华民族的主体看，从三代到元、明、清，还是以黄河中下游（东晋以后，又包括长江中下游）为活动中心。

秦始皇统一中国，设三十六郡，后又征服百越，增设闽中、南海、桂林、象郡四郡，疆域北起河套、阴山山脉和辽河下游，南至今越南北部和两广，西至陇山、川西和云贵高原，东至于海，奠定了中国版图的基本规模。西汉时期，匈奴呼韩邪单于降汉，标志控制漠北广大领域的匈奴已成为汉朝藩属。张骞通西域，设西域都护，西部疆域扩展到今新疆大部；又争取乌桓（今辽宁一带）归汉，设立乌桓校尉；还开发西南夷，闽、粤、黔、滇都设郡县。此后，中国历代王朝的疆域虽然时有盈缩，但基本趋势是逐渐扩大，逐渐巩固。元代，西藏正式成为中国版图。明代，经郑成功收复，台湾回到祖国怀抱。至清初，除鸦片战争后被帝俄攫取的北部西北部大片领土外，今天中国的版图已经基本确定。

我国地域辽阔，东起黑龙江与乌苏里江会合处，西至帕米尔高原，宽约5 200公里，跨 60 多个经度；北起漠河，南到雷州半岛南端，大陆长约4 000公里，跨 34 个纬度；如果算到南沙群岛的曾母暗沙，则长约5 500公里，跨 50 多个纬度。就面积而论，仅次于俄罗斯和加拿大，居世界第三位。

我国地势西高东低，高差悬殊。自西而东，形成地势上的三大阶梯。青藏高原为第一阶梯，海拔 4 000—5 000 米，被称为“世界屋脊”。青藏高原以东以北，至大兴安岭、伏牛山、雪峰山一线为第二阶梯，其内部地形复杂，既有阿拉善高原、内蒙古高原、鄂尔多斯高原、黄土高原、云贵高原等，又有塔里木盆地、准噶尔盆地、吐鲁番盆地、四川盆地；其间，还有塔克拉玛干等大沙漠。再往东即第三阶梯，包括东北平原、黄淮海平原、长江中下游平原，海拔在 200 米以下。

我国领土大部分处于北温带，四季分明。但由于地势的影响，东部尤其是东南沿海温润多雨；西部则寒冷少雨。东部土壤肥沃，河道纵横，适宜耕作；西部尤其是高山、沙漠地区，则只宜放牧。因此，全国人口大部分集中在东半部。大体以云南省腾冲-黑龙江省瑷珲一线为界，东南部为人口稠密区，西北部为人口稀疏区。

上述地理环境，对于我国古代的经济、政治和文化有巨大影响，其表现主要有：

第一，形成了中国古代以农业为主的经济结构，和建立在农业基础上的农业文化。我国国土大部分处于中纬度，尤其是东半部，气候、土壤、水利等都适宜农业生产，因此，自古以来，中国人就把“农”视为最基本、最重要的“本业”。农业生产与大自然息息相关，因此，中国人对于“天”怀有特别亲切而敬畏的感情，与此相关的哲学、宗教观念由此而生；农业生产周期长，必须有稳定的政治环境，河流、灌溉等还需要政府的组织与协调，因此，中国人在政治上希望统一，反对分裂；其他如重视伦常、安土重迁、自给自足、勤劳节俭等观念的形成也都与此有关。

第二，形成了中国文化独立发展的格局。中国四周都有天然限隔，东和东南临海洋，西和西南有高山、沙漠，北部荒寒，在很长的历史时间里，由于交通不便，与世界上其他文明缺乏接触，中国文化基本上是独立发展的。中国古代文明发祥既早，水平又高，从三代、秦、汉，到隋、唐、两宋，长期处于周边国家的中心地位和高势位，并给予朝鲜半岛、日本列岛、印度支那半岛和东南亚各地以巨大影响，形成了所谓“东亚文化圈”。北方游牧民族虽然常形成较强的军事实力，但毕竟低于并认同中国文化，即使入主中原，最终也总是被中国文化所征服。此种情况，一方面固然形成了中国文化的博大精深，雍容大度，另一方面也导致了盲目自大、藐视四邻等某些不健康心理的滋生。

第三，形成了中国文化在统一基础上的多样性。中国文化的主流形态无疑是中原文化——农业文化，但由于地域不同，物质生活条件各异，也存在多样性，如高原区的牧畜文化、林区的狩猎文化、沿海及水乡的渔业文化、城市及交通孔道的商业文化等。它们既相对独立，又与农业文化具有相互交融、相互渗透和相互补益的关系。统一性和多样性并存，更使得中国文化多彩多姿。即使同是中原文化，不同地区也往往各具特色，如齐鲁、荆楚、燕赵、三晋等，其他如关中、巴蜀、吴越、岭南、西域等文化，其地方色彩就更加鲜明。

（三）中华民族精神的内涵

学习和研究中国传统文化的一个重要目的，在于振奋中华民族精神。

1. 什么是民族精神

每个伟大的民族都有自己独特的精神风貌，有区别于其他民族而为自己所特有的气质，这便是所谓民族精神。中华民族是伟大的民族，当然也有自己的民族精神。民族精神具有如下特性。

第一是激励性。

民族精神既然代表一个民族的精神风貌，它就应该具有正面的激励性，能够把全民族凝聚在一起，并不断赋予民族以生命力，为全民族树起一面旗帜，促进民族发展，团结并激励全民族奋发前进。一个民族在精神气质方面往往具有复杂性，既有正面的，又有负面的。我们说的民族精神应是指前者，而负面的即所谓民族劣根性，不能算民族精神。20世纪二三十年代，中国的一些思想家曾提出过“改造国民性”问题，当时所谓“国民性”，主要指愚昧、守旧、盲从、奴性、散漫、迟钝、阿Q式的精神胜利法，等等，这是当时反对封建主义斗争的需要，是有其特定的时代烙印的。我们绝不能把这些所谓“国民性”说成是中华民族精神，因为这些只能算是我们的民族劣根性。中华民族如果只有这些劣根性，那早就该灭亡了，哪里还会有今天！实际上，中华民族精神从主流说，应该是与这些劣根性相对立的“良根性”，那才是我们的民族精神。

第二是全民性。

民族精神应该是得到全民族认同的精神。它往往有人倡导于前，又有人响应于后，并且得到广大人民群众的认同。比如赞美爱国忠良、痛恨卖国奸贼，这种民族感情就是爱国主义的民族精神的反映。一个民族中难免有民族败类，有唯利是图的卖国求荣者，个别阶层、集团中也往往有其特殊表现，如买办阶层的洋奴思想之类，这些，尽管也有一定代表性，但也不能算民族精神。

第三是稳定性。

中华民族经历了漫长的形成和发展过程。其间，必有足以凝聚全民族奋发向上的、贯穿古今的精神，它们是民族精神；而那些只流行于一时，随后就归于淡漠或消失的，则不能算民族精神。比如，中国人的宗教情绪自古以来就比较淡薄，虽然南北朝至隋、唐时期，佛教盛行，朝野上下，求神拜佛，一时形成风气，但宋代以后，在官方意识形态中，毕竟将其排斥。这表明，宗教情绪不是中华民族贯穿古今的稳定的精神。

第四是时代性。

我们提倡的民族精神，必须体现当今时代的要求，符合当今时代的需要。历史上曾经存在的某些思想，如果今天已经过时，那就丧失了时代意义，就不宜再提倡。比如古代讲“华夷之辨”，在唤起民族主体意识和振奋爱国主义精神方面一度曾有积极意义，但今天则既不利于中华民族内部的团结，也不利于改革开放，走向世界，因此已丧失了时代性，不应再加提倡。

2. 什么是中华民族精神

外国有识之士也提倡自己的民族精神，有法兰西精神、日耳曼精神、美利坚精神、大和精神等说法。中华民族当然也应该高扬自己的民族精神。

对于中华民族精神，学者们已做了许多有益的探讨。我们同意张岱年先生的见解，把“自强不息”和“厚德载物”作为最突出的中华民族精神。因为它们既简明扼要，又包容了丰富的内涵。下面结合我们的体会做一些阐发。

（1）自强不息

《易·乾卦·象辞》：“天行健，君子以自强不息。”意思是说，天的运行表现为刚健的属性，人应该效法天，自强不息，积极向上，奋发有为。这一思想影响深远，体现在许多先哲的言论和行动中。孔子“发愤忘食，乐以忘忧”，“仁以为己任”；墨子非命、尚力，“摩顶放踵，利天下而为之”；老子讲“无为”，而归宿则是“无不为”，“柔弱胜刚强”，“为无为则无不治”；法家更是主张“争于气力”，富国强兵。虽然重点不同，方法各异，但强调自强进取，可以说是除庄子一派之外中国各家思想的共识。

自强不息就是主动精神、自觉精神。中国古代哲人不但早有体悟，而且十分强调。孔子认为，“为仁由己”，“我欲仁斯仁至矣”，还打比方说：“譬如为山，未成一篑，止，吾止也；譬如平地，虽覆一篑，进，吾往也。”（《论语·子罕》）孔子孟子都反复勉励学生，要经常保持一种积极进取的赶超心态，“学如不及，犹恐失之”（《论语·泰伯》），“引而不发，跃如也”（《孟子·尽心上》）；严厉批评“饱食终日，无所用心”，“惰其四肢”“自暴自弃”之类不求上进的现象。荀子更发挥为“五无旷”的理论，说：“敬胜怠则吉，怠胜敬则灭。……敬谋无旷，敬事无旷，敬吏无旷，敬众无旷，敬敌无旷，夫是之谓五无旷。”（《荀子·议兵》）这就是说，对于任何方面、任何情况都不要荒忽懈怠（旷），而应永远保持高度的严肃认真和慎重（敬）。不仅儒家如此，其他各家的主张也大同小异。如墨子倡导强力从事，认为，“强必治，不强必乱；强必宁，不强必危”；“强必贵，不强必贱；强必荣，不强必辱”；“强必富，不强必贫；强必饱，不强必饥”；“强必暖，不强必寒”。（《墨子·非命下》）虽说简单了些，有点过分乐观，但其积极的态度还是可贵的。就是一向主张谦退守柔的老子也说：“上士闻道，勤而行之。”（《老子》四十一章）他是以“无为”达到“无不为”。先秦诸子的这些论述，为后世奠定了基调，自强不息，发挥自觉的能动性，逐渐成为全民族崇奉的精神。

在这种精神的氛围下，中国人对于“勤勉”特别加以提倡。《尚书·无逸》告诫：“君子所（居官）其无逸。”《诗·小雅·小明》勉励：“嗟尔君子，无恒安息。”后世学者也无不重复这一主题。有的说：“人生在勤，不索何获？”（《后汉书·张衡传》）有的说：“业精于勤而荒于嬉，行成于思而毁于随。”（韩愈：《进学解》）童蒙读物《三字经》中，举了许多“古圣贤，尚勤学”的例子，然后说：“有为者，亦若是”，“勤有功，戏无益。”俗谚有云：“黄金无种偏生勤俭人家。”至今农民盖房子，还常将“勤俭”二字刻在正面山墙上，这就可见“勤”的思想是多么深入人心。

自强不息还是一种向困难做斗争的精神。中国人敢于面对困难，把艰难困苦看做是对自己的磨炼和考验。孔子说：“岁寒然后知松柏之后凋也。”（《论语·子罕》）孟子说：“天将降大任于是人也，必先苦其心志，劳其筋骨，饿其体肤，空乏其身，行拂乱其所为，所以动心忍性，增益其所不能。”“生于忧患，死于安乐。”（《孟子·告子下》）司马迁说：“文王拘而演《周易》，仲尼厄而作《春秋》，屈原放逐，乃赋《离骚》，左丘失明，厥有《国语》，孙子髌脚，《兵法》修列，不韦迁蜀，世传《吕览》，韩非囚秦，《说难》《孤愤》，《诗》三百篇，大抵贤圣发愤之所为作也。”（《报任安书》）这些掷地有声的语言，成为一代又一代中国人的座右铭。

自强不息的精神表现为为国家为民族的奋斗精神、拼搏精神，即爱国主义精神。这种精神，千百年间鼓舞着无数中华儿女，为了祖国的尊严、民族的正义，临危不惧，不屈不挠，前赴后继，英勇献身。岳飞抗金，“八千里路云和月”；文天祥抗元，“留取丹心照汗青”；郑成功收复台湾，驱逐殖民主义者；林则徐虎门销烟，大长了中国人民的志气。他们的事迹千古传颂。还应提到的是，在爱国主义的旗帜下，各少数民族也做出了应有的贡献。如唐代在平定“安史之乱”时，回纥等少数民族将士奋勇“勤王”；清代在平定噶尔丹分裂政权和“三藩之乱”时，各民族勇士冲锋陷阵。近代，各族人民在抗击沙俄、英国等列强入侵，捍卫祖国疆土的战斗中英勇顽强、不屈不挠，这些都显示了中华各民族的爱国热情和为了祖国赴汤蹈火的伟大精神。（参见司马义·艾买提：《多民族国家与爱国主义》，载《光明日报》1995 年 2 月 6 日）

自强不息的精神还表现为一种人格理想。孔子说：“三军可夺帅也，匹夫不可夺志也。”（《论语·子罕》）孟子提倡“富贵不能淫，贫贱不能移，威武不能屈”的“大丈夫”气概。（《孟子·滕文公下》）具有这种人格理想的人，有崇高的使命感和责任感、坚定的自信心、庄严的自尊心和高度的自觉性，无论遇到什么艰难困苦、挫折失败，都不气馁，不灰心，不动摇，不消沉，正道直行，守道不二，顶天立地，浩气长存。文天祥在《正气歌》中写道：“天地有正气，杂然赋流形。下则为河岳，上则为日星。于人曰浩然，沛乎塞苍冥。……时穷节乃见，一一垂丹青。……是气所旁薄，凛烈万古存。当其贯日月，生死安足论。”歌中表现出的崇高气节和伟大人格，正是我们中华民族精神的生动反映。

自强不息在人生态度上还表现为一种“日新”精神。孔子曾在川上慨叹：“逝者如斯夫，不舍昼夜。”（《论语·子罕》）就是说，人也应抓紧时间，日新不已，永远向前。《礼记·大学》说：“苟日新，日日新，又日新。”《易·系辞上》说：“日新之谓盛德。”二程说：“君子之学必日新，日新者日进也，不日新者必日退，未有不进不退者。”（《河南程氏粹言》）明、清之际王夫之更对日新做了深刻而全面的阐述，认为：“天地之德不易，天地之化日新。”（《思问录·外篇》）要求人们“推故而别致其新”（《周易外传》卷二）。日新就是不因循守旧，不故步自封，而锐意进取，与时偕行。讲日新就必然礼赞变革。《易传·杂卦》说：“革，去故也；鼎，取新也。”《易·革卦·象辞》说：“天地革而四时成，汤武革命，顺乎天而应乎人，革之时大矣哉！”中国古代固然也有反对变革的保守思想，但主张日新、变革毕竟是主流。正是在这种精神的鼓舞下，许多改革家不畏艰难，开拓进取。因此，它也是我们民族的可贵的精神。

自强不息的精神是我们中华民族绵延发展的精神动力，在历史上起了重要作用。在改革开放、建设社会主义的今天，也有巨大的现实意义，值得大力发扬。

（2）厚德载物

《易·坤卦·象辞》说：“地势坤，君子以厚德载物。”意思是说，大地具有宽厚载物的德性，君子应效法大地，也养成宽厚、兼容的品格。这句话也道出了我们中华民族的精神，它也具有丰富的含义。

厚德载物就是宽容、宽厚的精神。中国人抱定“万物并育而不相害，道并行而不相悖”的信念，认为圣人之德就像天地那样，“无不持载，无不覆帱”（《礼记·中庸》），无所不包，无所不容。中华民族以宽厚为美德，在人际关系上，讲究严于律己，宽以待人，“躬自厚而薄责于人”（《论语·卫灵公》），设身处地地为他人着想，不计较别人小的过失，不求全责备。“无求备于一人”（《尚书·君陈》）。孔子一向主张，“君子求诸己，小人求诸人”（《论语·卫灵公》）。把“宽”作为“仁”的内含之一，并认为，“宽则得众”（《论语·阳货》）。孔子的学生讨论交友之道说：“君子尊贤而容众，嘉善而矜（同情）不能。我之大贤与，于人何所不容？我之不贤与，人将拒我，如之何其拒人也?”（《论语·子张》）与孔子的倡导是一致的。老子更认为：“圣人常善救人，故无弃人；常善救物，故无弃物。”“善人者不善人之师，不善人者善人之资。”（《老子》二十七章）甚至认为：“善者吾善之，不善者吾亦善之，德善。”（《老子》四十九章）对于宽容精神做了夸张的强调。在一些成语、熟语中，也反映了这一思想，如“水至清则无鱼，人至察则无徒”，“金无足赤，人无完人”，“虚怀若谷”，“善与人同”，“宰相肚里能行船”，等等，总之，把宽容大度、宽宏大量视为美德。

厚德载物在方法论上表现为一种兼容并包的精神。西周末年，史伯提出“和实生物”，“以他平他谓之和”，“土与金木水火杂，以成百物”（《国语·郑语》）的思想，认为包含不同成分的和谐是事物存在和发展的必要条件。孔子也说：“君子和而不同。”（《论语·子路》）东汉班固在论及战国诸子九流十家的思想时也说：“其言虽殊，辟犹水火，相灭亦相生也；仁之与义，敬之与和，相反而皆相成也。”（《汉书·艺文志·诸子略》）他们都认为，对立的甚至相反的事物未始没有统一性，因此，不应陷入绝对化，而要善于把握对立的统一。在这一思想的主导下，形成了中国文化追求和谐、崇尚中道的特点。（详见下节）

中国人对于外来文化经常以开放的胸襟抱一种兼容并蓄的态度。这一点连某些外国人士也承认。如英人罗素说：“中国文化的一个特点，就是有宽容性。”（转引自张岱年：《文化与哲学》第 93 页）这话有道理，且有无数事实可资证明。赵武灵王毅然学习外夷，胡服骑射，变风易俗。至战国末年，“胡服”已成为中国服装的一部分，骑射也被中原各国普遍采用。西汉张骞通西域，不但带去了丝绸、铁器等中原产物，也使葡萄、苜蓿、琉璃制品等西域产物传入。唐朝国力强盛，对于异域文化更表现出广收博采的恢宏气度，不但对音乐、舞蹈、宗教、习俗等广泛吸收，连番兵番将都常受重用。大唐文化的繁荣，从某种程度上未尝不可以说是华夷文化大交融的结果。

中国人对佛教的态度也很典型。佛教本是外来宗教，中国人的宗教情绪一向又比较淡薄，但是当这种宗教西来，中国朝野上下并没有觉得受到多大威胁而加以排拒[6]。经过几百年的消化，以禅宗为代表的中国化佛教终于形成，并成为中国传统文化的一个有机部分，且对于宋明理学的产生起了一定作用。可以说，中国人对于外来文化经常是以宽阔的胸襟，采取“拿来主义”的态度的。只要对自己有益就乐意移植、引进和吸收。只是到了清代中后期，统治者盲目自大，以天朝自居，实行闭关锁国政策，才造成了中国的落后。但这毕竟不能掩盖中国人乐于且善于吸收外来文化的主流。

近 150 年来，我国从任人宰割到独立富强的历史，从某种意义上说，也正是中国人民勇于吸收外来文化，丰富和发展自己的历史。尽管今天与发达国家相比，我们还有相当差距，但无论是综合国力还是某些领域，都已达到了足以令人刮目相看的水平。这种成就，应该说也是与我们民族有着厚德载物的精神分不开的。

中国人对于异邦来华的友好人士也一向以热情好客的态度对待。在唐代，深深羡慕中国文化的日本曾十八次派遣唐使来华，都受到礼遇，使他们满载而归。其中一位叫作阿倍仲麻吕，还被朝廷授予官职，赐名晁衡，许多诗人还与他有唱和之作。元朝时来华的马可·波罗，也受到类似晁衡的待遇。明末清初来华的传教士利玛窦、汤若望、南怀仁等也受到中国士人乃至当朝皇帝的重视[5]。日本军国主义侵华期间，罪行累累，罄竹难书，但当侵略者战败归国，其无人照管的幼儿，中国百姓甚至八路军的将军却将其收养[6]。这些，都表现了中国人的宽容大度的襟怀。

当然，讲厚德载物，绝不能否认中华民族具有反抗压迫、勇于向恶势力斗争的战斗精神。毛泽东说："中华民族不但以刻苦耐劳著称于世，同时又是酷爱自由、富于革命传统的民族。""他们赞成平等的联合，而不赞成互相压迫。""中华民族又是一个有光荣的革命传统和优秀的历史遗产的民族。"（《中国革命和中国共产党》，《毛泽东选集》第二卷第617页）毛泽东说的"赞成平等的联合"，就属于厚德载物的精神；而"反抗压迫"，则属于自强不息的精神。《中庸》也曾说："宽裕温柔，足以有容也；发强刚毅，足以有执也。"讲的恰恰也是这两种精神。显然，这二者并不是矛盾不相容的，而正是一个问题的两个方面，都是中华民族的优秀精神。

中华民族精神当然不只自强不息、厚德载物两点，还可以做出许多其他的概括，但这两点应该说是最突出的，也最有代表性，值得大力提倡和发扬。

二、中国传统文化的内容和特点

中国传统文化是中华民族精神的载体，中华民族精神比较集中地凝聚和表现在中国传统文化中。为了振兴中华民族精神，有必要了解和学习中国传统文化。

（一）中国传统文化的内容

1. 中国传统文化的主要载体——汉字

汉字是记载汉语的符号，是中国文化的瑰宝。

汉字是中国古先民的杰出创造，至今已有6 000年的历史。《易·系辞下》说："上古结绳而治，后世圣人易之以书契。"结绳记事的传说，还见于许多先秦古籍，表明结绳确实曾是先民用来记事的方法，后来则将之线条化，遂演变为文字。传说黄帝的史官仓颉作书。仓颉虽不必肯定是唯一创造文字的人，但至少从中也反映了早在4 000年前已经使用汉字的史影。经过不断改进，到商代，汉字已经比较完善和确定。今天出土的卜辞中的甲骨文和青铜器上的铭文（金文）就是绝好的证明。后来，又经过大篆、小篆、隶书、楷书（行书、草书）几个阶段，到汉、晋时期，汉字遂完全成熟和定型。

汉字属表意文字，而且是世界上产生既早、从未中断、至今唯一存在且仍被广泛使用的表意文字。这又是世界文化史上的一个奇迹[7]。

汉字在中华民族的发展史上具有十分重要的作用。第一，汉字记载了中华民族的文明成果，在保存和传承中国传统文化方面功绩卓著；第二，汉字对于中国十分复杂的方言具有规范作用，从而对语言的统一具有促进作用；第三，汉字对于增强中华民族的凝聚力，维系中国在政治、经济、文化上的统一，产生了并且继续发挥着巨大的作用。在中国这样一个幅员辽阔、人口众多、多民族聚居、方言方音极其复杂多样，政治、经济、文化发展很不平衡的国家里，如果没有汉字加以维系，中国在几千年间能够如此统一和发展，恐怕是不可想象的。

汉字之所以能够起到如此独特而巨大的作用，是与它基本上属表意文字，又具有形、音、义结合的特点分不开的。

汉字与表音文字不同，在它的字形里包含了非常浓厚的文化蕴涵。它早已超越了单纯象形的阶段，而代表了表意文字所可能达到的最高水平。这从古代所谓“六书”的理论中就可以看得很清楚。

汉代人研究汉字的构造法则，概括为“六书”[8]，即象形、指事、会意、形声、转注、假借。实际上，前四种是造字法，后两种是用字法。

象形，是描摹事物的形状而加以线条化，如日、月、水、火、鱼、鸟、车、马等，尽管它们已经“楷化”了，但仍然不难发现它们的象形意义。

指事，是用抽象符号或在象形字的基础上加上某种抽象符号以表意，如上、下、本、末、刃、甘等。

会意，是利用已有的字，依据事理加以组合，表示一个新的意思，如止戈为武，人言为信，日月为明，二火为炎等。

形声，是一半表形（意），一半表声（音）的造字法。如江、河、汪、洋、机、杖、枫、柏等。这一方法，突破了单纯表意的局限，完成了汉字发展史上一个质的飞跃。从此，无须再造新的符号，只须利用已有的字作为形符、声符，就可以结合为一个新字，以记录日益发展的无比优美而富有表现力的语言。有了“形声”造字法，汉字发展得非常迅速，至春秋时期，形声字就已占到汉字总量的80%以上。（阴法鲁等：《中国古代文化史》第一册）再加上“转注”（同义互训）和“假借”（同音代替），汉字的丰富性和灵活性更加增强。

过去，有汉字难学、难记、难写、难以适应现代化传输等说法，也需要澄清。汉字有数万之多[9]，都记住的确困难，但其中绝大多数是不常用的生僻字，真正常用的不过3 000多字。所谓汉字难学之说，近年也有了改变。实际上，采用科学方法，汉字学起来并不难[10]。汉字形声字富于联想功能，容易将形象思维和逻辑思维巧妙结合，比如认识了“几”字，又知道一些偏旁的含义，那么，“机、饥、肌、讥、矶”等字便不难掌握其读音和含义。因此，有的当代学者认为，“汉字可以成为世界上最容易学习的文字”[11]。

近年来，汉字在现代化传输方面也取得了长足发展，短短几年间，就发明了五笔字型、五十字元等十几种（一说几十种）微机输入方法，全息编码、手写式、声控式传输方法也正在变成现实。由于汉字比拼音文字简短，其传输速度有可能超过拼音文字。这都预示着，汉字在传输现代化方面的前途是无限光明的。

2. 中国传统文化的门类

中国传统文化包含众多的门类，但划分的方法有所不同。至少在春秋末期，古人就对文化进行了分类。其中最突出的是孔子，他以“六艺”（诗、书、礼、乐、易、春秋）教授学生，这“六艺”，既是孔子设教的课程，也是他对前代文化的整理和分类。它们的内容和作用各有不同，“诗以道志，书以道事，礼以道行，乐以道和，易以道阴阳，春秋以道名分”（《庄子·天下》）。如果用今天的学科加以对照，那么，“诗”是文学，“书”是历史文献，“礼”是政治学和社会学，“乐”是艺术，“易”是哲学，“春秋”是当时的现代史。

秦、汉时期，对思想学说加以分类成为风气。秦相吕不韦邀集门客著成《吕氏春秋》160篇，分为十二纪、八览、六论三部分，这是吕氏对自己主编的这部著作内容的分类。

司马谈《论六家要旨》将先秦学术分为阴阳、儒、墨、名、法、道德六家。这是他对学派的分类。（如果对著作分类，他大概会把各派的著作系于其下。）其子司马迁著《史记》，开创了本纪、表、书、世家、列传的体例。其中，“八书”就是他对于当时学术的分类，包括礼书（典章制度礼仪）、乐书（音乐）、律书（乐律）、历书（历法）、天官书（天文）、封禅书（祭祀名山大川）、河渠书（治河）、平准书（经济政策）。

西汉末年，刘向“校中秘书”（整理皇家图书馆所藏的书籍），其子刘歆继之，首创目录之学，将前代及当代所知的书籍分为六类，每类做一说明，然后列出该类书目，称为一略。六略之外，另编提要一篇，名叫“辑略”，总称“七略”。东汉班固修《汉书》，继承并发展了《史记》对学科的分类，将“书”改名为“志”，分为律历、礼乐、刑法、食货、郊祀、天文、五行、地理、沟洫、艺文十志。其《艺文志》以《七略》为蓝本，也将书籍分为六类，且每类都做一篇说明，以考镜学术源流。这六类是：六艺（儒家经典)、诸子（哲学社会科学)、诗赋（文学)、兵书（军事学)、数术（科技)、方技（医药、神仙)。六类之下，又各分若干子目，子目下列出各家著作名称及篇数。

其后，晋人首创四部分类法。经过几代人的完善，至唐长孙无忌修《隋书·经籍志》，始确定经、史、子、集的名称和次序。这一分类方法被后世广泛采用（每部之下的类目名称和顺序有所不同)。清代乾隆时修《四库全书》仍以四部分类，各部类目如下：

经部分为易、书、诗、礼、春秋、孝经、五经总义、四书、乐、小学十类；史部分为正史、编年、纪事本末、别史、杂史、诏令奏议、传记、史钞、载记、时令、地理、职官、政事、目录、史评十五类；子部分为儒家、兵家、法家、农家、医家、天文算法、术数、艺术、谱录、杂家、类书、小说家、释家、道家十四类；集部分为楚辞、别集、总集、诗文评、词曲五类。

书籍是文化的载体，对书籍的分类也反映了对文化的分类。从上面的粗略介绍可知，我国古代对于文化的分类已很细密，从中也充分显示了我国古代文化的丰富和广博。但是，以今人的眼光看，其大类未免过疏，而小类又嫌过细。

为了叙述方便，本书根据中国古代文化的实际情况。依照当代对学科的分类方法，将中国传统文化分为哲学、宗教、教育、经学、史学、文学、艺术、科技八类。

哲学作为系统的世界观和方法论，在各种学术思想中处于核心和支配地位，并给予其他各种学术思想以重要而深刻的影响。中国古代哲学十分活跃，多彩多姿，其中尤以儒、道两家哲学源远流长，影响深广。本书用三章篇幅叙述中国哲学，前一章为总论，后两章分别介绍和评析儒家哲学和道家哲学。

中国古代宗教总体说不算发达，也不像在其他国家和民族中那样有势力，但毕竟也曾一度兴盛，且渗透于民间，在意识形态中有广泛影响。本书设专章对中国化的佛教、中国土生土长的道教和其他宗教做系统介绍。

中国古代教育虽不普及，但思想却很发达。许多思想家、政治家同时就是教育家，朝野上下有悠久的重教传统，形成了比较完备的教育制度和系统的教育思想。本书将设专章介绍。

经学在中国古代学说中占有首屈一指的地位，具有笼罩一切的“势力”。中国古代哲学、教育、政治、经济等学科，大部分原是包含在经学当中的。不了解经学，很难说能了解中国传统文化，因此，对经学我们也设专章阐述。

中国有悠久而连续不绝的治史经验，史学著作汗牛充栋，并且形成了优良的史学传统。史学作为本书的一章，不可或缺。

文学、艺术是中国古代文化的两朵奇葩，它们形象生动地表现了中国人独有的生活、思想、感情和矛盾冲突，其表现形式和手法更有独具的特色和魅力。本书设两章对它们分别做介绍。

中国古代科技曾长期处于世界领先地位，给人类文明和进步做出了杰出贡献。本书设一章对此进行令人信服的阐述。

中国古代文化的内容还很多，如政治、经济、军事、法律等方面的思想也很精采，它如语言文字学、考据学、目录学、版本学、校勘学等，也成绩斐然，因为比较专门，本书暂从略。

（二）中国文化的发展历程

中国文化涵盖面广，门类众多，其发展必然是不平衡的，而不可能是同步的。但从历史行程看，也有其一致性，可以大体划分阶段。现以文化的核心——哲学思想为主，适当兼顾其他，将中国文化的发展大致分为以下四期。

1. 雏形期（夏、商、周三代）

中国文化在原始社会即开始萌芽，随着生产的发展，原始宗教、原始艺术和原始的哲学思维也不断演进。在早期的神话传说中，反映了此时期的一些史影。盘古开天，女娲补天，夸父逐日，精卫填海，神农尝百草，伏羲画八卦……在这些美丽动人的传说中，反映了中国先民与大自然做斗争的精神和取得的业绩以及他们对周围世界的思考。

夏、商、周三代，中国进入阶级社会，中国文化也伴随着经济、政治的发展而逐渐具备了雏形。

在哲学上，表现为神学迷雾由浓重而逐渐淡薄。“有夏服（受）天命”（《尚书·召诰》），禹“致孝乎鬼神”（《论语·泰伯》），“有娀方将，帝立子生商”（《诗经·商颂·长发》），“天命玄鸟，降而生商”（《诗经·商颂·玄鸟》），以及殷墟出土的大量甲骨上关于占卜的记载，表明夏商统治者对于上帝、天命的迷信程度之深。而周初的统治者为了论证代商而立的合理性，则“以德配天”，在天命中增加了“敬德”“保民”的内容。所谓“天命靡常”（《诗经·大雅·文王》），“皇天无亲，惟德是辅”（《尚书·蔡仲之命》），“民之所欲，天必从之”（《左传》引《尚书·泰誓》），“天视自我民视，天听自我民听”（《孟子》引《尚书·泰誓》），反映了神的地位的降低和人的地位的提高。

西周时期，哲学思想有了比较明显的发展，出现了阴阳（《国语·周语》上：“伯阳父论地震”）、五行（《尚书·洪范》）观念，《周易》古经大约也于此时期形成，提出了比较系统的八卦学说（详见第三章）。

2. 形成期（春秋、战国）

春秋战国是中国历史上的大变革时期，也是中国古代文化的形成期。本时期，社会经济有了较快发展，政治上随着王权衰落，政权下移，由大国争霸演变为七雄并立，由分裂渐趋统一；社会制度则由奴隶制迅速向封建制过渡。与政治经济相适应，本期思想界异常活跃。孔子首开私人讲学之风，创立儒家学派。诸子继起，各以其学教授弟子，游说诸侯，出现了百家争鸣的生动局面。百家之学大多是涵容并包的，而以哲学、伦理和社会政治思想最为突出。

本期文学也有辉煌成就，《诗经》《楚辞》是其杰出代表，诸子散文被后世尊为典范。

本期史学也初露锋芒，其中以孔子整理的古史文献集《尚书》和因鲁史记而作的《春秋》最为著名。“春秋三传”和《国语》也是本时期的史学杰作。

本期是中国文化的发皇期，其成就之辉煌可与古希腊罗马文化相媲美。

3. 发展期（秦、汉—鸦片战争）

秦始皇建立了中央集权制的大帝国，“车同轨，书同文，行同伦”。政治、经济、文化空前统一。汉承秦制，为其后两千年中国历史的发展奠定了基本格局。汉武帝“罢黜百家，独尊儒术”，儒学上升为官学，文化上开始了经学时代，其后，各种学术都笼罩在经学之下或包括在经学之中。

在哲学上，经历了汉代天人之学、魏晋玄学、隋唐中国化的佛学、宋明理学、明清之际儒学内部的自我批判之学等主要阶段，高潮迭起，名家辈出。其间，董仲舒的天人感应之学和朱熹的理气性命之学是两个高峰。

在史学方面，本期的成就也蔚为大观。以司马迁的《史记》为开端，形成了官修史书的传统，两千多年间从未中断，官修的二十四史和《资治通鉴》是其代表；此外，还有一大批史著问世。

本时期宗教方面的变化也值得注意。中国古人宗教观念比较淡薄，西汉以前，没有统一的宗教。西汉末年，佛教传入中国；东汉中叶，道教创立。其后，佛、道二教各有发展。南北朝时佛教兴盛，唐朝时道教甚受尊崇，形成儒、释、道三教并行的局面。到宋朝，理学形成，佛、道被排斥出官方意识形态，仅在民间继续流传，并逐渐融合。

本期文学、艺术、科技等亦成绩斐然。汉赋、唐诗、宋词、元曲、明清小说，每个领域都有世界级的大师，其名篇佳作，名传遐迩，历久常新；书法、绘画等艺术也登峰造极；许多科学技术在当时居于世界领先地位，为人类文明做出了杰出贡献。

欧洲的中世纪（封建社会）是历史上的黑暗时代。中国的封建社会，固然也有其黑暗面，但从文化上看，不能不说异常辉煌。

4. 转型期（鸦片战争以来）

以上三期均属于古代文化，本期属于近现代文化。本书主要讲古代文化，但为了认识古今的联系，也简略地说一下近现代文化的轮廓。

本期是中国历史上又一次空前大变革时期。表现在：

社会制度在一百多年间跨越三个阶段：封建社会、半封建半殖民地社会（不完全的资本主义社会）和社会主义社会（初级阶段）。

民族危机空前严重。外国列强频频入侵，清廷连连战败，签订许多丧权辱国的条约；民国时期，日本侵略者入寇，大半个中国沦陷；全民抗战，日寇投降。

阶级矛盾尖锐，革命高潮汹涌澎湃。太平天国革命、戊戌变法和义和团运动、辛亥革命，一浪高过一浪。其后，又经历了三次国内革命战争。

国家政权变化剧烈。清帝逊位，民国成立（38 年间，袁世凯称帝，张勋复辟，北洋军阀割据混战，国民党新军阀上台，新军阀间的混战，充满动荡），直到中华人民共和国成立。

文化上的变化之剧烈亦属空前。

西学涌入，逐渐成为文化的主流。近代中国文化发展的大致历程是：西学东渐→全面引进西学→马克思主义在中国传播→马克思主义成为指导思想。

传统文化遭到空前严厉的批判，儒学失去官方意识形态地位，但在人们的意识中仍有相当大的影响。传统的学问（如义理、考据、辞章等）不再成为主流，与国计民生密切相关的工、农、商、法等科成为热门的显学。人们的思维方式也发生了巨大变化。

中国文化现代化的进程还在继续，不可逆转。但传统文化毕竟是现代文化的根。为了建设社会主义的中国现代文化，对于优秀的传统文化是不能置之不理的，只能批判继承，并应首先立足于弘扬，使现代与传统更好地衔接、结合。这是摆在中国人民面前的一个十分现实的问题和必须加以解决的艰巨任务。

（三）中国传统文化的特点

为了全面了解中国传统文化，在分章叙述各门类内容之前，有必要先概括一下中国文化的总体特点。我们主要讲四点。

1. 崇尚统一

中国人有追求思想和法度统一的悠久传统。早在《诗经》中，就有对于“普天之下，莫非王土。率土之滨，莫非王臣”的歌颂。春秋五霸，尊王攘夷。孔子“张公室，杜私门”，认为，“天下有道，则礼乐征伐自天子出”，反对“陪臣执国命”（《论语·季氏》）。孟子明确主张“定于一”（《孟子·梁惠王上》）。荀子亦反复强调“一天下”（《荀子·非十二子》）。韩非更提出“事在四方，要在中央。圣人执要，四方来效”（《韩非子·扬权》）的政治设计。儒法思想结合在一起，奠定了大一统的理论基础，并得到后世的广泛认同。

中国历史上，即使撇开带有某些传说色彩的夏、商、周三代，仅从秦朝算起，也是统一的时间长，分裂的时间短。统一是主流，分裂是暂时的。在统一时人民反对分裂，在分裂时人民盼望统一。即使是处在较长时间的分裂时期，人们仍然认为分裂是不正常的。比如三国时期，魏、蜀、吴都认为代表正统；南宋时期，人民常以恢复中原为念。

与政治观相适应，中国古代建立了尊卑有别、长幼有序的伦理观，形成了以三纲五常为中心的，具有完备德目的道德规范体系。它要求在下位的人对在上位的人尊敬、忠诚、服从、尽职尽责；同时要求在上位的人对在下位的人爱护、公正、守信，并能做出表率，为管理尽心竭力。从而维系小到一个家庭，大到一个国家的稳定，在下位者犯上作乱固然属大逆不道，在上位者暴虐恣睢也被斥为独夫民贼，因为这二者都有害于国家的统一。

崇尚统一的观念在中国古代文学艺术中有广泛而多方面的表现，它对于中国文化长盛不衰的发展具有积极作用，并从而形成了中国人对群体的归属感和对集体的义务感等思想观念，形成了重奉献、讲礼貌、守纪律的优秀传统和较好的社会风气。但同时也有过分依赖、尊经崇圣、唯书唯上、限制主动性发挥等消极作用。

2. 追求和谐

“和”是中国文化普遍追求的一种状态或境界。

“和”作为哲学范畴，指对立面的统一。西周末年的史伯已提出：“和实生物，同则不继，以他平他谓之和，故能丰长而物归之。”（《国语·郑语》）后世便把“和”奉为普遍的原则或看作事物的最佳状态。

先秦儒家把宇宙看成是个大和谐。荀子说：“列星随旋，日月递照，四时代御，阴阳大化，风雨博施，万物各得其和以生，各得其养以成。”（《荀子·天论》）而把日食月食、地震山崩、水旱灾害等看成是“天”（自然）失和的表现。《中庸》说：“万物并育而不相害，道并行而不相悖。”“中也者，天下之大本也；和也者，天下之达道也。致中和，天地位焉，万物育焉。”

在天人关系（人与自然的关系）上，先秦各家无不以“和”为最高理想。孔子“钓而不纲，弋不射宿”（《论语·述而》），孟子提出，“数罟不入洿池”，“斧斤以时入山林”（《孟子·梁惠王上》），朦胧地流露了某种生态意识。《老子》倡导“守中”，把婴儿（喻“道”）的状态赞为“和之至也”（《老子》五章、五十五章）。庄子更是讲“和之以天倪”（《庄子·齐物论》）。名家的惠施也做出“泛爱万物，天地一体也”（《庄子·天下》）的结论。中国哲人承认事物的差别和对立、矛盾与斗争，但认为最终的结局或最佳状态是和谐。宋代张载的论述可作为代表。他说：“有象斯有对，对必反其为。有反斯有仇，仇必和而解。”（《正蒙·乾称》）

人际关系的和谐更是为中国人所看重。孔子弟子说：“礼之用，和为贵，先王之道，斯为美，小大由之。”（《论语·学而》）但反对无原则的调和，更反对同流合污，主张“和而不流”（《礼记·中庸》）。中国人强调个人与群体（小到家庭，大到国家、民族、社会）的统一性，一方面充分肯定个人（个体感性生命）存在和发展的价值（如孔子说的“三军可夺帅也，匹夫不可夺志也”）；另一方面又强调个人的存在和发展应该同他人、群体的存在和发展统一起来，使双方处于和谐的关系中，而不应分裂与对抗。

和谐还是中国文化各门类的共同追求。

政治上，重视君民、君臣、国家、民族间的和谐，主张“克明俊德，以亲九族；九族既睦，平章百姓；百姓昭明，协和万邦”（《尚书·尧典》）。“天时不如地利，地利不如人和”（《孟子·公孙丑下》）。经济上主张“百姓时和，事业得叙”，谨养其和，开源节流。（《荀子·富国》）思想方法上主张执两用中，无过不及。修养上讲究“从容中道”“文质彬彬”。艺术上崇尚中和之美，“乐而不淫，哀而不伤”。养生家以身心和谐为最佳状态，中医把得病看作是“身体违和”的表现，而以平衡阴阳、协调气血作为辨证施治的要诀。

可以说，不懂得“和”，就不了解中国文化。

3. 注重实用

中国古代文化以解决社会人生实际问题为出发点和归宿，执着于对政治、伦理等与国计民生密切相关的问题的探求，而对于纯抽象的思辨则不感兴趣。

在宇宙观方面，中国人重关系而不重实体，对宇宙（“天”）的本原、本质问题较少注意，而集中考虑的是天人之间的关系。对于鬼神等渺茫难知的问题，更是采取“存而不论”或敬而远之的态度，而着眼于“务民之义”，即使说及，也不过是为了神道设教。

早期儒家的两位大师对于何以采取这种重实用的态度做过如下解释：“智者无不知，当务之为急。……尧舜之知不遍物，急先务也。”（《孟子·尽心上》）“不为而成，不求而得，夫是之谓天职。如是者，虽深，其人不加虑焉；虽大，不加能焉；虽精，不加察焉。夫是之谓不与天争职。万物之怪，《书》不说。无用之辩，不急之察，弃而不治。”（《荀子·天论》）孟、荀所论，对于奠定中国人重实用、轻玄想，务实事、戒空谈，重实效、看实绩的致思倾向起了重要作用。

道家的“法自然”似乎有些异趣，但是，《老子》关心的重点依然是“以正治国，以奇用兵，以无事取天下”。骨子里仍然是“君人南面之术”，是以退为进的处世之道。

中国古代有丰富的辩证法思想，它们的精辟深刻，使得许多现代人（包括外国的知名思想家）都惊叹不已。但是，它们主要是人生的辩证法，而不是精确概念的辩证法，甚至难于找到纯粹的思维规律的表述。

中国古代科学技术素称发达，在许多领域长期处于世界领先地位，但是，它们（包括四大发明在内）大多是与政治、人生密切相关的实用技术，纯粹的理论自然科学则发展不够。这些实用技术大多是以具体科学的形式出现，而缺乏对有关原理的精确阐述和公式公理系统。农业、医药、天文、历法、水利、数学等学科成就之高、解决具体问题能力之强，简直令后人惊叹不已，但对于其间的原理和方法，有的直到今天仍然莫知其详。

这种重实用的倾向，形成了中国文化经世致用的传统。任何学问，都要求它有效果，有益于国计民生。修史是为了鉴戒垂训，察古知今；文章是“经国之大业，不朽之盛事”（曹丕：《典论·论文》）；诗歌是为了“言志”，兴、观、群、怨，事父事君（《论语·阳货》）；绘画是“助名教而翼群伦”（宋濂《宋学士文集·画原》）；音乐的作用就更被重视，因为它“可以善民心，其感人深，其移风易俗”（《礼记·乐记》）。

中国文化的这种致思倾向，就是所谓“实用理性”。这一实用理性的传统，淡化了中国人的宗教情绪，使得无神论思想源远流长，“既阻止了思辨理性的发展，也排除了反理性主义的泛滥”。（李泽厚：《中国古代思想史论》）中华民族在科学、文化、观念形态、行为模式等方面的优点和缺点，都与此密切相关。

4. 强调道德

强调道德，是中国文化的又一突出特点。

中国的远古圣王，都被描述为道德的模范。尧、舜、禹、汤、文、武、周公，乃至更古的三皇五帝，莫不如此。如尧“克明俊德，以亲九族”。舜在“父顽、母嚚（yín 愚蠢）、象（舜之弟）傲”的恶劣家庭环境下，能“克谐以孝”，又经受了种种考验，尧终于把帝位禅让给他。（《尚书·尧典》）正因为如此，“尧舜”简直成了有德者的代名词。

崇尚道德还是中国古代各家各派的共同倾向。儒家讲道德，说仁义，“祖述尧舜，宪章文武”，自不必说。就是其他各家，其所谓道德的内涵或有不同，但对道德的推重则并无二致。如墨家讲尚贤、尚同、兼爱、非攻，揭出的也是一面道德的旗帜；道家批判儒家的仁义礼乐，但是《老子》也说：“万物莫不尊道而贵德。”（《老子》五十一章）庄子笔下的那些形貌怪异的典型，则是“德有所长而形有所忘”（《庄子·德充符》）。老庄之所谓“德”，诚然别有所指，但在“重德”这点上还是有了共同语言。名家讲“泛爱万物，天地一体”；阴阳家讲五德转移，“治各有宜”；农家讲“君民并耕，饔飧而治”；就是贬抑仁义的法家，也承认“上古竞于道德”。这些，可以看作是其他各家对于儒家重德传统的某种认同。而从汉代定儒家为一尊以后，这种重德传统就得到确立，并不断被强化，由此形成了中国文化的一个共同的特点。

政治上，推重仁政德治，对于上至君主，下至官吏，首重其德。至于智力高低，政绩如何，倒在其次。心术不正、品德不佳的无道昏君和贪赃枉法、虐政害民的赃官是最受人痛恨的。

人才上，虽以知、仁、勇为“三达德”，但还是以德为核心。孔子说：“骥不称其力，称其德也。”（《论语·宪问》）无仁之勇，只能是匹夫之勇；至于无仁之智，就更糟糕和危险了。因为无德而有才，只能算是歪才，这样的人往往会比无才的人干更多更大的坏事。“士信悫（què，诚实守信）而后求智能焉。士不信悫而多知能，譬之其豺狼也，不可以身尔（迩，近）也。”（《荀子·哀公》）说的正是这个意思。

对于各行各业的人，固然重其艺，但同时，甚至首先也提出道德要求。一个医生，当然希望他医术精湛，但更要求他医德高尚；一个工匠，当然要求他技艺高超，同时也要求他遵道守德；练武的讲武德，唱戏的讲艺德；即使行商坐贾，也反对唯利是图，宣称“童叟无欺”，“诚招天下客”。至于广大农民的纯朴善良、坦诚信实，就更不必说了。

对于文艺作品，中国人一般认同孔子提出的“尽善尽美”的美善统一观。但美与善相比，只能算是第二位的。所谓“诗言志”（《尚书·尧典》。又见《左传》襄公二十七年赵文子对叔向语），“文以明道”（柳宗元：《答韦中立论师道书》）、“文以载道”（周敦颐：《通书·文辞》），以及“风骨”说、“寄托”说、“比德”说、“格调”说，等等，无不贯穿着这一思想。

对于真理，中国人一般不独立讨论，而将知识论涵容于道德论之中。张岱年先生说得好：“中国哲人认为，真理即是至善，求真乃即求善。真善非二，至真的道理即是至善的准则。即真即善，即善即真，从不离开善而求真。并认为，离开善而专求真，结果只

能得妄，不能得真。”（《中国哲学大纲》，中国社会科学出版社 1982 年版）

所有这些，都表明了中国文化强调道德的特点。

三、学习中国传统文化的意义和方法

（一）学习中国传统文化的意义

学习和研究中国传统文化，具有重要的多方面的意义，主要有：

1. 有助于增强民族自豪感和爱国情怀

从上面的介绍可知，中国传统文化的确源远流长，丰富多彩，博大精深，在相当长的历史时期里，它一直处于世界领先地位，给予东亚、东南亚周边国家以巨大影响，还远播中亚及欧洲，为人类文明做出了巨大贡献。中国传统文化是祖先留给我们的珍贵精神遗产，从中，可以使我们真切地感受到，中华民族是高尚的民族，中国是光荣、伟大的国家，从而由衷地增强民族自尊心、自信心和自豪感，化解存在于一些人的民族自卑心理，使爱国主义精神发扬光大。

2. 有助于加深对祖国历史的理解，为解决当前及未来的问题寻求借鉴

中国传统文化犹如波澜壮阔的长江大河，滋润了中国人民的心田，陶铸了中华民族的性格，有如宏大的历史画卷，具体生动地反映了我们民族的荣辱兴衰，蕴含着丰富的历史经验教训。因此，学习和研究中国传统文化，可以察古以鉴今，彰往而知来。今天的历史是昨天历史的发展，其间，有内在的连续性和一贯性。它的价值有待于进一步挖掘和发挥。从这个意义上说，中国传统文化是一笔巨大的财富。只要善于寻求，定能给予我们多方面的启发。

3. 有助于增强全国各族人民和全世界华人的团结

中华民族是由 56 个民族组成的大家庭，各兄弟民族都深受中国传统文化的熏陶，以中国传统文化为自己的母文化，各族儿女无不对它怀有十分深厚的感情。因此，弘扬传统文化，对于加强国内各民族的团结具有重要意义。另外，港、澳行将回归祖国，台湾最终也将会与大陆实现统一。近年来，三个地区与大陆的接触越来越频繁，除经济贸易等内容外，传统文化便是共同的热门话题。再就是散居于海外的数千万华人，他们都认同中国传统文化，自认为是炎黄子孙。尽管他们中间有阶层、职业、党派、信仰的不同，但都可以在中国传统文化上找到共同语言。从加强全世界华人的团结以及祖国和平统一大业考虑，弘扬传统文化显然也是十分必要的。

4. 有助于提高个人的文化素养和思想品味

中国传统文化底蕴厚重，格调高雅，哲理深邃，意境高远，具有强烈的感染力。不要说其全部的思想和著作，即使是一家一派、一人一事，乃至一篇文章、一则格言、一首诗歌、一幅绘画、一段乐曲、一帧书法……往往都给人以巨大的艺术享受或深刻启迪，从而产生强烈的共鸣，甚至回味无穷，终生难忘，在不知不觉中，达到陶冶情操、砥砺道德、摆脱庸俗、提高境界的功效。一个人的传统文化素养，往往与精神气质、言谈举止、仪表风度等密切相关，作为一个中国人，尤其是大学生，如果对于中国传统文化知之甚少（更不要说毫无所知），那不仅是莫大遗憾，还有可能被人看作是浅薄的表现。因此，仅从提高个人的文化素养和思想品味说，也应该注意学习和研究中国传统文化。

（二）学习中国传统文化的原则和方法

1. 坚持以马克思主义为指导

我们学习传统文化的目的，是继承祖国的优秀文化遗产，为建设有中国特色的社会主义服务；是“化”传统，而不是被传统所“化”；是使传统与现代接轨，而不是退回到传统中去，开倒车。这就必须坚持以马克思主义为指导，站在时代的高度，用新的视角对传统文化进行分析、整理、选择和评价。要防止两种偏向：既要反对否定或摆脱马克思主义的指导，一味美化传统，食古不化；又要反对把马克思主义简单化、教条化，玩弄经典作家的个别词句，而阉割其精神实质，把马克思主义与中国传统文化绝对对立起来，因为这样一来，实际上都是取消了马克思主义的指导。

2. 处理好继承中国传统文化与吸收西方文化的关系

早在“五四”新文化运动时期，曾发生过西化派与东方文化派的论争。20 世纪 80 年代，在“文化热”中，全盘西化论又曾一度抬头。这都表明，如何处理好传统文化与西方文化的关系，是既重要又现实的问题。传统文化主要是封建时代的文化，西方文化主要指欧美资本主义时代的文化，从时代性上说，后者高于前者。因此，我们必须对西方文化抱定积极引进、吸收的态度，而不应深闭固拒。但是，却不应把传统文化与封建主义等同而全盘否定我们的传统文化。我们要否定的，只是传统文化中的过时的糟粕，对于其中具有超时代意义的或经过改造和诠释，可以注入新的时代内容的东西，则要加以弘扬。这是因为，文化具有相当强的连续性和继承性，社会主义新文化不可能凭空地建立，而只能建立在传统文化根基之上，中国传统文化便是社会主义新文化的土壤和根基。文化又是无国界的，在现代尤其是如此。只有吸收人类文明的一切有益成果，社会主义新文化的大树才能枝繁叶茂，四季常青。在强调继承传统文化时，要避免陷入国粹主义和复古主义；在强调吸收西方文化时，要防止全盘西化论和民族虚无主义。就当前说，虽然也有某些对传统文化估价过高的观点，但总的看，不同程度地对外国文化盲目崇拜的现象更值得注意。百多年来任人宰割、直到今天还相对落后，这种背景下容易滋生民族自卑心理；70多年来接二连三地对传统文化的批判和挞伐，容易导致民族虚无主义。这种情况所造成的严重后果不可低估。因此，我们必须大力弘扬祖国的优秀传统文化，大力培养和增强对自己民族优秀文化遗产的热爱和敬仰的感情，不能“抛却自家无尽藏，沿门托钵效贫儿”。我们提倡：以开放的心态面向世界，以科学的态度对待传统。在学习和赶超西方的同时，精心培植传统文化的根苗，选好传统与现代的结合点，使灿烂的古代文化发扬光大，使中国文化走向世界。

3. 努力做到逻辑与历史的统一

中国传统文化属于历史范畴。为了给读者比较明晰的印象，我们尽可能地介绍典型的史实和资料，注意具体性，避免架空立论。但中国传统文化又是极其丰富多彩的，为避免被材料所淹没，又必须适当地抽象化，对材料精择而审取，用逻辑的方法加以整理分析，努力做到逻辑与历史的统一。既分门别类，又努力揭示其间的内在联系，将来龙去脉、前因后果交代清楚；既使读者知道中国传统文化的面貌和风采，又能大致说出个“怎么样”和“所以然”来。

4. 理论和实际相结合

理论联系实际是马克思主义的基本原则，也是做好一切工作、学好一切知识的基本方法。学习中国传统文化当然也必须坚持这一原则和方法。努力做到观点和材料的统一、历史和现实的的统一。在学习传统文化的各门类、各方面内容时，注意揭示古今的联系，对传统的理论、观点、命题等做出恰如其分的解释和阐发，挖掘其现实的价值和意义，而不能只是古董展览，毫无新意。当然，这种解释又必须是恰当和贴切的，是题中应有之义，而不能断章取义、生拼硬凑，更不能胡编乱造，搞“影射史学”。

认识到的东西，在实践中未必都能贯彻。上述原则和方法，本书也不敢说都已做到。而且，一本书的容量毕竟有限，本书无论在观点上还是材料上，都只能是导论性的，而不可能详尽、充分地展开。要想登堂入室，还须进而阅读有关史料和专著。我们相信，“入门既不难，深造也是完全可以做得到的”。为了弘扬中国传统文化，建设社会主义新文化，我们愿以此与大家共勉。

注释：

[1] 周文王的母亲太任，是殷部族挚国之女。周武王的母亲太姒，是夏部族莘国之女。晋献公的夫人有大戎狐姬、骊姬、小戎子，都是戎族女儿。赤狄、白狄常与晋室通婚。(参见钱穆:《中国文化史导论》第33—34页)

[2]《史记·匈奴列传》:“匈奴，其先，夏后氏之苗裔也。”

《后汉书·西羌传》:“西羌之本，出自三苗，姜姓之别也。”

《后汉书·乌桓鲜卑列传》:“乌桓者，本东胡也。”“鲜卑者，亦东胡之支也。”

《魏书·王禧传》:“鲜卑出于黄帝。”

[3]“中华”一词，魏晋时期开始出现，南北朝时已普遍使用。明朝开国皇帝朱元璋提出“恢复中华”的口号，使这一概念用于政治领域。“中华民族”一词首次见于官方文件是1913年西蒙古王公会议《通电声明》:“数百年来，蒙汉久成一家。……我蒙同系中华民族，自宜一体出力，维持民国。”(西盟王公会议招待所编:《西盟会议始末记》第41—45页)

[4]“中国”一词在先秦时期或指京师，与“四方”(诸夏)相对。(如《诗·大雅·民劳》:“惠此中国，以绥四方。”)或指中原地方，与四夷相对。(如《诗·小雅·六月序》:“四夷交侵，中国微矣。”)

中国古代所有朝代都不以“中国”为国名，但又都以“中国”为通称。明末清初，西方传教士东来，他们都称明、清两朝为“中华帝国”，简称即是“中国”。清康熙二十八年(1689年)订立的中俄《尼布楚条约》，中国首席代表索额图以“中国大圣皇帝钦差”署名，是首次以国际条约的形式将“中国”作为主权国家的专称。辛亥革命后，始以“中华民国”为国名。1949年中华人民共和国建立，则标志中国人民已获得彻底独立和解放。(参见阴法鲁等:《中国古代文化史》第一册，北京大学出版社1989年版)

[5] 后来，由于罗马教皇将中国礼教斥为异端，康熙皇帝才禁止传教士的传教活动。鸦片战争后，西方殖民主义者借传教进行文化侵略，引起中国人民的反抗。这又当别论。

[6] 电影《离开广岛的日子》中的主人公乌云并非完全虚构，也不是唯一的例外。

[7] 文字分表形、表意、表音三大类。古老的表意文字，除汉字外，还有古埃及文字、楔形文字等，它们都已失传。学术界过去有一种说法，认为表意文字是文字的原始阶段，不如表音文字先进，中国文字也必须走拼音化的道路。这个说法是不科学的，近年已渐被否定。

[8] 关于“六书”，班固《汉书·艺文志》、郑众《周礼解诂》(郑玄《周礼注》引)、许慎《说文解字》都提到，用语和次序略有不同。后世多采许慎之说，但次序略有调整。

[9]《康熙字典》收字47 000多个;《汉语大字典》收字56 000多个;1994年中华书局出版的《中国字海》收字达86 000多个。但是，其中大多数已不使用。1981年国家标准局发布的《信息交换用汉字编码字符集·基本集》收字6 763个(第一级3 755个，第二级3 008个)。国家语言文字委员会发布的《现代汉语常用字表》收字3 500个。供一般文化水平的人使用的《新华字典》收字8 500个左右。

[10] 有人做过实验:把同一年龄的非以汉语作母语的学龄前儿童分为几组，学习汉语和其他语言，结果汉语组学得最快。

[11](香港地区)安子介:《难学的汉字的新学习捷径》，载《中国传统文化与21世纪国际学术讨论会论文选集》，南京大学出版社1992年版。

参考书目：

[1] 钱穆:《中国文化史导论》，三联书店上海分店1988年版。

[2] 阴法鲁、许树安主编:《中国古代文化史》，北京大学出版社 1989 年版。
[3] 冯友兰:《中国哲学史新编》1—6 册，人民出版社 1982—1989 年版。
[4] 冯友兰:《中国哲学简史》，北京大学出版社 1985 年版。
[5] 张岱年:《文化与哲学》，教育科学出版社 1988 年版。
[6] 张岱年、方克立主编:《中国文化概论》，北京师范大学出版社 1994 年版。
[7] 李泽厚:《中国古代思想史论》，人民出版社 1985 年版。
[8] 李宗桂:《中国文化概论》，中山大学出版社 1988 年版。

本文为《中国传统文化导论》(商聚德、刘荣兴、李振纲主编，河北大学出版社 1996 年版) 的第一章。

儒学在21世纪的地位

21世纪正快步向我们走来，关心人类前途和命运的人们纷纷提出对未来的种种构想。其中，有一种观点特别引人注目，那就是对于东方古老文化——儒学的价值和意义的高度评价。1988年1月，全世界的诺贝尔奖获得者在法国巴黎开会，结束时发表宣言："如果人类要在21世纪生存下去，必须回头两千五百年，去吸取孔子的智慧。"[1]科坛巨子们的这个宣言，表明了他们对于当今世界存在的问题和危机的忧虑，同时也表现了他们对于儒学为代表的中国传统文化的敬仰和寄予的厚望。

一、21世纪人类面临的问题和危机

回顾即将过去的20世纪，无疑是一个伟大的世纪。百年间，人类在科学技术方面取得了无与伦比的辉煌成就，其物质成果，比前19个世纪的总和还要多。人类数次登上月球，宇宙飞船把仪器送上火星，航天飞机频频遨游太空，海陆空交通空前发达，无远不届，微电子通讯技术突飞猛进，已把世界联结成一个统一的"地球村"，其他如生物工程、医药学，以及传统的钢铁、冶金、化工、建筑等领域的成绩和进步也都十分可观，不胜枚举。

但是在科技进步的同时，带来的问题同样令人触目惊心。首先是人口爆炸式增长，大自然生态失衡。物质生活条件的改善，医药科学的进步，防病治病技术的提高，使人口死亡率大大降低，加上相对安定的政治环境，世界人口的增长遂成为本世纪一个非常突出的现象。世界人口达到第一个10亿用了两百年时间，本世纪初为16亿，而目前，世界人口已近57亿，并以每年9千多万的速度递增。据联合国的预测，到2025年，世界人口将达85亿，到2050年，可能突破100亿[2]。人固然可以创造财富，是能动的创造者；同时又要吃喝穿住，是财富的消费者。几十亿人口的消费加起来，对大自然形成了空前未有的压力。鳞次栉比的民居厂房，纵横交错的铁路公路，只能挤占成片的耕地；为了维持庞大人口的消费，就需要建更多更大的工厂，开发更多的资源，于是对大自然就难免进行掠夺式开发，这就不可避免地造成环境（水、空气、土壤）污染，能源过量消耗（而能源大多是一次性的，不可再生），森林过量采伐，植被破坏，土壤沙化，臭氧层变薄，地球的"温室效应"增强。这一切，导致生态失衡，农作物的病虫害肆虐；于是不得不大量使用农药，结果造成更大规模更加严重的环境污染，大自然被糟蹋得百孔千疮，居住环境日益恶化，一些莫名其妙的疾病开始出现，人类的生存已受到威胁。

其次是毁灭人类的战争阴影仍然存在。谁都不能否认，20 世纪在社会进步方面成绩是显著的。尽管发生了两次世界规模的人类自相残杀的大战，其后又经历了"两大阵营"的旷日持久的冷战和对抗，但是，随着 80 年代末苏联的解体，东欧剧变，世界格局发生了根本性变化，呈现出多极化的趋向；包括中国在内的广大亚洲、非洲、拉丁美洲人民的国家独立和民族解放斗争取得了决定性胜利，殖民主义土崩瓦解，种族平等、民族平等已不再是幻想，而一步步变成现实，广大劳动人民的生活状况确有了改善，这一切，如果与上一世纪相比，真有天壤之别。

但是，人们在感到欣慰的同时，又不能不为依然存在的严重问题和深刻危机而忧虑，尤其是战争的阴影依然笼罩在人们的心头。就世界范围说，虽然已经有了半个世纪的和平，但是地区冲突、国家冲突、民族冲突导致的局部战争却一天也没有停息过。作为科技进步尖端的军事工业的发展，积累起了能够毁灭地球无数次的核武库；激光制导炸弹、隐形飞机、复合装甲坦克、核动力航空母舰……种种现代化新型杀伤性武器层出不穷；至于常规武器生产和军火出口，更是迄今一直火爆的行业。这些杀人利器，当然都"不是吃素的"。据报载，当今地球上埋着 0.8 亿—1.1 亿枚地雷，涉及 62 个国家，两伊战争后的科威特已有 1 700 人踏雷身亡，不得不拿出 10 亿美元聘请美、英、法等 6 国的4 000 名专家排雷，而 3 年间，这些专家中竟有 83 人被炸死[3]。小小地雷危害竟如此之巨，其他可想而知。最近，德国又连续破获核原料走私案件，发出了核蔓延的危险信号。这一切都提醒着人们：世界并不太平。

其他社会问题也是令人触目惊心的：吸毒、赌博、卖淫，已成为文明世界的三大行业，其"从业人员"呈上升趋势；混乱的性生活导致艾滋病的蔓延，构成了对人类的又一个严重威胁；凶杀、抢劫、强奸、偷盗、走私……种种犯罪，屡禁不止；其他如家庭解体、人情淡漠、道德沦丧等老问题也是有增无已，且有泛滥全球之势。

这一切，怎能不引起有识之士的忧虑！就是在这种背景下，一些西方学者把眼光投向东方，在古老的儒学中发现了医治“现代病”的价值。

二、儒学能给 21 世纪提供什么

要回答这个问题，首先应该对儒学有个正确的认识。众所周知，儒学在中国历史上曾经长期作为官方意识形态，近代以来，却受到严厉的批判，甚至被看作万恶之源，被认为是中国迈向现代的主要障碍，是与现代化根本不相容的东西。但是，经过几十年的批判之后，人们终于发现，儒学中虽然有些东西确实应该抛弃，却不应也不能一概打倒，因为它自有其精华在。光辉灿烂的中国传统文化与儒学是不可分割的，伟大的中华民族精神与儒学精神是密切联系在一起的。因此，应该对儒学重新做出客观的评价。只有如此，才能正确解决传统与现代的关系问题，才能正确回答儒学与 21 世纪的关系问题。可喜的是，近十余年来，中外学者在这方面已做出了许多有益的探索，并一步步引向深入。下面，本文也谈谈对儒学的认识。

（一）儒学是爱人之学

儒学创始人孔子首先提出以仁为核心的思想体系，而所谓“仁”，其最基本的含义就是“爱人”。孔子的学生问仁，孔子以“爱人”二字作答。后儒以“仁”“人”互训，说“仁者，人也”。就是说仁是人之所以为人的本性，是做人的基本道理。文字学家解释“仁”字为“从人从二，相人偶也”。就是说，仁表明的是人与人之间的关系，其基本原则是首先要把对方当作人来看待。孔子讲“泛爱众而亲仁”，“博施于民而能济众”，都表达了爱人的意思。孔子的学生进而把仁说成是孔子的一贯之道，并解释说：“夫子之道，忠恕而已矣。”所谓忠，就是尽心竭力。孔子要求“与人忠”，“臣事君以忠”，自我反省时，考虑的问题之一是“为人谋而不忠乎?”可见，“忠”讲的是尽己以待人。所谓恕，就是推己及人。推己及人有消极积极二义，从消极方面说，“己所不欲，勿施于人”；从积极方面说，“己欲立而立人，己欲达而达人”，概括起来就是：己之所欲，以施于人。这就叫做“能近取譬”，即拿自己打比方，将心比心。古人说，“中心为忠，如心为恕”。既尽心竭力，又推己及人，这就是爱人。做到了这一点，就是仁。

孔子讲“泛爱”，“博施”，“四海之内皆兄弟”，带有爱一切人的意思。这诚然是他不可能做到的，但却不能不承认他在理论上提出了这个问题。《论语》载，马厩失火，孔子首先问是否伤了人，而不及马，这表明了他对于人——劳动者的关切。应该说，关切也是爱的一种表现。唐代韩愈说“博爱之谓仁”，显然加进了墨家“兼爱”的意思，但也不能说离开了儒家的本旨。当然，推究起来，儒家讲的爱人，有次序和程度的不同。孔子的学生有若说：“孝弟也者，其为仁之本欤！”孟子特别发挥此旨，讲“亲亲而仁民，仁民而爱物”，“老吾老以及人之老，幼吾幼以及人之幼”。就是说，对人的爱是由自身出发，根据亲疏远近的不同，一层层向外推出，首先是从对双亲的爱开始，进而爱家人（夫妻之爱、亲子之爱、兄弟姐妹之爱），进而爱乡人（亲戚、邻里、朋友），再进而爱国人，更进而爱天下人。正因为有这种次序的不同，儒家特重对父母的爱，把这种爱叫做孝，视恪尽孝道为一个人的最大美德。不仅要求子女尽其所能养亲、事亲，尤其强调子女对父母的尊敬之情与和颜悦色的态度。孔子并不把孝当作刻板的礼的规定，而是诉诸内心的真情实感，他以“子生三年然后得免于父母之怀”解释守孝三年的必要性，对父母爱子女和子女爱父母的人类崇高情感做了淋漓尽致的渲染。与突出亲子之爱相应，儒家特别重视家庭的稳定，强调一个人在家庭中承担的义务和责任，并由此生发出一整套家庭伦理，在儒家的理想家庭中，充满温馨和浓厚的人情味。

爱是人类所特有的一种十分美好的感情。儒家把爱人作为仁的本义，这一思想是十分崇高的。由于时代的局限，儒家的“仁”中，不免有其糟粕，但剔除了诸如愚忠愚孝等落后因素，不难发现其中的超时代的具有永恒意义的宝贵成分。对它们加以现代的诠释而弘扬之，对于解决当今乃至未来的社会问题，无疑将有重要意义。

（二）儒学是明伦守礼之学

儒家讲究伦常。伦的意思是辈、类，常的意思是经久不变（稳定）、普遍通行的道理。在家庭中和社会上，每个人依据辈份、年龄、身份的不同，都处在一定的位置，承担一定的角色，这便是人伦。儒家概括出五项最主要的人伦：君臣、父子、夫妇、兄弟、朋友，《中庸》把它们叫做“五达道”。所谓达道，就是天下古今所共由之路（朱熹注），也就是《庄子》所谓“无所逃于天地之间”。就是说，一个人不是君（在上位者）就是臣（在下位者），不是父就是子，不是夫就是妻……都处在一定的关系中。因此一定关系中的人就要承担一定的义务和责任，要遵守一定的原则，孟子解释为父子有亲，君臣有义，夫妇有别，长幼有序，朋友有信。在历史上，封建统治者为强化自己的统治，帮闲文人秉承上意，一味从谀，把五伦解释为在下位者对在上位者的绝对服从，否定和排斥在下位者的独立人格和相应的权利，当然是应该批判的。但推究起来，这些做法并不符合儒家（特别是孔孟）的本意。孔孟在讲君臣、父子等关系时从来都是对等的、双向的。要求君仁臣忠、父慈子孝、兄友弟恭等。孔子说的“君君，臣臣，父父，子子”，其意思也仅仅是，当君的要像个君的样子，当臣的要像个臣的样子……。它要求的是各尽其职，各守其分，并不是专对下不对上。孔子讲："君使臣以礼，臣事君以忠。"对君臣双方的要求是对等的。孟子更进一步说，君怎样对待臣，臣就怎样对待君以为回报："君之视臣如手足，则臣视君如腹心；君之视臣如犬马，则臣视君如国人；君之视臣如土芥，则臣视君如寇仇。"一还一报，咎由自取。《中庸》更告诫治理天下的人要奉行九经（九项常道）："曰修身也，尊贤也，亲亲也，敬大臣也，体群臣也，子庶民也，来百工也，柔远人也，怀诸侯也。"（体群臣就是视群臣犹如自己的四肢；子庶民就是视百姓犹如自己的子女。这两项尤其值得注意。）从这些论述中不难发现，它们贯穿着对在上位者严格要求、首先要求的意思。儒家以为，在上位者首先以身作则，遵守人伦规范，做出好的表率，就会引导全社会趋于自觉遵守，这样，社会才有序、稳定，和谐。儒家讲三纲五常，三纲（君为臣纲，父为子纲，夫为妻纲），孔孟没有说过，是西汉才明确提出来的。它的封建等级色彩过分浓重，加以后世"君叫臣死，臣不死为不忠；父叫子亡，子不亡为不孝"的渲染，其封建专制性被大大强化，成为冷冰冰、血淋淋、大悖人性的精神枷锁；其歧视妇女的思想更是与现代意识格格不入，因此，三纲总体上是应该抛弃的。但五常则另当别论。五常，即五种常行之道，其内容是仁、义、礼、智、信。它的形成有一个过程。《管子》把礼、义、廉、耻称作国之"四维"，即维系国家稳定的四种原则。《孟子》把仁、义、礼、智称作四端，又叫四心："恻隐之心，仁之端也；羞恶之心，义之端也；辞让之心，礼之端也；是非之心，智之端也。"将四心保存勿失，扩而充之，就发展为完善的四德。因此又说："恻隐之心，仁也；羞恶之心，义也；恭敬之心（辞让之心），礼也；是非之心，智也。仁义礼智，非由外铄我也，我固有之。"恻隐之心，即同情心，爱心，所以说是仁；羞恶之心，即羞耻之心，知善知恶的心，所以说是义；辞让恭敬之心，即知礼义、守礼仪、懂规矩的心，所以说是礼；是非之心，即明辨是非、正误、真假、美丑的心，所以说是智。汉代董仲舒把四德再配上信，称为五常。信就是诚实不欺的心，实实在在做到仁义礼智就是信。这五者，都是人之所以为人的本质特性，是"人固有之"的东西，儒家将它们揭示出来，大加提倡，对于纯洁人的心灵，提高人的思想境界具有深远意义。仁、义、礼、智、信都是抽象的原则，不同的时代可以注入不同的内涵。事实上，我们今天已经对它赋予了新的内涵。只要我们加以现代的诠释，它们无疑能焕发出新的光彩，而为世界人民和未来社会所接受。

（三）儒学是教养化育之学

儒家重视教育事业，从孔孟荀到程朱陆王，历代儒家大师都是伟大的教育家。儒家的教育具有一定的普及性，孔子以“有教无类”的博大胸怀，打破学在官府的局面，首开私人讲学之风，广泛接受庶民子弟入学，“自行束修以上”，未尝无诲。孟子更进一步提出性善论，以为“人皆可以为尧舜”，为广大人民群众普遍接受教育提供了理论依据。

对于教育的必要性，儒家大师们更是做了突出的强调。《三字经》说的“玉不琢，不成器。人不学，不知义”表达了儒家的基本信念。孟子认为，人虽然有向善的本性，如果没有良好的教育培养，则不可能自发地由可能性变成现实性，成为完全的人。孟子说：“苟得其养，无物不长；苟失其养，无物不消。”[4]荀子与孟子不同，提出性恶论，而其着眼点则在于，通过教育，“化性起伪”，去恶而达到善，从而殊途同归，得出与孟子大体一致的结论：“涂之人可以为禹。”

后世儒家沿着孔孟荀开辟的道路继续前进，将重教的思想发扬光大，并在教育实践上做出巨大成绩。许多儒家学者，出仕为官，每到一地，先以办学兴教为务，提携后进，奖掖人才；即使被贬到荒远偏僻之地，也不颓废，仍然恪尽职守，努力传播尧舜周孔之道，改变当地落后的文化面貌。他们创办的白鹿洞书院、岳麓书院等，名扬四海，保存至今；韩愈、柳宗元、苏轼、朱熹、王守仁等重道兴教、化民成俗的业绩，不但载入史册，还深深铭刻在人民的心中。

儒家在教育方针上首重德育，同时德、智、体、美，诸育并举，综合地看，具有全面性。“子以四教，文行忠信。”《论语》列举孔门十位高材生，分为德行、言语、政事、文学四科。孔子著名的六艺之教（礼、乐、射、御、书、数），包含了哲学、史学、文学、艺术、军事、数学等多方面的内容。其中，渗透着对完善人格养成和健全人才培养的热切关怀。当然孔子的教育思想也有不足，比如贱视劳动。后世儒家把重德育极端化，诸育并举发扬不够，尤其是在智能教育方面比较忽视，此类缺陷是应该批判的。

儒家在教育上注重理论联系实际，学以致用。据《论语》记载，孔子和学生经常习礼、奏乐、唱歌、驾车、射箭，讨论各种理论和实际问题；周游列国过程中，还常习礼大树下，弦歌不绝。孔子告诫学生：“诵诗三百，授之以政，不达；使于四方，不能专对。虽多，亦奚以为?”[5]就是说，学习不能停留在书本知识上，而应该努力掌握实际能力。朱熹将《中庸》的一段话作为“白鹿洞书院学规”：“博学之，审问之，慎思之，明辨之，笃行之。”也表现了对“行”的重视。

儒家在教学态度和方法上留下的宝贵财富更是数不胜数。仅以孔子为例，他学而不厌，诲人不倦；学无常师，不耻下问；好学深思，持之以恒；勤勉刻苦，虚心求实；学而时习，温故知新；存疑改过，知行统一……这些，都堪称典范。他因材施教，启发诱导；循循善诱，循序渐进……每一项方法都生动感人。

儒家讲“述而不作”，因此，从孔孟到颜元、戴震，都没有写出一部成体系的《教育学》，这是令人遗憾的。但在他们丰富的教育思想和教学实践中，实际上是存在着这样的“教育学”的。剔除其中的糟帕，其精华部分给予后世的教益应该是无穷无尽的。

（四）儒学是内圣外王之学

“内圣外王”一语出自《庄子·天下》篇，但它表达的却是儒家的理想人格。程颢曾赞叹邵雍之学是“内圣外王之学”[6]。“内圣”指内有圣人之德，“外王”指外施王者之政。《礼记·大学》讲格物、致知、诚意、正心、修身、齐家、治国、平天下，即所谓八条目，前五个条目讲自身道德的完善，属于内圣；后三个条目讲外在事功的建立，属于外王。儒家以为，内圣外王是统一的，内圣是外王的基础，是出发点、立足点和本质关键之所在；但内圣须落实在外王上，不应孤立地进行，不然，就与佛道二氏的虚无寂灭没有分别了。孔子说：“修己以敬，修己以安人，修己以安百姓。”孔子对道德修养无疑是非常重视的，但对外在事功也看得很高，比如他批评过管仲的违礼，但对于管仲辅佐齐桓公“九合诸侯，一匡天下”的显赫功业，则称赞为“如其仁，如其仁”。后世的儒家大师，大多能够坚持二者的统一（如董仲舒在《天人三策》中对政治的透彻分析，朱熹在诸篇《封事》中对时局的精辟阐述），还有的为官则做出显著成绩，用兵则立下赫赫战功。当然，也应承认，后儒（特别是理学家）也存在比较普遍的空疏毛病，空谈心性，轻视实务，以内圣压外王，甚至只会讲“正心诚意”，而废弃经世致用。此种偏颇，是有违于内圣外王的本旨的。

内圣作为一种与外王相统一的理想人格，表明了儒家对于充实的精神生活和崇高的精神境界的追求，其理论意义和实践意义都是值得肯定的，这在早期儒家代表人物身上体现得尤为突出。比如孔孟都表现了对使命的自觉，孔子自以为“天生德于予”，肩负着传播文王之道的使命，“任重而道远，仁以为己任，不亦重乎！死而后已，不亦远乎！”孟子以先觉者自命，宣称“平治天下，舍我其谁?”大有“自任天下之重”的气概。他们还都表现了对理论的自信，坚信自己主义的正确性，孟子屡屡说：“圣人复起，不易吾言。”他们还都表现了对人格的自尊，孔子不欲见权臣阳货，孟子反对挟贵而问，高扬“良贵”“天爵”。至于对道德的自律，则更是他们普遍坚持的操守。总之，内圣外王之学表现了儒家的入世情怀，他们以完善自我、造福人群为人生的理想，以立德、立功、立言为人生价值追求，以“为天地立心，为生民立命，为往圣继绝学，为万世开太平”为宏大抱负，“先天下之忧而忧，后天下之乐而乐”，遇到困难和挫折也不颓唐，不沉沦，尽可能积极地生活，尽量为社会有所贡献，给后人留下点有用的东西。这种人生态度是值得发扬的。

（五）儒家是天人合一之学

儒家称天、地、人为三才，认为人有与天地并立为三的地位。但是，与西方“主客二分”的观点不同，儒家以为天（包括地）与人的关系不是对立的，而是合一的。中国语言中“天”的含义比较复杂，有主宰、命运、义理、自然等义。值得注意的是，中国古人谈天，往往几种意思混在一起，并不做明确区分，因此，所谓天人关系也便带有某种不确定的模糊性质，“既包含着人对自然的能动地适应和遵循，也意味着人对主宰、命定的被动地顺从和崇拜。”[7]不过有一点倒是一致的，即不论天指什么，人都必须与天相认同，相一致，相协调。

孟子首先提出性天相通说，以为尽心可以知性，知性即知天。《易传》认为，人对于天地具有“裁成”“辅相”的作用，可以“赞天地之化育”，“与天地参”，“与天地合其德，与日月合其明，与四时合其序，与鬼神合其吉凶，先天而天弗违，后天而奉天时”。荀子甚至提出“制天命而用之”的著名命题。他们都高扬人的能动性。但是，儒家又都认为，人与天的关系不是对抗、征服，而是认识、利用、顺从、适应、遵循和效法。人生所需的一切，固然必须取自天地所生的万物，但这种索取应该是理智的、有节制的，应该“善假于物”，而不能“暴殄天物”。从这种人与自然、人事与天命相统一的观念出发，儒家认为，对于人生应该抱定“尽人事而听天命”的态度，即一方面要充分发挥人的主观能动性，尽力而为，积极进取，努力奋斗；另一方面，又要清醒地认识到，总有人所不能及的领域（受到主观能力及种种外在条件的限制），总可能有难以预料的情况（遭际）出现，因此挫折和失败也在所难免。明乎此，则一方面要尽其在我，一方面又不务其必成。即使失败了，也绝不懊丧，不自暴自弃。

汉代大儒董仲舒把天人合一观念引入政治论，提出天人相类、人副天数、天人感应的系统学说。此种天人合一论，诚然有不少牵强附会之处，但他认为，“人，下长万物，上参天地”，“超然万物之上，而最为天下贵也”[8]。天人之间，“数与之相参，命与之相连”[9]。他虽然讲了不少祥瑞、灾异、谴告之类迹近迷信的话，但当论及其原因时则明确地说：“治乱兴废在于己，非天降命不可得反。”[10]从而高扬了人的能动性。

宋明理学家着重阐发了性天合一论。他们说的“天”（天理），表现在人上则为性。张载最先提出“天人合一”的命题，说：“（儒者）因明致诚，因诚致明，故天人合一。”[11]“诚”指天道，又指圣人的精神境界；“明”指人对天道的认识和对圣人精神境界的理解。他认为，这二者是合一、统一的。程颢则认为："天人本无二，不必言合。"[12]"仁者以天地万物为一体。"[13]朱熹辨析说："在天曰命，在人曰性，在物为理。"[14]明清之际的王夫之也维护天人合一的提法，说："圣人尽人道而合天德，合天德者健，以存生之理；尽人道者动，以顺生之几。"[15]理学家们的天人合一论，不免有泛道德主义的倾向，但他们强调道德理性与自然理性的一致，还是有道理的。

天人合一思想比较复杂，正误精粗并存，但从基本倾向上说，都强调人与自然、人事与天道的统一和协调，表现了人对于实现主观与客观、人道与天道、人与环境之间的平衡与和谐的追求。这一思想，对于解决当今世界日益严重的环境污染、生态失衡等问题，当具有重要的启迪意义。

（六）儒家是追求和谐之学

追求和谐是中国传统文化的基本精神之一，而以儒家最具代表性。

儒家首先强调政治上的和谐。儒家六经之一的《尚书·尧典》赞颂帝尧的德行和功业："克明俊德，以亲九族。九族既睦，平章百姓。百姓昭明，协和万邦。黎民于辨时雍（友善和睦）。"《尚书·舜典》记载舜告诫百官："八音克谐，无相夺伦，神人以和。""和"是他们的基调。

孔孟继承了这一传统，都把政治上的和谐视为最佳政治状态。孔子说："有国有家者，不患寡而患不均，不患贫而患不安（一说当作"不患贫而患不均，不患寡而患不和"），盖均无贫，和无寡，安无倾。"[16]孟子说："天时不如地利，地利不如人和。"[17]他们对于政治上的上下团结、人民内部团结的重要性都做了突出的强调。

政治上的和谐扩而大之，就是世界和人类的和谐。儒家以世界大同、人类和平为理想。孔子说："善人为邦百年，亦可以胜残去杀矣。"[18]对于国与国之间的争端，主张以和平的方式解决："远人不服，则修文德以来之，既来之，则安之。"[19]反对擅动干戈，用武力扩展疆土，侵略弱小。

保持人际关系的和谐，更是儒家所强调的。孔子把"切切偲偲（互相督促劝勉），怡怡如也（和睦相处）"，看作是君子的作风[20]。主张"和而不同"[21]，"矜（庄重）而不争，群而不党（结党营私）。"[22]

再扩而充之，则是人与自然的和谐，乃至宇宙的和谐。先秦儒家把宇宙看成是一个大和谐。孔子说："天何言哉！四时行焉，百物生焉。"荀子发挥道："列星随旋，日月递照，四时代御，阴阳大化，风雨博施，万物各得其和以生，各得其养以成，不见其事而见其功，夫是之谓天。"而把日食、月食、地震、山崩、星坠木鸣、水旱灾害等看成是天地不和的表现。《中庸》说："万物并育而不相害，道并行而不相悖。"并进而把中和上升到本体论的高度，说："中也者，天下之大本也；和也者，天下之达道也。致中和，天地位焉，万物育焉。"

儒家讲和谐，但并不忽视对立和斗争。实际上他们追求的和谐正是对立的统一，是对立斗争的结果。早在先秦时期，就有"以他平他谓之和"之说，即把"和"看作是不同的因素、成分相参和的结果，而反对简单的同一。儒家学者大都承认对立的普遍性，如程颢说："天地万物之理，无独必有对，皆自然而然，非有安排也。"[23]但是他们又都主张事物斗争的结局是和谐。如张载说："有象斯有对，对必反其为。有反斯有仇，仇必和而解。"[24]直至王夫之，仍然维护这一观点，说："以气化言之，阴阳各成其象，则相为仇；刚柔、寒温、生杀，必相反而相为仇；乃其究也，互以相成，无终相敌之理，而解散仍反于太虚……和而解矣。"[25]

儒家学者在行事上也表现出追求和谐的倾向。如孔子"钓而不纲，弋不射宿"[26]；孟子告诫统治者，"数罟不入洿池，鱼鳖不可胜食也；斧斤以时入山林，材木不可胜用也"[27]。从中，朦胧地流露了某种生态意识，这是可贵的。

追求和谐作为一种人生观的致思倾向，形成了中国人顾全大局、讲求团结、尊重对方、舍己从人的精神，对于维护群体、保持稳定起了积极作用；作为宇宙观，则对于摆正人与自然的关系、具有深远意义。

三、对儒学在21世纪地位的估价

综上所述，儒学是人生之学、伦理之学、教育之学、人与宇宙关系之学，它博大精深，又不离人生日用；立意高远，又切近平实，真可谓"极高明而道中庸"。它植根于中国人的生活，有数千年的积累，有顽强的生命力，因此，虽然是古老的，又与现代息息相通。它曾给予世界（尤其是东亚）以巨大影响，经过创造性转化，定能焕发出新的异彩，成为世界人民的精神财富。

儒学既与人类文明大道相一致，又有自己的特点和特长。在其他民族先哲的论著中，或多或少也不难找到与儒学相近的内容，但像儒学这样丰富、完整、深刻、透彻的，实在并不多见。这大概就是诺贝尔奖获得者们垂青儒学的原因吧。

当然，包治百病的灵丹妙药从来没有，儒学也不可能解决世界所面临的一切问题。作为生于儒学故乡的中国人，对于儒学在当今乃至未来的文化建构中所处的位置、所起的作用，应该有清醒的认识和恰当的评价。

文化具有时代性。儒学是中国古代的官学，本质地说，它是属于封建时代的东西，对于现代和后现代，它只是作为精神遗产而起作用，而不会再是官方意识形态。因此，“儒学复兴”、“儒学第三期发展”等学说，尽管有人热心提倡，毕竟响应者寥寥。究其原因，就在于“已为时代所不容”。董仲舒、朱熹所以完成了改造儒学的事业，那是因为他们与孔孟同属于一个时代。今天，放眼全球，已经“换了人间”，政治经济都发生了翻天覆地的变化，并且在精神领域也产生了总体规模与整体水平上比儒学更先进的资本主义文化和马克思主义学说，儒学无论怎样改进，也难于将这些比自己先进的东西容纳吸收在自己的体系中“表而出之”了。当然，明确这一点，绝对不意味着否定儒学对现代乃至后现代的价值，更不应怀疑“中国文化的现代化”。“儒学”与“中国文化”是两个虽有密切联系，却又并不相同的范畴，儒学已成为历史，中国文化则既是历史，又是现实。事实上，一百年来，中国文化已经并正在走向现代。在这个过程中，由于种种原因，我们对中国文化的根——儒学保护、培植得不够，有时甚至斫伐、践踏，但这个根毕竟既深且固，虽有损伤，却未动摇，并且实际上仍然成为民族新文化的基础。改革开放以来，自我摧残民族文化根柢的蠢事已告停止，今后的任务是，如何将包括儒学在内的传统文化更好地与现代接轨，使中国文化之花开得更鲜艳，结出更丰硕的果实。

文化还具有多元性、多层次性。学术界一般把文化分为物质的、制度的、精神的三个层面。一般说来，前二者是基础，后者是指导。三个层面各有其相对独立性，又互相渗透，互相影响。儒学在这三个层面都有所建树，但论其所长，无疑主要在精神方面。对于前两个层面，主要应继续向西方学习，坚持“拿来主义”，消化吸收，为我所用；对于后一个层面，则主要应弘扬我们的优秀传统文化，同时吸收世界上一切有用的成分。展望未来，发达国家要保持优势，发展中国家正奋起直追，科技进步和工业发展不会稍歇，只会加速。“现代病”也许还会加重，但是，“现代病”的医治也只能在科技和工艺的发展中解决。儒学不能提供医治“现代病”的现成方案，但却有助于改变现代人的观念。人类走过的弯路已经不少，今后，在发展的同时要想少走弯路，在创造财富时少造一些“罪孽”，还是要吸收儒学的智慧。“天作孽，犹可违；人作孽，不可活。”为了保护我们赖以生存的地球，为了子孙后代，儒学确能给予我们宝贵的启示。

从人类进入“文明”时代以来，几乎都有战争相伴随。“人的恶劣的情欲——贪欲和权势欲成了历史发展的杠杆。”（恩格斯语）但是，人民毕竟向往和平，憎恶这类“恶劣的情欲”。人类在未来能否避免战争的噩运？人之间、国家间、民族间应该怎样相处？至今仍然是十分现实、十分迫切的问题。为了人类的前途和个人的幸福，重温古老儒学的一些箴言也许是有益的。它有助于抑制极端个人主义、民族利己主义和国家利己主义。在伸张个人权利的同时，尽量想到应该履行的义务和责任；在谋求自身发展时想到他人的发展；在谋求自己国家、自己民族繁荣时，想到其他国家、其他民族和全人类的共同繁荣。如果真能如此，那世界才会真正“充满了爱”。

儒学是“人学”。它致力于使人类变得更高尚、更文明；使社会变得更和谐，更有序；使发展变得更协调、更均衡。人们有理由预期，随着中国文化的日益走向世界，儒学将汇入现代化的海洋，增进人类的幸福。

注释：

[1] 转引自新加坡吴德耀《古今人对孔子的评价》，载于《走向世界》1989 年第 5 期“孔子诞辰 2540 周年特辑”。又见《中华文化——何来何去何从》，载于《中国传统文化与二十一世纪国际学术研讨会论文集》，南京大学出版社 1992 年版。

[2]《光明日报》1994 年 9 月 6 日。

[3]《光明日报》1994 年 7 月 30 日。

[4]《孟子・告子上》。

[5] [18] [20] [21]《论语・子路》。

[6]《宋史・邵雍传》。

[7] 李泽厚：《中国古代思想史论》，人民文学出版社 1985 年版。

[8]《春秋繁露・天地阴阳》。

[9]《春秋繁露・人副天数》。

[10]《天人三策》，见《汉书・董仲舒传》。

[11]《正蒙・乾称》。

[12]《河南程氏遗书》卷六。

[13]《河南程氏遗书》卷二上。

[14]《朱子语类》卷九十四。

[15]《周易外传》卷二。

[16] [19]《论语・季氏》。

[17]《孟子・公孙丑下》。

[22]《论语・卫灵公》。

[23]《河南程氏遗书》卷十一。

[24]《正蒙・太和》。

[25]《张子正蒙注》卷一。

[26]《论语・述而》。

[27]《孟子·梁惠王上》。

原文载于《儒学与廿一世纪——纪念孔子诞辰2545周年暨国际儒学讨论会会议文集》，华夏出版社1986年版。又见《河北大学学报》1995年第2期，标题为《儒学精神及其现代意义》。

弘扬儒家道德精神

历史上，中国一向被世界视为礼义之邦，“讲道德、说仁义”，向来被认为是中国的优良传统、良好风范。近代以来，随着社会制度的急剧变化，国家政权的迅速更替，其后又加上政治运动的频繁发动，意识形态、道德观念也发生了天翻地覆的变化。往日被尊奉为神圣的东西失去了光辉，新道德、新风尚不断出现。但是，在肯定成绩的同时也应承认，新道德的建设任务还远没有完成，新的道德观念虽经不断提倡，但口号既多，转换又快，以致一时还难以牢固扎根；“文革”十年，批儒批孔批“走资派”，索性连革命中被尊奉的优良传统也一古脑地与“封、资、修”一起“扫入历史垃圾堆”，甚至连长期作为党内学习材料和整风文献的《论共产党员的修养》也被扣上黑帽子。此类极“左”做法引起的严重思想混乱至今未能完全消除，包括道德建设在内的社会主义精神文明建设仍然是艰巨而长期的任务。因此，认真总结以往的经验教训，积极吸收古今中外人类道德文明的优秀成果，尤其是弘扬中国（主要是儒家）优秀的道德精神，是当今时代的重要课题。

一

弘扬儒家道德精神，首先应该为它“正名”，摘掉曾经加给它的种种“黑帽子”，确立其在人们心目中应有的地位。

儒家道德精神是中国传统道德遗产的主体，它源远流长，具有深厚的民族性和人民性，两千多年间，一直主宰着人们的思想，指导着人们的行动，调整着人际关系，有效地维护了社会的稳定和发展。它已经渗透到中华民族的血液中，贯注在广大人民群众心灵的深处。中华民族的光荣伟大是与儒家道德精神密不可分的。近百年来，儒家道德精神（与整个中国传统文化一起）经受了时代风雨的洗礼，受到空前严厉的批判。这种批判的历史功绩是应该肯定的，但对其负作用也不能低估。为了建设社会主义精神文明，人们从近百年来意识形态领域斗争的经验和教训中，从周边国家和地区（尤其是日本和“亚洲四小龙”）经济起飞与道德建设经验的借鉴中，经过反复磨勘，逐渐认识到儒家道德精神不应该也不能够简单抛弃和否定，运用得好，它将成为一笔巨大的精神财富。因此，弘扬儒家道德精神作为精神文明建设中的一项重要任务被提上了日程。

弘扬儒家道德精神，尚须破除一些似是而非的观念。

一是认为，儒家伦理道德是封建道德，提倡它有封建复古主义之嫌。这未免将问题简单化了。儒家道德确实曾是封建社会的官方意识形态，但却不应简单地将二者划等号，儒家道德不仅具有阶级性，还有民族性和人类性的一面。它不单是统治阶级意志的化身，而且是凝结了人际交往的一些具有普遍意义的准则，即使在历史上，它们也不仅仅是体现统治阶级的利益，而是在一定程度上表达了全民的共同愿望和要求。

在这里，引用列宁的一段教导当是有益的。他说：“无产阶级文化并不是从天上掉下来的，也不是那些自命为无产阶级文化专家的人杜撰出来的，如果认为是这样，那完全是胡说。无产阶级文化应当是人类在资本主义社会、地主社会和官僚社会压迫下创造出来的全部知识合乎规律的发展，所有这些大大小小的途径，无论过去、现在或将来，都通向无产阶级文化……只有用人类创造的全部知识财富来丰富自己的头脑，才能成为共产主义者。”（《青年团的任务》，《列宁选集》第 2 版第 4 卷第 348 页）列宁是从整个文化的角度讲的，其精神对于道德建设当然也是适用的。

一是认为，儒家道德早已完成了它的历史使命，即使有合理因素也早已丧失了现实性，因此，它已不能维系现代社会，而只能成为现代社会的阻力。这种观点貌似有理，其实也是片面的。人们总是生活在一定的文化传统中，传统并不是想割断便能割断，想抛弃就能抛弃的。尤其是道德传统，其继承性特别突出，是不可能完全彻底地推倒重建的。儒家道德在两千年间深深地影响和陶铸了中华民族的道德心理和道德行为，并在一定程度上塑造了我们的民族性格。因此，它不会随着封建制度的解体，一夜之间全都失去作用。事实证明，直至今天，在广泛的社会生活中，它仍然是个巨大的存在，仍然不知不觉地发挥着维系中国社会的道德纽带的作用。属于“儒家文化圈”的东亚诸国和地区自 20 世纪 70 年代以来经济和社会的飞速发展，有力地宣告了“儒家道德不适宜现代工业社会”论调的破产，它至少从一个角度证明，儒家道德绝不是与现代社会不相容，它不但不是阻力，甚至还是一种助力。因此，自觉地弘扬儒家道德精神，将其优良传统大力提倡，对其消极的东西加以排斥和消除，才是正确的态度。

二

弘扬儒家道德精神，需要加深对这种道德精神的认识，把握其内在特点，从而为建设社会主义精神文明提供资料或借鉴。儒家道德精神的特点很多，本文试举以下数点。

1. 重视道德形上学的建构

重视道德形上学的建构是儒家道德精神的一个突出特点。儒家大师们总是从人性中寻找道德的根源。孟子倡性善论，认为道德心是人之所以为人的本质属性，由于它是人所独有的区别于禽兽（高于动物）的属性，所以叫善性、良心；由于它是先天固有的，所以称之为良知、良能。孟子强调，这种善性“我固有之”，“非由外铄”，就是说，它就存在于人本身中，不是外在的、强加的，只要是人，就都具有这种规定性，从而具有最大的普遍性。在这个意义上，没有圣凡的界限，“圣人与我同类者”，“人皆可以为尧舜”，从而为人可以接受教化、教育，发展为完善的人，提供了普遍的理论依据。荀子倡性恶论，以为“人之性恶，其善者伪也”。所谓“伪”，即人为，主要指教化和熏陶。荀子强调后天的努力，强调教育和环境在人性形成和完善过程中的作用，是有其积极和明睿之处的。但他所谓的性，并不是人之所以为人的本性（特殊性），而是指人的欲望，他认为，这种欲望如果不加以限制和引导，就可能发展为“犯分乱礼”，种种坏事都可能做出来，因此才说它是“恶”的。荀子强调的是“化性起伪”，但他实际上也是承认人具有接受教化、发展为完善的人的可能。认为人“皆有可以知仁义法正之质，皆有可以能仁义法正之具”，因此，“涂之人可以为禹”。这个结论和孟子正是一致的。后儒在人性论上继续发展，提出“性三品”“善恶混”“天命之性与气质之性”等理论，说法虽有所不同，但在承认人在本质上有高于动物的属性这点上是一致的，都在某种程度上继承了孟子的性善论。孟子所谓性善，仅是认为先天固有的“善端”（善的萌芽，或者说善的可能性），并不是说人生来就仁义礼智四德全备。只有对于这种善端“心勿忘”“勿助长”，保存勿失，“扩而充之”，勤加培养（自然离不开师长的教诲），才能够发展为完善的善性。如果一曝十寒，或被坏的外在环境所污染，“旦旦而伐之”，固有的善性就将被斫丧，就离禽兽（动物）不远了。

长期以来，我们把孟子的性善论当作先验唯心论加以批判，很难说是中肯恰当的。因为孟子（乃至后儒）并不认为人生来就有道德，而只是认为，人之为人在于有道德，而其根据在于，只要是人就有可能有道德。（动物无论怎样培养训练，都不可能具有道德）因此，性善论是对人性的一种高扬，是在建构道德形上学方面的巨大贡献。因为它不从上帝那里找根据，也不从鬼神那里找根据，而直接归结为人本身。从世界文化史上来比较衡量，它也是熠熠生辉的。

性善论作为道德形上学可以说是一种信仰。著名学者钱穆曾论及这种信仰的重要意义："只有信仰人性有善，人性可向善，人性必向善，始有人道可言。"（《民族与文化》，香港新亚书院 1962 年版）所谓信仰，就是一种理论设定。在道德根源的探讨上，这种设定是必要的。反思新中国成立以来的道德建设，固然也取得了不少成绩，但在道德形上学的建构上则是相对薄弱的，而此点又与对孟子性善论的盲目批判密切相关。此种教训是应该吸取的。

2. 自觉性与规范性的统一，但更强调自觉性

儒家道德精神是自觉性与规范性的统一。人生在世，总是处在一定的人际关系当中，总要和别人相接触、相交往。为了使社会生活能够有序地进行，而不致于陷入混乱，就必须有一定的规矩、规范以至仪式、程序，这些就是所谓"礼"。

儒家认为，礼作为道德准则和行为规范不应该是强加的、强制的、生硬的、冷冰冰的，而是缘于人情而建立的："礼者，因人之情，缘义之理，而为之节文者也。"（《管子·心术上》）礼不是桎梏，而是在人们多年的社会实践和人际交往中逐渐自然形成的规矩，先王（古代的政治家、思想家）只不过将它们条理化罢了。对于这种规矩的遵守，是为人处事和人际交往的普遍需要。因此，明伦守礼才是合道德的；反之，则是不道德的。孔子反复告诫他的学生"立于礼"，"不学礼，无以立"。可见，道德总是以一定的规范（礼）作为外在标准的。

另一方面，道德又是主体的一种自律活动，因此贵在自觉。孔子在讲"礼"时，往往强调把外在的规范（礼）内心化，内化为主体的自觉需要而成为心中的道德律令。他在讲"三年之丧"的道理时，突出的是每个人都有"三年之爱于其父母"的亲子之情，就是绝好的证明。孔子还说："人而不仁，如礼何？人而不仁，如乐何？""为仁由己，而由人乎哉？""仁远乎哉，我欲仁斯仁至矣"，"有能一日用其力于仁矣乎，我未见力不足者"，"君子求诸己，小人求诸人"，等等，讲的都是这个意思。孔子这种强调道德自觉性的倾向得到后世儒家的普遍认同和发展，他们讲"吾日三省吾身"，"反身而诚"，"慎独"，"不诚无物"，"先立乎其大者"，"发明本心"，等等，使道德自觉性的理论得到充分发展。

3. 全面性和凝炼性的统一

儒家伦理是全面的，举凡各种人际关系中各种不同的人所应遵守的道德规范，几乎都有所涉及。最有名的就是所谓“五达道”，即君臣、父子、夫妇、兄弟、朋友之间的关系，以为这是“无所逃于天地之间”的最普遍的人际关系，所以儒家讲得最多，最充分。他如师生（师徒）之间、长幼之间、邻里之间、亲友之间、家庭内部的妇姑、妯娌、姑嫂之间等，也都有所论及。对于每个人（一切人）所应共同遵守的道德规范，致力尤多。单是《论语》中提出的就有：仁、义、忠、恕、孝、悌、德、慈、诚、敬、礼、爱、友、善、知、勇、恭、宽、信、敏、惠、温、良、俭、让、中庸、和、顺、恒、齐、刚、毅、木、讷、贞、谅、质、直、明、聪、清、廉、谦、孙（逊）、谨、睿、正、愿、耻、圣、贤、坦荡等50余个，还有三戒、三畏、九思等。后世儒家又加以发展，并做出种种概括，如六德（知、仁、圣、义、中、和）、六行（孝、友、睦［亲于九族］、姻［亲于外亲］、任［信于有道］、恤［振救忧贫者］）、四维（礼、义、廉、耻）、八德（忠、孝、仁、爱、信、义、和、平）以及三纲、五常等。在这些德目中，流传最广、影响最深的当推三纲五常。“三纲（君为臣纲、父为子纲、夫为妻纲）思想定型于西汉，其维护君权、父权、夫权的封建专制色彩的确十分浓厚，它只强调君、父、夫是臣、子、妻的纲（主导、统率），却没有同时提出对居于统率地位者的相应要求，在上位者只有权利，没有义务；在下位者只有义务，没有权利。这实际上是有违于儒家道德精神实质的。（详见下文）它一开始便是封建统治者手中的工具，后世又发展到“君叫臣死，臣不死为不忠；父叫子亡，子不亡为不孝”的愚忠愚孝观念；尤其是片面强调夫对妻的绝对统治，只要求女人对男人的贞节，成为迫害妇女的“忍而残杀之具”，随着封建制度的结束，这些观念之被彻底抛弃是理所当然的。（如果一定要从中寻找合理性，也不能说一点没有，比如，在下位者总应该以在上位者为主导，不然就无法维持社会的正常秩序；子女尤其是未成年时期总应该接受父母的教诲和指导。）但它毕竟太绝对太片面了。何况用“君臣”来指代“上下级”也不尽合适，尤其是“夫为妻纲”，与男女平等观念根本不相容，所以，“三纲”的提法已经失去了现实性。

“五常”（仁、义、礼、智、信）则不然。它们不是如君臣父子那样的具体观念，而全是抽象的观念。它早在先秦时期即已形成，在发展中为儒、墨、法各家所认同，不断充实，不断完善，并且可以注入新的内容，做出新的解释，从而成为中华民族公认的道德准则，在历史上起了重要作用。

“仁”的本义是“亲也，从人从二”。（许慎：《说文解字》）就是说，仁是人与人之间的关系准则，是最普遍的为人之道。《孟子》和《中庸》都说："仁者，人也。"其基本精神是"爱人"，是对人的同情心、恻隐之心。所以说，仁是"爱之理，心之德"。这种爱的感情，从亲情出发，层层推及于家、国、天下，"老吾老以及人之老，幼吾幼以及人之幼"，"亲亲而仁民，仁民而爱物"，"四海之内皆兄弟也"，推广开去，"仁者以天地万物为一体"，"民吾同胞，物吾与也"。

"义"的本义是"宜"。即适宜、恰当、应该、应当。是由仁心出发而生出的裁制、判断。孟子把羞耻心叫作义，说："羞恶之心，义也。"《中庸》说："义者，宜也。"朱熹综合起来，以"心之制，事之宜"解释"义"。王守仁也说："心得其宜谓之义。"总之，义是事理之当然，也是人事之所当为。古代劳动人民对"义"特别推重，把互相帮助、扶危济困、除暴安良、打抱不平称作"义气""义举"；成语如"义不容辞""义无反顾""义正辞严""义愤填膺"等，也都表明它的入人之深。

"礼"的本义是制度、规范、仪式、准则，作为道德范畴，指守规矩的心。孟子解为"辞让之心""恭敬之心"。礼的内容是随着时代发展变化的，但任何时代都不可能没有"礼"，因此，"守礼"、守礼之心也是永远需要的。

"知"，同智。孔子说，知的含义是"知人"。又说："知者不惑。"孟子解知为"是非之心"，即知是知非的心。《中庸》说："好学近乎智。"智的一般含义是聪明、智慧，而作为伦理范畴则主要指儒家智慧，即明辨是非的心理、素养和能力。不言而喻，作为一般性的范畴，它的适用性也是极其广泛的。

"信"的本义是诚实不欺。孔子很推崇信，认为取信于民是从政治国的准则之一："道千乘之国，敬事而信"，"民无信不立"，"君子信而后劳其民"，"信则民任焉"。作为伦理范畴，信也很重要。诚实守信是自我修养的基本原则之一，孔子说："弟子入则孝，出则悌，谨而信……""君子义以为质，礼以行之，孙以出之，信以成之，君子哉！"总之，信是君子的一种美德。信又是交友的基本准则，孔子把老安少怀、"朋友信之"作为自己的志向，孔门弟子也一再说："与朋友交，言而有信"，经常反省自己"与朋友交而不信乎？"同时，信还是立身处世的基本准则，孔子说："言忠信，行笃敬，虽蛮貊之邦，行矣；言不忠信，行不笃敬，虽州里，行乎哉？""人而无信，不知其可。"守信作为人际交往的普遍准则是公认的，是超时空的。

"五常"在古代，诚然有其特定的内含，有其时代性和阶级性的烙印。但由于它们是抽象概念，有很高的凝炼性，其抽象意义便具有极大的适应性。儒家的其他道德范围，如忠、恕、诚、敬等等，也大多具有这种性质。由于它们已经成为汉语的基本词汇，因此，事实上早已被不断赋予新的含义，有不少成分已成为社会主义新道德的一部分。

4. 责任义务双向要求，尤其强调在上位者的表率作用

儒家伦理作为协调人际关系的原则，其精神之一是它的双向性，即对在上位者与在下位者的责任和义务同时提出要求。孔子说："君使臣以礼，臣事君以忠。"含有双方互相对待、一还一报的意味。孟子发展为"五伦"说："父子有亲，君臣有义，夫妇有别，长幼有序，朋友有信。"《中庸》把这五种关系称为"五达道"，对于五伦的双方，进一步明确其道德要求：君仁臣忠，父慈子孝，夫义妇顺，兄友弟恭，朋友互信等。宋儒对此做出进一步论述，认为，君臣之间的关系应该是，民以君为心，君以民为体；民以君为尊，君以民为贵。"君臣上下，两尽其道，天下岂有不治者哉！"（《朱子语类》卷二十五）可见，儒家伦理精神是对在上位者与在下位者对等要求、同时要求。封建专制的事实是存在的，但说儒家（特别是先秦儒家）主张专制，则并不符合实际。

尤其值得注意的是，儒家还对在上位者提出首先要求和严格要求。《礼记·大学》说："自天子以至于庶人，一是皆以修身为本。""一是"就是一切人，天子也不例外，也要把修身作为根本，这就把君主与普通人同等要求了。孔子说："君君，臣臣，父父，子子。"许多人把它讲成主张封建专制，这其实是误解。这四句话只是说，当君的要像个君的样子，当臣的要像个臣的样子，以此类推，当N的要像个N的样子。它要求的是处于各种地位、各种角色的人，各尽其职，各守其分，并不是只对下，不对上。而且从话的次序看，它隐含的意思应该是，君不君，则臣不臣；父不父，则子不子。此点从孟子的话中就看得很清楚："君之视臣如手足，则臣视君如腹心；君之视臣如犬马，则臣视君如国人；君之视臣如土芥，则臣视君如寇仇。"要求不仅是对等的，还对在上位者首先要求和严格要求。由此出发，儒家特别强调在上位者的表率作用。孔子说："政者，正也。子率以政，孰敢不正？""其身正，不令而行；其身不正，虽令不从。""君子之德风，小人之德草，草上之风必偃。"孟子说："君仁，莫不仁；君义，莫不义；君正，莫不正。一正君而国定矣。"《礼记·大学》说："一家仁，一国兴仁；一家让，一国兴让；一人贪戾，一国作乱：其机如此。此谓一言偾事，一人定国。"这些话的意思是：居上位的做出榜样，带个好头，居下位的也就跟着效法，社会就归于治；反之，居下位的也就跟着学坏，社会归于乱。因此，儒家赞美敢于向君主进行批评的人，孔子把谏阻商纣的微子、箕子、比干称为"殷之三仁"；孟子说："唯大人（大德之人）为能格（纠正、匡正）君心之非"。过去，我们常批评儒家此类思想是英雄史观，说是无视人民群众的作用，其实并不准确。任何社会总有领导者与被领导者的区分，就道德的奉行说，居上位者的表率

作用和影响力总是更大些，俗话所谓“上梁不正下梁歪”，与儒家说的正是一个意思。这确实是不争的事实，含有不容否认的真理性。直到今天，我们依然强调干部的带头作用和表率作用，其间的道理正是相通的。

5. 辨义利

儒家有“义利之辨”，多年来备受批判。直至最近，还有人认为“重义轻利”不符合商品经济要求，妨碍社会发展。这是一个大问题，非三言两语所能说清，这里仅提出几点。

首先，儒家对于国家、民族的大利是主张努力求取的，孔子讲的“足食，足兵”，孟子讲的“制民之产”，“谷与鱼鳖不可胜食，材木不可胜用”等都是明证，而只反对追求一己的私利。在这个意义上，公利是义（合道义的），私利才是利。程颐说：“义与利，只是个公与私也。”（《河南程氏遗书》卷十七）就是这个意思。

其次，儒家并不认为求利本身不道德，而是反对不道德地求利，因此主张以义制利。追求物质利益，获得现实利益，可以说是人的自发倾向，对此，儒家是很清楚的。孔子说：“富与贵是人之所欲也。”孟子说：“欲贵者，人之同心也。”程颐也说：“人情莫不欲利。”“利者，众人之所同也。”（《周易程氏传》卷三）但是利的获得，则应符合道义。孔子说：“富与贵是人之所欲也，不以其道得之，不处也；贫与贱是人之所恶也，不以其道得〔去〕之，不去也。”又一再讲，“义然后取”，“见得思义”。俗语“君子爱财，取之有道”，说的正是这个意思。

第三，儒家反对不顾道义，一味求利。孔子说：“邦有道，穀（出仕，受禄）；邦无道，穀，耻也。”“不义而富且贵，于我如浮云。”有个学生帮助权臣聚敛，孔子生气地宣布：“非吾徒也，小子鸣鼓而攻之可也。”梁惠王问何以利吾国，孟子回答说：“王何必曰利，亦有仁义而已矣。”他的理由是：如果国君、大夫、士庶人都不顾道义，唯利是求，那么，“上下交征利而国危矣”！所以一个人只懂得利，不顾其他，是小人；不一味求利，而懂得道义的，是君子。孔子说的“君子喻于义，小人喻于利”，就是这个意思。

第四，当物质利益与道德正义不能兼顾时，儒家主张宁可舍去物质利益（甚至生命），也要维护道德正义。孔子说：“志士仁人，无求生以害仁，有杀身以成仁。”孟子说，当生命和道义不可得兼时，宁可“舍生而取义”。毫无疑问，这是一种很高的觉悟，是崇高的精神境界。

儒家的义利之辨着重的是“居心”，即出发点。孟子说：“君子所以异于人者，以其存心也。君子以仁存心，以礼存心。”人生都必须以一定的物质条件为基础，不考虑

“利”是不可能的。但考虑利时想到义，把利控制在道义所允许的范围之内，在一定情况下甚至舍利存义，这就是“义”；一事当前，只考虑“利”，或虽也曾想到了义，但最终屈从于利，这便是“利”。可见，作为道德原则的重义轻利，并不是否认物质利益，也不一概否定对物质利益的追求，而只是要求用道义的原则对追求物质利益的出发点和手段加以限制。这一思想，不但在历史上起过重要作用，在今天也有很强的现实意义。重利是人们普遍的自发倾向，不能否定，只应善加引导。（孔子早就说过：“因民之所利而利之。”）但不能唯利是图，不能因贪图小利而忘记长远大利。（孔子早就说过：“无见小利……见小利则大事不成”）为了全社会的利益，要对人们求利的动机和行为有所规范，用法律和道德加以制衡。社会上诚然有发不义之财的人，但从最终意义上说，只有义中取利，合义之利，才是长远的利、永久的利。对于个人如此，对于国家民族也是如此（极端的国家利己主义、民族利己主义行不通，最终受害的是自己的国家和民族），对于人类也是如此（要呼唤生态道德、地球意识，不然，最终受害的是全人类）。

三

弘扬儒家道德精神，重在实行。这不单是个学术理论问题，更重要的是个实践问题。将儒家优良的道德精神推行于广泛的社会实践中去，是当前迫切需要加以解决的任务。应该承认，由于多年来的大批判，儒家道德在人们心目中的地位有些黯然失色；一些人在日常言谈中，还时不时有“不要来孔老二那一套”之类的话出现。对于儒家道德还有没有现实意义，也仍有人持怀疑态度。因此，当务之急是首先要给儒家道德“恢复名誉”，不仅是在学术圈子里讨论，重要的是要在全党全国取得共识，扭转长期以来的对于儒家道德的一些片面的、错误的想法、说法和做法，在全民中培养对于儒家大师及其道德精神的爱敬之心。

在这方面，新加坡等国家和地区的一些做法可资借鉴，如，以法规或文件的形式，正面肯定儒家道德精神的价值，以使其具有一定的权威性；在大中小学课程中，适当增加儒家道德的内容（这绝不是恢复“尊孔读经”，而是要加以适当的选择、分析和评价），以使广大青少年从小受到优良的道德精神的熏陶；再就是要自上而下地加以贯彻推行，辅之以相应的奖惩措施，对干部、对学校领导和教师，提出更严格的要求，等等。

弘扬儒家道德精神必须贯彻批判继承的原则，区分精华与糟粕，精择而审取，剔除其已经过时的内容。对于它的优秀部分，也需要做出新的诠释，给予新的阐发，以实现传统与现代的接轨，使古老的命题成为当代人可以接受、容易接受的东西。

弘扬儒家道德精神是社会主义精神文明建设的重要部分，解决得好，对于促进社会风气的根本好转，对于促进社会主义建设，都是有重要作用的。

注：为节省篇幅，本文对引自《论语》《孟子》《荀子》的资料一律未注出处。

原文载于《河北大学学报》1996 年第 4 期；收入《儒家伦理与公民道德国际学术研讨会论文集》，中华工商联合出版社 1996 年 8 月版。《高校文科学报文摘》1997 年第 2 期刊登了本文摘要。

传统义利观要义及其改造与转换

义利观是中国传统哲学特别是其道德观、价值观的核心问题之一。本文说的传统义利观主要指儒家义利观。在很长的历史时期里，传统义利观在统一人们的思想、规范人们的行为、维系社会的稳定等方面起过巨大的积极作用；同时也有其消极方面和流弊。近代以来，在一次次清算封建主义流毒的运动中，传统义利观备受指责，直到近年间，一些论者还动辄把它与社会主义市场经济对立起来，视之为压抑个性、妨害竞争、阻碍经济发展的陈腐观念。这表明，如何恰当地评价传统义利观，如何确立新的正确的义利观，还是一个需要进一步加以讨论的问题。

一、传统义利观要义

传统义利观是一个具有丰富内涵的思想体系，其要义至少有如下几层意思：

（一）义利两有，义高于利

“利”的基本含义是利益，首先指物质利益。“义”的基本意思是“宜”。《中庸》说：“义者宜也。”“宜”就是应当、应该、适宜、合理，是人们对思想行为做出的裁断。因之，义便指道德原则。（仁是最高的道德原则，义则泛指道德原则。说见张岱年：《中国古典哲学概念范畴要论》）儒家认为，义利两者，人人都有，但它们的意义和价值不同，是应该明确加以分辨的。

“利”是人的自然要求，反映的是人的物质生活需要。人要活着，都必须吃喝穿住，获取外物以养育自己。如荀子所说：“饥而欲食，寒而欲暖，劳而欲息，好利而恶害，是人之所生而有也，是无待而然者也，是禹桀之所同也。”（《荀子·荣辱》，又见《非相》）“利”不仅是与生俱来的自然要求，并且还具有自发取优的倾向，荀子所谓“目好色，耳好声，口好味，心好利，骨体肤理好愉佚”（《荀子·性恶》），说的就是这种情况。单以吃来说，就有求充饥——求适口——求甘旨——求色香味俱佳，甚至求丰盛，求排场，“食前方丈，侍妾数百人”（《孟子·尽心下》），不一而足。诚然，确有对生活怀抱淡泊态度的人，“食不待甘旨，果腹而已；衣不待轻暖，护体而已”。但具有这种心境的人毕竟不多，一般而言，欲壑难填，倒是通病。因此，应该如何对待“利”，便成为古代思想家们认真加以讨论的重要问题。儒家学者认为，义利两有，但义高于利。首先，作为前提，他们承认求利本身无可厚非。孔子说：“富与贵，是人之所欲也；……贫与贱，是人之所恶也。”（《论语·里仁》）孟子说：“欲贵者，人之同心也。”（《孟子·告子上》）荀子说：“义与利者，人之所两有也，虽尧舜不能去民之欲利。”（《荀子·大略》）他们都承认，物质需要（以及与此有密切关系的富贵）是人的一种自然要求，其本身没有什么不正当的。

但是，他们并不是正面论证求利的正当性，而是认为，对于求利必须加以限制，在他们看来，物质利益的满足和追求，按其自发性说，是没有止境的，而物质生活资料却是有限的，不可能满足每个人的所有需要，如果不加以某种限制，势必发生冲突、争夺。荀子很精辟地讲到这个问题，他说：“人生而有欲，欲而不得，则不能无求；求而无度量分界，则不能不争；争则乱，乱则穷。先王恶其乱也，故制礼义以分之，以养人之欲，给人之求。”（《荀子·礼论》）这就是说，求利的欲望是与生俱来的，因此不能禁止，而应该给予适当的满足，礼义就是为了调养人们的欲望，满足人们的要求而设置的。由此可见，儒家并不主张禁欲，而是主张节欲；并不一概抹杀人们的物质欲望和要求，而是主张对这些欲望和要求加以必要的限制。这个限制便是“义”。懂得这种限制，是人之所以为人的本质属性的表现，是人高于万物的根本所在。荀子说：“水火有气而无生，草木有生而无知，禽兽有知而无义，人有气有生有知亦且有义，故最为天下贵也。人力不若牛，走不若马，而牛马为用，何也？人能群，彼不能群也。人何以能群？曰：分。分何以能行？曰：义。”（《荀子·王制》）

由此看来，“利”反映的是人的物质生活需要，是最基本的但又是低层次的要求；“义”反映的是人的精神生活需要，是高层次的要求。一个人如果只是一味求利，那未免还停留在动物性的水平；而懂得追求义，才是人之所以为人的可贵之点。因此，义高于利。对此，董仲舒讲得很清楚：“天之生人也，使之生义与利，利以养其体，义以养其心。心不得义不能乐，体不得利不能安。义者心之养也，利者体之养也。体莫贵于心，故养莫重于义。”（《春秋繁露·身之养〔莫〕重于义》）这就是说，人既有身体，又有心灵，两者都需要一定的东西来奉养，利是养身体的，义是养心灵的，而心是身的主宰，因此心高于身，义也就高于利。宋明理学家对于这个原则也是承认的，而特别强调对私欲不可放纵，不可唯利是求。程颐说："君子未尝不欲利，但专以利为心则有害。"（朱熹《孟子集注》转引）朱熹说："饥食渴饮……这是天教我如此。饥便食，渴便饮，只得顺他。穷口腹之欲，便不是。"（《朱子语类》卷九十六）可见，传统义利观在一定程度上是肯定求利的正当性、合理性的；但其强调的重点是，利欲不能任其泛滥，而必须用义加以适当节制；义与利相较，义重于利，道德价值高于功利价值。

（二）区分公利与私利

区分公利与私利，是传统义利观的另一层意思。"利"有公私之分，对其评价和态度也便有不同。传统儒家反对的"利"，特指一己之私利（包括一家一姓和小团体的私利）；对于国家、民族的大利，不但不反对，倒是主张积极求取的。在这个意义上，公利不属于"利"，而是属于"义"。儒家代表人物的言行便是明证。

孔子"罕言利"（《论语·子罕》）。孔子对于个人私利的确很少讲，表现了达观、淡泊的情怀；但对于国家民族的公利讲得并不少，如："足食足兵"，"老安少怀"，"庶——富——教"，"所重：民、食、丧、祭"，"因民之所利而利之"（俱见《论语》）。孟子讲"制民之产"，"仰事""俯畜"，"五亩之宅，树之以桑"，"百亩之田，勿夺其时"，"老者衣帛食肉，黎民不饥不寒"，"谷与鱼鳖不可胜食，材木不可胜用"（俱见《孟子·梁惠王》），等等。不仅孔孟，后儒也大多如此。如号称"三年不窥园""不置产业"的西汉大儒董仲舒，对公利也是肯定的，他认为，"天常以爱利为意，以养长为事"，由此推出，"王者亦常以爱利天下为意"（《春秋繁露·王道通三》），还说："故圣人之为天下而兴利也，其犹春气之生草也，各因其生小大而量其多少。其为天下除害也，若川渎之泻于海也……其趣于兴利除害，一也。"（《春秋繁露·考功名》）在政治上，他谴责兼并，反对统治者与民争利；上书皇帝，"使关中民种宿麦"，并提出"限民名田，以赡不足，塞并兼之路；去奴婢，除专杀之威；薄赋敛、省徭役"等具体主张（见《汉书·食货志》）。这些都表明了他对国家人民公利的重视，这种公利观还成为后世学者的共识。唐代白居易说："圣人非不好利也，利在于利万人；非不好富也，富在于富天下。"（《白氏长庆集》卷四十六）宋儒更常以公私来辨别义利。二程说："义利云者，公与私之异也。"（《河南程氏粹言》卷一）"义与利，只是个公与私也。"（《河南程氏遗书》卷十七）张载说："仁，统天下之善；礼，嘉天下之会；义，公天下之利；信，一天下之动。"（《正蒙·大易》）胡宏说："一身之利勿谋也，而利天下者则谋之；一时之利勿谋也，而利万世者则谋之。”（《胡宏集·知言·纷华》）冯友兰先生对道学（即理学）家的这种态度做过如下概括：“道学叫人不要‘在躯壳上起念’。从躯壳上起念就是为私，就是为利；不从躯壳上起念就是为公，就是为义。义利之辨就是公私之分。”（《中国哲学史新编》第五册）这一概括很精辟，但它不只是道学家的态度，也是孔孟以来儒家的一贯态度，只是道学家表述得更明确而已。总之，在儒家看来，公利属义，是应该提倡的；只有私利，才是应该反对的。后世说的“计利当计天下利，求名应求万世名”（于右任联），当是对这一思想的继承。

“天下利”是公利，打着“天下”“国家”的旗号，行一己之私，则不是公利，而是私利。对此，儒家也是反对的。齐宣王好货、好色、好园囿，“不与民同”，当然是私利，受到孟子的批评；梁惠王问“何以利吾国”，孟子知道他是把国家当作自己的私产，欲谋一己之私，所以也加以驳斥：“王何必曰利！亦有仁义而已矣。”（《孟子·梁惠王上》）宋儒陈淳说得好：“后世以天下为己私，已是利了，及做一切事都是利。”（《北溪字义》）这种对于打着公利招牌的私利的分辨，对于擦亮人们的眼睛、提高人们的认识是有意义的。

（三）见利思义，义然后取

传统义利观还有一层意思是对于求利手段是否正当的辨析，那就是，并不认为求利本身不道德，而是反对不道德地求利。孔子一再说“见利思义”（《论语·宪问》），“见得思义”（《论语·季氏》，又见《子张》），“义然后取”（《论语·宪问》），就是这个意思。孔子说的那段有名的话也值得玩味：“富与贵是人之所欲也，不以其道得之，不处也；贫与贱是人之所恶也，不以其道得（去）之，不去也。”从逻辑上说，这只是讲了前半句话。补出后半句话意思才完足，那就是：“以其道得之，可处也；以其道去之，可去也。”孔子也许主要是讲前半句话那层意思，但仔细推敲，又分明包含着后半句话这层意思，孔子还说：“富而（如果）可求也，虽执鞭之士（地位低下的差使），吾亦为之；如不可求，从吾所好。”（《论语·述而》）孔子此话主要是表明不以富贵改其节操的高洁态度，但不把求利本身看作不道德也是事实。又如，弟子问孔子：“有美玉于斯，韫椟而藏诸？求善贾而沽诸？”孔子回答说：“沽之哉，沽之哉！我待贾者也。”（《论语·子罕》）这里，孔子说自己是个等待识货的人，希望把自己的才学出售给他。这些都表明，孔子对于求合理的利、合理地求利，是加以肯定的。

孟子的一些言行也是很好的例子。孟子周游列国时在接受诸侯的馈赠方面，态度有所不同：齐王赠他“兼金一百”（上等金一百镒。镒，二十两），他不接受。后来，宋君赠他七十镒他接受了；薛君赠他五十镒，他也接受了。学生对此不理解，孟子回答说，宋、薛二君的馈赠都有具体的名义（正当的理由），而齐王的馈赠却没有什么理由。既是没有理由，那就等于用金钱收买我。君子怎么可以被钱收买呢？（《孟子・公孙丑下》）这个故事透露出，孟子的态度是：不合理的利不能取，合理的利是可以取的。

孟子还认为，求利的方式与手段必须符合义。他说，“紾（扭折）兄之臂而夺之食”而得食，不然就不得食；“逾东家墙而搂其处子”才得妻，不然就不得妻。难道因此就去扭胳膊、跳墙头吗？（《孟子・告子下》）

孟子还以出仕为官为例讲这个道理，他认为，出仕为官是士（读书人）的固有职责，因此，“士之失位也，犹诸侯之失国家也”，“士之仕也，犹农夫之耕也”。但是士的出仕必须符合道义：“古之人未尝不欲仕也，又恶不由其道；不由其道而往者，与钻穴隙（不正当的手段）之类也。”（《孟子・滕文公下》）孟子还说：“非其义也，非其道也，禄之以天下，弗顾也；系马千驷，弗视也。”（《孟子・万章上》）“非其道，则一箪食不可受于人；如其道，则舜受尧之天下，不以为泰（过分）。”（《孟子・滕文公下》）

荀子也有类似思想，说：“好利恶害，是君子小人之所同也，若其所以求之之道则异矣。”（《荀子・荣辱》）“唯利所在，无所不倾，若是，则可谓小人矣。”（《荀子・不苟》）可见，在肯定合理地求利与求合理的利，反对求不合理的利与不合理地求利的态度上，孔孟荀的态度是一致的。

理学家对求利的目的和手段的辨析更加精密，朱熹的弟子陈淳的一段话可作为代表。陈淳说：“在学者论之，如货财亦是人家为生之道，似不可缺，但当营而营，当取而取。若出于诡计左道，不当营而营，不当取而取，便是利。有一般人已自足用，又过用心于营殖，固是利。又有一般人生长富足，不复营殖，若不为利，然吝啬之意笃，计较之心重，合当切用，一毫不拔，此尤利之甚者。名位爵禄，得之以道，非出于私意计较，是当得而得，便是义。若得之不以道，出于私意计较，是不当得而得，如鬻爵鬻举，左道图荐，章苞苴（行贿赂）、营差遣之类，皆是利。”（《北溪字义・义利》）这里突出了“应当”这个标尺，当营而营，当取而取，当得而得，无可厚非，属义；不当营而营，不当取而取，不当得而得，便是利。过于营殖，过于吝啬计较，也是利。至于用不正当手段钻营，就更不足道了。这种“义然后取”的思想，成为影响甚广的传统观念，谚所谓“君子爱财，取之有道”（《增广贤文》），当是对这一思想的通俗化表述。

（四）重义轻利

儒家虽然承认利的合理性，肯定正当地求利，但从主要倾向上看，毕竟抬高义、贬低利。孔子把追求义还是追求利看作君子和小人的分水岭：“君子喻于义，小人喻于利。”（《论语·里仁》）把淡于荣利看作品德高尚的表现，而反对不顾道义一味求利，说：“邦有道，穀（出仕食禄）；邦无道，穀，耻也。”（《论语·宪问》）“不义而富且贵，于我如浮云。”（《论语·述而》）“三年学，不至于穀（不存作官食禄的念头），不易得也。”（《论语·泰伯》）他称赞具有安贫乐道精神的颜回“贤哉回也”（《论语·雍也》），而认为，“士志于道而耻恶衣恶食者，未足与议也”（《论语·里仁》）。他还认为，不能放纵自己一切按利行事，“放于利而行，多怨”（《论语·里仁》）。也不能光盯着鼻子底下那点小利，“无见小利，见小利则大事不成”（《论语·子路》）。

孟子对于利的危害性看得更重。孟子见梁惠王，梁惠王问“何以利吾国?”孟子说：“王何必曰利！亦有仁义而已矣。”他的理由是：“王曰何以利国，大夫曰何以利吾家，士庶人曰何以利吾身，上下交征利而国危矣。……苟为后义而先利，不夺不餍。”（《孟子·梁惠王上》）“后义先利”就是把义放在后面，把利放在前面，这样势必造成严重后果。他在另一场合也讲到这个意思：“君臣父子兄弟终去仁义，怀利以相接，然而不亡者，未之有也。”相反，“君臣父子兄弟去利，怀仁义以相接也，然而不王者，未之有也。”（《孟子·告子下》）

荀子在这个问题上与孔孟是一致的。在治国方面，他认为：“义立而王，信立而霸，权谋立而亡。”（《荀子·王霸》）“絜国以呼功利，不务张其义，齐其信，唯利之求，内则不惮诈其民以求小利焉，外则不惮诈其与（结交的国家）而求大利焉，内不修正其所以有，然常欲人之有，如是，则臣下百姓莫不以诈心待其上矣。上诈其下，下诈其上，则是上下析也。如是，则敌国轻之，与国疑之，权谋日行，而国不免危削，綦（极）之而亡。”（《荀子·王霸》）在做人方面，荀子认为也必须重义轻利：“君子之求利也略。”君子“能以公义胜私欲”（《荀子·修身》）；“先义而后利者荣，先利而后义者辱”（《荀子·荣辱》）；“君子苟能无以利害义，则耻辱亦无由至矣”（《荀子·法行》）。

至汉代，对义的推重更成为学者的共识。陆贾说：“夫谋事不并仁义者，后必败。”“骨肉以仁亲，夫妇以义合，朋友以义信，君臣以义序，百官以义承。”“君子以义相褒，小人以利相欺；愚者以力相乱，贤者以义相治。”（《新语·道基》）“治国治众者，不可以图利。”“故欲理（治）之君闭利门。”（《新语·怀虑》）贾谊总结秦朝灭亡的原因是：“仁义不施，而攻守之势异也。”（《过秦论》）司马迁在《史记·孟荀列传》开篇说：“余读孟子书，至梁惠王问何以利吾国，未尝不废书而叹也。曰：嗟乎！利诚乱之始也！夫子罕言利者，常防其原也。故曰‘放于利而行多怨’。自天子至于庶人，好利之弊，何以异哉!”比司马迁略早的董仲舒还提出了一个对后世影响甚大的著名命题：“仁人者，正其谊（义）不谋其利，明其道不计其功。”（《汉书·董仲舒传》）《春秋繁露·对胶西王越大夫不得为仁》有一句与此相近的话：“仁人者，正其道不谋其利，修其理不急其功。”两句话中都有“不谋其利”，可以说基本意思一致；但“不计其功”与“不急其功”意思出入甚大，“不计”是根本不考虑。“不急”仅是不急欲求成。这两句话哪个更准确地反映了董仲舒的思想呢？从前文引述的董仲舒的一些资料可知，他对于功并不是不讲；再者，后说见于董本人的著作，前说出于史家的引述，二者相较，本人的著作总该更可靠些。因此，“不急其功”的提法也许更准确地反映了董仲舒的思想。但是，由于前说载于流传甚广的前四史之一的《汉书》，更由于“正义不谋利，明道不计功”的提法尖锐地揭示了道义与功利的对立，更具典型性，所以后世多以它作为董仲舒的代表性观点。

应该承认，“不谋”“不计”的提法，把正义与谋利、明道与计功，表述为完全对立、绝不相容，的确有点走极端。但董仲舒此语针对的是诸侯王（《春秋繁露》记为胶西王，《汉书》本传记为江都王）羡慕武力称霸，流露出某种野心的事实而发，意在对统治者的好大喜功起一定规劝作用。他希望统治者把道义放在第一位，而不要以功利为急，从出发点说，还是积极的。还应指出，“正其义不谋其利，明其道不计其功”，即使作为一般性命题看，也包含一定的真理性。因为道义与功利相比，一般说总应处在首要地位。虽然在事实上功利往往是人们追求的直接目的，但功利只有符合道义，才是正当的、合理的、长远的、可取的；反之，则是不正当的、不可取的。更何况，有些事情（如救灾）、有些时候（如千钧一发的紧急时刻），就是应该正义不谋私，明道不计功。

由于这个命题比较鲜明地概括了重义轻利的思想，因此得到后世儒家特别是宋明理学家的一致赞赏。程颐据此语说，此董子所以“度越诸子远矣”（《河南程氏粹言》卷二）。朱熹据此说：“汉儒惟董仲舒纯粹，其学甚正，非诸人比。”（《朱子语类》卷一百三十七）朱熹还将此语写入《白鹿洞书院学规》，以之作为学生砥砺道德的准绳。由此可见他对此语的欣赏和重视。

但无须讳言，重义轻利的原则也有时被理学家讲过了头，从而出现偏颇。如陈淳说：“有所为而为，如有所慕而为善，有所恶而不为恶，皆是利。如为获而耕，为畬（yú，开垦三年以上之熟田）而菑（zī，开荒）。于耕而望获，利；于菑而畬，亦是利。《易》曰：‘不耕获，不菑畬。’是无所为于前，无所觊于后，此方是义。”（《北溪字义·义利》）陈淳分析理学概念，大多精当，但这里却不免荒谬。他把道德问题与经济问题混为一谈，把一切“有所为而为”都说成不合于义，对正当的求利做了不近情理的否定，从而陷入迂腐的清谈。难怪清初颜元发出诘难："世有耕种而不谋收获者乎？世有落网持钩而不计得鱼者乎？"（《习斋先生言行录》卷下）"全不谋利计功，是空寂，是腐儒。"（同上）这一批判切中要害。颜元还认为，"不谋""不计"的提法是老"无"释"虚"的根，因此改为"正其义以谋其利，明其道而计其功"，将否定副词"不"改成顺接连词"而"，一字之差，功利对立观改成为功利统一观，自有其高明之处。但是却不能因此而完全否定董仲舒的原命题，因为颜元的这种功利统一观只有限定在求功利的活动中才是正确的；如果是在非功利的活动中，"正义不谋利，明道不计功"的原则仍然具有真理性，此点是不应含糊的。

（五）舍生取义

此点是"重义轻利"思想的升华。

冯友兰先生在晚年曾提出一个著名观点，认为"仁不仅是个道德范畴，还是一种精神境界"（见《孔子诞辰2540周年纪念与学术讨论会论文集》）。其实，不仅作为全德之名的"仁"是如此，与"仁"紧密相联的"义"有时也指精神境界。

孔子说："志士仁人，无求生以害仁，有杀身以成仁。"（《论语·卫灵公》）这种境界，孟子是用"舍生取义"来表达的。他认为，物质利益与道德正义都是人们希望得到的，二者如果能够兼顾兼得，固然更好。但生活中二者并不总是统一的，一致的，有时甚至是无法兼顾的。在这种情况下，就应宁可舍去物质利益，甚至牺牲生命，也要维护道德正义。他说："鱼我所欲也，熊掌亦我所欲也，二者不可得兼，舍鱼而取熊掌者也。生亦我所欲也，义亦我所欲也，二者不可得兼，舍生而取义者也。生亦我所欲，所欲有甚于生者，故不为苟得也。死亦我所恶，所恶有甚于死者，故患有所不避也……非独贤者有是心也，人皆有之，贤者能勿丧耳。一箪食，一豆羹，得之则生，弗得则死，呼尔而与之，行道之人弗受；蹴尔而与之，乞人不屑也。"（《孟子·告子上》）这一席话，掷地有声，说理透辟，并暗引齐之饥者不食嗟来之食的故事，对"舍生取义"的主旨做了充分论证。

舍生取义的观点是重义轻利思想的引申和升华。作为一种崇高的精神境界，古往今来，陶冶了无数仁人志士，为中华民族的生存、壮大和发展，谱写了一曲曲动人的乐章，成为鼓舞人们前进的力量。

二、转换与改造

传统义利观的要义略如上述，总的看，算得上是"致广大而尽精微，极高明而道中庸”，是中国优秀传统文化中的重要组成部分。在历史上，它对于规范人们的思想和行为，维护社会的秩序和稳定，以及激励更高层次的精神追求等方面，起了重要的积极作用，这是应当充分肯定的。

但是，如同任何事物总是包含两重性一样，传统义利观也有其消极面和偏失。主要有：

导致片面。传统义利观虽然包含义利统一的思想，但对之强调得不够，义利统一与重义轻利相比，一般总处于从属地位。而由于陈义过高，往往给人造成过分贬低功利的印象。从而形成忽视个人利益和压抑个性发展的倾向。影响所及，对于经济发展尤其是工商业的发展便有阻抑作用。有些思想家的个别观点更陷入极端化和绝对化（如“饿死事极小，失节事极大”之类）。

导致迂腐。传统义利观虽然承认求利是人的自然要求，但却并不把这种自然要求作为逻辑起点，进而作为正题展开正面论述，而是着眼于揭示私利的危险和危害，以及对求利如何克制和限制等，对功利本身的合理性和合理追求功利的正当性则论述得不够，未能就如何恰当地处理公义与私利的关系提出具体而切实的方法，以致在实际生活中形成耻言功利的社会心理和部分士大夫不通世故的畸形人格，形成迂腐的书呆子气。

导致虚伪。耻言功利的社会心理必然导致虚伪。因为功利属于物质生活条件，人人不可避免。把不可避免的东西看得不那么正当，就会使人们对于正当的求利也要遮遮掩掩，吞吞吐吐，而不是理直气壮，坦坦荡荡。影响所及，导致一些人心口不一，言行相背，“口谈道德而心在高官，志在巨富”（李贽《焚书·又与焦若侯》）。此点在一些士大夫身上尤其突出。

上述三点，并不是传统义利观的主流，而属于其在发展过程中产生的流弊。尽管如此，也是应该予以正视和批判的。

对于传统义利观的批判，在中国哲学内部可谓由来已久，并伴随其发展的全过程。早在战国初期的墨子就提出过“义者利也”的观点；南宋时期以陈亮、叶适为代表的功利学派，明代的李贽，明清之际的黄宗羲、王夫之，清初的颜元、戴震等，对传统义利观都进行过不同程度的批判。如陈亮不接受朱熹说他“义利双行，王霸并用”的批评（《甲辰答朱元晦》）；叶适说：“仁人正谊不谋利，明道不计功，此语初看极好，细看全疏阔。古人以利与人而不自居其功，故道义光明；后世儒者，行仲舒之论，既无功利，则道义者乃无用之虚语尔。”（《习学记言·汉书》）李贽说：“夫私者，人之心也。人必有私，而后其心乃见。若无私，则无心矣。”（《藏书》卷三十三）“穿衣吃饭，即是人伦物理。”（《藏书》卷一）黄宗羲说：“好逸恶劳，亦犹夫人之情也。”（《明夷待访录·原君》）王夫之说：“喜怒哀乐，只是人心，不是人欲。”（《读四书大全说》卷二）颜元说：“以义为利，圣贤平正道理也。……义中之利，君子所贵也。”（《四书正误·大学》）这些观点，对于传统义利观主流派观点的某些方面，起到某种纠偏、矫正的作用。他们强调义利统一，而反对片面突出义而否定利；强调人必有私，而反对以公压私、以公灭私；强调义在利中，而反对只讲义不讲利。但实际上，他们所持的义利标准，与传统义利观并无不同；他们的正面观点，总体上也并未超出传统义利观的范围；在大原则上仍与传统义利观相一致，并且成为其有机部分。当然，对这些非主流派思想的积极作用还是应该给予充分评价的，正是由于有这些非主流派思想的存在，才构成了传统思想内部一定程度上的交锋，促进了传统义利观的深化，并构成向新时代转化的内在动力。

近代以来，在对封建主义的讨伐中，传统义利观也遭到严厉批判，但在不同阶段，又表现了对传统的某种认同。早期改良派明确主张不讳言功利，认为“惟有利而后能知义，亦惟有义而后能获利。圣人立身行义，舍生取义，而治国平天下之经不讳言利”（陈炽：《续富国策·分建学堂说》）。戊戌变法的领袖康有为以“求乐免苦”作为人道的基本要求，构建其大同理想，认为，“人生而有欲，天之性哉”，“圣人者，因人情所不能免，顺人事时势之自然”《大同书·入世界观众苦》）。严复则积极介绍西方资产阶级学说，以建立新的义利观，他说：“大抵东西古人之说，皆以功利为与道义相反，若薰莸之必不可同器。而今人则谓，生学之理舍自营无以为存。但民智既开之后，则知非明道则无以计功，非正义则无以谋利。功利何足病，问所以致之之道何如耳。”（《天演论·群治》按语）

从上述引文可知，近代思想家在阐述其新伦理观时，往往注意揭示其与传统义利观的一致性，但其论述的重点则发生了变化，由强调“义以为上”，演变为强调利为基础。

此种情况，到辛亥革命时期又有所不同，以孙中山为代表的资产阶级革命党人，一方面宣传西方“民有、民治、民享”的政治学说，同封建专制主义做斗争；一方面提倡“革命道德”，批判追求“个人升官发财”的利己思想，号召“为国奋斗、替众人服务”，“替主义去牺牲”（《世界道德的新潮流》）。这些观点中无疑充满了新的革命内容，但毕竟表现了对传统义利观的一定程度的认同。

“五四”新文化运动兴起，思想家们高举自由、平等、博爱的大旗，对封建礼教展开了全面的批判。陈独秀提出，“以个人本位主义易家族本位主义”（《东西民族根本思想之差异》），胡适提倡“健全的个人主义”，“最有价值的个人主义”（《易卜生主义》）。他们的共同特点是激烈地反传统，推崇和宣传西方的个人主义、自由主义、民主主义和功利主义，以批判中国的家族主义、集权主义、专制主义和伦理主义。他们的反封建大方向无疑是应该肯定的，但在方法上也存在“所谓坏就是绝对的坏，一切皆坏；所谓好就是绝对的好，一切皆好”（毛泽东：《反对党八股》）的片面性，从而未能解决传统与现代的连接和过渡的时代课题。

1921 年中国共产党成立以后，马克思主义在中国高歌猛进，并在长期革命斗争中形成了毛泽东思想。毛泽东思想既是马列主义与中国革命实践相结合的产物，也是马列主义与中国优秀传统文化相结合的结晶。毛泽东曾向全党提出总结和承继中华民族的珍贵历史遗产的任务（《中国共产党在民族战争中的地位》），并提出了“批判继承”的著名原则（《新民主主义论》），为如何正确对待中国传统文化和西方文化指明了方向。毛泽东还对白求恩、张思德的“毫不利己，专门利人”“为人民利益而死”的高贵品质给予崇高评价，并升华为“为人民服务”的光辉思想。这些论述，与传统价值观相比，尽管在阶级属性上根本不同，但在高扬公义的基本精神上显然有一致之处。可以说，它们内在地包含了对“义以为上”“舍生取义”的肯定。

毛泽东所倡导的革命英雄主义和无产阶级功利观在新中国成立后的一系列学习运动（如学雷锋、学铁人王进喜、学焦裕禄）中得到进一步加强，集体主义深入人心，为建设祖国而献身的热情空前高涨。但是，由于“左”倾思潮的逐步抬头，也产生过否定个人利益、漠视人的基本权利的弊病；“文革”期间，林彪、四人帮假借革命名义，胡批乱斗，无所不用其极，致使人格尊严扫地以尽，造成了严重的思想混乱。

改革开放以来，经过拨乱反正，“文化热”持续升温，中国传统文化的价值和作用问题，再次引起广泛关注和巨大兴趣，对于传统文化核心的价值观如何评价，自然是讨论的热点之一。但是，确立社会主义新价值观是一项新的任务，如何从理论到实践上解决好以马克思主义为指导、以传统文化为根基、以西方文化为资借这三者之间的关系问题，还有许多工作要做。既要大力弘扬中国“义以为上”的传统价值观，又要警惕借弘扬为名，使封建主义借尸还魂；既要充分吸收西方价值观的精华，又要警惕借引进之机，鼓吹拜金主义、享乐主义和极端个人主义，防止从一个极端滑向另一个极端。这样坚持下去，才有希望完成传统文化与现代接轨的任务。

原文载于《中国哲学史》（季刊）1999 年第 4 期。

儒商精神探析

——从《论语与算盘》得到的启发

提起“儒”，人们想到的往往是四体不勤、不谙世事的迂夫子；说起“商”，人们想到的常常是投机取巧、唯利是图的买卖人。这样的儒和商固然有，甚至还不少，但他们却不能代表儒和商的本质和主流，也不是本文要讨论的“儒商”。本文谈的儒商，“商”并不限于商人，而是泛指工商企业界人士；“儒”并不单指儒生，而是泛指具有中国优秀传统文化的学识与修养的人。所谓儒商精神，即指中国现代企业家应该具有的思想境界和精神风貌。

儒商古来就有，孔子的著名弟子子贡应该算个典型。孔子说他“不受命而货殖焉，亿则屡中”[1]。司马迁说他“学于仲尼，退而仕于卫，废著（居）鬻财于曹鲁之间”，后来发了财，“结驷连骑，束帛之币以聘享诸侯，所至，国君无不分庭与之抗礼”。子贡还以其财力和政治影响力倡导儒学，“使孔子名布扬于天下”[2]。汉代以下，统治者奉行崇本抑末政策，工商业遭受种种压抑和限制，商人的地位不高，致使称得上儒商的人物如凤毛麟角。近现代以来，随着工商业的发展，无论在国内，还是在海外华人中，杰出的企业家不断涌现，像著名实业家张謇，出版家张元济，企业家荣宗敬、荣德生兄弟，都是其中的佼佼者。但他们算不算儒商，似尚无定论。

我们的东邻日本，倒有一位公认的儒商，那就是被誉为“日本企业之父”“日本近代化之父”的涩泽荣一（1840—1931）。涩泽早年接受儒学教育，青年时期当过武士并进入最后一届幕府，曾作为日本使节团成员赴欧洲考察两年。其后，受明治新政府之聘，任大藏省大丞、次官。两年后急流勇退，毅然辞职，投身实业，创立日本首家股份制银行和王子制纸会社，产业不断扩大，遍及海运、铁路、矿山、纺织、造纸、钢铁、造船、保险、建筑等领域，计有企业五百多家，为日本的工业现代化做出了巨大贡献。晚年，他又致力于教育、文化和社会福利事业，多达六百余项。涩泽一生认同并高度推崇孔子学说，以之作为立身处世和经营企业的指导原则，还在许多场合反复讲述这一思想。晚年，人们将他的有关言论结集为《论语与算盘》一书。此书自昭和二年（1928 年）出版以来，不胫而走，多次再版，其处世理念和经营原则与涩泽本人的人格风范相互辉映，深深影响了一代又一代日本企业家。今天读来，仍能给我们巨大感染与启发。因此，以《论语与算盘》作为参证，来探讨儒商精神的内涵，当是饶有趣味且有现实意义的。

本文认为，儒商精神至少应包含以下数点：

一、“士魂商才”的人格理想

“士魂商才”是涩泽提出的人格理想。所谓士魂，即认为“为人处世时，应该以武士精神为根本”[3]；所谓商才，即经商的智能和才干。他认为，这两方面的培养都离不开《论语》：“有士魂，还必须有商才。”“只有《论语》才是培养士魂的根基。”“商才也要通过《论语》来培养。”这里，《论语》就是儒家伦理（道德）的代称，所以他接着说：“所谓商才，本来也是要以道德为根基的。离开道德的商才，即不道德、欺瞒、浮华、轻佻的商才，所谓小聪明，绝不是真正的商才。”涩泽对“士魂商才”的这些解释不免带有民族和时代的印迹，但从其一般意义而言，它表达的则是道德观念与经营才干必须紧密结合的人格理想。它强调的是，企业家首先应该具有坚定的道德信念和高尚的道德情操，同时必须具有多谋善断、业务娴熟、善于经营管理的才干。因此，这个日本色彩的理想人格，就其一般意义而言，表达的正是一种儒商精神。它与我们说的德才兼备、又红又专的人格理想在基本精神上是相通的。

这一人格理想，涩泽有时还直接用“论语＋算盘”来表示。他说：“我始终认为，算盘要靠《论语》来拨动；同时《论语》也要靠算盘才能从事真正的致富活动。因此，可以说，《论语》与算盘的关系是远在天边，近在咫尺。”涩泽一生笃信孔子之道，视之为做人的根本信条，同时也是经商致富的基本准则。他认为，“处世之道，虽十分艰难，但如果能够熟读而且仔细玩味《论语》，就会有很高的领悟。因此，我一生都尊信孔子之教，把《论语》作为处世的金科玉律，不离座右。”他提出“论语＋算盘”的口号，意在用儒家伦理约束和规范经商活动，用经商活动来实践儒家伦理。这里，《论语》代表道德理念，算盘代表经营才干，两者紧密结合，高度统一。可见，它与“士魂商才”实际上是一个意思。后世，日本为涩泽荣一树立了一尊铜像，一手拿着《论语》，一手拿着算盘，生动地表现了他的人格理想。

“士魂商才”的思想是适应明治维新时期的需要而产生的。日本在明治维新以前和旧中国一样，也是奉行重农轻商政策，工商业落后，商人地位低下。涩泽认为，要使日本富强，就必须发展工商业；而要使工商业健康发展，就必须有正确的指导思想。因此，他一方面毅然退出政界，投身实业，一方面提出“论语＋算盘”“士魂商才”等思想，为工商界确立正确的理念。涩泽结合自己的经历写道：“我开始成为商人的时候，心里突然感到，从此以后，我必须以铢锱必较的方式来处世，在这种情况下，应该抱一种什么态度呢？我想起了之前学过的《论语》。《论语》所讲的是修身待人的普通道理，是一种缺点最少的处世箴言。但能不能用在经商方面呢？我觉得，遵循《论语》的箴言进行商业活动，能够生财致富。”又说：“我认为《论语》是完美无缺的真理宝库。我决心根据《论语》的箴言，一辈子都从事商业。”这些自明心迹的话，可以说是涩泽以自己的体会为“论语＋算盘”（亦即“士魂商才”）的理想人格做了很好的注解。它一方面为工商业在社会生活中的正当性和重要性正了名；另一方面又为正当地、理性地经商确立了道德准则。这一人格理想对于日本近现代工商业的发展起到了积极作用，对于今天我国的经济建设也具有借鉴意义。

二、义利合一的价值观

义利观是价值观的核心问题。中国传统义利观的特点是义利统一，义高于利，它是包含义利两有、区分公利与私利、见利思义、重义轻利、舍生取义等几层含义的统一体[4]。在历史上，它对于规范人们的思想和行为，维护社会的秩序和稳定，以及激励人们追求高层次的精神生活等方面都起了重要的积极作用。但是，正统儒家虽然承认义利两有，却并不正面论证求利的正当性，而是认为，对求利必须加以限制。由于陈义过高，容易造成贬低功利的印象，某些思想家的个别说法更陷入极端化和绝对化，以致逐渐形成义利截然对立的观念和耻言功利的社会心理。影响所及，形成了忽视个人利益和压抑个性发展的倾向，对经济发展产生了阻抑作用。

古代的日本深受中国文化影响，也普遍存在重义轻利的观念。涩泽认为，这是人们误解了孔子的思想，应该加以澄清，恢复孔子思想的本来面目。他说：“过去，后儒误解孔子的学说，其中最为突出的是富贵观念和理财思想。在他们看来，《论语》中说的‘仁义正道’同‘货殖富贵’二者是冰炭不相容的。他们认为，孔子的意思是，富贵者无仁义王道之心，要成为仁者，就要舍弃富贵的念头。但是，遍查《论语》二十篇，这种意思是一处也找不到的。”涩泽频频引述孔子之言，对义利合一的观念进行了论证，如“富与贵是人之所欲也，不以其道得之，不处也。贫与贱是人之所恶也，不以其道得之，不去也”，他认为，这句话完全没有卑视富贵的意思，只是告诫人们不要见利忘义。“孔子要说的是，如果不合乎道义的富贵，则宁可贫贱；但如果是沿着正道而求得的富贵，则可泰然处之。以此观之，哪有鄙视富贵强调贫贱之处呢?”又引孔子说的，“富而可求也，虽执鞭之士，吾亦为之；如不可求，从吾所好”，他认为，上半句“说的是要从正道以求富，也就是说，必须注意到这句话里面包含着‘走正道’的内容。而下半句是说，不以正当的方法致富，则永远不与富结缘，与其用奸恶的手段去积累财富，不如甘于贫贱而行正道。因此，不择手段地致富之心不应有，并不是说喜爱贫贱。总结这两句话的意思，就是由正道而致富，虽当执鞭之士亦无妨。但是，如果采取不正当的手段，则宁可贫贱”。可见，“合乎道理的富贵功名，连孔子也会争先求之的”。这都表明，在孔子那里，义与利本来是合一的；把义利对立起来，是后儒对孔子原意的曲解。

涩泽进而认为，割裂地解释义与利，对立地解释仁与富，会导致严重的弊病和恶果：“使从事生产事业的人，没有兼顾仁义道德的责任”，“误解孔孟教义的结果，使得从事生产事业的实业家们的精神，几乎都变成了利己主义。在他们心目中，既没有仁义，也没有道德，甚至想尽可能钻法律的空子去达到赚钱的目的。因此，今日多数称作实业家的人，几乎都抱了一种只要自己能挣钱，他人和社会都可置之度外的观念”。涩泽认为，这种情况必须改变：“我们的工作，就是极力采取依靠仁义道德来推进生产，务必确立义利合一的信念。”

传统义利观的另一层重要意思是区分公与私。对此，涩泽也做了深入探讨。但与传统不同的是，他论述的重点，不是强调私利与公利的对立，而是强调私利应该与公利一致。他说：“应如何看待实业呢？不错，一般是指社会上的商业、工业等图利的事业。如果说工商业而又不具有使物质增加的效果，那么就变成毫无意义了，工商业也不会带来什么公共利益。但是，话说回来，求利如果只图自己有利，对别人，无论如何都可不管，那么结果会如何呢?”“真正的谋利而不以仁义道德为基础的话，那么就绝不会持续久远。”他在书中还提到我们中国的事例：在宋代，把公利（义）强调到顶点，“完全陷入了空论，认为利欲之心是可以去掉的”，结果“使个人消沉，国家也因而衰弱”，“挫伤了国家元气，减弱物质生产力，最后走向了亡国”。又说，当前的中国又跳到了另一极端，“不管他人，也不管国家，只要自己满足就行，国家最终就会丧失一切权利，名声扫地”，预言“现在他们又将因利己主义而危及自身”。涩泽的这些看法未必十分准确，但仍然足以使我们今日的中国人警醒而痛加反思。

涩泽的言论中，贯穿着利与义、私利与公利、求富与求仁都应该合一的思想，既不能空谈仁义，也不能陷入利己主义。他认为，人人都有图利的观念，“是一个不容争辩的事实”，工商这些求利的事业如果不与个人利益挂钩，就缺少了发展的动力，“如果这些事业与自己的利害无关，每个人不管是赚钱还是赔钱，都不影响自己的前途，那么所从事的事业就不会发展”。但是，如果“只想自己一人的利益，也必然会使自己遭到不幸”。“人虽只（先）考虑自己，但在行动上却不能光为自身的利益打算”。“我所希望的是，人们的心目中必须有增加财富的欲望，但必须以遵守道理的活动来达到这一目的。所谓道理，就是和仁义相符合。”义利合一是儒商精神的精髓，涩泽对它表述得如此明确而坦率，这是难能可贵的。

三、诚信为本的商业道德观

“信”是古今中外普遍奉行的道德规范，儒家对它尤为提倡。孔子主张：“主忠信”[5]，“言忠信”[6]，“人而无信，不知其可也”[7]，“民无信不立”[8]。汉代以来，“信”被看作“五常”之一，视之为做人的根本、立身的基点。此点为各家各派所认同，连道家老子也主张“言善信”[9]，“信不足焉，有不信焉”[10]。直到近代，信的重要地位仍为学者所强调，如谭嗣同说：“万善之首必曰信，万恶之首必曰不信。”[11]冯友兰更从理论上揭示了“信”德的普遍性：“人必有信，不是某种社会之理所规定之规律，而是社会之理所规定的规律。”[12]

正因为信是人际交往的普遍性道德，其在反映交换关系的商业活动中便显得尤其重要。对于“信”的重要性，涩泽也结合自己的经验做了突出的强调。他说：“所谓商业道德，最重要的是一个信字。如果不能守信，实业界的基础就无法巩固。”“如果它（指‘信’）被所有的实业家所履行，那么，日本实业界的财富就会有更进一步地增加。同时在人格方面也将有大幅度的提高。”在涩泽看来，能否持守诚信的商业道德，关系极为重大：“商业道德的骨髓对国家乃至世界都有直接重大的影响，因此，必须阐扬信的威力，使我国所有的商业工作者都把信作为万事之本，理解一信能敌万事的力量，以此作为经营界的基本而加以巩固，这是紧要中的紧要事。”这些话虽然平实，但道理还是讲得很充分的。

诚信为本的道德观在我国当今具有特别重要的意义。改革开放以来，我国经济持续快速发展，为世界所瞩目和称道。但同时，也存在不少不能尽如人意的地方。诚信之德之缺失便是最突出的问题之一，失信用、无信誉、轻信义的现象比比皆是。因此，重建诚信为本的商业道德观，实属当务之急。可喜的是，一些经济界人士已经看清了这一点，并采取了实际行动。担任全国人大代表、全国政协委员、全国工商联常委的 33 位非公有制经济代表人士发表的《信誉宣言》（见 1999 年 7 月 19 日《光明日报》）就是个突出事例。该《宣言》对确立诚信之德的含义从理论上进行了阐述，认为："培育和发展市场经济，不仅需要一个良好的完善的道德环境，还需要弘扬中华民族守信用、讲信誉、重信义的价值观和道德观。信用是对商业契约的有效履行，信誉是评判诚实品德的重要标准，信义是承担社会道义的集中体现。守信用、讲信誉、重信义是中华民族的传统美德，是经济生活、社会活动应遵循的标准，也是始终伴随我们广大非公有制经济人士建功立业的道德准则和行为准则。""企业是社会经济的细胞，企业守不守信用、有没有信誉、重不重信义，决定企业竞争能力的强弱，决定企业生命力的盛衰。"《宣言》郑重承诺："从自己做起，带头做到守信用、讲信誉、重信义；做到爱国敬业、照章纳税、关心职工、生活俭朴；做到重质量、树品牌、守合同、重服务、讲法制、讲贡献、讲道德。"[13] 这个《宣言》写得好，它从民族腾飞、振兴中华的高度，既阐述了建立信义为本的商业道德的重要性和紧迫性，又提出了简明扼要、切实可行的纲领和守则，反映了人民的愿望和要求。正如全国政协副主席、全国工商联主席经叔平所说："《信誉宣言》不仅代表了非公有制经济人士的心声，也反映了各种所有制经济人士和广大人民的共同心愿。"[14] 我们期待着它由理论变成实践，在其精神的感召和带动下，在全国出现恪守诚信的新气象。

四、回报社会的襟怀

儒者以天下为己任，"思天下之民匹夫匹妇有不被尧舜之泽者，若己推而内之沟中"[15]。这种思想表现在儒商身上，就是回报社会的襟怀。司马迁写到范蠡弃官经商，"十九年中三致千金，再分散与贫交疏昆弟"，赞之为"此所谓富而好行其德者也"。历史上，像范蠡这样致富后不忘乡里、散财与贫的人还不少。到了近现代，这种散财兴善的意识更升华为回报社会、造福人群的自觉精神。许多儒商，一方面在理论上认识到，自己之所以能发财致富，并不是单靠个人的聪明才智和苦心经营，而是同时也得益于国家、社会之赐；另一方面，在行动上积极为家乡、为社会、为祖国做实事，献爱心。

涩泽荣一在这方面也是个典型。他不但在兴办教育、福利事业方面身体力行，积极从事，还向实业界人士大力鼓吹，阐述其道理和意义。他认为，“即使你的财富是你自己千辛万苦积累的，但如果把这些财富视作一人之专有，那就大错而特错。要言之，人如果只靠自己一人，那是什么事也办不成的，他必须凭借国家、社会的帮助才能获得，才能安全地生存。如果没有国家、社会，任何一个人也不可能圆满地生活。由此看来，财富增加得越多，所受到的社会帮助也就越大。因此，为了报答社会的恩惠，从事像救济事业这样的工作是理所当然的义务，每一个人都应尽力为社会添一份助力才行，如孔子所说，‘己欲立而立人，己欲达而达人’，正因为强烈地爱自己，所以也必须以同样的爱心去爱社会。世上的富豪都应该知道这一点”。他还说：“富豪并不是只靠自己就能赚钱，而是从社会中赚到的。……是受益于社会，所以对于社会救济或者公共事业，也应常领头资助，这样，社会就会日益健全，与此同时，自己的资产的运用也必会更见稳妥。……应经常想到社会的恩义，不要忘记作为道德上的义务而为社会尽力。”涩泽所论，代表了儒商的心声，也是一种很高的觉悟。有了这种自觉，他们从事的福利公共事业就有了强大的动力，而不带任何勉强成分。

我国有些企业家提出了“公益化经营”的策略，把热心公益事业看作是提高企业知名度、美誉度、树立企业形象的手段，以谋求企业的更大发展，给企业带来更大的经济效益。这当然是无可非议的。对于社会也是有益的。而如果能升华一步，把以公益为手段变为以公益为目的，就达到了更高的境界，那才是真正的儒商精神。

这种精神，在一些爱国华侨和港澳人士身上有生动体现。如陈嘉庚募款资助孙中山革命活动和抗日战争，出资创办厦门大学和多所学校；曾宪梓、李嘉诚、包玉刚、邵逸夫等人捐资助学，都是这方面的优秀代表。

在国内，一些富裕起来的人也把他们的爱心投向社会，尽管由于富裕程度的限制，在捐资规模和数量上与港澳人士无法相比，但同样十分感人。仅举两个最近的例子：唐山市个体企业家常玉珍，致富不忘拥军，自 1995 年以来，先后投资近千万元，兴建了功臣幸福院、军人度假村、国防教育厅等公益设施[16]。又据新华社报道，中华慈善总会启动慈爱孤儿工程，为此，天津华业集团董事长翟家华认捐 1 千万元，唐山大地震的幸存者、14 岁成了孤儿的民营企业家张维新捐款 20 万元[17]。这些事例，表现了现代企业家回报社会的襟怀，同样是令人敬佩的。

五、格物博学的态度

“博学于文”是孔子提出的重要修养原则，他希望学习者能成为学识广博、气质高雅的人。这对于儒商——有教养有学识的现代企业家也是完全适用的。

“博学于文”首先指要有勤奋好学的精神。“好学”的真谛在于，对于学习不仅要从理智上“知”，还须从感情上“爱”，进而达到以之为乐，乐在其中的境界。好学与勤学密不可分，勤奋是成功的前提，各行各业莫不如此，更是儒商必须具备的品格。涩泽荣一在这方面就有深切地体会，他说：“我平时常以上进者自勉，即使只有一天，我也要兢兢业业，决不懈怠。”“人必须养成良好的习惯，也就是必须养成勤奋努力的习惯。”这些话貌似平常，却贯注着涩泽一生的切身体验。涩泽由一个农家子弟，成长为名闻遐迩的企业家，没有勤奋的精神是绝对不可能的。

“博学于文”又指广泛接触事物，获得多方面的知识。儒家经典《中庸》说：“博学之，审问之，慎思之，明辨之，笃行之。”这种态度对于所有人当然都是适用的，而由于儒商要面对瞬息万变的市场，这种学习精神便显得尤其重要。儒家经典《大学》还提出“致知在格物，物格而后知至”的命题，著名哲学家朱熹将它解释为“即物而穷理”，“必使学者即凡天下之物莫不因其已知之理而益穷之，以求至乎其极”，进而达到豁然贯通。朱熹的泛观博览的治学方法，对后世有深远影响，对于儒商来说也是十分必要的。格物博学的精神在日本也被广泛提倡。涩泽荣一对此就十分强调。他认为，对于一个好的商人来说，学问是绝对必要的，“智是决不能轻视的”，“要使精神不衰老，除了依靠学问别无他法”。他多次批评那种“认为经商不需要学问，有了学问反而有害”的论调，坚信在“修养的基础上，必须探求智能的启发”。涩泽还提倡多方面的学习，他虽然极力倡导以《论语》（孔子精神）作指导，但对其他有用的知识和学问绝不拒绝，比如对于西洋的新知识，就具有强烈的求知欲和浓厚兴趣，明确表示，“我们有必要研究日新月异的新东西”，并且身体力行，倡导采用欧式簿记法，改革会计制度；还亲自赴美国会见机械工程师泰勒，考察其所创造的“泰勒科学管理法”，探索如何提高工作效率。涩泽之所以在事业上获得巨大成功，与这种学习精神是密不可分的。

今天，知识经济正向我们快步走来，时代向现代企业家在知识、能力和道德修养方面都提出了更高的要求。但愿我们的企业界树立雄心壮志，勇攀现代经济高峰，推动我国经济更快更健康地发展。

参考文献：

[1]《论语·先进》。

[2]《史记·货殖列传》。

[3]《论语与算盘》，王中江译，中国青年出版社 1996 年版。本文所引涩泽荣一之言，均出自该书，不另出注。

[4] 商聚德：《传统义利观要义及其改造与转换》，载于《中国哲学史》（季刊），1999 年第 4 期。

[5]《论语·学而》。

[6]《论语·卫灵公》。

[7]《论语·为政》。

[8]《论语·颜渊》。

[9]《老子》第 8 章。

[10]《老子》第 17 章、第 24 章。

[11]《谭嗣同全集·遗墨二篇》。

[12]《新理学》第五章。

[13]《信誉宣言》，见《光明日报》1999 年 7 月 19 日。

[14]《支持〈信誉宣言〉》，见《光明日报》1999 年 8 月 2 日。

[15]《孟子·万章上》。

[16]《光明日报》2000 年 1 月 28 日。

[17]《人民日报》2000 年 2 月 2 日。

原文载于《河北建筑科技学院学报》（社会科学版）2000 年第 3 期。

曾子孝论探析

曾子思想中，孝论占有很大比重。本文仅对曾子孝论的特点试做探析。

一、强调孝的心理基础

孝的本义是善事父母。（见《说文解字》）为什么要善事父母，如何才算善事父母，曾子则从心理方面做了多角度的阐发。

（一）突出爱敬之情

强调孝的心理基础，孔子已开其端。孔子说："今之孝者，是谓能养。至于犬马，皆能有养，不敬，何以别乎?"（《论语・为政》）又说："色难。有事弟子服其劳，有酒食先生馔，曾是以为孝乎?"（同上）这就是说，仅仅满足双亲的衣食需要；有了事情晚辈效劳，有好吃请长辈先吃：这些虽然是必要的，但却是不够的。满足双亲的衣食住行等物质需求，仅仅是最起码的、基本的养亲行为，更重要的是，应该将对双亲的爱敬之情贯注于全部养亲、事亲的行动当中。孔子认为，一般说来，供给父母衣食，还比较容易做到；而能够经常保持和颜悦色，才是难能可贵的。孔子所论，包含了丰富的孝的内涵，曾子加以继承和发展，从养亲、事亲、爱亲、敬亲等方面对孝做了全面的论述，尤其对爱亲、敬亲做了突出的强调。

曾子说："民之本教曰孝，其行之曰养。"（《大戴礼记・曾子大孝》，又见《礼记・祭义》。文字小有异。）又说："孝子之养老也，乐其心，不违其志，乐其耳目，安其寝处，以其饮食忠养之，孝子之身终。……父母之所爱亦爱之，父母之所敬亦敬之。"（《礼记・内则》，又见《曾子全书・养老》）"君子之孝也，忠爱以敬。反是乱也。尽力而有礼，庄敬而安之；微谏不倦，听从而不怠；欢欣忠信，咎故不生，可谓孝矣。尽力无礼，则小人也；致敬而不忠，则不入也。是故，礼以将其力，敬以入其忠，饮食移味，居处温愉。著心于此，济其志也。”（《大戴礼记·曾子立孝》，又见《曾子全书·养老》）

如果说，孔子论孝，还不免就事论事（有具体的针对性），在曾子这里，则显然把孝更加理论化了，对孝的心理感情因素，也表达得更加全面而深刻。在曾子看来，养亲、事亲是孝的基本内容，是子女对父母的义不容辞的义务，体现了亲子之间的伦理亲情；而爱亲、敬亲则是伦理亲情的进一步升华和更高表现。养亲、事亲重在行动；爱亲、敬亲重在情感，二者密不可分。情感是行动的基础和动力，只有对双亲具备了发自内心的爱敬之情，才能更好地、长久不衰地做到养亲事亲。正因为如此，曾子才总是将它们放在一起论述。

对于养亲须有爱敬之情，曾子不仅在理论上做了精辟阐述，还在实践上身体力行，成为孝子的典型。《孟子》书中记有曾子的两则故事。

故事一：“曾子养曾皙（曾子之父），必有酒肉；将彻（通“撤”，撤去酒肉），必请所与（分给谁吃）；问有余，必曰有。曾皙死，曾元（曾子之子）养曾子，必有酒肉；将彻，不请所与；问有余，曰：‘亡矣。’”（《孟子·离娄上》）孟子批评说：曾元说“亡矣”（没有了），意思是留下剩余的吃食预备以后进用。这种做法不过是应付式的，仅仅是“口体之养”，满足嘴巴和身体罢了。只有曾子对父亲，才可以叫做“养志”，即顺从父母心意的奉养，因为他不单注意亲人食物的丰足，还表现了对父亲的充分尊重，注意满足心灵的需要。

故事二：“曾皙嗜羊枣（一种形小色黑的果品），而曾子不忍食羊枣。公孙丑（孟子弟子）问曰：‘脍炙与羊枣孰美？’孟子曰：‘脍炙哉！’公孙丑曰：‘然则曾子何为嗜脍炙而不食羊枣？’曰：‘脍炙，所同也；羊枣，所独也。’”（《孟子·尽心下》）曾子因为父亲偏爱吃羊枣，自己便不忍心吃羊枣。公孙丑对此产生疑问：曾皙恐怕不仅喜欢吃羊枣，也喜欢吃烤肉，烤肉和羊枣相比，哪个更好吃呢？当然是烤肉更好吃。既然曾皙既喜欢吃羊枣，又喜欢吃烤肉，那么，曾子为什么仅仅不吃羊枣而吃烤肉呢？这难道能表明曾子之孝吗？孟子回答说：烤肉是人人喜欢吃的，而羊枣是自己的父亲所偏爱吃的，所以曾子才不忍吃。（一说，这是曾皙死后发生的事，那么，曾子此举就更有寄托悲思之情的意味了。）

汉初思想家贾谊称赞曾子的孝行说：“曾子孝于父母，昏定晨省，调寒温，适轻重，勉之于粥糜之间，行之于衽席之上。”（《新语·慎微》）意思是，曾子对于父母的饮食起居等每一个生活细节，都照顾得细心周到。曾子的这些做法，从具体内容说，不见得是人人都能做到的。比如中等收入以下的人家，便不可能每食“必有酒肉”；大忙季节，也不可能天天都“昏定晨省”。但是，从基本精神说，曾子孝亲重在对父母的关心备至和体贴入微，突出的是一个“情”字，有了这份深情，才会有这一系列行动。因此才具有典型意义。

据说，曾子为了照顾年老的双亲，甚至放弃了入仕为官的机会：曾子“志存孝道”，“齐尝聘欲以为卿而不就，曰：‘吾父母老。食人之禄则忧人之事，吾不忍远亲而为人役。’”（《孔子家语・七十二弟子解》）但曾子也曾就近出仕，目的是可以在双亲健在，“以微禄而奉亲”：“曾子仕于莒，得粟三秉（一秉合十六斛）。方是之时，曾子重其禄而轻其身。亲没之后，齐迎以相，楚迎以令尹，晋迎以上卿。方是之时，曾子重其身而轻其禄。”（《韩诗外传・卷一》）对于仕与不仕，曾子还讲过一番道理：“往而不可还者，亲也；至而不可加者，年也。是故，孝子欲养而亲不逮也，木欲直而时不待也。是故，椎牛而祭墓，不如鸡豚逮吾亲存也。故吾尝仕齐为吏，禄不过钟釜，尚犹欣欣而喜者，非以为多也，乐其逮亲也。既没之后，吾尝南游于楚，得尊官焉，堂高九仞，榱题三围，转毂百乘，犹北向而泣涕者，非为贱也，悲不逮吾亲也。故家贫亲老，不择官而仕。若夫信其志，约其亲者，非孝也。”（《韩诗外传》卷七）这些记载，细节上互有出入，可能有后学增饰的成分，无须深加考证。它们在基本精神上还是一致的，那就是，趁父母在世时，勤加奉养，多加关切，从而使父母心安，做儿女的也才会心里踏实。这是对于孔子“父母之年不可不知也，一则以喜，一则以惧”“父母在，不远游，游必有方”思想的继承和发展。

（二）讲求顺从与“几谏”

孝的本义既是善事父母，顺从父母自然就是它的基本意思。孔子说：“父母其顺矣乎！”（《中庸》引）孟懿子问孝，孔子答以“无违”（《论语・为政》）。曾子继承了这一思想，前引曾子有关养亲、敬亲、爱亲的论述中，也多包含这一意思。此无须多论。值得注意的是，儒家论孝，并不是一味地讲顺从，它同时还提出了另一层意思，那就是谏争。孔子说：“事父母几谏，见志不从，又敬不违，劳而无怨。”（《论语・里仁》）“几谏”就是以婉转的方式加以劝止。这讲的是子女对父母有过错时应抱的态度。人都难免犯错误，有过失，当父母的也不例外，总难免有想得不对、说得不当、做得不妥的时候。出现了这种情况，孔子不是主张一味顺从，而是“几谏”。这一思想，也得到曾子的继承和发展。

曾子多次提到谏：

父母爱之，喜而不忘；父母恶之，劳而无怨；父母有过，谏而不逆。（《大戴礼记·曾子大孝》）

君子之孝也，以正致谏。（《大戴礼记·曾子本孝》）

君子之孝也，忠爱以敬。……尽力而有礼，庄敬而安之，微谏不倦，听从而不怠，欢欣忠信，咎故不生，可谓孝矣。（《大戴礼记·曾子立孝》）

单居离（曾子弟子）问于曾子曰："事父母有道乎?"曾子曰："有。爱而敬。父母之行若中道，则从；若不中道，则谏；谏而不用，行之如由己。从而不谏，非孝也；谏而不从，亦非孝也。孝子之谏，达善而不敢争辩，争辩者，作乱之所由兴也。"（《大戴礼记·曾子事父母》）

这些论述表明，当面临父母"有过""不中道"（不合于道）的时候，曾子是主张谏争的，只是在方式方法上，不要过于生硬，而须加以讲求罢了。在曾子看来，作子女的有义务对父母的过失加以谏争："孝之于亲也，生则有义以辅之。"（《大戴礼记·曾子本孝》）"有义以辅之"，也就是"以正致谏"，其目的在于避免使亲人陷于不义。

应该说，"几谏"的思想，是曾子孝说中很有价值的内容。只是对于"几"即方式方法，常常强调得过分，以致陷于一偏。如说："父母有过，下气怡色，柔声以谏；谏若不入，起敬起孝，说（悦，下文同）则复谏；不说，与其得罪于乡党州闾，宁孰谏。父母怒，不说，而挞之流血，不敢疾怨，起敬起孝。"（《礼记·内则》）由于曾子讲的是孝道，所以多从子女如何对待父母的角度立论，至于做父母的如何对待子女（比如听取子女的正确意见），则付之阙如，这为后世封建统治者片面强调子女顺亲为孝的义务提供了理论依据。

有一则曾子耘瓜的故事，很值得玩味：

曾子耘瓜，误斩其根。曾皙（曾子之父）怒，建大杖以击其背，曾子仆地不知人久之。有顷乃苏，欣然而起，进于曾皙曰："向也参得罪于大人，大人用力教参，得无疾乎?"退而就房，援琴而歌。欲令曾皙闻之而知其体康也。（《孔子家语·六本》）

故事说，曾子锄瓜，不慎把瓜秧锄断掉了，是无心的失误。其父曾皙一怒之下竟用大杖把曾子打倒在地，昏死过去，好一会儿才苏醒。(此刻，做父亲的一定会对自己的莽撞失手而内心自责吧。)曾子清醒后并没有发一句怨言，反而好言安慰父亲，并尽量显示自己并没有受到大的伤害。曾子的这一做法，大概也属于“几谏”的一种方式吧。

应该说，曾子的所作所为，堪称孝子的典型了。但是，据说孔子听了以后却不以为然。这个故事接着叙述道：

> 仲尼闻之而怒告门弟子曰：“参来勿纳也。”曾子自以为无罪，使人请于仲尼，仲尼曰：“女不闻乎？瞽叟有子曰舜，舜之事瞽叟，欲使之，未尝不在侧；索而杀之，未尝可得。小杖则待过，大杖则逃走。故瞽叟不犯不义之罪，而舜不失烝烝之孝。今参事父，委身而待暴怒，殪而不避。(如果)既身死，而陷父于不义，其不孝孰大焉？”……曾子闻之曰：“参罪大矣。”遂造仲尼而谢过。(同上)

这则故事也许有点夸张，是不是真为孔子所言也不必过分认真，只须把握其基本思想就可以了。之所以说曾子“有罪”，并不是说曾子被打以后之所做所说有什么不妥，而是指在被打之前有考虑不周之处：在父亲又气又怒一时丧失理智的情况下，作为儿子应该暂时“避之”，“逃走”(像舜机智地对待父亲瞽叟的错误那样)，以免父亲万一失手，把儿子打伤致死，再追悔就来不及了。如果真造成了这样的后果，就是陷父亲于不义了。曾子没有这样做，岂非大不孝！

上述故事中，诚然有对做子女的片面地过分要求的消极一面，但曾子主张“几谏”的思想毕竟是可贵的。《孝经·谏争章》还对谏争的意义做了正面的阐述：

> 曾子曰：“敢问从父之令可谓孝乎？”子曰：“是何言与，是何言与！昔者天子有争臣七人，虽无道，不失其天下；诸侯有争臣五人，虽无道，不失其国；大夫有争臣三人，虽无道，不失其家；士有争友，则身不离于令名；父有争子，则身不陷于不义。故当不义，则子不可以不争于父，臣不可以不争于君。故当不义则争之，从父之令，又焉得为孝乎？”

这段话的意思非常鲜明：不管是非曲直，一味地从父之令，不能叫做孝；面临不义则加以谏争，才是真正的孝。文中还由父子关系推及君臣关系乃至一般的人际关系，认为无论是子对父，臣对君，还是朋友相互之间，谏争都是普遍需要的。

这一思想得到后世儒家的继承。且看子思：

> 鲁穆公问于子思曰："何如而可谓忠臣?"子思曰："恒称其君之恶者，可谓忠臣矣。"公不悦。揖而退之。……成孙弋曰："善哉言乎！夫为其君之故杀其身者，尝有之矣；恒称其君之恶者，未之有也。夫为其君之故杀其身者，效禄爵者也。恒［称其君］之恶者，［远］禄爵者也。［为］义而远禄爵，非子思，吾恶闻之矣。"（郭店楚简《鲁穆公问子思》，据李零《郭店楚简校读记》，载《道家文化研究》第十七辑）

孟子也说："责难于君谓之恭，陈善闭邪谓之敬，吾君不能谓之贼。"（《孟子·离娄上》）"君有大过则谏。"（《孟子·万章下》）荀子则更概括出"从道不从君，从义不从父"的原则，称之为"大行"（最高道德）："入孝出弟，人之小行也。上顺下笃，人之中行也。从道不从君，从义不从父，人之大行也。"（《荀子·子道》）并进而对"从义不从父"的道理做出解释："孝子所以不从命有三：从命则亲危，不从命则亲安，孝子不从命乃衷（忠）；从命则亲辱，不从命则亲荣，孝子不从命乃义；从命则禽兽，不从命则修饰，孝子不从命乃敬。故可以从而不从，是不子也，未可以从而从，是不衷也。明于从不从之义，而能致恭敬忠信端悫以慎行之，则可谓大孝矣。"（同上）

从子思、孟子到荀子的论述可知，他们已不再关注谏争的方式方法，而是努力挖掘谏争的合理性、必要性和正当性，作为孝论的一个部分，也更增强了理论色彩。

（三）主张丧祭不忘

前文屡次提到，儒家论孝，重在对父母的爱敬之情。这种感情，不但贯彻在生前，还延续到死后。丧祭不忘便是其另一层重要意思。孔子在回答什么是孝时说："生，事之以礼；死，葬之以礼，祭之以礼。"（《论语·为政》。《孟子·滕文公上》记为曾子语）曾子对此做过深入阐发。说：

> 故孝之于亲也，生则有义以辅之，死则哀以莅焉，祭祀则莅之以敬，如此，则成于孝子也。（《大戴礼记·曾子本孝》）

曾子还精辟地谈到过丧祭的政治意义："慎终追远，民德归厚矣。"（《论语·学而》）"慎终"指谨慎地为父母料理丧事，"追远"指追怀祭祀祖先。意思是说，念念不忘地、慎重地办理好丧祭之事，意义非同寻常，能收到使人民的道德归于淳厚的社会效果。

儒家认为，丧祭之礼之所以必要，是因为其中寄托着对亲人的思念之情。孔子论"三年之丧"的根据在于"子生三年然后免于父母之怀"，因此，父母不幸去世时才"食旨不甘，闻乐不乐，居处不安"（《论语·阳货》）。这就是说，丧礼与祭礼的制定，本来是源于人们的感情需要，有其一定的心理基础，并不是呆板的条文。而且，它们还有一个适度的问题，既不是越铺张越好（"礼，与其奢也宁俭；丧，与其易也宁戚"），也不是越哀伤越好。据说曾子在父亲去世时，为守丧竟然"水浆不入于口者七日"，子思认为，这样便做得过度了，他说："先王之制礼也，过之者俯而就之，不至焉者跂而及之。故君子之执亲丧也，水浆不入于口者三日，杖而后能起。"（《礼记·檀弓上》）陈澔注："三日，中制也。七日，则几于灭性矣。"（《礼记集说》）说得有道理。所谓灭性，意思是遭亲丧悲哀过度，以致危及生命。发生这种情况，假如亲人有知，也是不愿意看到的。所以儒家主张"毁不灭性，不以死伤生也"（《礼记·丧服四制》）。此番道理，《孝经·丧亲章》也有论述：

> 子曰："孝子之丧亲也，哭不偯（yi，哭的余音不拖得很长），礼无容（礼仪不讲究容貌端庄），言不文（不讲文采），服美不安，闻乐不乐，食旨不甘，此哀戚之情也。三日而食，教民无以死伤生，毁不灭性，此圣人之政也。丧不过三年，示民有终也。为之棺椁衣衾而举之（举行殓礼），陈其簠簋而哀戚之。擗踊（捶胸顿足）哭泣，哀以送之（送殡）。卜其宅兆（墓地），而安措之。为之宗庙，以鬼享之。春秋祭祀，以时思之。生事爱敬，死事哀戚，生民之本尽矣，死生之义备矣，孝子之事亲终矣。"

《礼记》和《大戴礼记》中，还记有曾子对于丧礼祭礼的许多论述，其中大部分都已丧失了现实意义，无须多述。但是，曾子关于丧祭不忘的见解仍有参考价值。在今天，亲人故去，总须有一定的方式表达悲伤之情，清明时节，仍然扫墓以寄托哀思。可见，就基本精神说，古今仍有相通之处。

二、区分孝的不同层次

曾子论孝，注意区分不同的层次。层次不同，其内含也大有不同。

（一）按意义的大小区分

曾子说："孝有三：大孝尊亲，其次不辱，其下能养。"（《大戴礼记·曾子大孝》）这是按意义的大小来区分的，是对孝提出的最高要求、一般要求和起码要求。尊亲的"尊"，这里是使动义，就是使双亲尊显，给双亲带来光荣。这是不大容易做到的，所以最高，是大孝。不辱的意思是不使双亲受辱，亦即能使双亲在心理上得到慰安。这是一般都应该做到的，所以称其次。能养即得到赡养，满足双亲在物质生活上的需要，不忧衣食。能养并不是不重要，而是说，这是孝的最低要求，最基本的要求。如果连"养"都做不到，还谈什么孝?

其实，曾子论养亲，本来就包含爱亲敬亲的意思。此点前文已述。正是从爱亲和敬亲出发，又引申出不辱和尊亲二义，从而使曾子的孝论更加丰富，更有深度。

先说"不辱"。

曾子说："不耻其亲，君子之孝也。"（《大戴礼记·曾子立孝》）"耻""辱"同义，"不耻"即不使双亲遭受耻辱。它又有两层含义：一是精神上的，一是身体上的。前者指"不辱其亲"，后者指"不亏其体"。现分而述之。

曾子认为，一个人应该时刻严格要求自己，做一个好人。否则，名声不好，就会使父母蒙羞，因此就是不孝。他说："居处不庄，非孝也；事君不忠，非孝也。在官不敬，非孝也。朋友不信，非孝也。战陈无勇，非孝也。五者不遂，灾及乎亲，敢不敬乎?"（《大戴礼记·曾子大孝》）作为曾子后学的孟子也从反面讲到过这个意思："世俗所谓不孝者五：惰其四支（肢），不顾父母之养，一不孝也；博弈好饮酒，不顾父母之养，二不孝也；好货财，私妻子，不顾父母之养，三不孝也；从耳目之欲，以为父母戮（耻辱），四不孝也；好勇斗很（狠），以危父母，五不孝也。"（《孟子·离娄下》）这五条（懒惰、好赌好酒、贪财好利、偏爱老婆孩子、放纵自己、逞勇好斗），有的尽管是从不能奉养父母的角度说的，但都包含给父母带来耻辱的意思。做父母的无不希望子女上进、有出息，最怕孩子不争气。谁家的孩子如果有上述孟子讲的那些毛病，做父母的都会感到脸上无光，在人前抬不起头来。曾子以"不辱"为孝，还是颇为合于一般人的普遍心理的。

关于身体上的"不辱"，是指"不亏其体"。曾子认为，人的身体是父母所生，作子女的应该对身体善加保护，不使它受到伤害。否则，就是对父母的不孝。曾子说："身者，亲之遗体也。行亲之遗体，敢不敬乎?"（《大戴礼记・曾子大孝》）又说："孝子不登高，不履危，痺亦弗凭。……故孝子之事亲也，居易以俟命，不兴险行以徼幸（此句《中庸》作"君子居易以俟命，小人行险以侥幸"，居易意为安于平易）。孝子游之，暴人违之。出门而使，不以或为父母忧也（不为事或贻忧于父母也）。险途隘巷，不求先焉，以爱其身，以不敢忘其亲也"（《大戴礼记・曾子本孝》）。《孝经》用一句话对此做了概括："身体发肤受之父母，不敢毁伤，孝之始也。"（《开宗明义章》）准确地表达了曾子"不亏其体"为孝的意思。

《大戴礼记・曾子大孝》还记有曾子弟子乐正子春的一个故事，对于不敢毁伤身体为孝这层意思做了夸张的描绘：

> 乐正子春下堂而伤其足，伤瘳（chōu，痊愈），数月不出，犹有忧色。门弟子曰："夫子伤足瘳矣，数月不出，犹有忧色，何也?"乐正子春曰："……天之所生，地之所养，人为大矣。父母全而生之，子全而归之，可谓孝矣。不亏其休，可谓全矣。故君子跬步而不敢忘也。今予忘夫孝之道矣，于是以有忧色。"故君子一举足不敢忘父母，一出言不敢忘父母。一举足而不敢忘父母，故道而不径，舟而不游，不敢以先父母之遗体行殆也；一出言不敢忘父母，是故恶言不出于口，忿言不及于己，然后不辱其身，不忧其亲，可谓孝矣。

曾子的这位高足弟子之所论，是对于"身体发肤受之父母，不敢毁伤"思想的发挥，以现代人的视角看，未免迂腐可笑。毋庸讳言，这一思想在历史上曾起过相当严重的消极作用，在它的束缚下不少儒生变得拘谨怯懦，大大限制了人们的进取精神。但是，如果不陷入绝对化，作为一种守身的理念，则未始没有一定积极意义。它在孝的名义下包含着这样的意思：一个人对自己的一言一行，都应严肃认真考虑到后果，不要落下坏的名声，使双亲蒙羞受辱；不要惹是生非，使双亲担惊受怕。因此，所谓"不辱其亲"，就是不使双亲为自己担心、揪心、伤心、痛心，而使双亲放心、安心。有了这份孝的情感，人们就会善待身体、珍重生命、束身守道、谨言慎行，严格要求自己，主动处理好人际关系。

再说"尊亲"。

前文已提到，"尊亲"的意思就是使双亲尊显，给双亲带来光荣，使双亲受到尊敬。

（按，有的注家把尊亲解为尊敬双亲，欠妥。尊敬双亲即敬亲，是贯彻于孝亲全过程的一般要求，不能称作大孝。）曾子说："君子之所谓孝者，国人皆称愿（愿犹羡，羡慕、称扬）焉，曰'幸哉！有子如此'，所谓孝也。"（《大戴礼记·曾子大孝》）意思是说，所谓孝就是能使一国的人都因为有这样的儿子而羡慕，做父母的因为有这样的儿子而自豪，而感到光荣体面，获得莫大的幸福感。孟子说："孝子之至，莫大乎尊亲。"（《孟子·万章上》）说的也是这个意思。这一思想影响十分深远。在历史上，统治者为提倡孝道，常常表彰孝子，为之立牌匾，授官职；一个人有了成就，其父母也连带受到封赏。因此，历代都把"显亲扬名""光宗耀祖"看作非常荣耀的事，成为最高的追求目标。《孝经·开宗明义章》对尊亲为孝的意思概括道："立身行道，扬名于后世，以显父母，孝之终也。"这一思想，以官禄作诱饵的消极性是明显的，但其中也未始没有积极意义。比如，它可以在孝的名义下，激发人们的荣誉感、进取心，鼓励人们奋发图强，建立功勋。

"不辱"和"尊亲"，本是一个问题的两面，"不辱"意在不给双亲带来耻辱，"尊亲"意在给双亲带来光荣。二者之所以有高低层次之分，一是因为，前者是从消极意义上说的，后者则是从积极意义上说的；二是因为，一般说来，"不辱其亲"，子女通过主观努力是能够做到的，"尊亲"则往往是通过主观努力未必能达到的。尽管未必能达到，但仍然是人们的最高追求。可见，曾子把尊亲视为大孝，还是有一定道理的。

（二）按不同社会地位的人区分

曾子论孝，有时又对不同社会地位的人分别提出不同的要求。如说：

> 孝有三：大孝不匮，中孝用劳，小孝用力。博施备物，可谓不匮矣；尊仁安义，可谓用劳矣；思慈爱忘劳，可谓用力矣。（《大戴礼记·曾子大孝》，又见《礼记·祭义》，文句次序有异。"思"字据《祭义》补。）

这里的大、中、小，是按社会政治地位的高低来区分的，分别指天子之孝、诸侯卿大夫士之孝和庶人之孝。所谓"思慈爱忘劳"，是说"庶人思父母慈爱，忘躬耕之劳"；所谓"尊仁安义"，是说"诸侯、卿大夫、士尊重于仁，安行于义，心无劳倦"；所谓"博施备物，可谓不匮"，是说"广博施则德教加于百姓，刑于四海是也。备物谓四海之内各以其职来助祭，即是大孝不匮也"（见孔颖达《礼记正义》）。

对于不同地位的人，其孝的内容也不同，曾子还多次谈到。如：

> 君子（指卿大夫）之孝也，以正致谏；士之孝也，以德从命；庶人之孝也，以力恶食（分地任力致甘美）；任善不敢臣三德（原注：谓王者之孝。三德，三老也）。（《大戴礼记·曾子本孝》）

《孝经》中则有五章文字分别论天子、诸侯、卿大夫、士及庶人之孝：

> 爱亲者不敢恶于人，敬亲者不敢慢于人，爱敬尽于事亲，而德教加于百姓，刑于四海，盖天子之孝也。
>
> 在上不骄，高而不危，制节谨度，满而不溢。高而不危，所以长守贵也；满而不溢，所以长守富也。富贵不离其身，然后能保其社稷而和其民人，盖诸侯之孝也。
>
> 非先王之法服不敢服，非先王之法言不敢道，非先王之德行不敢行。是故非法不言，非道不行。口无择言，身无择行，言满天下无口过，行满天下无怨恶。三者备矣，然后能守其宗庙，盖卿大夫之孝也。
>
> 资于事父以事母，而爱同；资于事父以事君，而敬同。故母取其爱而君取其敬，兼之者，父也。故以孝事君则忠，以敬事长则顺。忠顺不失以事其上，然后能保其禄位而守其祭祀，盖士之孝也。
>
> 用天之道，因地之利，谨身节用，以养父母，此庶人之孝也。

上述这种五孝之论，在孝的名义下，对于不同政治地位的人分别提出了要求，表达了儒家“各尽其职，各守其分”以及对在上位者首先要求、严格要求的一贯思想。值得注意的是，这里所谓“孝”，除庶人之孝以外，都已超出了“善事父母”的本义，而赋予了更多的政治内容：天子之孝归结为德教加于百姓，取得天下人的信任；诸侯之孝归结为保其社稷，和其民人；卿大夫之孝归结为守其宗庙；士之孝归结为保其禄位而守其祭祀。功利色彩十分突出，反映了将伦理观政治化的倾向。

曾子关于孝有不同层次的观点，为处在不同地位、不同身份、担任不同角色的人分别提出了明确的伦理义务，加强了其可操作性，在历史上对于规范人们的言行具有重要作用。

三、突出孝的至上性

（一）把孝论引入天人关系

曾子说："草木以时伐焉，禽兽以时杀焉。夫子曰：'伐一木，杀一兽，不以其时，非孝也。'"（《大戴礼记·曾子大孝》。又见《礼记·祭义》，文字小有异。）这是从人对天地的义务说的。《易》曰："天地之大德曰生。"（《系辞传下》）"有天地然后有万物，有万物然后有男女，有男女然后有夫妇，有夫妇然后有父子。"（《序卦传》）准此，人乃天地所生，天地犹如人的父母，人犹如天地的子女，人对天地也就应该尽孝道。天有四时，地有五材，人能与时偕行，因地制宜，遵循天地的本性行动，便是对天地尽孝。反之，则"非孝"。透过其伦理话语，反映的是一种天人合一的观念，从中不难发现某种生态意识。

（二）推崇孝为天下之大经

曾子论孝，有时更做高明之论，把孝提升为天地之间的最高原则："夫孝者，天下之大经也。夫孝，置之而塞于天地，衡之而衡于四海，施诸后世而无朝夕，推而放诸东海而准，推而放诸西海而准，推而放诸南海而准，推而放诸北海而准。《诗》云：'自西自东，自南自北，无思不服。'此之谓也。"（《大戴礼记·曾子大孝》，又见《礼记·祭义》）这就是说，孝的原则，在空间上是普遍的，放之四海而皆准；在时间上是永恒的，推之万世而不移。

对于孝的这种至上性，《孝经》也有论述：

> 曾子曰："甚哉，孝之大也！"子曰："夫孝，天之经也，地之义也，民之行也。天地之经，而民是则之。则天之明，因地之利，以顺天下。是以其教不肃而成，其政不肃而治。"（《孝经·三才章》）

为将孝神圣化，《孝经》还将孝与鬼神联系起来，说：

> 昔者明王事父孝，故事天明；事母孝，故事地察。长幼顺，故上下治。天地明察，神明彰矣。……宗庙致敬，鬼神著矣。孝悌之至，通于神明，光于四海，无所不通。（《孝经·感应章》）

孝既然成了最高原则，曾子及其门徒便把其他伦理规范都纳入孝的范围，以之作为道德的根基和教化的本源："夫孝，德之本也，教之所由生也。"（《孝经·开宗明义章》）"仁者，仁此者也；义者，宜此者也；忠者，中此者也；信者，信此者也；礼者，体此者也；行者，行此者也；强者，强此者也。乐自顺此生，刑自反此作。"（《大戴礼记·曾子大孝》，又见《礼记·祭义》，文字小有异。）"故居处不庄，非孝也，事君不忠，非孝也；在官不敬，非孝也；朋友不信，非孝也；战陈无勇，非孝也。"（同上）

通过这些夸张的言词，曾子及其门徒突显了孝的权威性、神圣性和不可违反性，既深化了孝的内涵，又扩大了孝的外延，为儒家的孝论增加了新的内容，也为后世统治者将孝法律化奠定了理论基础。

原文载于《曾子及其孝道》，群言出版社 2004 年版。

范蠡的品格及思想

春秋末期是一个人才辈出的伟大时代。思想家如老聃、孔丘，军事家如司马穰苴、孙武，政治家如子产、晏婴，群星灿烂，光彩夺目。范蠡也是其间的佼佼者，而且是一个集政治家、军事家、思想家和实业家于一身的人物。他的事迹颇富传奇色彩，他的思想和品格尤其有巨大魅力。

一

范蠡首先是一位杰出的政治家。大凡政治家应该具有的优秀品质，诸如明锐、深沉、坚定、灵活机智，差不多他都具备了，而且还有自己的特点。

范蠡是在吴越争霸的关键时刻登上政治舞台的。当时，吴王夫差为报杀父之仇，兴兵伐越；越王勾践则“欲先吴未发往伐之”。双方剑拔弩张，战事一触即发。范蠡深通兵法，祖述老聃的慎战思想，主张后发制人，他谏阻勾践说：“不可，臣闻兵者凶器也，战者逆德也，争者事之末也。阴谋逆德，好用凶器，试身于所末，上帝禁之，行者不利。”（《史记·越王勾践世家》）可是，正在兴头上的勾践不听，贸然进兵，结果失败，不得已退守于会稽山，“吴王追而围之”。在危急的情势下，范蠡审时度势，向越王献卑身求和之策，说：“持满者与天，定倾者与人，节事者以地。卑辞厚礼以遣之，不许，而身与之市（亲自去吴国为奴）。”（同上）勾践权衡利害，只得接受了这个计策。在范蠡与好友文种的共同努力下，终于达成和议，为越王赢得宝贵的喘息之机。

勾践在赴吴践约时，要把留守越国的任务交给范蠡，范蠡说：“兵甲之事，种不如蠡；镇抚国家，亲附百姓，蠡不如种。”（《越王勾践世家》。《国语·越语下》记此语为：“四封之内，百姓之事，蠡不如种也；四封之外，敌国之制，立断之事，种亦不如蠡也。”）勾践同意了，便将守国的任务交给文种，而让范蠡陪同自己“为质于吴”。守国的任务诚然重大，而陪同战败求和的国君去敌国作人质，则不但要忍受屈辱，还须冒难以预料的危险，应付与处理各种不测的局面和问题，其艰巨和困难是很难想象的。范蠡不顾个人安危，先国家之所急，亲自选择了这个九死一生的角色，主动地挑起这副沉重的担子，显示了他那过人的智勇和公而忘私的品格。

勾践不愧为春秋霸主，面对战败求和的屈辱局面，他先是按照范蠡、文种的安排，实行韬晦之计，瞒过了夫差的眼睛；既而于归国后，痛改前非，卧薪尝胆，苦身焦思，立志复仇：“身自耕作，夫人自织，食不加肉，衣不重彩，折节下贤人，厚遇宾客，振贫吊死，与百姓同其劳。”（《越王勾践世家》）经过“十年生聚，十年教训”，越国一度折断的翅膀又羽毛丰满，具备了反攻复国的条件。此刻，在究竟应何时进兵的问题上，范蠡再次表现了他那政治家兼军事家的卓越才能。连续四次劝止了勾践的盲动（见后），待到天时、人事等一切主客观条件都成熟时才下令进兵，一举击败吴国，洗刷了会稽之耻，完成了复国战争的胜利。

此时，在如何对待吴王夫差求和的问题上，又一次表现了范蠡的明断和坚定。吴越争霸，势不两立，是无法回避的残酷现实。正如伍子胥所说：“夫吴之与越，仇雠敌战之国也。三江环之，民无所移，有吴则无越，有越则无吴，将不可改于是也。”（《国语·越语上》）遗憾的是，对于这个明摆着的利害关系，越王勾践却一时有点糊涂。当兵败的夫差欲效勾践的故伎，向越卑辞求和时，勾践竟“不忍，欲许之”。范蠡当机立断地进谏说：“会稽之事，天以越赐吴，吴不取。今天以吴赐越，越其可逆天乎？且夫君王早朝晏罢，非为吴耶？谋之二十二年，一旦而弃之，可乎？且夫天与不取，反受其咎，‘伐柯者其则不远’，君忘会稽之厄乎？”这番明晰透彻、义正辞严的话，把问题分析得一清二楚，终于坚定了勾践彻底灭吴的决心，遂灭吴。

还应提到的是，越灭吴以后，采取了一系列政治举措，完成了称霸诸侯的壮举，从中也显示了范蠡那政治家的远见和深沉。《史记·越王勾践世家》说：“勾践已平吴，乃以兵北渡淮，与齐晋诸侯会于徐州，致贡于周。周元王使人赐勾践胙，命为伯。勾践已去，渡淮南，以淮上地与楚，归吴所侵宋地于宋，与鲁泗东方百里。当是时，越兵横行于江淮东，诸侯毕贺，号称霸王。”这些举措，都是为实现霸业这个总目标而精心安排的，且收到了预期的效果：尊周王，历来是春秋霸主的一面颇有号召力的大旗，得到周天子的封赐与齐晋等中原大国会盟，是实现霸业的一种标志；归还楚国淮上之地，是对近邻的一种安抚；怀柔宋鲁等小国，则可以增强它们对越的向心力，提高越国的威望。

这些，固然是勾践所实行的，而主意却是出自范蠡。司马迁写道：“范蠡事越王勾践，既苦身戮力，与勾践深谋二十余年，竟取吴，报会稽之耻，北渡兵于淮以临齐晋，号令中国，以尊周室，勾践以霸，而范蠡称上将军。”（同上）

《越绝书》则将这些举动直接系于范蠡名下，说：“越王勾践既得平吴，春祭三江，秋祭五湖。……范蠡内视若盲，反听若聋，度天关，涉天机，后衽天人，前带神光。……于是度兵徐州，致贡周室，元王以之中兴，号为州伯，以为专勾践之功，非王室之力。……蠡善虑患，勾践能行焉。臣主若斯，其不伯（霸），得乎？”（《越绝书》卷十四，《越绝德序外传记》第十八）

显然，没有范蠡这样一位高瞻远瞩、胸襟开阔的政治家的运筹帷幄，勾践是很难把事情办得这么圆满的。而辅佐勾践完成霸业，也就成为范蠡政治生涯的顶峰。

如果说，范蠡帮助勾践灭吴雪耻、称霸诸侯，是上演了他政治生活中最有光彩的一幕，那么，其后他急流勇退，挂冠而去，则是实现了他人生中的一大转折，表现了他的异乎寻常的冷静和明智。下面是《史记·越王勾践世家》中对范蠡被封为上将军之后的记述：

> 还反国，范蠡以为大名之下难以久居，且勾践为人，可与同患，难与处安。为书辞勾践曰：“臣闻，主忧臣劳，主辱臣死。昔者君王辱于会稽，所以不死，为此事也。今既已雪耻，臣请从会稽之诛。”勾践曰：“孤将与子分国而有之。不然，将加诛于子。”范蠡曰：‘君行令，臣行意。’乃装其轻宝珠玉，自与其私徒属乘舟浮海以行，终不反。

范蠡之所以抛弃权位，坚决出走，毅然斩断名缰利索的羁绊，是由于他对服事多年的越王勾践的为人有深刻了解。语云：“勇略震主者身危，功盖天下者不赏。”历代君王，对于天下独尊的座位总是怀着深深的忧虑，生怕被他人夺去，因此便疑心重重，总觉得有人在觊觎，于是就要残酷地消灭已知的或潜在的争夺者。勾践正是一个这样的心地偏狭的君王，他胁迫曾经为他出过死力的功臣文种自杀就是其阴暗灵魂的大暴露。而此点，早已在范蠡的意料之中。范蠡在去国前夕，曾给文种一封信，规劝说：“蜚鸟尽，良弓藏；狡兔死，走狗烹。越王为人，长颈鸟喙，可与共患难，不可与共乐。子何不去？”文种见信后，称病不朝。有人借机上谗言说文种要作乱，越王便赐给文种一把宝剑，说：“子教寡人伐吴七术，寡人用其三而败吴，其四在子，子为我从先王试之。”文种只得自杀。（《越王勾践世家》）试想，如果范蠡不走，难保不会遭到同样下场。

对于这段情节，成书于唐代无名氏所撰的《无能子》另有描述：“范蠡佐越王勾践，灭吴杀夫差，与大夫种谋曰：‘吾闻阴谋人者，其祸必复。夫姑苏之灭，夫差之死，由吾与子阴谋也。况王之为人也，可与共患，不可共乐。且功成名遂身退，天之理也。吾将退，子其偕乎？大夫种曰：‘夫天地之于万物也，春生冬杀，万物岂于冬杀而反祸天地乎？吾闻，圣人不贵乎独善，而贵乎除害成物。苟成于物，除害可也。……况王方以灭吴德子与我，必相终始。子无遽于退也。”范蠡曰：“不然。夫天地无心，且不自宰，况万物乎？天地自天地，万物自万物。春以和自生，冬以害自杀，非天地使之然也。圣人虽有心，其用也体乎天地。天地虽无心，机动则应，事迫则顺，事过则逆。除害成物，无所憎爱。故害除而无祸，物成而无福。今王以怨吴之心，禄我与子，以取其谋。我与子利其禄而谋吴，以灭人为功以报。禄我者，人之奸也。自谓天地生杀，圣人之除害成物，不其欺耶?”大夫种不悦，疑之不决。范蠡竟辞勾践，泛扁舟五湖。俄而越杀大夫种。”（《无能子》卷中《范蠡说》第六）

这些描写，或许有点贬低文种的意味。不过，无论如何，文种是吃了对越王抱有幻想（至少是有所迟疑）的大亏。相比之下，范蠡的清醒和决断，就显得尤其可贵。

范蠡出走后，勾践煞有介事地做出怀念姿态：“王命工以良金写范蠡之状而朝礼之，浃日（十天）而令大夫朝之，环会稽三百里者以为范蠡地，曰：‘后世子孙，有敢侵蠡之地者，使无终没于越国。皇天后土、四方地主（地方军政首长）正（证）之。’”（《国语·越语下》）真可说是优礼有加了。但是，对于同样建立不世之功的文种的被害，却未见勾践有任何悔过的表示。因此，勾践的做法有几分是真诚的，很难说。总之，在对待出处进退的问题上，文种和范蠡的做法，都给后人留下了深刻的教训。

二

范蠡同时是一位杰出的思想家。《汉书·艺文志·兵书略》著录有《范蠡》二篇，可惜久已亡佚。仅从《国语》《史记》《越绝书》等书中记载下来的范蠡言论中仍可看出，他的思想是深刻的，其中贯穿着辩证精神。

范蠡信奉天人合一的原则，认为天道人事相和谐才能取得成功。他在劝谏勾践伐吴时说：

> 夫国家之事，有持盈（强盛时要设法保持），有定倾（危机时要免于倾覆），有节事（处理政事要力求得当）。持盈者与天（效法天道），定倾者与人（依赖人道，即符合民心），节事者与地（符合地道）。……天道盈而不溢，盛而不骄，劳而不矜其功。夫圣人随时以行，是谓守时。天时不作，弗为人客（不进攻别国）。人事不起，弗为之始（不首先发动战争）。今君王未盈而溢，未盛而骄，不劳而矜其功。天时不作，而为人客；人事不起，而创为之始，此逆于天而不和于人。王若行之，将妨于国家，靡王躬身。（《国语·越语下》）

范蠡认为，天道、地道（客观情况及其规律）是行事的根据，只有客观条件具备了，人事再与之很好地配合，才有可能取得成功。现在客观条件尚不具备，却违背天道，凭想当然而盲目行动，不顾一切地蛮干，只会招致严重的后果。这里，强调了必须从客观实际出发，主观必须与客观相符合的思想。

范蠡还具有比较突出的发展观，特别强调掌握时机的重要性。在经历了战败求和、入质于吴的危难后，范蠡为勾践制定了蓄积力量以待天时的方针，他告诫勾践说：

> 时不至，不可强生；事不究，不可强成。自若以处，以度天下（顺其自然，来审度天下的情势），待其来者而正之，因时之所宜而定之。同男女之功，除民之害，以避天殃。田野开辟，府仓实，民众殷。无旷其众，以为乱梯。时将有反，事将有间，必有以知天地之恒制，乃可以有天下之成利。事无间，时无反，则抚民保教以须之。（同上）

这就是说，做事情必须把握时机，事物在发展中，总会显露出间隙，找到可乘之机。掌握了这一恒常的法则，才可以获得成功和实利。如果时机不成熟，则不可轻举妄动，只能充实自己，准备条件，耐心等待。

此点，在选择举兵复仇的时机问题上，范蠡表现得尤其突出。他一连四次劝止勾践不要急躁。下面是《国语·越语下》的记载：

勾践返国的第四年，急于谋吴。范蠡谏止说："未可也。蠡闻之，上帝不考（不帮助），时反是守。强索者不祥，得时不成，反受其殃。失德灭名，流走死亡。有夺，有予，有不予。王无早图，夫吴，君王之吴也。王若早图之，其事又将未可知也。"

第二年，勾践又有些按捺不住了，他列举吴国许多倒行逆施的情况对范蠡说："今吴王淫于乐而忘其百姓；乱民功，逆天时；信谗喜优，憎辅远弼；圣人不出，忠臣解骨；皆曲相御，莫适相非，上下相偷。”这些，岂不是进攻吴国的大好时机吗？范蠡回答说：“人事至矣，天未应也。王姑待之。”

第三年，吴王夫差杀害了忠心耿耿的老臣伍子胥。勾践认为，这该是进攻吴国的时候了。范蠡则认为，条件还不算充分，他对越王说：“逆节萌生（吴王的失道行为还仅仅是处于开始阶段），天地未形而先为之征，其事是以不成，杂受其刑（杂通匝，返也。意思是反受其害）。王姑待之。”

第四年，越王实在等不及了。他把范蠡召来说：我和你一起谋划反击吴国，你总说时机不成熟。现在吴国灾情严重，连稻子螃蟹都吃光了。总该是时候了吧？范蠡回答说：“天应至矣，人事未尽也。王姑待之。”勾践恼了，说：你这不是欺骗我吗？“吾与子言人事，子应我以天时；今天应至矣，子应我以人事，何也?”范蠡说：“王姑勿怪。夫人事必将与天地相参，然后乃可以成功。今其祸新民恐，其君臣上下皆知其资财之不足以支长久也。彼将同其力，致其死。犹尚殆。”这就是说，敌方还有一定战斗力，可能会作垂死挣扎，因此还有一定危险。范蠡认为，客观条件与主观条件不是孤立存在的，需要二者的高度统一和有机配合。只有客观条件和主观条件同时具备且达到高度统一的情况下，才会取得成功。否则，都可能招致失败。“人事必须与天地相参”，这是一个重要的命题，从思想发展史上说，它对后世有深远影响。《中庸》讲“可以赞天地之化育，则可以与天地参”；《荀子·天论》说“天有其时，地有其财，人有其治，夫是之谓能参”，都是对范蠡“相参”思想的继承。

到了这年的“玄月”（九月），越王又把范蠡召来，范蠡说：“您就是不召我，我也正要谒见您了。现在时机已经成熟，可以出兵了。”于是立刻发兵。

接着，在与吴军对峙的过程中，范蠡仍然表现出足够的耐心和冷静，他不急于交战，而是避开吴军的锐气，谨慎地捕捉战机，并对其道理做了深刻论述。他说：

> 古之善用兵者，赢缩（增减、进退）以为常，四时以为纪，无过天极，究数而止。天道皇皇，日月以为常。明者以为法，微者则是行。阳至而阴，阴至而阳。日困而还，月盈而匡（亏）。古之善用兵者，因天地之常，与之俱行：后（被动时）则用阴，先（主动时）则用阳；近则用柔，远则用刚；后无阴蔽（不过于退守），先无阳察（不过于暴露）。……彼来从我，固守勿与。若将与之（准备交战），必因天地之灾，又观其民之饥饱劳逸以参之，尽其阳节，盈吾阴节而夺之。宜为人客（适合

进攻时)，刚阳而力疾；阳节不尽，轻而不可取。宜为人主（适合退守时），安徐而重固；阴节不尽，柔而不可迫。凡陈（阵）之道，设右以为牝（雌），益左以为牡（雄）。早晏无失，必顺天道，周旋无究（进退变化无穷）。

范蠡的这一套军事理论，涉及到战略、战术，进攻、防守等丰富内容，渗透着深刻的辩证精神，虽然尚缺乏系统性，但也完全可以和《孙子兵法》相媲美。它们作为灭吴战争中的指导思想，保证了战争的彻底胜利；作为战略战术原则，更为后世留下了一笔丰厚的理论遗产。

三

范蠡帮助勾践完成复国雪耻、称霸诸侯的大业，固然是他一生中富有光彩的一面。但如果仅此而止，那么他最多也不过是一个像管仲、赵衰那样的人物。实际上，范蠡还有更具异彩的一面，那就是他弃官经商，“三致千金”，成为名垂后世的实业家——“陶朱公”。

孔子说：“天下有道则见，无道则隐。”古往今来，许多在政治上不得志或碰了壁的人士，往往走入归隐一途。他们视弃官禄如去敝屣的品格受到后人不少赞叹，他们淡泊自守、悠游林泉的生活情趣也得到后人不少称羡。但就其社会意义而言，未免是消极的。范蠡则不同，他抱定“非苟去而已，所止必成名”（《越王勾践世家》）的宏愿，弃官出走后，竟又开辟出另一个生活世界，完成了人生道路上的又一次飞跃，实现了人生的巨大价值。

范蠡出走后首先来到齐国。他变易姓名，“自谓鸱夷子皮”，彻底放下一度当过的“上将军”的架子，更没有利用从越国带出来的财宝坐享其成，而是像普通老百姓那样“苦身戮力”地“耕于海畔”，凭着“父子治产”，“致产数十万”。（《越王勾践世家》）取得了他当平民后的首次成功。

齐国听说了范蠡的贤能，要聘他作相。既然已辞掉越国的官位，齐国的相位岂能贪恋？他深深地慨叹道：“居家则致千金，居官则至卿相，此布衣之极也。久受尊名不祥。”于是归还了齐国的相印，再度归隐，“尽散其财，以分与知友乡党，而怀其重宝，间行以去。”（《越王勾践世家》）这一行动，再次显示了范蠡那不同凡庸的人生境界。

范蠡来到陶（今山东定陶）。他认为，陶处在天下的中央，“诸侯四通”，有地理优势，“交易有无之路通，为生可以致富矣”。便在陶定居下来，采取“以末致财，以本守之”的农商结合方式，开始了再一次的创业：“于是自谓陶朱公，复约要父子耕畜，废居，候时转物，逐什一之利。居无何，则致资累巨万，天下称陶朱公。”（《越王勾践世家》。《货殖列传》将这一情节记为：“十九年之中三致千金，再分散与贫交疏昆弟，此所谓富而好行其德者也。后年衰老而听子孙，子孙修业而息之，遂至巨万。故言富者皆称陶朱公。”）

范蠡的经商致富，靠的是他的勤劳智慧和对于经商的规律性的认识，而这与他的老师计然的传授有关。计然说：

> 旱则资舟，水则资车，物之理也。六岁穰（丰收），六岁旱，十二岁一大饥。夫粜，二十（一石粮二十钱）病农，九十病末。末病则财不出，农病则草不辟矣。上不过八十，下不减三十。则农末俱利，平粜齐物，关市不乏，治国之道也。积著之理，务完物，无息币。以物相贸易，腐败而食之货勿留，无敢居贵。论其有余不足，则知贵贱，贵上极则反贱，贱下极则反贵。贵出如粪土，贱取如珠玉。财币欲其行如流水。（《货殖列传》）

计然主要是从治国（大概略相当于今天的国民经济管理学）的角度讲的，范蠡则把这一理论运用于个人的商业活动中。有了这样的理论指导，所以才获得巨大成功。

对于商业，中国古代在国家政策和民众舆论上，历来都鄙视和压抑。范蠡敢于打破传统，以实际行动为商业的正当性争得一份公道，获得了天下“言富者皆称陶朱公”的社会声望，树立起一面古代实业家的旗帜，其意义是巨大的。

大史学家司马迁满怀同情地记叙了范蠡的生平和思想，在《越王勾践世家》中竟用三分之一以上篇幅写范蠡在齐、陶的活动，对“范蠡三徙，成名于天下”表示了由衷的赞赏。他还首次在史书中为范蠡等二十几个“货殖者”立传，为商业的正当性正名，称赞范蠡“善治生者，能择人而任时”，更颂扬他“富而好行其德”品格的高尚。

史迁以下，后世对范蠡仍有浓厚的兴趣，杨雄说：范蠡“策种而遁，肥（美善）矣哉！”（《法言·重黎》）刘向称：“范蠡去越而易名……见远识微，而仁能去富势，以避明生之祸者也。”（《说苑·杂言》）。范蠡的事迹在《越绝书》《吴越春秋》等书中也多有记述。至明代，梁辰鱼将范蠡的事迹改编为杂剧《浣纱记》，范蠡与西施的爱情故事穿插在吴越争霸的历史背景之中，更显得有声有色。从此，范蠡又成为许多文艺作品的主人公。这些，都显示了范蠡的人格魅力和其思想的深远影响。

范蠡的品格和思想在今天仍然具有巨大的现实意义。他那明睿通达的政治家风范、机智坚定的军事家才能、深刻辩证的思想家气质，仍然具有很强的感染力自不必说，尤其是他弃官经商、“三致千金”成为著名实业家的传奇事迹，在发展社会主义商品经济的今天，无疑能给予人们更多的教益和启示。

原文载于《河北大学学报》1998 年第 3 期。收入《商祖陶朱公》，山东友谊出版社 2000 年 5 月版。

燕国的兴盛与燕昭王的人才战略

燕国在战国七雄中比较弱小，在很长的时期里默默无闻，未能参与逐鹿中原、争夺天下的斗争。但是，燕昭王在位时期（公元前 311—公元前 207 年）却一度崛起，战胜强齐，攻克齐都，下齐七十余城，焕发出大光彩。燕国由弱到强，原因固然是多方面的，如果从统治者的政治举措考察，应该主要归功于燕昭王的人才战略。

燕昭王是燕王哙的儿子，他继承君位前，燕国刚刚经历了一场严重的政治危机：燕王哙听信他人的蛊惑，贪图让贤的虚名，稀里糊涂地把君位禅让给了相国子之。子之这个人原本就“贵重主断”，一朝权在手，更加不可一世，把燕国搞得“大乱”。国人不服，各种矛盾激化。太子平与将军市被举兵进攻子之，接着，太子平与将军市被又相互攻击，市被在混战中被杀，“构难数月，死者数万，众人恫恐，百姓离志”。强邻齐国乘机入侵，“士卒不战，城门不闭”，齐军大获全胜，燕王哙和子之都死于乱军之中。燕昭王就是在这种国家残破、民心离散的形势下登上君位的。

如何收拾这样一个烂摊子，是摆在这位新君面前的一大难题。邻国的经验也许给了燕昭王以启发：当时，秦国任用商鞅，富国强兵；楚国魏国任用吴起，战胜强敌；齐威王、宣王任用孙膑、田忌，国力大振，诸侯东面朝齐。燕昭王认识到，这些国家的强盛，无不得益于贤能之士的智谋。要想使燕国振兴，也必须从延揽人才入手。由此出发，逐渐形成了他的人才战略。这一战略的要点有三：

第一，卑身厚币，以招贤者。

所谓“卑身”，就是放下君主的架子，甘心执弟子礼，以贤者为师。它体现的是君主对贤士的尊重。燕昭王找到燕国名士郭隗，向他求教说：“齐国趁着我国的内乱入寇，先君死难，这一奇耻大辱我誓死要报复。但是我深知燕国力量薄弱，现在还不是时候。能得到贤士与我共同治理国家，那是我的迫切愿望，希望先生能帮助我物色人才。”郭隗回答说：“人主所抱的态度不同，得到的人才的高下也就不同——想称帝的和师长相处，想称霸的和臣僚相处，想亡国的和仆役相处。”为什么会这样呢？郭隗进一步论证说：“国君对于贤士，如果能以师事之，那么，胜过自己百倍的人才就会到来；国君对于贤士如果能认真听取他们的意见，那么，胜过自己十倍的人才就会到来；国君如能平等待人，那么，和自己能力差不多的人才就会到来；国君如果架子很大，派头十足，对贤士颐指气使，随意呵斥，那么，奴性十足的人就会到来。总之，能够以贤者为师，虚心受教，才能招来贤者，这是自古以来‘服道致士’的方法。”燕昭王一听，连连称善，进而请郭隗向他推荐人才。郭隗说：“大王一定要招致贤士，那就请先从我郭隗开始吧！像我这样的人大王都能重用，何况比我强的呢，一定会不远千里来投奔的。”燕昭王觉得有道理，于是就为郭隗建造宫殿，拜郭隗为师，加以侍奉。

所谓“厚币”，就是不惜重金，给予贤士优厚的待遇。这表现的是统治者对贤士价值的肯定。古今中外的招贤措施都少不了这一条，似无须多论。但燕昭王还是有自己的特色，他独出心裁，“筑黄金台，置千金于台上，以延请天下名士”。这确实是一种创举。它表明，在燕昭王的心目中，贤士的价值比黄金还要宝贵。

燕昭王“卑身厚币”的举措成效显著：“乐毅自魏往，邹衍自齐往，据辛自赵往。士争趋燕。”乐毅、邹衍、据辛都是当时的风云人物。乐毅，中山国灵寿人，魏国名将乐羊的后代。邹衍，齐国人，阴阳家的代表人物，稷下学宫的著名学者，提出“五德终始”“大小九州”等观点，每到一国，无不受到诸侯的隆重欢迎。据辛，赵国人，军事家。这些名士们争相来到燕国，充分显示了燕昭王人才战略的感召力和吸引力。燕昭王筑黄金台以养士，不但在当时闻名遐迩，为贤士所倾慕，还穿越历史时空，为后世所向往。

第二，破格提拔，不谋父兄。

贤才引来了，能否留得住，要看对贤才如何使用，能否使贤才尽其所长。如果只是把贤才当摆设，却不给贤才提供发挥作用的舞台，英雄无用武之地，迟早贤才还会外流。燕昭王深知这个道理，他对贤才大胆使用，破格提拔，使贤才有职有权。燕昭王对乐毅的任用最为典型。乐毅原仕于魏，作为魏的使臣来到燕国。燕昭王欣赏乐毅的才华，看中了他的能力，便强留下他加以重用，“厕之宾客之中，立于群臣之上，不谋父兄，以为亚卿”。亚卿是地位仅次于正卿（多为与君主同姓的贵族担任）的上大夫，乐毅刚来到燕国就被授予这样高的官职，充分表现了燕昭王对乐毅的器重。

“不谋父兄”还值得说一说。“父兄”指同姓大臣。按照常规，国君任用官员是要征求同姓大臣的意见的。孟子就曾经说过：“国君选拔贤人，如果迫不得已要用新人，就要把卑贱者提拔到尊贵者之上，把疏远者提拔到亲近者之上，对这种事能不慎重吗？左右亲近的人都说某人好，不可轻信；众大夫都说某人好，也不可轻信；全国的人都说某人好，然后去了解，发现他真有本领，再任用他。左右亲近的人都说某人不好，不要听信；众大夫说某人不好，也不要听信；全国的人都说某人不好，然后去了解，发现真的不好，再罢免他。”（《孟子·梁惠王下》）孟子所论，重点在于强调任用贤才须慎重，与燕昭王任用贤才的果断和大胆似有所不同。但孟子讲的道理，适用于平常时期，而燕昭王所处的却是非常时期，容不得拖延，更不能没完没了地考察。孟子所论与燕昭王所行又有一致之处，那就是国君要有主见。燕昭王对乐毅的提拔和重用，充分表现了他过人的明智和识断。

乐毅在燕国，一无亲戚，二无故旧，没有任何“关系网”，可以说是个“外来户”，燕昭王一下子就将他“立于群臣之上，以为亚卿”，如果站在保守的勋戚的立场上，这简直是难以理解的，可以提出数不清的排斥乐毅的理由，什么“曾为魏使，未必与我一心”呀，“非我族类，其心必异”呀，“年资尚浅，未可以当大任”呀，不一而足。燕昭王面临的是百废待兴的局面，形势紧急，人才难得，任何犹豫掩沓，都可能丧失机会。因此，燕昭王偏能“不谋父兄”，不听同姓群臣那些带有偏见的议论，当机立断，看准了就办，大胆起用了乐毅。此举，为乐毅这位杰出军事家提供了施展才智的平台，也使燕昭王实现自己振兴燕国的夙愿有了人才保障，成为其人才战略成功的关键。

第三，充分信任，放手使用。

燕昭王没有看错人，乐毅一上任，就显露出超凡的才华。他针对燕昭王急欲报仇血耻的心情，精辟地分析了当时的形势，提出了克敌制胜的方略。他说：齐国是个大国，过去曾称霸诸侯，当今也仍有很强的实力，“练于兵甲，习于攻战”，要想战胜它，不能急于求成。而应作长期的努力：一是要改革内政，二是要搞好外交。经过二十八年的积累，“燕国殷富，士卒乐佚轻战”，经济实力大为提高，国民的凝聚力大为增强，伐齐的条件基本具备。外交方面，乐毅提出“必与天下图之”的策略，联合楚、魏、韩、赵等国，结成反齐军事联盟。至此，伐齐的条件已完全成熟。公元前 284 年，燕昭王任命乐毅为上将军，授以相国印，合燕、赵、楚、魏、韩五国之兵以伐齐。在济西大会战中，击破齐军。楚、魏等国的军队力疲而归。乐毅则不给敌军以喘息机会，率燕军乘胜前进，轻卒锐兵，长驱直入，一举攻克齐都临淄，齐闵王逃入莒城，仅以身免。燕国取得了自五霸以来空前未有的胜利。

其后，燕国并没有停止前进的脚步，燕昭王又命令乐毅继续战斗，夺取齐城之未下者。燕昭王对乐毅的具体军事行动从不进行干预，更不要说掣肘，从而能使乐毅淋漓尽致地施展其军事天才。乐毅又在齐国打了五年，转战千里，下齐七十余城，除莒、即墨两城之外，其他齐国城邑全被攻下。至此，乐毅的功业达到光辉的顶点。燕国的国势也达到了强盛的顶峰。这是战国时代五彩斑斓的历史画卷中极富魅力的一页。乐毅在军事上的胜利，燕国的振兴和强盛，正是燕昭王人才战略的成功和胜利。

公元前279年，燕昭王死，子惠王立。当时，乐毅对莒、即墨两城采取围而不攻、以待时机的策略。齐人到燕进行反间活动，昏聩的惠王听信谣言，派骑劫往齐指挥燕军，召乐毅回国。乐毅担心被害，便逃亡赵国。骑劫平庸无能，在与田单率领的齐军作战中被杀，燕军溃败，齐国很快就收复了失陷的七十余城。燕国从此走上衰亡的道路。这段历史清楚地表明，能否正确地选拔和使用人才，关乎一个国家的盛衰成败，中外古今，概莫能外。

（☆本文所据史料：《史记·燕召公世家》《史记·乐毅列传》）

原文载于《河北日报》2004年10月22日“文化周刊”燕赵文化论坛。收入《燕赵文化论粹》，河北省历史文化研究发展促进会编，河北人民出版社2007年4月版。

刘因生平思想考辨

刘因是元代重要思想家，与许衡、吴澄齐名。元明清的学者对刘因是比较重视的，有关著述不少。如元苏天爵曾撰《静修先生刘公墓表》，《元史》有《刘因传》，《宋元学案》有《静修学案》，明清之际的学者孙奇逢对刘因更是十分推崇。刘因的文集也一再翻刻。但新中国成立以来，学术界对元代思想的研究较少，刘因的名字便也不大为人所知。近年来，有关元代和刘因的文章和专著多了起来，填补了这个空白，引起了人们的很大兴趣。但是，关于刘因的生平及思想，说法上还颇有出入，有待进一步研究。本文特就几个问题谈点浅见。

一、关于刘因的身世

1. 生年问题。关于刘因的生年，有三说。一为 1244 年，见方东树《书刘因渡江赋后》，文中说："刘因生宋理宗淳祐四年甲辰。"按，宋淳祐四年甲辰，相当于蒙古乃马真后三年，公元 1244 年；一说为 1247 年，见唐宇元《元代刘因的思想》（载《中国史研究》1982 年第 3 期）；一说为 1249 年，见《辞海》（1989 年版）。按，三说中当以 1249 年为是。据刘因的再传弟子苏天爵所撰《静修先生刘公墓表》（以下简称《墓表》）和《元史·刘因传》（以下简称"本传"，其内容多据《墓表》），两文均未明确提到刘因的生年，而只言及卒年和岁数，说："三十年夏四月十有六日卒，年四十五。""三十年"指元世祖忽必烈至元三十年，为公元 1293 年。中国古人计算年龄通用虚岁，"年四十五"，实为 44 岁。公元 1293 年上推 44 年，应为 1249 年。又据刘因《与政府书》（又名《上宰相书》，见《静修先生文集》。下引静修集简称《文集》）称："某生四十三年，未尝效尺寸之力。"该信是刘因不应元朝皇帝第二次征召而写，事在至元二十八年（公元 1291 年），上推 42 年（虚岁 43），亦为 1249 年。《文集》和《墓表》的这一说法，当是最有权威性的。

2. 籍贯问题。刘因的籍贯，《元史》本传说是“保定容城人”，这没有什么歧议。但《辞海》及唐宇元文都将“容城”注为“今河北徐水”。此说恐不确。按今徐水和容城是河北省保定地区的两个相邻的县，在元代，两县亦均为县治，今徐水当时叫安肃。刘因集中多次提及安肃的人和事，而每自称“容城刘因”。又据《容城县志》，刘因墓在该县沟市里村（该村在今容城县城正北约 20 里）。又据《文集·高林重修孔子庙记》称：“安肃高林里距吾居五十里。”今徐水县城北约 20 里有高林村，该村距沟市村正是 50 里左右。又按，1958 年“大跃进”期间，徐水、容城、安新三县曾一度合并为徐水县，但为时不久就又分开了。综上可知，刘因的原籍不是今徐水，而是今容城。

3. 家世问题。明清之际的学者孙奇逢（夏峰）有刘因的先辈“五世仕金”的说法（见《读渡江赋辨》），以作为刘因有“恋金”思想的根据。今人也有据此说刘因“自视为亡金的遗血”的。此说恐不确。考《墓表》及本传，关于刘因的先祖，最远都只追述到其五世祖（六世以上则未见提及），列举到的人有：五世祖琮（未提官职）、四世祖昉（敦武校尉、临洮府录事判官）、三世祖倶（奉议大夫、中山府录事）、祖父秉善（未提官职）、叔祖父国宝（登兴定进士第，终奉直大夫、枢密院经历）、父述（中统初，辟武辟令）。这四辈先人中，“仕金”的只有高、曾、祖三代，其父则不是仕金，而是仕元。这在《墓表》及本传中本来都是说得很清楚的。刘因的故乡原为金国版图，金宣宗贞祐年间（公元 1213 年），元蒙大举侵金，宣宗被迫“南渡”，迁都汴京（今开封），黄河以北之地遂为元蒙所有。刘因的祖父秉善在这次战乱中“举家南徙”，其叔祖父国宝“登进士第”是在“金主南渡”以后（“兴定”为宣宗年号，公元 1217—1221 年），20 年后，刘因父在金朝灭亡前两年的壬辰年（公元 1232 年）“始北归”，回到元蒙统治下的故乡，中统年间，“辟武邑令”。“中统”是元世祖年号（公元 1260—1263 年）。可见，刘因之先世仕金的仅是三世，而不是五世。

二、关于刘因的政治态度

关于这个问题，前人颇多异同之论。有的突出刘因不肯仕元、淡于功名的风节，说他是“高人隐士”；有的更进而夸张他的“恋金”“哀宋”情绪，或则说他“自视为亡金的遗血”，或则说他同情南宋汉人政权，与元人消极对抗；也有的从另一面立论，说他曾

“幸宋之亡”，为元人张目，失去了应有的民族气节，以致竟因此而被取消了从祀孔庙的资格。看来，对此还应做些分析。

刘因一生主要生活在忽必烈当政的时期，这是元朝政治比较稳定，且南下灭宋，完成了统一中国大业的时期。刘因对于忽必烈政权抱肯定和支持的态度。他赞美当时的统治秩序，说：“中统元年，今天子即位，草昧一革，古制寖复。及至元改元，则建官立法，几于备矣。”《文集·中顺天大夫彰德路总管浑源孙公先茔碑铭》，下引《文集》只注篇名）对于元朝统一全国后的形势，刘因是感到欢欣鼓舞的。他在一篇给友人送行的文章中说：“自宋亡，百五十年之分裂一日复合。……方天下无事，事有纲纪，士以才能自负者，每以无以自异于中人而不得尽其所有者以自叹。今沿江南北皆我所新有，民不习静而多变，有弊以革，有害以除，此亦有志于当世以有为为事者之所乐得也。”（《送张仲贤序》）这里，拥元的政治倾向应该说是很鲜明的。

更能表现刘因对元政权支持态度的作品是他写的《渡江赋》。这篇赋是就元军南下灭宋的事件而写的。世祖至元十三年（公元1276年），元军攻宋，一举打下临安。1279年，灭南宋，全国归于一统。以新兴而具有武略之元军，覆灭腐朽的宋王朝，这是历史的必然。但元军找的进兵借口，则是南宋扣留元朝议和的使臣，“九年不还”，才迫使元人不得不兴师问罪。刘因在这篇赋中完全站在元朝的立场，自称“北燕处士”，并设一“淮南剑客”，以自设主客的问答体裁，淋漓尽致地表达了他对于灭宋军事行动的态度。对于这篇作品的政治倾向，前人的看法很不一致。有“幸宋之亡”说（庆幸宋朝灭亡），“欲存宋”说（想保全宋朝）和“哀宋”说（为宋亡而悲哀）等。续编《宋元学案》的清代学者全祖望批判了上述种种说法，但多是举刘因的其他诗文作为旁证，而未对这篇赋本身做具体分析。为了讲清问题，我们还是看看这篇赋的内容吧。

赋开篇的小序说：“郝翰林奉使南朝，九年不还。今国家大举方与宋君会猎于江东，因之以问罪。北燕处士慨然壮其事，乃计地势，审攻守，将草《渡江赋》以助之。”这里清楚地交代了作赋的宗旨，其支持元朝（他称作自己的“国家”）的政治立场可谓十分鲜明。赋中，用夸张的语言，极写元军的强大威武，和宋军的不堪一击，说：“今乃提天纲，顿地纮（纮，一本作“统”），竭冀北之马，会天下之兵……精甲云屯，白日争辉，扇燎原之猛势，奋盖世之雄威……使彼淮方之矮马，蛮溪之豪族，延目望之，固足以拳拘喘汗，免胄肉袒，进不敢敌，退不敢窜。我乃击奔霆而倏升，怒长风而迅征……”接着，“淮南剑客”献疑说，宋朝有长江雄关作天险，又有义士良将效力，难保不会发生像赤壁、淝水两战役那样的以弱胜强的事情。于是，北燕处士作答，列举了元必胜、宋必败的五条理由。主要有："我直而壮，彼曲而老；我有名而众，彼无义而小……彼留我奉使，仇我大邦，使天下英雄，请缨破浪，虎视长江，亦有年矣。今天将启，宋将危，我中国将合，我信使将归，应天顺人，有征无战……"淮南剑客听完了这番道理，"怙然失气，循墙匍匐，口怯心碎，不知所以对矣。"显然，全篇的主旨是歌颂元军攻宋的正义和必胜，词语间满带感情。由此可知，前人所谓的"欲存宋""哀宋""幸宋"等说是难以成立的。它们撇开全篇颂元的基本倾向，而从对宋的态度立论，已属偏颇，有的更把作者的爱憎完全搞颠倒了。其中最荒唐的是"欲存宋"说。极力支持这一说法的最著名的人是孙奇逢（夏峰），他认为，赋中的"北燕处士"和"淮南剑客"是"一体而两名"，两人的话都是刘因的正面观点；还抓住文中个别词句立论，摘引"哀哉，宋君可怜也！战则为黄泉之士，降则为青衣之奴……何其痛哉"一段话，认为是"字字泪，点点血"。赋的最后几句更是"满腔酸楚"。（见孙奇逢《渡江赋辨》）孙奇逢生在明末清初，明亡后隐居不仕，特重民族大义，他之推重刘因，是有时代原因的，但由于戴上了"夷夏之辨"的有色眼镜，对刘因思想的分析便难免曲解。有趣的是，另一位明清之际的隐居不仕的著名学者傅山，则不齿与刘因为伍，他认为，"后之人诬以刘因辈贤我，我目几时瞑也！"（《霜红龛集·家训·训子侄》）傅山看清了刘因支持元人伐宋之举的政治倾向，这是他比孙奇逢明睿之处，但他认为刘因不应仕元，仍不免带有民族偏见。元朝统一前的中国北方，长期处于少数民族的统治之下。刘因的生年，距宋主南渡（公元 1126 年）已一百多年，距金主南渡（公元 1213 年）已三十余年，距金亡（公元 1234 年）也已十余年。刘因既生为元人，又正值雄才大略的忽必烈当国，他对元政权表示拥护，这本无可厚非。后人用汉民族大义的尺子，去要求这样一位生活在彼时彼地的布衣之士，是并不公平的。刘因与元朝出使南宋的使节郝翰林（名经，字伯常）还有一定的私人关系，伯常之弟季常是刘因弟子。季常于其兄使宋的第二年，曾作为元朝的使节至宋"问罪"，宋朝不纳。后来，季常又曾两次主动作使节使宋，历尽艰辛，"几死者凡十数"。刘因文集中有《送郝季常序》，对此做了记述。由此可以更清楚地看出，《渡江赋》中支持元蒙的思想倾向是确定无疑的。

刘因在一些诗文中，的确表露过某些"哀金""哀宋"的情绪。最有代表性的是他的《陈氏庄》诗（见《文集》），该诗自注中说："陈氏，先父之外家也。金章宗每游猎，必宿其家。"刘因父亲的姥姥家既然与金朝皇帝有如此关系，可以想见当时的刘家也一定相当阔绰。但是，"浮云南去繁华歇，回首梁园亦灰灭"（《文集·陈氏庄》）。随着"金源贞祐主南渡"，这座园林也毁了，刘家的日子也因这次逃难而中落。刘家的这种盛衰史，对刘因的思想固然不能说毫无影响，但这毕竟是距刘因出生前三十多年的事情了，对于刘因来说，毕竟是比较遥远了，很难从中体会出他有“自视为亡金遗血”的意思。刘因还针对流落在民间的金朝和宋朝的皇家遗物——字画砚墨等艺术品，或某些遗事遗迹，写过一些诗篇，抒发了一些治乱兴亡的感慨。对此，似亦不可凿之过深。正如全祖望所说，这些诗文，大多是“置身事外而言”，“平情论事之作”（《宋元学案》附录《书文靖渡江赋后》）。发思古之幽情，本是文人墨客之所常。再者，刘因凭吊历史的诗文，内容本很广泛，既有关于金、宋的，也有关于辽的，还有关于唐朝的（如《跋怀素藏真律公二帖墨本后》），汉朝的（如《读史漫题》），乃至更古的（如《饕餮古器记》）。如果据此就做出他怀恋××朝的论断，显然是不能令人信服的。

刘因一生的生活态度，总的倾向是积极的，也有恬退的一面。刘因早年是抱有济世志的。他在许多诗篇中表露过自己的所谓“初心”和“夙志”。（如《除夕》《书堂旅夜》等）曾表示：“皎然方寸间，自有平安策。一日风云会，四方贤路辟。致身青云间，高飞举六翮。整顿乾坤了，千古功名立。”（《秋夕感怀》）“头上无绳系白日，胸中有石补青天。”（《除夕》）这说明，刘因早年是曾经希望建功立业、显身扬名的。他对农民比较关心，对民生的疾苦比较了解。他有诗写道：“农父看云泪亦干，灵湫谁信欲生烟……未便无餐思乐土，不禁忧国愿丰年。”（《悯旱》）“采风千古自观风，十室谁言九室空。寄语当年长乐老，回头无忘聂夷中。”（《豳风图》）“都南连岁水为灾，输挽区区亦可哀。惊见流民行复止，传闻昨日治中来。”（《王治中请蠲免回》）他个人虽不得志，但仍表示，“勿以一身戚，而忘天下忧。”（《送国医许润甫还燕》）“穷年忧道丧，漫自中肠沸。”（《匏瓜亭》）从这些充满人民性的诗句中可以看出，刘因对世事是从未忘情的。

旧史家多就刘因两次辞官大做文章，渲染刘因的恬退性格和不肯仕元的“气节”。这些说法却经不住推敲。实际上，刘因的两次辞官都是有原因的。他第一次辞官是由于继母病重。（《上宰相书》说是“老母中风”。“中风”是脑血栓一类的病）从其母第二年逝世看，这并不是故意找借口。况且，他这次接到诏命后，“即与使者俱行。再奉旨令教学，亦随时应命”，作官还是满积极的。只是继母不久病故，“竟遭忧制，遂不复出”。正如他自己所说，“初岂有意于不仕邪?”（《上宰相书》）事实是，刘因已经仕元（尽管为时不长，仅“数十天”），如果纯从“气节”衡量，岂不是已经有所丧失了吗？至于第二次“不应集贤之征”，其原因主要是他自己得了重病，从他两年后竟病逝看，这病也不是装的。他在《上宰相书》中，除详细写了病情外，还说，他虽然不能扶病而行，“恩命则不敢不扶病而拜”，且暂留下使者，“等病势稍退与之俱行”，但是，“服疗百至，略无一效”，只好“请使者先行”，并派一个学生进京，“纳上铺马圣旨，待病退自备气力以行”。这一大篇情节，有皇帝的使者在场，当也不会是瞎编的。刘因晚年多病，这在他的诗文中多有反映（引文从略）。他在上宰相书中，大讲君臣之义“亘万古而不可易”，“无所逃于天地之间”，这些，在他的诗文中也有明显表现（引文从略）。据此可知，他上书中的话不能解释成故作姿态或言不由衷。他还因接受元世祖的赐金而写诗，诗中称皇帝为“圣主”，而自称“臣”。（《和咏二疏》）可见，刘因并不是有些旧史家所说的那种“高人隐士”。我们揭出这些事实旨在说明刘因积极入世的生活态度，并不认为他丧失“民族气节”。历史上一些学者，处在民族矛盾尖锐之时期，从汉族正统的观念出发，对刘因此种态度多有微词或曲为辩护，这是可以理解的，但却并不是恰当的。我们今天处在中华各民族一律平等和大团结之新时期，应该站在新的高度立论，而不应重弹旧学者的老调。现在史学界大多公认忽必烈应属中华民族的民族英雄之列，刘因对忽必烈政权取支持态度，这有什么可指责的呢？再者，刘因值宋、金两王朝皆腐朽、灭亡之际，崛起的元蒙得以建立起新的统一王朝。刘因要建立功业，除了仕元则没有其他道路可供选择。刘因生为元人，与宋、金都没有“故主故国之谊”，从这个意义上说，他之仕元，也是无可厚非的。

那么，刘因对元朝政权是否完全支持、竭诚拥护呢？也不。他的诗文中有不少歌颂隐士的作品，有些诗文对元政权表露过不满情绪。他对于同时代的学者许衡的积极入仕持批评态度。据元末陶宗仪《辍耕录》记载：“初，许衡之应召也，道过真定，因谓曰：‘公一聘而起，无乃速乎！’衡曰：‘不如此则道不行。’及先生不受集贤之命，或问之，乃曰：‘不如此则道不尊。’”（转引自《宋元学案》卷九十一附录）这个材料表明，许、刘二人对于“卫道”有同样的自觉，但政治态度则是异趣的：许衡积极入仕，为元朝统治者服务；刘因消极恬退，不愿为元朝廷效力。明清的不少文人正是这样看刘因的，把他比作追求“风乎舞雩”的曾点、不愿为五斗米折腰的陶潜、终身隐居不仕的邵雍等。这都有一定道理，且可在刘因的文集中找到一些根据。（刘因有关曾点、陶潜、邵雍的诗文的确不少，单是“和陶”诗就达 76 首之多）但这只是刘因思想的另一个侧面，而且主要是刘因后半生的思想倾向。刘因的年寿虽不高，但就人生态度说，前后却有比较明显的变化，如前所述，写《渡江赋》之前（30 岁）的刘因，显然是有济世大志和积极支持元政权的。因此，笼统地用“消极恬退”概括刘因整个一生是不恰当的。他的确说过“名书丹阙非吾望”（《记梦》）的话，但很难说他一开始就存此想，且看他自号“静修”的来历吧：《墓表》及本传都说，刘因“尝爱诸葛孔明‘静以修身’之语，表所居曰静修”。据此可知，他羡慕的是早年隐居南阳、后来建立功业于蜀汉的诸葛亮，而不是那些一味避世的隐士。那么，“静以修身”的对偶句也许当是“出以济世”吧。他有一篇三十自纪的诗可作证明：“百岁三分一，初心谩慨然。空囊难避节，青镜不留年。静阅无穷世，闲观已定天，履端思后日，四鼓未成眠。”（《除夕》）此诗写于至元十九年，刘因三十三岁，是年有应诏任右赞善大夫事。从诗中可以看出，刘因对世事从未忘情，有趁年富力强之时做一番事业的抱负，这再次表明，他不同于那种隐世潜踪、游于方外的人。

刘因的后半生，其思想中恬退的一面日渐明显和发展，时常表现出不愿为元统治者服务的情绪。这种思想性格的形成大致有两方面的原因。一是客观环境造成了刘因的汉民族情绪的增长。刘因虽身居少数民族统治的北方，学习的却是儒家经典、理学著作，“华夷之辨”等传统思想很容易对他发生潜移默化的作用；随着阅历的加深，耳闻目睹元统治者的野蛮表现，更会使他感到元朝不是个行“王道”的王朝，从而萌生不愿为之效力的情绪。蒙古人是以铁骑征服全中国的，不论是灭金前对河朔地区的掳掠，还是灭金后对北中国的统治，都有野蛮的一面，民族压迫乃至血腥屠杀等暴行都所在多有。刘因文集中对此类史实多有涉及。（如《孝子田君墓表》《武遂杨翁遗事》等，文繁不具引）刘因诗文中反映的元军暴行，虽系得自传闻，但言之凿凿，显然有目击者提供的事实做根据。对于这种刺刀下建立的政权，刘因抱有一定反感，是完全可以理解的。

造成刘因消极恬退的另一个原因是他个人的生活遭遇。刘因的一生可谓偃蹇不幸。他幼年丧母，青年丧父，一生过着比较艰难的日子。（刘因诗有“庸书易斗米”，“十年小学师”，“我唯一亩宅，贮此明月辉”，“砂瓶豆粥土床烟”等句）到四十岁才得了个儿子，（见《生日》诗）但由于生活穷困，竟不能满足儿子的微小愿望：“娇儿索栗一钱空，怪见家人不忍中。我不怨天贫贱我，吾儿自合享吾穷。”（《癸酉书事》）不幸的是，刘因的这棵独根苗又早夭（《上宰相书》中说：“去年丧子。”），以至刘因竟无子嗣。（本传说：“（刘因）卒，年四十五，无子。”）穷苦孤寂的生活铸造了刘因“性不苟合，不妄交接”的性格，加以长期病魔缠身，更使他时有“命与心违”之感。他思想中恬退的一面当是伴随这些客观的和主观的原因而产生、增长和逐渐加强的，不能倒果为因，更不能把刘因说成是因反对元政权而甘愿终老林泉的隐士，因为那是有违于事实的。

三、关于刘因的哲学思想倾向

唐宇元同志在《元代刘因的思想》一文中，提出了“元代思想家的思想是宋到明之间的过渡环节”的新颖见解，他在《元代的朱陆合流与元代理学》一文中，对这一观点做了详细阐述，这对于把握宋—明思想史的脉络、理清王阳明学说的渊源是有巨大理论意义的。唐文指出：“元代郑至、吴澄、虞集等人，在朱陆之间和光同尘，力主朱陆的‘和会’、‘会同’、‘兼综’之说……成为一时的舆论。”并举出了不少实例对此做了论证。这是很令人信服的。但文中将刘因与许衡、吴澄都看作是这个过渡环节中的人物，则似有可商量之处。本文认为，刘因的思想倾向似不能和吴澄等量齐观。黄百家在《宋元学案》按语中曾说：“有元之学者，鲁斋（许衡）、静修、草庐（吴澄）三人耳。草庐后至，鲁斋、静修，盖元之所藉以立国者也。”这里，明确指出了许、刘与吴在元代思想史上的地位，他们对哲坛的影响有先后的不同，吴澄是继许、刘之后才来到北方的，其学说的影响也较晚，而许、刘二位的思想则直接影响了元代的“立国”思想即官方意识形态。（如果再往前追溯的话，耶律楚材在这方面起了特别重要的奠基作用）元代的立国思想是什么呢？是程朱理学。这一点是大家公认的（举例从略），元蒙统治者的这一文化政策，与许、刘的思想影响是直接相关的（当然，还有政治、经济等更深刻的原因）。从中，也可以看出刘因推尊程朱理学的思想倾向。

从刘因的生平和著作中也可看出他倾心理学的特点。刘因早年曾从国子司业砚弥坚学习经学，“究训诂疏释之说”，但他不满足，曾叹息说：“圣人精义，殆不止此。”后来，理学家赵复（江汉）“传周程张朱之学于北方”，刘因得以读到“周程张邵朱吕之书”，“一见能发其微”，心领神会地说，“我固谓当有是也”。他对于宋代诸子的评价是：“邵，至大也；周，至精也；程，至正也；朱子，极其大，尽其精，而贯之以正也。”（以上引文具见本传）这些，都表明了刘因对程朱理学的推崇，在刘因的著作中，此类内容也比比皆是。他写了《希圣解》一文，用神话的形式，借浯溪拙翁（周敦颐）、西洛无名公（邵雍）和诚明中子（张载）之口，阐发他希贤希圣的人生观，其中一段说：“天地之间，理一而已。爰其厥中，散为万事；终焉而合，复为一理。天地，人也；人，天地也。圣贤，我也；我，圣贤也。人之所钟，乃全而通；物之所得，乃偏而塞。偏而塞者，固不可移。全而通者，苟能通之，何所不至矣！子受天地之中。禀健顺五常之气。子之性，圣之质；子之学，圣之功。子犹圣也，圣犹子也。……苟子修而静之，勉而安之，践其形，尽其性，由思入睿，由明而诚，子希圣乎，圣希子乎！”这可说是一派理学家的修养经，是对周张程朱观点的复述和会通。他有诗歌颂“周、邵”道：“百年周与邵，积学欲何期？径路宽平处，襟怀洒落时。风流无尽藏，光景有余师。……”（《周邵》）又有诗道：“伊川门外雪盈尺，茂叔窗前草不除。要识唐虞垂拱意，春风元在仲尼居。”（《燕居图》）“朱张遗学有经纶，不是清谈误世人。”（《书事》）还曾在诗中称颂朱熹：“紫阳仙人歌远游。”（《送徐生还鄂》）赞美张载“横渠百世师。”（《隐仙谷》）这些，都清楚地表现了刘因倾心理学的感情。这与吴澄那种“会合朱陆”的倾向，显然是有巨大差异的。（当然，刘因倾心理学并不等于仅仅原封不动地照搬照抄理学家的观点，拾前人之牙慧。实际上，他对理学既有所取舍，也有所发展。虽然尚嫌单薄，不够丰满，没有形成一个严密的体系，但确有自己的特点。本文不拟专题分析刘因的哲学思想，而主要在于探讨其基本倾向，故从略。）

刘因对于陆氏及其心学则绝少提及，更没有表述过前述对理学的那种倾慕之情。其著作里所谓“宋兴诸公”，盖指“周邵张程朱吕”之伦，而从不提陆氏。《文集》中提及陆氏兄弟的只有《河图辨》和《太极图后记》二文，是讨论关于象数和太极图的来源问题的。众所周知，“无极太极之辨”是朱、陆当年激烈争论的问题之一。刘因将这个问题重新提起，对于“纷纷然”怀疑朱说的种种异论一一予以驳斥，竭力维护朱熹而批评陆氏（具体观点从略），其理论之是非正误姑且不论，至少可以从一个侧面看出，刘因的是朱非陆的倾向是明显的。

朱陆的“为学之方”有所谓泛观博览和直认本心的区别。在这方面，刘因也公开主张前者。他写过一篇《叙学》，对于“为学之次序”做了详尽的论述。他认为，为学应自“经”始，学“经”又须先六经而后《语》《孟》，先传注而后疏释，疏释而后议论。“经”之后应学“史”，（上自前四史，下至宋、金史都有论列，并认为，“学史必读全史”。）“史既治则治诸子”（列举了老、庄、列至欧、苏、司马之书不下数十种。）接着还谈到学习诗文字画等，最后总括说：“如是而治经史，如是而读诸子及宋兴诸公书，如是而为诗文，如是而为字画，大小长短，浅深迟速，各底于成，则可以为君相，可以为将帅，可以致君为尧舜，可以措天下如泰山之安。时不与志，用不与材，则可以立德，可以立言，著书垂世，可以为大儒，不与草木共朽，碌碌以偷生，孑孑以自存。”刘因讲的这套“为学之叙”，可以说正是朱熹的“格尽天下之物而后知至”的“格物”说的具体化，它与陆象山的“六经当注我，我何注六经”的宗旨，显然不是一个路数，而是主张走步步着实、博通泛观的朱熹式的道路。如果说朱熹是“支离”，那刘因就更加支离了。今天看来，刘因这些看法固然有其迂腐之处，但对于宋末元初空疏的学风则具有一定矫正作用。如果承认这一点，那么，说刘因思想是宋—明的过渡环节似乎就难以成立了。

刘因的著作中，的确有“主静”“不动心”“自求本心”一类说法，但与其说它们是陆学思想，倒不如说是属于朱学体系更恰当。众所周知，朱熹也有“心包万理，万理具于一心”之类说法，但朱熹之心性，是就修养的意义，而不是就本体意义上讲的，这与陆九渊的以心为本体有显著不同。当然，客观唯心主义与主观唯心主义之间并没有不可逾越的鸿沟，它们在本质上是相通的，即使朱熹思想中，也不能说没有主观唯心主义成分，但二者的区别毕竟是明显的。刘因思想上掺杂某些主观唯心主义因素是可能的，但主观上他是站在程朱理学一边而批评陆学的，这与吴澄是应该加以区别的。

另外，刘因与许衡也有所不同。许衡一向被尊为“道统正脉”，他自称“平生嗜朱子学不啻饥渴”（《鲁斋遗书》卷十三）。他对朱熹思想的阐扬给予元代学术以巨大的影响，这是毫无疑问的。但许衡对于“道问学”与“尊德性”似更强调后者，颇有些“易简”的色彩，吴澄的“会合朱陆”可说是对许衡这一思想倾向的发展。从实际作用说，许衡身居高位，其思想直接影响了元蒙朝廷的文化政策；刘因穷居教授，其思想主要是作用于民间，从而又反过来影响了官方意识形态。黄百家已经谈到过这点，他说：“鲁斋静修，盖元之所藉以立国者也。二子之中，鲁斋之功甚大，数十年彬彬号称名卿材大夫者，皆其门人，于是国人始知有圣贤之学。静修享年不永，所及不远。然是时虞邵庵之论曰：‘文正没，后之随声附影者，谓修辞申义为玩物，而苟且于文章；谓辨疑答问为躐等，而姑困其师长；谓无所猷为为涵养德性，谓深中厚貌为变化气质。外以聋瞽天下之耳目，内以蛊晦学者之心思。虽其流弊使然，亦是鲁斋所见只是粗迹，故一世靡然而从之也。若静修者，天分尽高，居然曾点气象，固未可以功效轻优劣也。’”（《宋元学案》卷九十一）如此说来，刘因在元代虽没有许衡那样大的影响，却有矫正由许衡所导致的流弊的作用。由此可见，笼统地把许衡、刘因、吴澄都看作是由宋到明的过渡环节，似欠妥当。

以上看法很不成熟，敬希同志教正。

原文载于《河北大学学报》1985 年第 4 期。中国人民大学《报刊资料选汇·中国哲学史》月刊 1986 年第 3 期全文刊载。

杨继盛的生平和思想

杨继盛（1516—1555）字仲芳，号椒山，保定容城（今属河北省）人。明嘉靖进士，官至兵部武选司员外郎。是明朝中期著名的忠臣，谥忠愍。《明史》有传（卷二〇九，列传第九十七）。著作有《杨忠愍集》传世。

一、铁骨铮铮的一生

（一）刻苦力学，进入仕途

杨继盛出身寒微，祖籍口外小兴州（今河北省承德市西南），远祖已不可考。明朝初年，六世祖杨百源因为遭受“寇患”，奉诏举家迁入内地，入籍于保定府容城县城东北河照村。世业耕读。五世祖名述正，高祖名进，曾祖名俊，祖父名青，父名富，都没有做过官，事迹不详。兄弟三人，长兄继昌（同母所生），次兄继美（父妾所生），继盛行三，生于明武宗正德十一年丙子岁五月十七日。形貌奇异：“头甚长且圆，大人皆以为寿星头。”①

杨继盛七岁时母亲病故。八岁开始放牛，“或宿于场园，或宿于瓜铺”，当他经过里塾，听到朗朗的吟诵之声，看到学生们读书的情状，十分羡慕，便请求其长兄让他上学，长兄说：“你还小，上什么学。”杨继盛说：“小孩能放牛，怎么不能上学？”长兄转告了父亲，父亲看他有志气，便同意他一边放牛，一边上学。

杨继盛天资颖悟，过目成诵，学业进步很快。不幸的是，十一岁时，其父又病故。

---

① 《自著年谱》，《杨忠愍集》卷三（据上海人民出版社《文渊阁四库全书》电子版）。以下引杨继盛言论事迹多据此谱，不再出注。

在家庭经济条件比较拮据的情况下，他仍坚持半牧半读，十三岁，始得从师学习。杨继盛先后师从的老师虽不是当世名儒，但学问还不错，有的后来还中了进士（如邸先生宸，号南台，后登甲辰进士，任南道御史）。杨继盛在仕途上并不是一帆风顺，十八岁中秀才，得以充县学生员。他读书于社学，十分刻苦，“所居房三间，前后无门，又乏炭柴、炕席，尝起卧冰霜，而寒苦极矣”。十九岁，本县贡士李学诗归自太学，设教宁国寺，教人不论贫富，惟因材加厚，杨继盛遂从之学；后又读书于邑寺僧舍，“自操井灶之劳，秫秸五根，剖开可以熟饭。冬自汲水，手与桶冻住，至房，口呵化开，始做饭。尝缺油，每读书月下。无衾，腿肚常冻转起，而绕室疾走，其苦盖难言万一矣”。二十五岁中举，其后两次会试落第，但他不气馁，三十二岁（时为嘉靖二十六年）终于进士及第，殿试中二甲第十一名。授南京吏部验封司主事，他立即上任，工作尽职。在此期间，杨继盛曾师从南京兵部尚书韩邦奇学律吕之学，三月而得其数。又自制管瑟等乐器，“合诸乐，总奏之如出一律，无不和焉”。韩师赞赏地说：“我学（乐）五十年，只得其数，今赖子制其器，和其音。当代之学，舍子其谁欤!”由此，“南都有知乐之名”。韩邦奇又告诫他说：“子之乐已八九，子之才不止于乐，可旁通济世之学。至于乐，俟子退闲时一整顿足矣。”由此可知，韩邦奇对于杨继盛的才能、志趣有深入的了解，且寄予厚望。由这件事亦可知，杨继盛曾一度热心于学问，但对于素有济世之志的他来说，这毕竟只是一生中的一个插曲①。

任期三年考满（任满考绩），杨继盛赴京途中，“特趋曲阜，谒孔颜庙。又枉道登泰山，至极顶，因题绝句云：‘志欲小天下，特来登泰山。仰观绝顶上，犹见白云还。’末序云：‘读孟子书，以为天下惟泰山为高也。今陟其顶而观之，则知所谓高者，特高于地耳，而山之上其高固无穷也。’于是而悟学之无止法矣。”这件事表明，进入而立之年的杨继盛随时砥砺自己，志向之高远、胸襟之开阔，已达到很高的境界。

（二）谏开马市，惨遭迫害

回到北京后，杨继盛晋升兵部车驾司员外郎。时为嘉靖三十年辛亥，三十六岁。当时，明朝边防松弛，北方边患正急，蒙古首领俺答屡次率兵入侵。宣府、大同、蓟镇、辽东全面吃紧，蒙古骑兵长驱直入，经常越过边墙，达到山西、陕西甚至京畿等地。嘉

---

① 杨继盛早年入太学时，徐阶任祭酒，曾给他讲说经义（徐阶：《忠愍杨公墓志铭》）。杨继盛任南京吏部验封司主事时，曾向考功郎郑晓问学，郑公为之讲说古今成败得失及国家典章（王士贞：《杨忠愍公行状》）。这些都表明了当时的一些杰出人士对杨继盛的器重。但是，杨继盛终于未能走上学术道路。

靖二十五年，三边总督曾铣上疏请收复河套，得到首辅夏言的支持，但昏庸的嘉靖皇帝却听信严嵩等的谗言，先后将曾铣和夏言罢黜并处死。从此，无人再议收复河套，边防更加废弛，终于酿成“庚戌之变”（嘉靖二十九年庚戌八月，俺答入侵，所率蒙古骑兵进围北京，掳掠京畿达八天之久）①。

俺答的猖獗，是嘉靖帝的错误边防政策导致的恶果，更是仇鸾等奸臣的倒行逆施所造成。仇鸾，将家出身，原任甘肃总兵，因为贪虐而革职。后来通过贿赂严嵩之子严世蕃而窃取宣府大同总兵的职位。他面对俺答的入侵，“惶惧无策”。打仗不行，歪门邪道却有一套，“重赂俺答，令移寇他塞，勿犯大同”②。俺答移兵东去，仇鸾又上奏请求“便宜应援”。嘉靖帝轻信仇鸾，命其率兵入援，并任命其为大将军，统率各路援军。仇鸾本是怯懦之辈，根本不敢应敌，十几万大军“相视莫敢前发一矢”，只是尾随在敌军后面，“劫掠民财”③。敌军出了白羊口，仇鸾率兵尾随，敌军突然东返，出其不意与仇鸾遭遇，仇鸾一战即溃，死伤千余人。等到敌军缓缓从古北口出塞以后，仇鸾“收斩遗尸，得八十余级，以捷闻”④。本来吃了败仗，却虚报战功。当政的严嵩也是一副妥协嘴脸，兵部尚书丁汝夔请示严嵩如何御敌，严嵩说：在边塞打仗，败了还可以掩盖；在京城如果作战失利，天子没有不知道的，谁担得了责任？俺答不过是“抢食贼”，“饱自扬去耳”⑤。嘉靖帝也准备向俺答乞和。就这样，俺答没遇到什么抵抗，掳掠大批人口财物，满载而去。事后，仇鸾为了掩盖自己的罪行，又建议开马市，以笼络俺答，求得暂时的和平苟安，巩固自己的恩宠和地位。在这种情况下，杨继盛毅然上《罢开马市疏》。

《疏》的中心内容是陈述了开马市的“十不可”，即马市不可开的十条理由。大意是：

俺答去年入寇，杀掳如此之惨，奇耻大辱未报，却先搞和议，这是忘天下之大仇。一不可。

皇上已下北伐之命，天下所共喻，忽然改变大政方针，这会失天下之信义。二不可。

以堂堂中国，与贼寇搞交易，冠履倒置，会损国家之重威。三不可。

海内豪杰皆欲与贼寇决一死战，一旦委置无用，异日欲复号召，谁肯兴起？这会隳豪杰效用之志。四不可。

---

① 南炳文、汤纲：《明史》上，上海人民出版社2003年版，429—431页。

② 《明史纪事本末》卷五九《庚戌之变》。

③ 《明史》卷二〇四《丁汝夔传》;《明史纪事本末》卷二九。

④ 《明史》卷三二七《鞑靼传》。

⑤ 《明史》卷二〇四《丁汝夔传》。

开马市将会造成天下已无事的错觉，还会使边镇将帅驰懈兵事，懈天下修武之心。五不可。

往时边卒私通境外，会受到制裁，马市一开，则意味着不再禁止，这无异于开边防通贼之门。六不可。

国家有兵威，政局才能稳定，开马市则表明兵威已弱，这会形成百姓不安定的开端。七不可。

去年俺答入寇，是乘我国没有准备，但其疑畏之心尚在。现在声罪致讨，调兵半年，却以互市而终，只会长贼寇轻中国之心。八不可。

开马市是想以此羁縻俺答，但是俺答诈变无常，却反以此愚弄乎我，从而堕贼寇狡诈之计。九不可。

开马市花费巨大，中国之财，贼寇之马，两难相继。十不可。

这十条理由讲得全面、深刻，前九条从政治上立论，高屋建瓴，指出开马市将会造成的巨大危害和严重后果，有的还分析得很细致，很有说服力。

接着，杨继盛又批判了主张开马市的五种错误观点（五谬）。大意是：

有的人说：外开马市，作为羁縻敌人的手段，而内修我甲兵。此一谬也。因为敌人的贪欲是无法满足的，一不如意，彼即违约。那样一来，敌人入寇反倒有了理，我们不答应他，反倒成了失信。况且，如果真的内修武备，还用得着羁縻吗？

有的人说：当今我们缺马，通过互市，可以解决急需。此二谬也。我们买马，并不是用来耕田驾车，是为了打仗，如果开马市就可以没有战事，马还有什么用？何况，敌人难道肯于卖给我们良马吗？

有的人说：通过互市，暂且羁縻敌人的心，将来就可以向我们进贡。此三谬也。殊不知以目前的情势说，敌人是不会真心归服的，所谓进贡，不过是贪图我们的重利，暂时答应不入侵而已。况且，进贡的东西不值几个钱，而赏赐的东西却很丰厚，我们的损失实际上更大。

有的人说：俺答还是比较守信用的。他既然答应开马市以后不再入侵，岂不是可以换得边境的安宁。此四谬也。殊不知，贼寇的种类日繁，人口日增，市马之利能满足他们的欲望吗？即使一部分人得到满足，未得到满足的人就不入侵吗？

又有人说："佳兵不祥"，兵不可轻用，不如暂开马市，休兵息民。此五谬也。当今的形势是，敌人一再入侵，将战争强加于我们，我们能不应战吗？恩赏兵刑并用，向来是王者御世之策略。譬如一个人全身痈疽，毒日内攻，却怕用药石，能行吗？

杨继盛进而指出，此“十不可”“五谬”，明显易见，一些人之所以还主张开马市，不过是为了“暂免目前之祸，暂固目前之宠”而已。并且恳切陈言，自己不过是个初入仕途的孤寒进士，“非不知隐默足以自保，言事足以取祸”，但感到“此事系国家盛衰之机”，因此才冒死上疏。最后他希望，“皇上俯察愚臣之罪言，回思欲讨之初志……收回成命，罢开马市，锐意戎兵，决志征讨，务欲擒俺答于阙前，驱丑类于海外”。

这封上疏，情真意切，慷慨激昂，嘉靖帝最初也被打动，但又拿不定主意，便下令让包括仇鸾在内的八大臣会同商议。仇鸾当时正得宠，势正盛，“诸大臣遂言遣官已行，势难中止”。仇鸾又上密疏，中伤杨继盛。于是，将杨继盛下了诏狱。

平实而论，杨继盛所说的“十不可”“五谬”，不敢说条条都完全正确，毫无漏洞，但总体上看，是精辟的，中肯的，其爱国之诚，尤其感人。

也许有人会提出疑问：开马市不就是实行边境贸易吗？以中原的丝茶粟豆与蒙古的马匹牛羊相交换，互通有无，有何不可？诚然，开展互市，自古有之。但前提应该是和平的、平等的，如果以武力相威胁、相伴随，那对于中国就有百害而无一利。此时与俺答的开马市正是如此。俺答先是用大军压境，以倨傲的言辞要求互市。但他并没有诚意，朝廷派一个侍郎主持其事，“给白金十万，开市大同”。可是“俺答市毕，旋入掠”，“又潜约河西诸部内犯，堕诸边垣”，以致嘉靖帝“恶之，诏罢马市”①。这些事实证明，杨继盛疏中所言是正确的，有预见的。

也许有人还有疑问：后来，马市还是开了，俺答也入贡了，明朝与鞑靼的关系也友好了，岂不证明杨继盛有点过虑么？不对，这是一种非历史主义的错觉。常言说得好，此一时也，彼一时也。怎么可以拿几十年后的情况与此时相提并论呢？历史事实是，庚戌之变以后，一直到嘉靖末年，俺答都是颇为猖狂的，不断进犯骚扰：嘉靖三十一年，俺答四犯大同，三犯辽阳，一犯宁夏。三十二年，春，犯宣府、延绥；夏，犯甘肃、大同；秋，俺答大举入犯，攻掠浑源、灵丘、广昌等地；不久，又以万骑入大同，纵掠至八角堡。三十三年春，俺答入宣府柴沟堡；夏，犯宁夏；秋，攻蓟镇边墙，百道并进，京城戒严。三十四年，数犯宣府、蓟镇。三十五年，犯宣府。三十六年，俺答二万骑分掠大同边。三十八年，入蓟镇潘家口。三十九年，寇大同、延绥、蓟镇、辽阳诸边无虚日。四十二年春，入宣府滴水崖；冬，大掠顺义、三河，京师戒严。四十五年，俺答所

① 《明史》卷三二七《鞑靼传》。

部屡犯东西诸塞①。直至隆庆以后，形势才逐渐发生了变化。隆庆初年，随着明朝改革活动的开展，边防日益加强，俺答的入犯往往遇到强有力的抵抗，俺答兵力损伤颇多。在这种客观形势下，又发生了俺答之孙把汉那吉投降的事件，终于导致了“俺答封贡”②。

杨继盛谏开马市，是依据当时的政治、军事形势以及俺答此前的所做所为而提出的对策，有很强的针对性和洞察力。只可惜，奸臣当道，皇帝昏庸，非但得不到采纳、实行，反而惨遭迫害，被贬为狄道典史。

（三）贬官狄道，一心为民

狄道（今甘肃省临洮县）是陇南的一个县，明代属陕西布政使司临洮府所辖，且为临洮府治所，当时属于偏远地区。典史是知县下的属官，职责是掌管缉捕、监狱等。如果县里没有县丞、主簿，典史则兼领其职。典史无品级，属于“未入流”的官。杨继盛从中央贬到偏远地方，从兵部车驾司员外郎（从五品）贬为典史，连降五级，是很重的处罚。杨继盛是谪官，任典史只是个名义，按照惯例，可以“静坐不理县事”③，狄道知县对杨继盛也很敬重，“不忍以琐事相干”。但杨继盛认为，“岂有日食禄而不事事者耶?”遂主动向知县请求：“凡有可代劳者，望不吝差委。”知县见杨继盛态度诚恳，便交给他一些事情，杨继盛都尽心去做，认真做好。由此，杨继盛得到上司的信赖，有了困难的事，也相委托。这样，经过不长的时间杨继盛便和同事们相处得很好。杨继盛没到狄道之前，其上司僚友多以为他是个刚介性气的人，“各怀疑畏”，后来都改变了看法，高兴地说：“初以先生难处，不意今乃平易守礼、可亲可爱如此。”杨继盛说：“‘素位而行’，君子之常，居官如戏场，时上时下，吾惟守分而已。”这里，再次袒露了杨继盛的正直和耿介；同时也表明，杨继盛并不是个性格乖张、难于接近的人，倒是很平易近人。

杨继盛在狄道只有一年多时间，却做了许多好事。主要有：

---

① 南炳文、汤纲：《明史》上，第431页。

② 把汉那吉是俺答之孙，爱上了一个叫“三娘子”的女孩。俺答见其貌美，夺为己妻。把汉那吉遂于隆庆四年（1570年）降明。三边总督王崇古报告了朝廷，并提出了善待把汉那吉以控制俺答的对策，得到大学士高拱、张居正的支持和朝廷的批准。最终，俺答表示“愿世为外臣，贡方物”。明朝封俺答为顺义王。从此四五十年来不断南犯的俺答“事朝廷甚谨”，并“约束诸部无入犯”，“西塞以宁”。（参见《明史》卷三二七《鞑靼传》；南炳文、汤纲：《明史》上，第433—434页。）

③ 《自著年谱》，《杨忠愍集》卷三。以下引文除注明出处者外，皆引自此《谱》。

1. 兴学建书院

儒家素有重教化的传统，许多士人任地方官时，常以兴学设教为务。韩愈、柳宗元、朱熹、陆九渊，莫不如此。杨继盛也继承了这一优良传统，在兴学方面做出了成绩。

明代的狄道，是汉藏回等多民族杂居的地方，文化教育不够发达，“其地杂番，俗罕知诗书”①。杨继盛到狄道后，人们仰慕他的人品学问，便有府县学生员五十多人跟随他学习。为了解决学习的场所问题，他将学生的贽礼和自己薪俸的余额，买下了一处地方：东山超然台，并在其上建起书院。《自著年谱》记述道：“此台相传以为老子飞升之所，盖过函关西来，所传或不谬云。乃于上盖书院一区，前三间为揖见之所，中五间为讲堂。又后高处盖殿三间，为道统祠，上九位为伏羲、神农、黄帝、尧、舜、禹、汤、文、武，前侧左为周公，右为孔子；两壁侧则颜、曾、思、孟，汉董仲舒，隋王通，唐韩愈，宋周、程、张、朱，元许衡、刘静修，明薛文清也。”这里，清楚地反映了杨继盛的理学信仰和儒家道统精神。他全身心投入办学，和学生关系融洽，心情也很愉快，他有诗道：“出门已觉精神爽，况复阳回宇宙清。野树含烟迷寺迥，晴山披雪倚云明。”② 杨继盛的办学成效很是显著：“狄道多西番回子，俱习番经，不读儒书，聘教读二人，于圆通寺设馆，募番汉童生百余人，至三月后，各生俱知揖让，敬长上，出入循礼。其资质可进者三十余人，各父兄亦因而知道理，弃番教，举欣欣然相谓曰：‘杨公来何迟也！’”③

杨继盛还想方设法解决府县学生员的生活问题，他利用核查赋税的余额，经上级批准，用轻价买地两千亩（一作一千六百余亩，见《辞陕西巡按刘取书院帖》，《杨忠愍集》卷二），地价不足部分，则卖掉自己所乘的马，加上自己的薪俸和妻子的首饰。这些田怎样使用，他打算得很是周到：一千亩由诸生分种，另一千亩佃种于人，“将所收子粒，则择诸生中之老成者四人收掌，诸生之冠婚丧祭，则量贫富补助，余则候年荒各生分用”。由此可见，杨继盛为在狄道兴学，真可以说是呕心沥血，不惜付出自己的一切了。

杨继盛的兴学，也曾受到干扰。就在他办学起步不久，陕西巡按下函，要他到巩昌去教授生员。为了使办学的事不致半途而废，他不顾落下顶撞上司的罪名，连写了两封信力辞④。他讲的理由很充分，态度又很诚恳，巡按也只得罢休。

---

① 《明史》本传。

② 《同门生五十人游卧龙山寺》，《杨忠愍集》卷三。

③ 《自著年谱》，《杨忠愍集》卷三。

④ 《辞陕西巡按刘取书院帖》及《再上辞帖》，《杨忠愍集》卷二。

杨继盛对于狄道的兴学付出了巨大心力，狄道的生员对于杨继盛也非常有感情。后来他虽然离开了狄道，但人们对他念念不忘。杨继盛身陷囹圄，生员们还给他写信，对他表示慰问、尊敬和支持；杨继盛在回信中则对生员们关切地询问“年来学业如何”，勉励他们“幸勿蹉跎也”。并且把自己在狱中作的几十首诗附寄给他们，说：“予之志亦见于此矣。”①

杨继盛在狄道兴学建书院，对于当地教育事业的发展做出了很大贡献，发生了深远的影响。狄道的方志中说：“迄明杨椒山先生谪兹土，就超然台建立书院，捐俸置田资诸生膏火，讲明正学，无间寒暑，由是文人蔚起，科第联翩，寖寖乎盛矣！”②

2. 协调开煤山

狄道县西南八十里（一说七十里，见《自著年谱》）有煤山，当时可以开采的矿坑有两处，一在锁林峡之西，一在地竺寺前，但两处都被番民所占据，无法开采。官府也曾几次派员出面干预，但无结果。番民之所以不让采煤，则是为了出卖山上的树木（作柴炭），如果采煤，木材的利益就会受到损失。番民既把持着山林，又垄断着林木的运输，这样一来，柴价昂贵，狄道县城百姓的燃料成了生活上的一个大问题。

杨继盛得知这一情况后，便想帮助协调解决。他以半官半私的身份，“偕（指）挥使李子节、门人利瓦伊芳、陈恂、宋诰，亲往治之。至则先慑之以威，次惠之以赏，由是煤利以开，番民遂服”③。开煤山问题之所以能顺利解决，一方面是平衡和协调了各方的利益，另一方面，很大程度上靠的是杨继盛的人格感召力，番民说：“杨公即需吾穹庐，且舍之，而况此煤山耶！”④ 这件事再次表明，杨继盛既有时刻为百姓谋利益的心胸，又有遇事敢于承当的勇气和善于解决问题的才智。

为了庆祝煤山的开发，坚定人们长远开发煤山的信心，杨继盛还继承神道设教的传统，对煤山之神灵进行祭祀，写了一篇《祭煤山文》，文中说：“惟山有自然之利，而人不知取，山灵其热中久矣。昔知取矣，未及于民而复塞，山灵其抱恨久矣。今特祭告复开，使山之利得以利夫民，而远迩之民得以享山之利。而今而后，山灵其将以自慰耶？亦或复自秘耶？而使利及于无穷不止于一时已耶？固知山灵之心必自慰而不自秘，使利

---

① 《狱中与超然书院诸生书》，《杨忠愍集》卷二。

② 《洮阳书院碑记》，《狄道州志》卷四“学校”。

③ 《记开煤山》，《杨忠愍集》卷二。

④ 王世贞：《杨忠愍公行状》，《杨忠愍集》卷四。

及于无穷而不止于一时已也。”① 这篇祭文，颇有韩愈《祭鳄鱼文》的遗意，既用以“驱民”，也用以自慰。杨继盛深知，开煤山是个关系到不同族群、不同人群切身利益的复杂问题，暂时的解决不可能一劳永逸，今后还会出现这样那样的问题，他只能寄希望于冥冥之中，默默地祈祷了。

3. 募民兴水利

狄道县虽然地处黄土高原西部，但由于有洮河流经这里，形成狭长的冲积平原，城西一带，土地肥沃，有灌溉之利，水田成片，果蔬业比较发达。但是，此时由于年久失修，水渠逐渐淤塞，大大影响了蔬菜的种植和供应。杨继盛了解到这一情况后，主动召集有关园户一起商量，达成了一致意见和施工方案，一起动手，“疏而通之，而水利之盛倍于昔时”②。收到了很好的效果。

这件事，再次表现了杨继盛急百姓之所急，利百姓之所利的精神。众所周知，疏浚河渠，兴修水利，是利在当代，功在后世的大好事。但是，在一家一户的小农生产方式之下，由于无人组织，没有规划，缺少资金等原因，人们也只能望水兴叹。何况，兴修水利往往牵涉到多方面的利害，由于所处地点（如上游下游、左岸右岸、地势高低等）、受益地亩的多少等不同而有不同的要求，弄不好，还可能引起矛盾纠纷。这些，都需要有人出头，出以公心，精心规划，耐心协调，认真组织施工，才有可能把好事办好。否则就办不起来，即使办了，也可能办糟。狄道的百姓实在幸运，他们恰巧遇到了杨继盛这样一个好官，把当地百姓早就想办，而个人无力办，公家无人管的事情办成了，人们怎么能不欢欣鼓舞呢!

4. 核查均负担

杨继盛对狄道官府的某些积弊也有所发现，并加以整顿。负担不均便是当时突出的问题之一。《自著年谱》对此有所记载：“狄道应征粮草，旧无官册，惟书手有簿相传，作弊甚大。”③ 全县应征粮草没有统一的官册，仅凭书手（从事抄写的吏）的账簿相传，这是个大漏洞：没有官册，就没有统一的依据；仅凭书吏的账簿相传，这种账簿就成了“最高权威”，很容易给不法之徒钻空子，给营私舞弊者以可乘之机。难怪要出现“富者

① 《祭煤山文》，《杨忠愍集》卷二。

② 《自著年谱》，《杨忠愍集》卷三。

③ 《自著年谱》，《杨忠愍集》卷三。

实①减而贫者反增，富者纳轻而贫者反重”的反常现象了。显然这是某些富者起了作用，某些书吏做了手脚。杨继盛同情“贫者”，勇于为“弱势群体”主持正义和公道，便对全县应征粮草的数字进行了核查。他的做法是，“乃拘集书手在于一所，先算各户之总数，次算一县之总数”。他来了个“集体办公”，以杜绝“暗箱操作”。计算的方法也比较合理，先从基础做起，一户一户地摸清底数，然后再合计全县的总数。他还“将应征轻重分为三等”（其依据大概是土地的实际情况如水田旱地、土质肥硗、道里远近之类），力求公平公正。通过这些细致的工作，取得了良好的效果：“比原额反多三十石。盖往时之飞诡俱查出，是以多也。”“而各户之轻重均平，无规避于其间者。”总之，查清了底数，堵塞了漏洞，平均了负担。

对于多出的这三十石粮食，杨继盛主张用来办学。他呈请上司批准，用粮款购买了两千亩地作为学田。由于钱不够，杨继盛还搭上了自己的薪俸和夫人的首饰。（见前“兴学建书院”一节）这件事做得也比较圆满：“故此一事，百姓之粮草既均，而诸生养生之需亦足矣。”

5. 抵制强买民褐

褐是一种粗毛或粗麻织物，是当时陕甘一带人民制作衣服的主要原料。狄道百姓以此为主要副业，是生活来源之一。而当地的上司却常以官府的名义用低价或用一些杂物相交换的方式强买老百姓的褐。《自著年谱》写道：“边方愚民，惟以织褐为生。上司差来，承差书吏或减价和买，或以杂物易换，虽抚按守巡，亦多若此。”这真有一点“宫市”② 的味道。只不过强买民物的不是朝廷的宦官，而是“抚按守巡”一类地方官派出的爪牙而已。但其危害可不轻，其坑害百姓的程度比唐朝中期的宫市毫不逊色。杨继盛说：“然一褐之不得其价，则一家之不得其养。故有号泣于道者，有求死于河者。”杨继盛对此进行了坚决抵制：“予遂出告示，禁约公差人员买褐。盖阴寓各上司之发价府县买褐也。”有违反禁令的，他毫不退缩地加以干预：“无何，巡按差人买褐，予收其牌票，欲为申请，而府掌印官相讲乃已。”这虽然是做了一些不得已的妥协，但还是起到了震慑作用，收到了较好的效果：“此声一闻，再无一上司来买褐，百姓所得之利，视昔年加倍。”敢于抵制上司的错误，这是要冒风险的，给个小鞋穿，就够你受的。对此，杨继盛也知道得很清楚。他说：“故此一举，亦知非明哲之为。盖欲为百姓兴利除害，虽丛怨冒

① “实”原作“买”，盖形近而误，据《狄道州志》卷十二所载《自叙年谱》改。

② 唐代诗人白居易在《卖炭翁》中对宫市之害做了形象的描绘，家喻户晓。

罪，亦有所不暇顾云。”杨继盛置个人安危荣辱于不顾，时刻想着百姓的利益，并且不惜一切地为之奋斗，实在难能可贵。

热爱百姓，肯为百姓做奉献的人，百姓就自然会爱戴他。杨继盛为狄道百姓做了那么多好事，自然就得到狄道百姓的衷心拥戴。《自著年谱》说：“边方之民，久被残虐，易于感化。予在任则讴歌满道，去任则哭泣而送于百里之外者千余人。”王世贞为杨继盛作的《行状》说：“公之为典史狄道将二年，其吏民爱之呼‘杨父’，诸生或称‘关西夫子’。”后来，杨继盛因弹劾严嵩入狱，狄道进士张万纪冒死上疏相救。杨继盛蒙冤而死，平反昭雪后，狄道也像杨继盛的家乡保定一样建忠愍祠纪念他。

（四）赤胆忠心，弹劾严嵩

杨继盛贬官狄道的第二年，仇鸾的奸恶暴露，背疽发作而死，进而又受到戮尸的惩处。嘉靖帝于是想起了杨继盛的忠言，便再次启用他，一年之间四次升迁（先升诸城知县，再升南京户部主事，再升刑部湖广司员外郎，又转为兵部武选司员外郎）。升迁如此之快，与权臣严嵩的有意拉拢有关①。

严嵩（1480—1567）江西分宜（今江西省新余市西南）人。字惟中，一字介溪。弘治十八年（1505）进士②。世宗嘉靖以后，官位逐步高升。明世宗是个虚荣心极强、喜欢听奉承的人。严嵩摸透了这一点，务为谄媚。他善于“揣摩圣意”，“一意媚上”，骗取了嘉靖帝的信任，爬上了一人之下，万人之上的地位，窃据了武英殿大学士、太子太傅、太子太师、首辅等要职，还窃据了“票拟”③ 的权力。嘉靖帝“自十八年葬章圣太后后，即不视朝。自二十年宫婢之变④，即移居西苑万寿宫，不入大内，大臣稀得谒见，惟嵩独承顾问”。这样，严嵩便得以假借皇帝的名义以行其私。贪赃枉法，索贿受贿，结党营私，迫害异己，无所不用其极。严嵩的儿子严世蕃是他的得力爪牙。严世蕃“短项肥体，眇一目”，由于其父的提拔，由尚宝司主事，升太常卿，再进工部左侍郎。他颇有些歪才，“剽悍阴贼，席父宠，招权利无厌。然颇通国典，晓畅时务”，“熟谙中外官饶瘠险易，责贿多寡，毫发不能易”。他还窃据了代其父“票拟”的权力，这是因为“嵩虽警

① 李春芳：《敕赐旌忠祠碑》中说，严嵩“欲引公之重以自为”。

② 《明史》卷三〇八《奸臣列传·严嵩传》。以下引自本传的文字不再出注。

③ 票拟又称条指，指阁臣根据皇帝所示旨意草拟的敕旨，或对各部门各地方所上的各种奏章草拟的的处理意见，供皇帝裁决参考。这是内阁的最大权力所在。因其用小票墨书，贴于疏面以进，故名。

④ 嘉靖二十一年，皇宫里发生了一起宫婢造反事件。十六名宫婢因不堪世宗的虐待凌辱，联合起来，企图趁世宗睡熟的时候将他勒死。可是她们不熟悉绾结的方法，没有成功。史称“壬寅宫变”。

敏，能先意揣帝指，然帝所下手诏，语多不可晓，惟世蕃一览了然，答语无不中”。严嵩做的坏事，大多离不开他，他私下的为非作歹、卖官鬻爵，更是数不胜数。

杨继盛上疏弹劾严嵩，事在嘉靖三十一年。此时，正是严嵩得势在位、气焰熏天的时候。

前文提到，杨继盛在贬官狄道一年多以后一年内四次迁官，与权臣严嵩有意拉拢有关。但是，忠直耿介的杨继盛偏不买严嵩的账，他年末抵京，第二年初，到任只一个月，就奏上《请诛贼臣疏》。杨继盛为什么这样迫不及待地弹劾严嵩呢？其中固然有与严嵩划清界限的意思，但更主要的是要报答皇上的圣恩。《疏》的开头说：“……臣官居兵曹，以讨贼为职，然贼不专于外患，凡有害于社稷人民者，均谓之贼。臣观大学士严嵩盗权窃柄，误国殃民，其天下第一大贼乎！方今，在外之贼惟边境为急，在内之贼惟严嵩为最。贼寇者，边境之盗，疮疥之疾也；贼嵩者，门庭之寇，心腹之害也。贼有内外，攻宜有先后，未有内贼不去而可以除外贼者。故臣请诛贼嵩，当在剿绝贼寇之先。”显然，杨继盛的上书，完全是出于一片忠君报国之诚。《疏》的核心内容是列数了严嵩的专政叛君的“十大罪”：

一是“坏祖宗之成法”。二是“窃皇上之大权”。三是“掩皇上之治功”。四是“纵奸子之僭窃”（此条揭露严嵩让其子严世蕃代拟票本的罪恶）。五是“冒朝廷之军功”（此条揭露严嵩贪冒军功的罪恶事实）。六是“引背逆之奸臣”（此条专揭发严嵩父子勾结仇鸾一事）。七是“误国家之军机”（此是指严嵩指示丁汝夔勿战一事）。八是“专黜陟之大柄”（此条揭露严嵩专权营私、迫害异己的罪行）。九是“失天下之人心”（此条进一步分析由于严嵩专权导致的恶果）。十是“坏天下之风俗”（此条继续分析严嵩专权导致的恶果）。

严嵩如此罪大恶极，为什么却不败露，皇上为什么不加以制裁呢？《疏》中接着做了回答。杨继盛认为，是由于严嵩有多种阴险狡诈的手段，杨继盛把它们概括为“五奸”：

一是“皇上之左右皆贼嵩之间谍”（揭露严嵩对宦官的收买）。二是“皇上之纳言乃贼嵩之拦路犬”（揭露严嵩对言路的阻塞）。三是“皇上之爪牙乃贼嵩之瓜葛”（此条是揭露严嵩对厂卫等机关的把持①）。四是“皇上之耳目皆贼嵩之奴仆”（揭露严嵩对监察机

---

① 厂卫的建立有一个过程。锦衣卫始建于太祖洪武十五年（1382 年），下设镇抚司，有监狱和法庭，从事侦察、逮捕、审问、判刑等活动，称为“诏狱”。东厂建于成祖永乐十八年（1420 年），由宦官掌管，直接受皇帝指挥，任务是“缉访谋逆妖言大奸恶等，与锦衣卫均权势”。（《明史》卷九五《刑法志》）西厂建于宪宗成化十三年（1477 年）由大太监汪直掌握，势力大大超过东厂和锦衣卫，屡兴大狱，搞得政治空气极为紧张。成化十八年，汪直倒台，西厂被罢。武宗时宦官刘瑾专权，西厂又一度恢复，刘瑾被诛后终撤销。

关的把持）。五是“皇上之臣工多贼嵩之心腹”（揭露严嵩结党营私的伎俩）。

《疏》的最后部分呼吁皇上下决心惩治严嵩，并提出对严嵩罪恶的调查和处理建议：“伏望皇上听臣之言，察嵩之奸。群臣于嵩，畏威怀恩，固不必问也。皇上或问二王①，令其面陈嵩恶。”

这篇上疏充溢着忠直之正气，有发人猛醒的震撼力量，遗憾的是却感动不了嘉靖皇帝。前文提到，嘉靖皇帝是个“英察自信”“颇护己短”的人，对于逆耳忠言，大多十分反感。《疏》中有一些话，恰恰触犯了他的忌讳。如《疏》中说：“不意皇上聪明刚断，乃甘受嵩欺。人言既不见信，虽上天示警亦不醒悟”；“臣不意皇上之明断，乃假权于贼手如此也”；“天下皆知为嵩主张，特皇上不知之耳”；“盖因皇上待臣下之心出于至诚，贼嵩事皇上之奸入于至神，以至神之奸而欺至诚之心，无怪其堕于术中而不觉也”……这些话，本来是杨继盛满怀赤诚向皇上进忠言，想不到嘉靖帝读后大怒，因为他觉得《疏》中有指责他用人失察的意思。严嵩更是抓住《疏》末尾“问二王”的话加以构陷。于是批复道：“这厮因谪官怀怨，摭拾浮言，恣肆渎奏。本内引二王为词，是何主意？着锦衣卫拿送镇抚司，好生打着究问明白来说。”就这样，杨继盛再次被投入诏狱。

（五）坚贞不屈，浩气长存

在诏狱中，杨继盛受尽酷刑，棍棒打，拶指，上夹棍，无所不用其极。行刑官多为严嵩爪牙，必欲致之死地而后快，下手特别狠，杨继盛被打得皮开肉绽，手指拶断，胫骨夹出，血肉模糊，奄奄一息。刑后，以“诈传亲王令旨”的罪名，定为“绞监候”，打入死囚牢。

初入诏狱时，友人送来一块蚺蛇胆，说服下可以抵御棒痛。杨继盛谢绝说：“椒山自有胆，何必蚺蛇哉！”② 友人安慰他不要害怕，他说：“岂有怕打杨椒山者？”

在其后的日子里，杨继盛一直未能摆脱死神的纠缠。嘉靖三十三年夏，狱疫大作，杨继盛感染了瘟疫，险些不起。幸赖提牢官应养虚亲自检汤药，视饮食，始得痊愈。杨继盛战胜了病魔，却未能逃过严嵩的魔爪。在此期间，许多朋友奔走救解，都没有效果。一友企图说动严嵩，严嵩有点犹豫，便占卜以求得神的启示，他的两个心腹胡植和鄢茂卿正在旁边，便说：“这还用得着占卜吗？杨继盛负海内重望，如果让他出去，我辈无遗类矣！那不是养虎自遗患吗？”儿子严世蕃也说：“如果杨继盛得救，咱们全家都将成为

① “二王”指裕王朱载坖（后继皇帝位，即明穆宗）、景王朱载圳，他们都是世宗朱厚熜之子。

② 《自著年谱》，《杨忠愍集》卷三。下同。

他的鱼肉。”于是严嵩主意始决，便施展诡计，借皇上欲处死都御使张经、李天宠的机会，将杨继盛的名字附于张经、李天宠之后上报，嘉靖帝果然不加细察，朱笔一挥，“依律处决”。嘉靖三十四年十月，杨继盛终被斩于西市。

临刑前，杨继盛慷慨赋诗：“浩气还太虚，丹心照万古。生前未了事，留与后人补。”又曰：“天王自圣明，制度高千古。平生未报恩，留作忠魂补。”①

杨继盛在生命的最后时刻从未停止过思考，还勤奋地进行写作，除一些诗文外，还写了《自著年谱》和《赴义前一夕遗嘱》②。《自著年谱》约7 500字，为了解杨继盛一生提供了最权威的资料。《赴义前一夕遗嘱》约2 800字，共两篇，一篇给他的妻子张氏，一篇给两个儿子。杨继盛知道自己来日无多，压抑着满腔悲愤，将一颗炽热的心化做语言，向自己的妻子儿女诉说，千言万语，反复叮咛，洋溢着对亲人的挚爱，对生命的眷恋，对传统道德的维护，对儿子未来的希望……从表达形式上看，不免有点絮絮叨叨、松松散散；其中的思想，自然也不免有时代的烙印和阶级的局限，但其心灵的纯洁，感情的真挚，还是给人以强烈的感染；而其思忖的缜密，考虑的周到，常能使人为之感动。其中所说居家做人的道理，也有一定教育意义。

二、才艺、思想片断

（一）知乐

前文提到，杨继盛在嘉靖二十八年曾师从韩邦奇学习音乐，成绩斐然。《自著年谱》对此有较详细的记载：“是时，关西韩公苑洛讳邦奇为南京兵部尚书③，此翁善律吕、皇极、河洛、天文、地理、兵阵之学，而律吕为精。予师之，先攻律吕之学，三月而得其数，乃告于师曰：‘乐学非他学比，不可徒事口说，必自善制器、善作乐，播之声音，各相和谐，然后为是。’遂自置斧锯刀钻，构桐竹，易丝漆，先自制管；管和矣，制琴；琴和矣，制瑟；瑟和矣，制箫笙埙篪之类。无不各和矣，又合诸乐总奏之，如出一律，无不和焉。师甚喜，曰：‘我学（乐）五十年，只得其数。今赖子制其器，和其音。当代之学，舍子其谁欤！’”这表明，杨继盛在音乐方面天赋优异，悟性很高，乐感极好，不但

---

① 《杨忠愍集》卷三。

② 《杨忠愍集》卷三。

③ 韩邦奇，字汝节，朝邑人。正德戊辰进士，官至南京兵部尚书。谥恭简。事迹见《明史》卷二〇一本传。

很快弄通了五音、六律、十二律的道理，而且善于把握其中的规律。尤其可贵的是，杨继盛不但注意音乐理论，更注意乐律方面的实践，他竟然能自己动手制作乐器，其中既有箫、笙、篪等管乐器，又有琴瑟等弦乐器。对于种类如此繁多的乐器，他都一一调整其音准、音色，演奏起来，无不谐和。这一切仅靠天赋是不可能做到的，从中也表现了杨继盛刻苦钻研，善于思索和勤于实践的精神。

《自著年谱》接着讲到杨继盛学乐过程中的一个故事："一日，师谓予曰：'吾欲汝制十二律之管，每管各备五音七声，各成一调，何如?'予有难色。师曰：'固知此是难事。古之伶伦，无所因而作乐，况今有度数可考乎?'予退而欲制，漫无可据。苦心思索，废寝食者三日，忽夜梦大舜坐于堂上，予拜之，案上设金钟一，舜命予曰：'此黄钟也，子可击之。'取棰击之三，醒而恍若有悟。呼妻燃灯，取竹与锯钻，至明而成管六，至巳而十二管成。呈于师。师喜曰：'予刻《志乐》之日，九鹤飞舞于庭，其应乃在子乎?'由是，南都有知乐之名。"这里，再次生动地记载了杨继盛废寝忘食、殚精竭虑地刻苦钻研的精神。即使是他说的夜梦大舜的神话，也觉得是可以理解的。《四库提要》说："惟《年谱》中自记从韩邦奇学乐律夜梦虞舜一事，颇涉怪异。然继盛非妄语者，盖覃思之极，缘心构象。《世说》载卫玠以梦问乐广，广云'是想'。《管子》曰：'思之，思之，鬼神通之。'固亦理之所有。昔吴与弼作《日录》，自称梦见孔子，人疑其伪。继盛此语，颇与相类，明以来无疑之者。此则系乎其人，有不待口舌争者矣。"此论令人信服。

杨继盛在为其老师韩邦奇《志乐》一书写的序中，对音乐理论还有所阐发。他说："世之谈经学者必称六经，然五经各有专业，而乐则灭绝无传。论法治者必对举礼乐，然议礼者于天秩不易之外，犹深求立异可喜之说，至于乐，则废弃不讲。全德之微，风俗之敝，恒必由之，良可悲夫！然律吕与天地相为终始，方其隐而未彰也，天既生哲人以作之，则于其既晦也，天忍任其湮没已乎？阐明之责，盖必有所寄者。"① 文章先讲了乐的重要价值和重大意义，进而引出韩邦奇《志乐》一书的价值和地位。然后写了该书的构思和主要内容，进而发挥道："曰'志'云者，先生自谦之词也，非徒志而已也。是故律生声，钟生律，马迁著之矣；而律经声纬之递变，体十用九之明示，则未之及也。围九分，积八十一分，班固著之矣；而管员分方、旋宫环转、乘除规圆之图，则未之及也。六十调、八十四声，蔡子著之矣；而起调则例及正变，全半子倍之交用，调均、首末、长短相生之互见，则未之及也。六变、八变、九变之用，《周礼》载之矣；而以黄钟祀天

① 《苑洛先生〈志乐〉序》，《杨忠愍集》卷二。以下引此文不再出注。

神，以蕤宾祭地祇，以太簇享人鬼，一造化之自然，以黄钟一均之备布之于朝廷、宫闱，实古今之绝唱，则又有出乎《周礼》之外者也。宏纲细目，一节万变，信手拈来，触处皆合，乐之为道，尽于是矣。”接着又对韩邦奇《志乐》一书在音乐史上的地位给予崇高评价：“昔人谓黄帝制律吕，与伏羲画卦、大禹叙畴同功，然卦畴得程朱数子而始著，律吕得先生是书而始明，则其功当不在数子下，岂曰小补云乎！……后之有志于乐者，苟能讲求而举行之，则太和将在万世之宇宙，而先生之功至是为益大矣！”杨继盛所论，细节可不必深求，至少可以从中看出，他对音乐理论以及音乐史确有比较深入的研究。

（二）撰联、赋诗

杨继盛天资聪颖，刚一上学，就表现出善于对句的才能。《自著年谱》中记载了如下几件事：

八岁时，“受书四（四书）五（五经），过即成诵。从学四五日，即能对句”。

十岁时，“从塾师学，对句辄善。一日客至，无酒，沽于馆。父出对云：‘无酒是穷主’，予即对曰：‘有儿为名臣’。客叹赏不置。父由此钟爱之”。

十三岁时，“一日师出，同学作布阵相战之势，师来，众皆藏匿。师呼跪，出对云：‘藏形匿影’，对成者先起。予随云：‘显姓扬名’。师云：‘此绝对也。’自此相爱之甚，教以作文法。”

这几件事既反映了杨继盛才思敏捷，也表现了他小小年纪就有远大抱负（固然有其时代烙印）。

也许是由于从小打下了善于对句的基本功，杨继盛撰写的对联十分精彩。最著名的有：“铁肩担道义；辣手著文章。”① 杨继盛一生以天下为己任，以澄清吏治相期许，赤胆忠心，百折不挠，宁为玉碎，不为瓦全。身陷牢狱，受尽酷刑，仍然坚贞不屈。即使到了生命的最后时刻，仍然笔不停挥，为后人留下一些有价值的东西。这副对联正是他对自己一生的志趣抱负和品格操守的生动概括。中国早期无产阶级革命家李大钊同志对杨继盛的这副对联很欣赏，但他改了一个字，将“辣手”改为“妙手”，表达了自己的革命怀抱和情操，人们同样把它看作是李大钊同志的坚贞品格乃至光辉一生的概括和写照。从中，也显现了杨继盛思想的深远影响。

---

① 此联《杨忠愍集》（四库全书电子版）未见，但许多文章都说它为杨继盛作。如叶笃庄：《从李大钊改杨继盛对联说起——读李庄〈我看“对敌狠，对己和”及其他〉一文有感》，《炎黄春秋》，1998 年第 12 期。

又如，“遇事虚怀观一是；与人和气察群言。”① 这是一首“集《兰亭序》字联”②。1893年，蔡元培中进士，翌年到香港旅游期间，曾为元发行商店主人书写此联③。毛泽东同志在1959年庐山会议期间也讲到此联④。它虽然是集字联，表达的却是集字者的思想和境界。蔡元培、毛泽东对此联的重视，清楚地表明了它的深远影响。

杨继盛的诗写得也很好。收入《杨忠愍集》的诗共六十八首，其中送行、奉和之作占了较大比重。有些诗也有比较深刻的思想内容。如《扬子江望焦山——题金山寺壁》：“杨子有心涉扬子，椒山无意合焦山。地灵人杰天然巧，仿佛神游太古间。”⑤ 此诗作于嘉靖三十一年（1552年），杨继盛贬官狄道后再次被起用，途经镇江，访故友唐顺之（字荆川），同游镇江名胜焦山，有感而作。前两句借用人名与地名读音的巧合入诗，自然天成而有情趣。后两句情感有了高度升华，抒发了神游太古的豪迈襟怀⑥。

有的抒写人生感悟。如《读易有感》：“眼底浮云片片飞，吉凶消长只几希。自从会得羲皇易，始觉前时大半非。”

但是杨继盛并没有陷入消沉，许多诗篇中都倾诉了虽身陷囹圄而忠心不改的衷肠。如《元旦》：“老天留我报君身，惆怅蹉跎又一春。几度丹心连血呕，数茎白发带愁新。

---

① 此联亦不见于《杨忠愍集》（四库全书电子版）。据薄一波同志说，此为椒山先生名句。见下。

② 见国学网·中国楹联·楹联金库，北京国学时代文化传播有限公司制作，2000。

③ 据2005年9月12日香港商务印书馆网页·笔墨人间。

④ 薄一波同志说：“在庐山会议期间，7月4日，毛主席在他的住处同王任重等同志谈话时，念起明代杨继盛（号椒山）的两句诗：‘遇事虚怀观一是，与人和气察群言。’并说这是椒山先生名句，他从青年时代就喜欢，且照此去做。遗憾的是，在庐山会议上，他却没有做到这一点。共产党人有了缺点、错误，自己讲出来，作自我批评，诚然可贵，同时也应该让别人讲，欢迎别人进行批评，应该有让人‘面折其过’的政治雅量。当然这是需要有很高的党性修养的，要做到、做得好是很不容易的，要始终坚持做到、做得好就更不容易了。毛主席的党性原则党性修养不可谓不高，大家对此都是景仰不已的。何以到了庐山会议上却未能实现‘遇事虚怀观一是，与人和气察群言’，究竟还有些什么思想原因和社会历史原因，我一直在思索，至今也尚未得到满意的答案。大家还可继续研究。”（《若干重大决策与事件的回顾》下，中共中央党校出版社1991年版，第876页）近来许多文章引用这两句诗，大概都是受到薄一波同志此文的启发。

⑤ 《杨忠愍集》卷三。据镇江焦山碑刻博物馆藏椒山墨迹，此诗题下小注云：“访唐子荆川到此，因名山与己号音相同，喜而赋之。”诗中文字亦小有异：“有心涉”作“怀人渡”，“仿佛”作“瞬息”，“太古”作“万古”。以下所引诗篇俱见《杨忠愍集》卷三。

⑥ 这首诗的墨迹石刻至今珍藏于镇江焦山碑刻博物馆。据称，明末天启年间，镇江知府王秉鉴将焦山上的佳处亭改建为仰止轩，作为纪念杨继盛的神祠。后一度成为佛寺。清乾隆中，阮元再次改建仰止轩，并将家藏的杨继盛手书诗文稿卷及墨迹等一并送藏于轩内。

回思往事真堪笑，自幸更生似有神。璞在不妨仍泣献，踟躇无计达枫宸。”《夏午睡胡敬所年兄因见教作此和谢》（三首之二）：“一息若存还报主，万年不死是吾心。”《朝审途中口吟》：“风吹枷锁满城香，簇簇争看员外郎。岂愿同声称义士，可怜长板见亲王。圣明厚德如天地，廷尉称平过汉唐。性癖从来归视死，此身原自不随杨。”《有感》：“短鬓娑娑乌布巾，分明天地一狂人。忧时泪应笙歌落，报主心希宇宙新。寇贼共传知有我，孤危不死岂无神。寥寥勋业将蓬鬓，虚负当年献纳臣。”《小雪》：“破窗不耐西风冷，况复萧条一敝裘。疏雪飘残忧国泪，寒更敲碎贯城愁。悲歌劳扰惭燕市，坐卧浑忘是楚囚。四海寻家何处是，此身死外更无求。”读着这些以血和泪的诗篇，谁人能不为之悲愤，为之激动，为之肃然起敬！

有些诗还对时俗加以批评。如《微雪有感》：“都城夜半初飞雪，台省应多祥瑞诗。眼底饿夫寒欲死，来年总稔济谁饥？”《陈平山鹊噪诗以此答之》：“恶事先传应早避，喜来不报亦何伤。平生最爱鸦声好，野鹊无劳噪夕阳。”又：“好音惟恐隔深树，一听恶声共弹罗。啼鸟亦知随世变，鸦鸣何少鹊何多。”自注：“屡示灾变，塞口不言。少见祥瑞，上表争贺。鹊之类也。有愧老鸦多矣。”乌鸦常被视为恶鸟，其叫声噪耳，令人生厌，比喻进谏之言；喜鹊常被视为吉祥鸟，其叫声悦耳，比喻贺祥瑞等谀辞。这里，对世俗观念特别是对朝廷中盛行的报喜不报忧的风气给予了辛辣的嘲讽。

有时，他也抒发过一些把一切都看透了的感慨，如《因前作谕鸦鹊》（二首）：“宇宙到头俱梦幻，人生何必叹云泥。疏狂见惯荣枯事，鸦鹊从今俱慢啼。可厌老鸦常折翅，依人喜鹊亦空啼。长安公子多飞弹，且向云山深树栖。”这大概是杨继盛晚年的作品，三年的铁窗生涯，遭受了那么多的磨难，偶尔发出这样的感慨是可以理解的。

（三）思想片断

杨继盛的文章传世不多，但其中有些篇的思想还是很深刻的。除前引的《请罢马市疏》《请诛贼臣疏》以及《自著年谱》《遗嘱》外，还有一些文章也颇令人玩味。

1. 论不朽

古人说：“太上有立德，其次有立功，其次有立言。虽久不废，此之谓不朽。”① 杨继盛认同这一观点，并有所发挥。他在一篇给老师韩邦奇祝寿的文章中说：“君子之寿，天下之治乱，斯道之兴废攸系。必天有意于斯道斯世之治且兴也，而后畀之，以有永而不穷。然畀于有位者，或限其时而不及为明道之事；畀于志学者，或限其位而不得与夫

① 《左传·襄公二十四年》。

行道之责，则其所系者亦偏焉矣。惟我苑翁老先生之寿，天下之治、斯道之兴恒必赖之。谓天以全寿界之也，非欤？盖君子所贵乎寿者，非徒自寿已也，为其能寿天下也，能寿斯道也。苟无补于治与道，将焉用寿？”① 接着，以概括的语言，讲了韩邦奇在治与道两方面的成绩与贡献。首先说“治”方面的成绩与贡献：“其以天下为己任也，越在内服，弼亮率下；越在外服，绥民迪功；越在翰苑，文章范俗；越在边镇，强藩恬服，勍敌慑畏。斯固载在史册，昭人耳目，天下之所赖以为治者。其在今日，抚守南都，又能操持其纲纪，而镇抚其百姓，天下之根本以固，宗社之灵运以培，南服以靖，四方亦因之以宁矣。行将经纶燮理之任属之，则所以系天下之重者何如也！”据《明史》本传记载，韩邦奇曾任吏部员外郎、浙江佥事、四川提学副使、右佥都御使、右副都御使、山西巡抚、刑部右侍郎、南京右都御使、南京兵部尚书等职，为官清正廉明，其间因得罪宦官，几次被罢官，下诏狱，甚至削职为民，后又被起用。宦海沉浮，他始终不改初衷，为国家和百姓做了许多好事。由此看来，杨继盛文中所言并非溢美之辞。该文接着讲韩邦奇在“道”方面的成绩与贡献：“先生以纯笃之资，果确之志，盖自弱冠时即有志性理之学，其学之原，则以精一为宗；其学之要，则以培养夜气为本；其学之实，则见于《拾遗》《意见》《经纬》《志乐》诸书。当其晚年，天又假之以南都清逸之地，使得优游暇豫，沉潜道真，平生事业，至此尽收拾而大成之。一时论得道学之正脉者，皆以先生为首称。则所以系斯道之重者何如也！”《明史》本传称：韩邦奇“性嗜学，自诸经子史及天文、地理、乐律、术数、兵法之书无不通究，著述甚富”。《四库全书总目》中收入韩邦奇的著作有十部之多（其中五部为存目），如《易学启蒙意见》《易占经纬》《苑洛志乐》《禹贡详略》等。由此可见，杨继盛文中所言不虚。该文最后说：“士大夫之寿先生者，举忻忻然曰：‘苑翁年虽七十有一，然精神宁固，风采烁然，步履强健，视少年无以异也。期颐之域，可必至矣。’夫以是而寿焉，未足以尽之也。先生之寿可以年数拘哉？天下之治，垂之千万年而无斁，则先生之寿与治俱矣；斯道之统，传之千万世而无穷，则先生之寿与道俱矣。故谓先生之寿为天下之寿可也，为斯道之寿可也。谓天下斯道之寿即先生之寿亦可也。不将与天地同乎？”作为一篇祝寿文章，不从年岁长短方面立论，而着重从“治”（治国安民）和“道”（思想学术）两方面的贡献立论，显得境界高远，见解精辟。这表明，在杨继盛看来，一个人的价值，不在于自然生命的长短，而在于政治生命、学术生命能与天地同久，这才是真正的不朽。

---

①《寿韩苑翁尊师老先生七十一序》，《杨忠愍集》卷二。

在另一篇文章中，这个意思表达得更明确，他说："君子之寿，当图不朽之真。而所以寿之者，贵有恳恳相勉、惓惓相成之义。琐琐年数之末，颂祝之私，皆所不取也。世之言寿者，不过曰享年有永而已。然命禀自然，固一定不易；年岁自积，于人之贤不肖无与焉。……惟夫修诸己者，道德卓荦；建诸用者，勋业赫耀；垂诸后者，典谟晞晔，则邈无纪极，可与天地相终始。夫是之谓不朽，而寿之所以为真也。今夫言寿之至者莫天地若，然天地之所以为寿者，非谓其形体不毁已也，以覆载之德，生成之功，无声无臭之教，足以父母万物无穷耳。否则，亦冥然翕聚之气，块然凝结之质而已，非所以悠久无疆，亿载不朽者也。是故，人知寿于年者为寿，而不知寿于理者斯寿之真；知寿于身者为寿，而不知寿于天下者斯寿之大；知寿于目前者为寿，而不知寿于身后者斯寿之永。非深达始终之故，善权修短之算者，孰能论寿于命数之外，而不求寿于年数之间乎？"① 然后又引述徐翁曾说过的话以立论："昔丙午岁，二三子称寿于三槐堂，尝记夫子举爵为令曰：'太上立德，其次立功，其次立言，其次言寿。'再令曰：'立德要知似德之非，立功要知贪功之戒，立言要知尚口之穷，言寿要知罔生之辱。'夫德，寿之基也；功，寿之舆也；言，寿之华也。即樽酒教令之间，而不朽之道备矣。……继自今，上之果能永肩一德，不惕威改节，以悦俗固宠；次之果能以身殉国，事专报主，建掀揭非常之功；次之果能崇正论，主国是，排邪议，黜枝叶，有格非反经、垂教范世之益；终之能居之以恒，至老不变，不先贞后黩，蹈所谓似德贪功、尚口罔生之愆。则可以辉名昆鼎，勒伐金册。三者垂万年不朽，寿即享万年不穷，而琐琐年数之末，诚不足言矣。使或较龄算之短长，略行谊之臧否，急一身之利害，视天下之治乱若秦越然，则已往之行隳于垂成，将来之年俱为虚假，斯不善自寿者之为，固知夫子必不尔为也。"如何看待寿命，是中国人十分重视的问题。《尚书·洪范》有"五福"之说："一曰寿，二曰富，三曰康宁，四曰攸好德，五曰考终命。"把长寿看作幸福中的第一位，这一观念深入人心。杨继盛独辟蹊径，纵论人生的意义不在于年岁的短长，而在于贡献的大小，见解深刻，有很强的说服力。

2. 论忠孝

忠孝是旧时代最重要的道德观念，杨继盛不但身体力行，还从理论上加以论述。他说："风雨霜露，皆上天生物之仁，而雨露之恩为最渥；爵赏刑罚，皆人君惠臣之典，而爵赏之恩为尤厚。古之人臣，虽刑赏之加，犹且感其曲成之爱，而图报之思无穷；况夫

---

① 《寿徐少湖翁师文》，《杨忠愍集》卷二。

爵赏之施，所以行吾之志而厚吾之生者，其报礼之重当何如也！世之为臣者，以弥缝为要位之机械，以阿谀为固宠之筌蹄。方其日幸其已术之能中，岂知其恩惠之在君，是故图报之心轻以疎，而尽忠于君者盖鲜。……为臣不忠于君，凡以不知君恩之重起之也。盖人臣一登仕版，则此身已属于君，其宫室服食之美，车马妾御之奉，父祖妻子之荣，无一而非君惠之所及，则恩同于天，盖有如雨露之至渥者。苟少思其君之所惠，必将以心虑君，以身殉国，匡辅君德，弼成王业，鞠躬尽瘁，朝夕不遑矣。”① 文如其人，此番尽忠之论完全是他自己心灵的独白，是他的嵚崎磊落的行为的注解。杨继盛用报恩解释尽忠，不免有些庸俗；但出于一片赤诚，仍有其可贵之处。他在另一篇文章中还把爱亲与忠君联系起来，论述移孝于忠的道理。他说：“人子爱亲之心存于中而不可解，然后思亲之心随所在而不能忘。世之言孝者，不过曰：含菽缊絮，致滋美，勤定省，祗服其事而已。然朝夕在侧，固其情之不得不然，而少知天性之爱者皆可以为之，易易耳。乃若远从王事时当慕君，非真有爱亲之心，其孰能不迁且忘乎？……夫人之一身，于亲则谓之子，于君则谓之臣，均之无所逃焉者也。然方其事君也，鲜有不忘其亲者；及其事亲也，又鲜有不忘其君者。是忠于君而孝衰，孝于亲而忠废，又焉得谓之忠与孝乎？……是故，孝能忠于君者，孝之全也；忠能显其亲者，孝之大也。……噫！臣子之事君亲，惟在乎一心而已。心苟在乎君亲，则鞠躬尽瘁，固忠也；逃迹山林，亦忠也。举足不忘，固孝也；不得已而至于忘之，亦孝也。”② 此番议论，从传统道德看，讲得还是比较透彻的。“事君亲惟在乎一心”的观点尤其可贵。

3. 论节义

杨继盛恪守传统道德，赞美节义。在一篇诗序中说：“世之论者，皆以天下国家之责属诸君子之身，妇女若无所与焉者。及观斯传，然后知责之在君子者，虽妇女亦足以尽之。故张母之不忍忘其夫而守节终身，张女之不忍弃其嫂而相从不嫁，以至于死，凡以各尽其心焉耳。然而邦之风化，世之气运，时之祯祥，恒必因之，则其所系也，不亦大乎！谓之无与于天下国家，不可也。夫姑感嫂节而贞志以决；嫂为姑贞而守之也亦固。……苟事君者能如母之不忘其夫，则天下皆忠臣矣；与人者能如姑之不弃其嫂，则天下皆义士矣。忠臣义士遍于天下，太和将在宇宙间矣。则其所系也不为尤大乎！……

---

① 《刘司狱承恩图引》，《杨忠愍集》卷二。

② 《望云思亲图引》，《杨忠愍集》卷二。

噫，世之号为大丈夫者，顾岂可自丧其志，自亏其节，反妇女之不若也乎哉?”① 张母的守节终身，张女的相从不嫁，作为对妇女的片面道德观，本身没有什么积极意义；在提倡男女平等的今天，更是毫无积极性。但从杨文看，其重点不在论述妇女守节，而在于其引申出来的忠君爱国之道和与人交往之理。由一件具体的事，上升到“邦之风化，世之气运，时之贞祥”乃至“宇宙太和”的高度，其联想力可谓丰富，却又毫不牵强，而给人以大气磅礴之感。

4. 论友

杨继盛在一篇悼念朋友的祭文中，结合这位朋友对自己在患难中的所作所为，抒发了对什么是真正的朋友的见解和感慨。他说：“呜呼！论友于三代之上，当取诸缙绅休采之列；论友于三代之下，当求诸山林草泽农圃工贾之间。盖君子小人之迭为隐见，每随时势之盛衰，而正人君子之相与，惟取其义气孚固，要不当必以区区之势位拘也。”② 该文接着具体写了这位朋友的友情：“自予登第除南铨，始识西泉于贺客中，然犹以为特豁达磊落人耳。及予以谏阻马市被罚远谪，虽骨肉至亲亦恶其后于家而拙于官，乐其死而幸其不归也。西泉乃慰嘉礼送之意反殷于初，则其相与之情已出寻常万万。去年春，予以狂直排奸，被杖系狱，其际诚危矣。平昔指天论心者，惧祸之及己，则远绝之不暇；同时交游者，疾名之胜己，则非毁之惟恐其不足；而素以义气著闻、豪杰自负者，恨言之侵己，且售计投石，要功泄愤于权奸之门，其孰与我乎？西泉乃三视狱中，通问不绝。其彷徨拯恤之意，又殷于初。虽龌龊庸琐辈惕以重祸，不恤也。则与人交游之善，视世之以势位相与者，其情之厚薄为何如哉?”进而论述道：“西泉之行谊在乡曲，闻望在遐迩，固难以尽述，即此一节，则其立心制行，当于三代以上人物中求之矣。视世之缙绅贵显，随时异情者，其人之贤不肖为何如哉？二月初，载携乃郎殷勤视问，握手交语，倾倒肺肝。相别无几，讣音顿至。噫！不弃我于患难如西泉者几人？而又夺之俾孤于患难之中，呜呼痛哉!”俗语说，患难见真情。杨继盛对友人的悼念之情是深挚的，其对交友的论述更是深刻感人的。

从上述几则材料可知，杨继盛笃信传统道德，并且真心维护，诚心奉行。历史地看，杨继盛堪称那个时代的道德楷模。当然，今天看来，这些道德观念有的已经失去了现实意义（如忠君、妇女守节等）。但是，今古之间毕竟又有割不断的联系，即使是道德观念

---

① 《节母贞女诗并序》（自注：节母，杨侍御匪石夫人祖母。贞女，其祖姑也），《杨忠愍集》卷三。

② 《祭易州杨五文》，《杨忠愍集》卷二。

也总有一定的继承性，是不可以不加分析地用“封建”一词将它们全部抹杀的。事实上，传统道德中很大一部分还活在人们心中，为广大群众所信守、奉行；有些虽然已不适用，但经过转化，注入新的内涵，未尝不可以获得新生。杨继盛对于传统道德的论述，尽管难说有更多新的东西，但由于结合了自身的遭遇，仍然具有很强的说服力和感染力。

三、历史地位和影响

（一）历史地位

杨继盛的一生虽然比较短暂，但却嵚崎磊落，足以彪炳千古。

他首先是作为一名刚烈的忠臣而名垂青史的。杨继盛出身寒微，凭着刻苦自励进入仕途，成为统治阶层中的一员。他心胸远大，品格高洁，不为一己的富贵营谋，而是忧国、忧民、忧天下，怀抱忠君爱国之忱，为了整顿朝纲，澄清吏治，不顾“位卑言高”之诮，不计成败荣辱，毅然上疏，先后与正在得势当权、红得发紫的大将军仇鸾、首辅严嵩展开斗争，从而连续遭到残酷迫害，受尽酷刑，直至被杀。但他始终坚贞不屈，表现出超人的顽强和刚毅。仇鸾与严嵩尽管得意于一时，却终究未能逃脱应得的惩罚，从而更证明了杨继盛所作所为的正义性。他写的《请罢马市疏》和《请诛贼臣疏》，义正词严，逻辑严密。在当时，是战斗力极强的檄文；在后世，仍然有强大的震撼力。

杨继盛曾经担任过轻闲的官职，但他不虚度岁月，而是努力学习，刻苦钻研，在乐律方面取得了显著成就。如果假以时日，说不定他会成为一个不错的学者。他也曾被贬为偏远地方的下级官吏，但他不悲观消沉，而是积极作为，想方设法为当地百姓做好事。如果久处基层，说不定他会成为一个出色的地方官。生活的激流把他推向了潮头，他只能勇往直前，奋不顾身地投入战斗。忠君爱国是他的精神支柱，为民除害是他的坚定信念。遗憾的是未遭明主，只能被屈含怨。但他无怨无悔，以刚毅顽强、不屈不挠的斗争，走完了悲壮的一生。

杨继盛在思想史上也应该有一定的地位。他的文章传世不多，但思想深刻，见解精辟；从表现形式上说，其结构之严谨，文笔之洗练，亦堪称佳作。其诗篇传世的只有几十首，但大多感情饱满，内容充实，语言生动，音律和谐，很有感染力。杨继盛不以思想和文学名世，但其诗文的水平和境界与当时的大家相比并不逊色。

（二）影响

杨继盛的遭遇得到许多正直人士的同情和帮助。杨继盛死后，刑部主事王世贞、兵部员外郎王遴（字继津）冒死收其遗骨，以棺殓之，葬于容城北河照村西①。

杨继盛死后七年，严嵩父子终于倒台。公元1567年，嘉靖帝死，穆宗（朱载垕）登基，改元隆庆，为前朝蒙冤大臣平反，杨继盛的冤案首先得到昭雪，赠中顺大夫、太常寺少卿，谥忠愍，荫一子应尾为太学生。

隆庆二年戊辰（1568年）②，子应尾、应箕将父改葬于定兴县东引村之卧龙岗。名士王世贞为他写了《行状》，吏部尚书大学士徐阶为他写了《墓志铭》。

随着杨继盛的被平反昭雪，人们对他的尊敬和怀念更加强烈，许多吏民纷纷要求为杨继盛建立祠堂（如商人白受采等奏愿捐赀以祠公于都城；容城士民走上官欲祠公于其邑；保定士民走上官欲祠公于其郡；副使曹金以其士民之意白巡抚都御使曹公礼，出库金一百二十两，畀容城县立祠）。最后，直隶监察御史郝杰又上疏皇帝，请求在保定为杨继盛立祠，终于被朝廷批准，并赐名"旌忠"③。这些杨继盛祠，历明、清、民国，迭经修葺，至今大多犹存。

"旌忠祠"又名杨公祠，河北省共有五座：保定府两座（一在大金线胡同，一在皇华馆街）；容城县两座（一在县城，一在北河照村）；定兴县一座（在北河）。④

另外，甘肃狄道、江苏镇江焦山，也曾建过杨继盛祠。北京也有一座杨继盛祠，座落于宣武门外达智桥胡同。此地原是杨继盛的故居（杨继盛任京官时居此），后来一度成为佛寺，名松筠庵。乾隆五十一年，在一些官员的策划下，"会诸僚友，醵金立祠"，遂改建为纪念杨继盛的祠堂。此后又经过多次整修与扩建。祠堂座南朝北，前有山门，门

---

① 民间传说，杨继盛在法场被斩首以后，尸体直立不倒。嘉靖帝闻报，大惊失色，连忙下旨：封杨继盛为天下第一都城隍，赐金头银头各一个，厚葬。这个传说不一定是事实，但反映了人民群众崇敬忠良、痛恨奸佞的心理。

② 此说据王世贞《杨忠愍公行状》、徐阶《杨忠愍公墓志铭》。（二文载《杨忠愍集》卷四）《容城县志》记为万历三年（1575年），《定兴县志》则记为万历三十年（1602年）。王、徐为当世人，其说当更可信。

③ 吴时来撰：《敕赐旌忠祠》，《杨忠愍集》卷四。

④ 在保定的两座杨公祠都是保定市文物保护单位。位于大金线胡同的杨公祠原有正殿三间，正中塑杨继盛像，正殿两旁各有碑亭一座，分别竖立《罢马市疏》碑和《劾严嵩疏》碑。祠大门有一牌坊，写有清世祖顺治皇帝御制的《表忠录序》，祠后有一牌坊，写有"旌忠坊"。前几年经过翻修，仅存正殿。今正殿也已出租给古物市场。位于皇华馆街的杨公祠原有的正殿、大门、东西配房各三间，至今犹在，但院内盖了一些小房，住着几户居民，房子已破旧不堪，亟待维修。两祠中原有的塑像、石碑、牌坊等都已荡然无存。

按，位于皇华馆街的杨公祠如今已得以修复。2013年6月，保定市收藏鉴赏家协会会长彭建忠出资，启动了杨公祠修缮工程，2014年12月5日宣告竣工，并免费对外开放。（见2014年12月8日《燕赵都市报》）

额为曹学敏题写的“杨椒山先生故宅”七个大字，东北角门则嵌有“松筠庵”三字石额。院内有“景贤堂”“谏草堂”等建筑，还有花园、假山等。“文革”期间，这里也遭到严重破坏，杨继盛的塑像以及石碑、匾额等全被砸毁，花园、假山也被平毁。1984年，北京市人民政府将其列为北京市第三批文物保护单位①。

杨继盛是政治家，本不以著述为事。但是由于他的事迹感人，反映这些事迹、记录他的心路历程的著作自然也深受人们的关注和喜爱。他的两篇上疏（《请罢马市疏》《请诛贼臣疏》），在他生前就被广为传抄②。他的其他文章和诗篇也被广泛搜集。杨继盛的著作最早由其子应尾编订成集（含杂著数十篇，诗数十首），并请御使林润（曾弹劾严世蕃，最终使严世蕃伏诛）为之作序。（该序见《容城县志》卷七）传世的《杨忠愍集》当是在此集的基础上增订而成。《杨忠愍集》有多种版本，《四库全书》本《杨忠愍集》（据清康熙间萧山章钰校本）比较全，共四卷，其中正文三卷，含奏疏一卷，杂著（序、引、跋、说、记、书、祭文）一卷，诗一卷（《自著年谱》《赴义前一夕遗嘱》附此）；附录一卷（收入后人写的行状、碑记等）。此外还有《畿辅丛书》本、《正谊堂丛书》本、《丛书集成初编》本、《容城三贤集》本等。③

杨继盛的手迹也被人们珍视、收集和保存，流传至今的尚有多幅，被视为宝贵的书法珍品④。

杨继盛当然主要是一位政治家，他的精忠奇节，光耀青史，赢得了当时及后世的普遍崇敬和赞誉。明代有许多人讴歌他。有的说：“乾坤正气，在天为日月风雷雨雪，在地为江河岳镇。生则为人，为忠，为孝，为盛德，为大业；死则为神明，薄日月，激风霆，和雨露，惨霜雪，浩江河，峙山岳。……公即不在世间，而其震动天地，激励人心，百世如生。”⑤ 有的说：“呜呼！古忠臣烈士，不幸而死于奸臣之手，如伯嚭之杀伍子胥，

① 但是，杨继盛故居（即杨椒山祠）今已沦落为外地小商贩经营的杂货铺，亟待保护、维修和加强管理。（参见《大众科技报》2004年7月29日《杨继盛故居的悲哀》）

② 王世贞《杨忠愍公行状》说：“是时，海内士夫阴传录公疏，至纸为贵。”

③ 正谊本、畿辅本、丛书集成本都是两卷，与四库本相比，缺少诗和《自著年谱》《遗嘱》，附录部分也较少。《丛书集成》本前言说：“本馆《丛书集成初编》所选《正谊堂丛书》及《畿辅丛书》皆有此书。正谊本名《杨椒山先生文集》，畿辅本名《杨忠愍公集》。两本文字有出入，然皆仅两卷。畿辅本有《奏罢马市疏》，正谊本无，故据畿辅本排印，并录正谊本序（张伯行撰，四库本无）目、本传及畿辅未载文字若干篇于后。其与畿辅本重复者，删文存目。”《容城三贤集》本系据畿辅本翻刻，是与《刘静修集》和《孙夏峰集》的合编本。

④ 见中华博物网。

⑤ 吴时来：《敕赐旌忠祠》，《杨忠愍集》卷四。

王凤之杀王章，曹操之杀孔文举，王敦之杀周伯仁，李林甫之杀李北海，卢杞之杀颜鲁公，秦桧之杀岳武穆者非一，而独公与武穆至今英雄之恨未消，虽小夫妇人孺子皆能诵姓名而感愤流涕，所在祠庙不绝。岂非其忠最烈而祸最酷哉！”① 有的深表惋惜：“嗟嗟！以公之才，其卓荦闳伟，无论其他，即太乙、壬奇、勘舆、兵阵诸家书，亦皆综习。居尝议天下事，亹亹若泉注。其论谪赐环后，藉令苟以世俗为心，即隐忍就例，可立取通显。乃身再陷诏狱……将卒，犹赋诗以见志。非夫天植其忠，能然哉？”② 继杨继盛而起弹劾严嵩、严世蕃的林润为杨继盛的文集写的序中更满带感情地说：“读之，辄为掩卷兴悼，不自知涕之沾臆也。诵其言，犹凛凛足以鼓天下之正气，而激天下之士风。”③

清朝顺治皇帝对这位前朝忠臣也非常敬重，专门写文章加以表彰。文中说：“孟轲有言：‘奋乎百世之上，百世之下闻者莫不兴起也。’夫当其矢心靖献，奋不顾躯，岂逆睹后人美叹靡穷哉？独以浩然之气成特立之操，内无惧心，外无惭德而已。……夫尊爵厚禄握权当轴者何可胜道，然当时则荣，没则已焉，甚或遗秽蒙嗤，为世昭鉴，去继盛奚啻天壤哉！”④

后世悼念杨继盛的诗文很多，仅录一首：

浩气充塞，肇此孤忠。
刚叹尼父，乐授重瞳。
羞与奸伍，斥骂劾嵩。
百折不回，上贯长虹。
成仁取义，伯仲干逢。
日星河岳，瞻睇无穷。⑤

近代以来，杨继盛还不断引起人们的注意。前文提到的李大钊撰“铁肩担道义”联，蔡元培题写、毛泽东评说以及薄一波同志论述的杨继盛“遇事虚怀观一是”联，都表明了这一点。杨继盛的临刑诗还曾得到现代哲学家冯友兰的高度评价。冯先生在论及他的

---

① 张凤翔：《杨继盛墓祠碑记》，《杨忠愍集》卷四。

② 汪宗伊：《祠堂记》，《杨忠愍集》卷四。

③ 《杨忠愍公集序》，《容城县志》卷七。

④ 《世祖章皇帝御制表忠录序》，《杨忠愍集》卷一。

⑤ 李知新：《杨忠愍公像赞》，《容城县志》卷七。

“精神境界”说时，拿椒山诗做例子：“明代杨椒山于就义时曾作二诗，其一曰：‘浩气返太虚，丹心照千古。平生未了事，留与后人补。’其二曰：‘天王自圣明，制作高千古。平生未报恩，留作忠魂补。’此二诗，在椒山及一般人心目中，或亦似有同等地位，但二者迥然不同。第一首乃就人与宇宙的关系立言，其所说乃在天地境界中的人的话。第二首乃就君臣的关系立言，其所说乃在道德境界中的人的话。”① 接着又引文天祥的《正气歌》做了阐发。由此可见，冯先生对椒山诗既熟悉又热爱，对椒山的人格既尊崇又敬仰。冯先生的这番话是在晚年说的，属于“晚年定论”之列，尽管不是正面论椒山，但仍然值得重视。还有，近年来纪念或研究杨继盛的文章不断见诸报刊。这一切都表明，杨继盛还活在人们心中。

原文载于《燕赵思想家研究》明清卷，河北人民出版社 2014 年 9 月版。

① 冯友兰：《中国现代哲学史》，广东人民出版社 1999 年版，第 214—215 页。

考证精当，见解新颖

——读张恒寿著《庄子新探》

庄子研究是近年来的热点之一，不但有不少专题论文问世，还先后有几部专著出版。著名学者、河北师范学院历史系教授张恒寿先生的《庄子新探》（河北人民出版社 1983 年版）作为《中国哲学史丛书》之一，出版后受到学术界的普遍重视和高度评价。全书分上下两编。上编主要考论《庄子》各篇的时代真伪，以善于独辟蹊径、开拓视角见长；下编主要分析庄子思想，以见解新颖、说理细密取胜。上下编相对独立，又互相渗透，浑然一体。上编是下编的立论基础，下编是上编的引申发挥，富有逻辑性和论辩力。

一

《新探》上编考论部分，结集了作者从三十年代当研究生至今的研究成果，时间跨度达半个世纪，是倾注作者心力最多的部分。

《庄子》三十三篇传统分内、外、杂三部分，从宋代苏轼以来，对其中的真伪多有怀疑。有的认为大部分篇章都是庄周手笔；有的则认为只有少数篇章可信；有的认为内篇为庄子自著，外杂篇多系伪作；有的则认为内篇绝非庄子思想，倒是外杂篇中某些篇更真实些。众说纷纭，莫衷一是。这种争论一直持续到当今，一些哲学史著作，各依据自己对《庄子》各篇可靠程度的理解立论，因之在取材和评价上有很大差距。不解决这个材料真伪问题，就失去了进行评析的可靠基础。因此，考证是进行学术研究的前提。

如何解决《庄子》各篇真伪这个老大难问题呢?《新探》首先以大量事实推翻了“内篇为庄子手订，外杂篇多伪”的成说，进而做出《庄子》书最先可能是由淮南王刘安的门客加以编纂整理的推断，并认为《庄子·天下》篇较准确地概括了庄子的思想特点和行文风格。在此基础上，《新探》拟立了三个标准，作为考察全书的支点："一考察《淮南子》以前的典籍，有没有明引'庄子曰'云云，而明见于今本《庄子》者。""二考察先秦古书中有没有虽未明引'庄子曰'三字，但察其大意，确实是指庄子学说，而且在今本《庄子》内无可怀疑者。""三依据《天下》篇所述庄周思想、作风，考察它和今本《庄子》各篇有没有显然符合之处。"（《新探》第38页。以下引该书只注页码）根据这三个标准，《新探》确定了"试破内外界限，推寻《庄子》书中较古篇目"的原则，对《庄子》各篇进行了审慎的归类诠订和细密论证。设三章分论内、外、杂篇三部分，将每部分又分若干组，逐一进行考察。

作者认为，内七篇基本上都是《庄子》书早期作品。《逍遥游》《齐物论》和《大宗师》（除羼杂部分）中有出于先秦的确凿证据，当为庄子的典型作品。唯《人间世》前三章和《养生主》《德充符》《应帝王》有个别羼杂章节。

外篇十五篇可分为三组：第一组为《骈拇》《马蹄》《胠箧》三篇和《在宥》篇的第一、二章，为秦统一前夕道家左派之作。第二组《天地》《天道》《天运》《刻意》《缮性》等篇，不论内容和形式都很驳杂，多是秦汉间道法派、黄老派、养生派、神仙派的思想杂烩，可称为道家右派之作。第三组《秋水》以下六篇，为庄子嫡派或庄子后学作品，其中《达生》篇有早出的证据，《秋水》《田子方》《知北游》三篇对庄子哲学思想有新的发展。《知北游》中有羼杂语句，《至乐》篇的第一章系后人妄加。

杂篇十一篇可分为三组：第一组为《庚桑楚》《徐无鬼》《则阳》《外物》《寓言》《列御寇》六篇，基本上均为先秦时作。除《列御寇》近于杂俎，《外物》无甚精义外，其余四篇都是精彩之作，其价值可与内篇中的《逍遥游》《齐物论》相比美。第二组为《让王》《盗跖》《说剑》《渔父》四篇，早在宋代已认为伪作，除《说剑》与庄子无关外，其余三篇和道家思想有些联系。《让王》多抄自《吕览》；《盗跖》只就《肤箧》某些意旨片面加以发挥；《渔父》为隐逸派摹仿的浅陋之作。第三组为《天下》篇独成一类，思想内容辨析精到，但非庄周自著，当是荀子以后，司马谈以前，介于儒道之间的学者所作，可称为中国最早的哲学史著述。（见第315—316页）

上述结论，是作者依据《庄子》书的内容，广泛征引古今论著，加以对照、比较、分析、鉴别而做出的。不仅对作为考证支点的《淮南子》以前的先秦典籍如《荀子》《吕氏春秋》等多有称引，对汉代以下名著如《史记》《汉书》《经典释文》，以及焦竑《庄子翼》、王夫之《庄子解》、姚鼐《庄子章义》，乃至外国学者如日人武内义雄的《老子和庄子》等书亦多有引证和论列；对今人如罗根泽《诸子考索》、郭沫若《十批判书》、任继愈《庄子探源》等书中的观点也做了很多讨论。其容量十分丰富。作者遵循实事求是的原则，或肯定而申其所未尽之意，或否定而取其合理因素，或点出其精确之点，或揭示其抵牾之处，不因袭成说，不盲从苟同。或维护确凿的旧说，不掠他人之美；或大胆提出创见，又不故作惊人之语，力求所作之结论稳妥公允，颠扑不破。

二

《新探》下编主要讨论了庄子的哲学思想和阶级基础等问题，在上编考证的基础上对庄子思想做了纵深开掘。如果说上编以爬梳抉剔见功力，那么，下编则以显微阐幽为特色。

关于庄子的天道观，《新探》指出，以前学术界主要有客观唯心论、主观唯心论和唯物论三说，无论哪一说都认为“道”是庄子哲学中代表宇宙本体的最高观念。但是，实际上，“道”在《庄子》书各篇中所含的意义和所占的位置不尽相同，这一点应先有所注意。(第 320 页)

《新探》认为，《庄子》书中有关本体的论述有三种形态：一种是确认贯通于阴阳万物中有一个根本的东西或总的历程，称之为“天”“真宰”“造物主”等，还没有“道”这一名称。(如《逍遥游》《养生主》《德充符》《田子方》等篇都是如此）第二种是以“道”为生天生地、神鬼神帝的最高实体，以《大宗师》中“夫道有情有信”一段最典型，但这一意义的“道”字，并不遍见于全书各篇。第三种和第一种的认识一样，但用了“道”这一名称，实指其不得不然的道理（如《知北游》篇“道无所不在”“天不得不高”等章)。

在辨析的基础上，作者认为，“第一、第三两种是庄子派哲学的本色，第二种是属于老子派哲学的特点”。这两者的区分，“不在于用不用这一‘道’字，而在于这个根本的东西是在万物之中，还是在万物之外、之上。”(第 329 页）据此，《新探》认为：“这种带有泛神论形式的自然主义天道论，是庄之所以为庄的主导思想。”(第 330 页)

《新探》进而对学术界常用来作为庄子是唯心论的论据进行了分析。如《知北游》“有先天地生者物耶”一段，作者认为：“‘物物者非物’一语，不是说生物者非物，而是说物之所以成为物，即物所形成的依据、原因，不是另外一物，而是构成物的‘所以’，即其内在的原理或规律。这个‘物物者’不是物质性实体，也非精神性实体，而是体现于物中而使物成为物的根据和作用。……属于自然主义范畴。”(第 333 页）对《知北游》

“物物者与物无际”一段，《新探》认为，这是说“使物成为物的究竟所以，不在物之外，所以它和物没有限际。原理规律本来存于物中，所以说与物无际。如果是在物以外的‘道’或精神，那就与物有际了。但原则虽在实体的物中，却和实体究有分别，所以说‘不际之际，际之不际者也’，这种‘不际之际’，即是没有实际界限的抽象界限”（同上）。可见，庄子思想，既不能说成是客观唯心主义，也不能看作是主观唯心主义。

《新探》也不同意庄子是虚无主义的说法，作者对于持此说者常用的论据（《齐物论》“有始也者，有未始有始也者”一段）做了分析。认为，这里意思是说，“如果认为‘有始’，就当有‘未始有始’之时，更要有还没有‘未始有始’之时，这样推论下去，永无止境。”庄子的目的在于反对“有始论”的辩解。“这里的‘未始’一词，是‘未曾有’的意思，和‘无’字的意思不同。如果认为未始有物即是根本无物，似不确当”（第 337 页）。

关于庄子的认识论，学术界大体认为，相对主义、不可知论是庄子哲学的最突出的特点。对此，《新探》也基本同意。但认为，“在应用列宁理论批评庄子的过程中，对于庄子书本身的理解，还有许多需要分疏之处”（第 341 页）。作者分别谈了六个问题，讲得颇为精彩。

第一，《新探》对长期以来“用《齐物论》的相对主义对《逍遥游》曲解”的做法做了分析，指出，“《齐物论》对是非、生死、大小、寿夭的相对看法，是庄子哲学中比较高的原则，但他并非认为在一定范围内一切大小长短的区别都不存在。……他的特识在于认为，这种寻常范围中的大小比较，不能离开所比较的相关东西而独立存在，不能作为衡量全宇宙的绝对标准”。进而认为，“在认识的总历程上，相对主义的提出，是发现辩证法的一个关键，是一大进步。也即是说，相对主义本身就是辩证法的一个环节。……庄子的相对主义，它的失误，并不如一般论者所说的那么严重。他的错误，在于没有发展观点。”（第 342—343 页）这一见解，坚持了彻底的辩证法，不仅对研究庄子思想具有指导意义，对整个哲学界也有一定理论意义。

第二，《新探》引《齐物论》“随其成心而师之”一段为例，指出，“成心”不能如郭象那样解为“成见”，而是指人本有的知觉（直觉）。庄子认为，每个人都有自己的是非直觉。“这种直觉论是他相对主义认识论中不可忽视的一部分。有了这一补充或配合，它的相对主义就和绝对不可知论有一定的区别。这一点似乎一般批评庄子相对主义者所未注意，因此有许多对原文的曲解。”（第 345 页）《新探》举大家熟悉的《秋水》篇庄子与惠施濠梁观鱼一段故事为例做了细致分析，指出，“《秋水》篇原文的意思本来是说庄子是主张人能够知道鱼之乐的，持反诘意见者是惠施而不是庄子。研究者却把他们的位置互相调换，显然是对原文的曲解。……如果同意庄子的认识论中还有直觉主义的一面，则对于这段故事的理解，就不必做有意地回避和歪曲了。庄子一方面否认人有知道事物的绝对知识，一方面承认人有当下直觉的相对知识。……在一定范围内承认人有相对知识；而在绝对意义上，在整个宇宙的情况下，否认人有绝对的知识。这二者，在他的体系中是不矛盾的”（第 347 页）。这里，要言不烦地澄清了哲学史界对庄子思想评价中的一个不大不小的混乱，对庄子的直觉主义的特点作了较准确的阐述。

第三，《新探》认为，庄子的神秘主义和主观唯心主义是有一定区别的。“庄子似乎没有否定外物的存在，甚至没有否认外物本身彼此间有区别。……即在庄周梦为蝴蝶这一公认为怀疑论、唯心论的有趣故事中，也还说‘周与蝴蝶则必有分矣’，可见，他所否认的是人能对宇宙全体有全面的知识，所怀疑的是人所作的一切区别未必即外物本来的区别。……这种怀疑，仍在认识论的范围内，而不在本体论的范围内。因此，它的神秘主义，只是达到主观与宇宙合一的幻想，而不是认为宇宙为精神所创造，更不是什么‘主观把客观吞食了’。”（第 348—349 页）这里，《新探》对学术界一度存在的贴理论标签的做法和简单化倾向的批评是中肯的，其内容是对于天道观方面分析的补充。

第四，《新探》分析了庄子的不可知论的几种倾向，如：让各种是非同时并存，而放弃寻求最后真理；人生有限而知识无穷；在可以言说可以意味之外，还有一部分不能想象、无法知道的东西。作者指出，“庄子的错误，并没有一般所想象的严重。从某种意义上看，可以说它比一般独断论者同现代科学理论，还有不少接近之处”（第 351 页）。对于这个观点，《新探》以《养生主》“吾生也有涯，而知也无涯。以有涯随无涯，殆矣。已而为知者，殆而已矣”一段为例，做了细致剖析，指出：“这三句名言，第一句话，指出了宇宙之无限，人类之渺小，绝对真理之不易获得，更无法穷尽。第三句话，警告人们永远不能对自己的知识有丝毫的满足。这些认识，对人都非常有益。但是他的第二句话……‘殆矣’二字却非常错误。……个人的生命是短促的，而人类文化是长久的。经过人类的不断努力，可以积累无数的相对真理，而日益与绝对真理相接近。不应为了最后真理的难于达到而放弃了努力。所以庄子知识论的最大缺点在于没有发展观点，而不在于相对主义。”（第 352 页）善于从人们习见的结论中发现问题，善于从人们熟知的“谬误”中发现真理的颗粒，这是《新探》的可贵之处。

第五，《新探》对庄子的怀疑论也进行了某些分疏。作者列举了《齐物论》《大宗师》等篇中若干怀疑论观点，指出，庄子“既然主张怀疑，必须对自己的怀疑论不加怀疑，才能理直气壮地提出主张。他曾说：'万世之后而一遇大圣，知其解者，是旦暮遇之也。'（《齐物论》）这正是他怀疑主义背后的自信心表现"（第 354 页）。怀疑论者也有不怀疑的东西，有其理论自信心。这一看法是很深刻的。

第六，《新探》还对庄子观察问题的方法做了独到的揭示。指出："庄子和普通人不同的最大特点，是观察问题总是从天（指宇宙自然）的立场出发，而不是从人类的立场或小己的立场出发。因此，有许多论点，从常识或以常识为基础的哲学家看来，认为属于谬论。"作者以人们熟知的《齐物论》中"三者孰知正处""四者孰知正色"一节为例剖析说：庄子"不是说对于同一对象，人和动物有不同的认识，而是说对于同一对象，人和动物有不同的好恶。这属于价值判断，而不属于事实判断。……从天的立场看，各种物的生存价值，都应该是平等的。庄子正是从天的立场来建立了齐物的观点。……庄子的幻想，是他的伟大，也是他的悲剧。……'蔽于天而不知人'，的确是他的定评。但有些论者，不着重看他对于哲学问题的敏感深刻，而只是从一般常识的观点、世俗的观点，予以反驳和责难……这是不恰当的"（第 354—356 页）。哲学应该看到常识背后的东西。这一见解是深邃而明睿的。

上述列举的《新探》关于庄子认识论的主要观点，可说处处闪耀着智慧的光芒，其鞭辟入里的分析，常使人顿开茅塞。当然，这些具体结论是否都无懈可击，是否都能经受得住时间的考验而被学术界普遍接受，是另一个问题，但至少说，它们在如何具体分析问题上，能给予读者多方面的启迪。

关于庄子的人生论，《新探》坚持了唯物辩证法的两点论的分析方法。指出，庄子"有消极悲观的浓厚的色彩，也有积极乐观的一面，内在关系是相当复杂的"（第 356 页）。庄子讲命定，又追求精神自由。就是"命"，也既有陈义俗浅的前定命运观念，又有从全宇宙必然关系着眼的必然观念。而作为庄子人生理想的核心，则是"心不死"问题。所谓"心不死"，就是摆脱了"名利束缚，而具有更超越、更有意义的心理、生活"。它与那种沉溺于勾心斗角、追逐名利的"近死之心"是正相对立的。庄子书中屡次讲到的"形如槁木，心如死灰"，只是表示杂念扫净。它表达的"正是要消除近死之心而达到不死之心的过程"（第 361 页）。《新探》认为。庄子的生死观很复杂，既有对生死持超然态度的自然主义，又有灵魂不死的游仙思想。比较起来，自然主义是庄子的主导思想，"是庄子哲学成熟时的看法"（第 371 页）。

关于庄子哲学的阶级属性，《新探》不同意比较流行的"没落奴隶主阶级"说。作者从分析庄子生活的战国中期的社会实际出发，对当时的阶级分化尤其是"士阶层的复杂状况做了解剖，指出，士阶层中，有积极为统治者出谋划策的法术之士，有纵横捭阖的游说之士，有聚徒讲学的儒墨之士，有“不治而议论”的游士，有不与统治者合作的避世之士等。联系庄子靠打草鞋、钓鱼、借米过日子的贫困生活状况和蔑视权贵的思想特点，《新探》认为，庄子绝不是没落奴隶主阶级的代表，而是属于“坚持隐士立场”“比较接近下层民众的知识分子”（第 381 页）。《新探》的这一论断，当然还仅是一家之言，其正确性有待学术界进一步论定，但它对古人不单凭出身定阶级，也不满足于对经典作家言论的表面化的引证，而是从对社会和古人思想实际的具体分析中引出结论，这种做法也是有启发意义的。

总之，《新探》是一部见解新颖、不落俗套、开掘深广、分析精到的好书，是老一辈学者为哲坛做出的新贡献。它做出的一个个结论有根有据、坚实稳妥；而更有意义的，也许还不只在于这些具体结论，而在于贯彻全书的那种治学态度和探索精神。我们相信，随着时间的推移，人们定会越来越清楚地认识到它的学术价值。

原文载于《河北学刊》1988 年第 5 期。

张恒寿先生的宋明理学研究

张先生逝世快一周年了。每当翻开他的著作，都勾起深深的思念。

张先生留给我们的最后一部著作是《中国社会与思想文化》（人民出版社 1989 年 8 月版），其中关于宋明理学的研究占了约一半的篇目。这表明，宋明理学问题是先生着力研究的重点之一。这些论文，绝大部分是先生在最后十年完成的，可以说是“晚年定论”，因而在他的著作中很具有代表性。早在 20 世纪 50 年代，张先生对于理学的看法，就已具备雏形，并在《评胡适“反理学”的历史渊源和思想实质》一文中有所论述。其后，由于长时期的“一连串的政治运动”，研究中断了许多年。粉碎“四人帮”、拨乱反正以后，“久被定为最反动的理学禁区也开放了”，先生精神振奋，在出席全国宋明理学讨论会（1981 年杭州）前夕，写成了《略论理学的要旨和王夫之对理学的态度》一文，并以此作了大会发言。从此，便一发而不可收，在教学之余，陆续写成其他六篇论文。这些论著涉及到关于理学的许多重要问题，有的还是当时十分敏感的问题。先生抱定实事求是和繁荣社会主义学术的目的，畅所欲言，许多见解都起了开风气之先的作用，获得了学术界的热烈反响。先生曾有写一部系统的宋明理学史的打算，惜未完成。但这些论文亦能大体传达出先生的主要见解。下面，仅就张先生在宋明理学研究中着重讨论的几个问题略做评介。

一、正确评价理学的历史地位

理学（这里指广义的理学，或称道学、新儒学）是中国封建社会后期的统治思想，盛行于宋元明清四代，影响思想界达六七百年之久。由于它曾是封建社会的官方意识形态，“五四”以来受到猛烈抨击，长期被看作是反动的思想，是思想史上的浊流、逆流，是造成中国近代落后的思想根源，只应受到批判和谴责。

但是，这里有一个明显的问题：理学是中国传统哲学的重要组成部分，传统哲学是传统文化的核心和理论根据。提起中国传统文化，每个炎黄子孙无不为它的光辉灿烂而自豪；但是，说到它的一部分（而且是重要的部分，是属于核心和理论根据的部分）的宋明理学，却竟然是反动的，这是难以理解的。可见，对理学全盘（或基本上）否定的观点和做法，是值得怀疑的。

张先生不同意上述那种全盘否定理学的看法，他对理学做出了基本肯定的评价。认为："在中国传统文化的各种思想中，最有影响最有生命力的是儒家思想。儒家的传统中，能继承孔孟的主要精神，有所发挥的，是宋明时期的新儒家哲学。"（《中国社会与思想文化》第272页，以下引该书只注页码）

张先生对于理学之所以做出如此高的评价，是与他对理学特点的认识分不开的。他从引述和分析前代学者特别是著名理学家（如张载、朱熹等）对理学本身的论述入手，概括出理学的特点，就是："一方面反对不从学术、道德出发的功利政治，没有道德修养的世俗之学和章句之士；一方面反对迷信来世、虚妄空幻的佛老异端之学。"并认为，理学"所反对的前一种趋势是秦汉以来早已存在的普遍现象；所反对的后一种趋向正是魏晋到隋唐时期盛行的腐恶势力。"（293页）这一概括，一方面指出了理学的特点，一方面指明了理学出现的历史进步性，突出了理学在中国思想史上的重要地位。

进而，张先生又引申出理学的"共同精神"，这就是：

> （1）世界是真实的而不是虚幻的，人的道德在宇宙中有其根源，应以身心性命的修养践履为本，达到优入圣域的境界。
>
> （2）道德修养不局限于内省修身范围，必须和人伦日用、治国淑世的事业结合起来，完成有体有用之学。（295页）

这种共同精神，实际上也就是所谓内圣外王之道。这正是自孔孟以来儒家的共同精神，而为宋明理学家发扬光大，有了更完整的理论体系和更高层的思辨性形式。因此，说这是理学家的共同精神，并以之作为衡量某一个学者或思想体系是否属于理学的标准，是能够说得通的。

今人讨论理学，一度比较注重理气观（自然观）、知行观、辩证观等方面，着眼于唯心主义与唯物主义、主观唯心主义与客观唯心主义等等的划分，而对于理学的"共同精神”注意不够。如有的认为，理学就是唯心主义，而把具有唯物主义自然观的张载、王夫之排除在理学之外；有的以理学和反理学的斗争概括宋明时期的思想特点，因此把张载、王夫之等都归入“反理学”的阵营。张先生认为，这种划分方法与史实不合。他说：“有的同志认为，应将张载从理学家中单提出来，和王充、范缜等排成一个系统，这是和张载学术的总体精神不相符合的。天道观中的唯物论思想，固然是张载思想体系中的一个重要方面，但从整体看，从学术的主要精神看，张载和程、朱相同的部分还是主要的。”（295 页）张先生的这一辨析是有说服力的。况且，张载的关学历来被看作是理学的重要流派之一，理学中的许多重要概念（如天地之性、气质之性，闻知之知、德性之知等）是他首先提出来的，把张载排除在理学家之外，实难成立。近年来，坚持这一说法的人已经不多了。张先生对此也没多费笔墨。王夫之则不同，一向被看成是中国古代哲学的终结人物。王夫之是不是属于理学家呢？张先生对此做了更多的讨论。他列举了王夫之的大量言论，揭示了王夫之在总体精神上与理学大师们的一致性。指出：

> 把道德修养放在宇宙本体的基础上，把天人关系紧密结合起来，在这一点上，王夫之自己的主张，同他对理学家的评价是完全一致的。
>
> 他（王夫之）强调要以正心诚意之学为本……把正心诚意和治国平天下的内在联系讲得相当透辟。这是儒家立场，也即理学家立场。（299 页）

张先生还以王夫之对理学家的褒贬评价为据，进一步指出，所谓王夫之是“反理学”的提法，也是不符合事实的。他说：

> 在理学各派中，王夫之最推崇张载，以继承张载学术自任，这是人所共知的事实。但他推尊张载，却并不排斥程朱，在某些问题上，和程朱的主张不同，而对程朱的尊重，仅次于对张载的尊重。（300 页）

又指出：王夫之对程、朱的某些遗说，常有不同看法（最重要的是反对理先气后说、先知后行说，其他不同观点也不少），有时提得相当尖锐，但总的精神是景仰推崇。正如他对张载的个别论说也不完全同意（张先生的举例本文从略）。可见，王夫之是真正坚持真理的学者，和一些党同伐异的俗学不同。所以我们不能根据王夫之有某些和程朱不同意见，便认为他是反程朱的。（301 页）张先生讲的这层道理，也是令人信服的。

讨论张载、王夫之算不算理学家，绝不是为理学扩大阵容的枝节之论，而是关系到正确阐述理学这一断代思想史的线索和揭示思想发展规律的大问题，也是准确评价张载、王夫之等大思想家的思想性质的重要问题，因此是很有意义的。可喜的是，张先生的这些在前些年尚属一家之言的观点，近年来赞同或相近的人逐渐多起来。（侯外庐等主编的《宋明理学史》亦把张载、王夫之归入理学范围。当然，具体评价还有所不同。）

二、区分真道学和假道学及其他

张先生高度评价理学的地位，但并不否定近代以来对理学批判的必要性，只是认为，这种批判有某些混淆和偏颇之处，影响所及，致使有人把鲁迅笔下的鲁四老爷、《儒林外史》中的八股先生等，看成就是理学的代表；甚至把封建社会一切腐朽的东西，如拜神迷信、婚丧陋俗等，都以为是理学使然。张先生认为，这种混乱应予以澄清。他遵循马克思主义具体问题具体分析的原则，对于一些容易造成混淆的问题进行了仔细的分析。

（一）区分真道学和假道学

张先生认为，理学继承了儒家孔孟的传统，提倡“从正心诚意做起，以天下为己任的救世精神”，并且身体力行，“把关心社会政治、世道人心放在第一位”。凡具有这种思想和行动的，是名符其实的理学家；而空说道德性命，沉溺于科举功名，忘记社会，无救世之心的人，则属于假道学。

张先生借严复的言论阐明了这个问题。严复曾写过一篇《道学外传》，以讽刺的笔调，描绘了当时称作八股先生的丑态。但严复是清醒的，他并没有把愚蠢的村夫子等同于理学家，更没有把中国近代的落后完全归罪于宋儒，而是“颇能运用其经验论、进化论的唯实思想，衡量包括理学在内的中国旧学”，做出比较客观冷静的评价。严复曾联系当时的形势，这样论评宋明儒的人格和品德：

> 试思周、程、张、朱、阳明、蕺山之流，生于今日之天下，有益乎，无益乎？吾知其必有益也。其为国也忠，其爱人也厚，其执节也刚，其嗜好也淡。此数者，并当世之所短，而宏济艰难时所必不可少之美德也。使士大夫而能若此，则支那之兴，殆不须臾，方且尸祝之，呼吁之，恨其太少，岂恨其多哉？（见张著第 329 页）

对于假道学，严复则极为鄙视，说：

> 此辈所行，在在与宋儒相反。当他们为人所诘，不能自救时，乃大言称宋儒以自脱，而一快其偷鸡摸狗之本怀也。此辈败露之后，则好高之士，过激之人，必嫉之已甚，而遂迁怒于宋儒。……故恶道学先生者，非恶宋儒也，正所以明此辈之与宋儒绝异，而毋以此累宋儒也。（见张著第 329—330 页）

张先生认为，严复的这些见解，“在当时是最公正而深刻的”（329 页），对于澄清人们的混淆有巨大意义。

（二）区分理学大家与理学末流

理学统治思想界前后达六七百年，人物众多，单是列入正史之道学传、儒林传的，亦不下数百人。他们中间，思想纯杂不一，境界高下不等。能够代表理学的，只能是那些大家，至于其末流，则不能代表理学。张先生指出，历史上，黄震曾慨叹过程门弟子杨时、谢良佐等陷溺于禅学。（《黄氏日钞》：“二程甫没，门人弟子多陷溺焉。”）王夫之也曾慨叹过：“朱子没而嗣其传者无一人也。”（《宋论》）这都表明，他们是将理学创始人与其后学明确区分开来的。

对于王学与王学末流，张先生在文章中讲得更多些。张先生讨论理学，当然没有什么门户之见，但是非功过分明，绝不含糊。他认为，理学当中，张载、朱熹、王夫之的思想包含了更多的真理性，而对陆、王心学，尤其是王学末流、则常给予严厉的批评。张先生曾这样讲到理学的发展：

> 理学的兴起，本来是一方面反对虚玄的佛老之学，一方面反对世俗的功利之学。可是到了南宋陆学兴起以后，又走到虚玄的路上；永康学派（陈亮）兴起以后，又和世俗的功利之学有一定联系。……到了明末的王学末流，从王畿开始到李贽、周海门等人，就把这种相反的倾向集于一身。他们一方面以成佛成圣标榜，似乎极其高尚，而实际上，又积极邀名邀利，自欺欺人。这是促成明末社会腐烂的重要原因之一。（285 页）

又说：

> 明朝后期，王学末流变为狂禅，对社会的危害极大。……王学末流所孕育出来

的官僚士人，却是助长腐恶势力蔓延的支柱。（279 页）

这里，张先生对于由宋至明理学发展线索的叙述是清晰的，对王学末流的危害性的见解也是深刻的。只是，把李贽也归入王学末流，似有可商量处。李贽是被反动的封建统治者迫害致死的，与“邀名邀利，自欺欺人”之徒似非一类。

张先生虽然在总体上对心学评价不高，但对于心学大师并不全盘否定，而是将他们与其后学区别开来，并对他们的品格或功业加以称赞。他常借引用前代学者的话表达自己的见解。如在文中曾引顾宪成论王阳明的一段话，说：

《大学》言致知，文成恐人认识为知，更走入支离去，故就点出一良字。孟子言良知，文成恐人将这知作光景玩弄，便走入虚玄去，故就上面点出一致字，其意最为精密。至于如鬼如蜮，正良知之贼也，奈何归罪文成？（280 页）

张先生显然赞成顾宪成的这个看法，对王守仁的“致良知”学说的用意给予一定的好评。至于社会上一般谈论良知的，搞得非常玄虚神秘（如鬼如蜮），这是其后学的错误，这种错误是不能算到学说创始人的账上的。

王夫之对心学取严厉批判态度，但对陆、王二位大师还是有肯定，如说：“子静律己之严，伯安匡济之猷，使不浸淫于浮屠，自是泰山乔岳。”（302 页）张先生引此表明，他对于陆王的道德和功业也是钦敬的。

严复对王阳明的心学理论错误多有批评，但对于王阳明“悲天悯人”“视天下犹一家”的人格则极为赞许。张先生在文中亦特为揭出，并认为，这种品格正是应付世变之亟新时期所特别需要的品格。（334 页）

张先生对于理学后学也做了具体分析。并不认为只有周、张、程、朱、陆、玉、王夫之等大师才值得称道，其他理学人物一概是末流。对于能够从思想到行动持守儒家精神的学者，他都是加以表彰的。他特别写了《顾宪成简论》一文，对这位明末东林学派领袖做了高度肯定的评价。他认为，东林学派是清初顾（炎武）、黄（宗羲）、王（夫之）进步学术思潮的先驱（276 页）。虽然在纯思辨的哲学理论上顾宪成不一定是最杰出的，但其“思想气度迥出时流之上”（277 页）。因为他“重视社会政治，关心世道人心，充满了以天下为己任的救世精神”（277 页）。但是，可叹息的是，从明清之际开始，却形成了一种错误的社会舆论：把明朝亡国的责任推到东林学者身上。张先生对这种“苛责君子”的舆论倾向极为痛惜，指出：顾宪成等东林学者固然有缺点，比如常被指责的“绳人太刻，持论太深”等，“但这些都是属于斗争方法的偏差，而在大是大非根本立场上，则完全出于爱国仁民的动机，绝不能让他们和所谓浙党、楚党、阉党分担亡国的责任”（289 页）。而清朝以来的官方旨意和臣僚（指四库馆臣纪昀等）议论，对东林学者有意污蔑歪曲，致使“苛责君子”的舆论到近现代还有余响，东林的正义精神得不到发扬。（289 页）

张先生对于东林学者的这些论述，不但在于澄清历史上的是非，而且显然有现实意义（文中论述到东林精神对于改变世风、制裁贪污、崇尚节俭等方面的影响，今从略），对此，是应该高度重视的。

（三）区分思想家的思想和统治者的思想

宋明理学固然是官方哲学，但是，思想家思想和统治者利用来实行统治的思想既有联系，又有区别，不能混为一谈。对于这个问题，张先生也多次加以阐述，如指出：

> 理学初兴起时，本是和统治者相对独立的，当其体系中所含的反暴君、权臣、宦戚、小人等因素发展到一定程度时，便与统治者相矛盾，以致发生庆元党禁等政治性斗争。但是，自从南宋宁宗时史弥远当国，用“阳崇之而阴摧之”的手段，一面把道学奉为官方哲学，利用其中有利于统治者的规条，作为钳制臣民的武器，一面对一些真要将理学思想在政治上实行的臣僚（如真德秀、魏了翁）却予以打击罢黜，这样就使人们对于统治者的忌想和思想家的思想混而为一。（270 页）

统治者为了维护自己的统治，总要利用思想家的思想。封建时代思想家的思想，总体上当然是维护地主阶级的根本利益的，因此总有可利用的方面。但思想家的思想是丰富的，其中往往包含具有一定人民性的方面，对于这些，短视的统治者往往是不感兴趣的。如果封建统治者觉得思想家对自己的权威有所触犯，那就会大为恼火，对之加以打击、罢黜，甚至残酷迫害。但是，当思想家死后，又往往将他们偶像化，给他们戴上一顶又一顶的桂冠，直至“捧到吓人的高度”。而对于他们的思想，御用文人便会秉承主子的旨意上下其手，加以“改造”，突出、夸大某些方面，贬低、消泯某些方面，思想家的思想和统治者的思想，便难以区别了。这样的例子在中国思想史上真是屡见不鲜，从孔子、孟子到程颐、朱熹等，无不如此。对于这种现象，大思想家王夫之早就注意到了，他曾指出：南宋史弥远当国，解道学之禁，褒崇儒先，开始了儒学依附朝廷的时代，理学成了作官食禄的工具，种种腐败可耻的现象随即发生，以致造成“朱子没而嗣其传者无一人”的局面。（《宋论》，张著301页引）张先生对王夫之的见解很赞赏，认为，“这一段议论，不但说明了朱熹个人的遭遇，也说明了以后几百年朝廷对朱学的利用，这对我们分析、区别理学本身和统治者的利用……有很大的启发意义”（301页）。

张先生进而指出，清朝的情况也是如此。清初，康熙帝升朱熹为“十哲”之一，又编《朱子全书》，亲自为之作序，可谓尊崇有加。但是实际上则是“阳崇之而阴抑之”。因为“清朝统治者最反对知识分子以天下为己任，最怕臣僚有结党的倾向”（290页）。到乾隆帝，尤其“不满于宋儒强调华夷之辨所发生的影响”（327页）。某些文人（如四库馆臣纪昀）窥测了乾隆的“圣意”，便在著作（如《四库全书提要》）中“极为排斥、痛骂含有华夷思想的书籍和作者”，并且“随时对道学家加以讽刺诋毁，打击道学家在社会上的权威”（340页）。这样，便煽起了“反宋尊汉”的学风。而《四库提要》又是一部影响颇大的书，“现代学者多数是由《四库提要》入门，引入学术研究的”（326页），它的倾向性，不能不在社会上（尤其是读书人中）造成相当大的影响，延至“五四”时期，理学成了封建的同义语，反对封建主义就必然是批判理学了。张先生认为，既然历史上存在如此复杂的情况，我们今天从事历史研究，当然应该注意分析鉴别，避免笼统性。

从上面的介绍可知，辨析精微是张先生文章的一大特点。一些容易忽略或造成混淆的问题，经张先生指明，常使读者茅塞顿开，使人不能不佩服张先生见解的独到和治学的谨严。

三、探讨理学的核心问题

理学涉及的理论问题很多，其中的一个大问题是“理欲之辨”，即“存天理，灭人欲”（又作“存天理，去人欲”）问题。张先生称之为“理学的核心问题”（8页）。这又是一个争论颇多的问题。早在明朝中后期，理欲之辨就遭到一些学者的反对，“五四”以来，更受到猛烈抨击，其在社会上的弊害，已是尽人皆知的事实了。但是，张先生认为，其中有些问题，人们似乎并没有弄得很清楚，如“存天理，去人欲”说的原始意义是什么？以后的演变如何？哲学家们对此说的解释和社会上通行的了解有什么差别？这些差别在社会上和学术思想上产生了什么影响？因此，尚须仔细加以研究。

张先生着重探讨了三个问题：

（一）“存理去欲”不是禁欲主义，而是节欲主义

张先生是历史学家，善于从丰富的史料入手，从事物的发展演变中揭示其真相，论述其真谛。为了弄清理欲之辨的实质，他列举了从先秦的孔、孟、荀，汉代的《乐记》，到宋代理学诸大家对于理欲的有代表性的观点，得出了如下论断：“‘存天理去人欲’说，不是禁欲主义，而是节欲主义。”（263 页）并以雄辩的材料证明，那种把“存理去欲”说成是“灭绝人民的欲望”，“让老百姓束紧腰带过吃不饱的生活”的观点，是有意曲解。（258 页）他指出：“二程和张载都认为，饮食男女的基本欲求，是性之自然，而不是人欲。他们正是在这个立场上坚决反对佛教的禁欲主义的。”（259 页）朱熹进而提出的“天理为主，人心听命”的观点，“在理论上有很大贡献。因为‘人心’和宇宙中其他现象一样，本身也是一个‘系统’，‘人心’中的各种欲望冲动、情绪觉知等，彼此的要求不同，有时互相冲突，必须有一个主导的因素支配一切，才能起平衡调节的作用，对内完成人格的统一，对外有助于社会的和谐，……使道德理性成为支配一切行为的统率，这是和近代心理学有相通之处的”（262—263 页）。

张先生还从理欲说的针对性问题进行了阐述，指出：“存天理去人欲说，从普通意义上讲，是修身立德之通则，可以适用于任何人。但从施行程序及社会效果方面讲，则是专对于政治上的统治者而指出的。”（263 页）就是说，它首先是对统治者尤其是最高统治者的要求。由此可见，理欲之辨绝不是敌视人民的。恰恰相反，它既然首先要求统治者（尤其是最高统治者）节欲，从中似不难看出，它在一定意义上倒是替人民说了话的。

（二）“存天理去人欲”是理学各派一致的观点

张先生指出，北宋时期，理学的奠基者张载、二程在理欲观上就是一致的。到南宋，朱熹是存理去欲理论的完成者，“自此以后，在哲学的根本问题上，如理气关系、心性关系等问题，学者们有明显的对立，而在“存天理去人欲”这一问题上，则没有大的分歧”（265 页）。

他列举了心本论的陆九渊、王守仁，气本论的罗钦顺、王廷相，明清之际的陈确、刘宗周、黄宗羲，尤其是王夫之的有代性的观点，做了细密的论证和评说，最后得出如下结论：“从张、程开端的存理去欲说，到朱熹时做了系统的说明，经过罗钦顺、王夫之的补充发挥，达到了相当圆满的程度。这种学说，是继承儒家积极入世的乐观主义精神，在现实中实现理想，既不是要求出世的禁欲主义，也不是单纯的节欲主义，而是主张以理御欲，以公统私，以道心（仁）支配人心，以仁为最高价值的伦理本体学说。”（268 页）因此，这种学说“不是反动的学说，而是中国文化中的优良传统”（269 页）。

他还对戴震的理欲观附带做了评价，认为："戴震学说虽公认为重欲说，但也属于节欲主义范围。只是其立说根据不是道德理性而是知识，这一点虽有特色，而有很大漏洞，远不如王夫之学说圆满。"（269 页）

（三）"存理去欲"说被看成禁欲主义的原因

理学家既然不主张禁欲主义，为什么长期以来被看成是禁欲主义呢？张先生在文章中设专章回答了这个问题。他列举出四条缘由，大意是：

（1）从理论渊源方面说，作为理学开山祖的周敦颐有"无欲故静"的说法，容易导致做出禁欲主义的理解。

（2）程、朱言论常有互不一致之处，也有提得过高的地方，容易引起误解。理学家多疏于名学，用语常不够严密。门徒们的言谈，就更多失误。

（3）理欲之辨比较复杂、高深，一般人没有过细分辨的兴趣，多从与常识相近的地方加以理解，这就容易把理学理解为禁欲主义。

（4）理学被奉为官学后，统治者利用其中有利于统治的规条，作为钳制臣民的工具。（269—270 页）

张先生在文中还对理学家的"禁欲主义名言"附带有所涉及。如程颐说的"饿死事小，失节事大"，一向是被作为批判的靶子的，张先生引章太炎的话对程氏此语做了分析。章氏一方面认为这话诚然过当；但又指出，这是"因缘旧传礼俗而言"；而且，程氏还说过男子不当再娶的话。结合起来考虑，"其意盖谓夫妇皆当坚守契约，未尝偏抑妇人也"。张先生认为，这样看来，程颐此语就和孤立看原话的意义有所不同，不是单方面压迫妇女的说教了。

张先生上述关于理欲之辨的见解，与当今理论界流行的观点颇多不同。张先生以大无畏的理论勇气，正面探讨这一理学的核心问题，这种勇于追求真理的精神是十分可贵的；写作态度也是十分严肃认真的（用张先生自己的话说就是"根据自己的良心"来写的）。至于所提出的这些观点是否完全正确，张先生自己也说希望进一步讨论，"其中涉及的问题颇多，尚须深入研究，方可逐步解决"（7 页）。但无论如何，它们给予人们的启发将是巨大而深远的。

四、阐明理学的现实意义

张先生研究理学，绝不是为历史而历史，而是着眼于古为今用，因此十分注意揭示理学的当今意义。文中讨论的虽然是古代问题，但读来却充满着现实感，字里行间都洋溢着饱满的政治热情，跳动着时代的脉搏。

张先生之所以对理学从总体上做出肯定评价，首先就是着眼于社会主义精神文明建设的。他认为，“继承孔孟精神的新儒家思想，是中国文化价值系统的要点之一，我们应该批评其陈旧部分，而阐明其精华部分，在有中国特色的社会主义建设中发扬光大”（9页）。

在理学各派中，张先生对于程朱一系肯定较多，也有从中国文化的发展前景加以考虑的因素。他认为，“从中国学术的大方向说，儒家是主流，而宋明哲学又是儒家的主流，其中能综合各方面，把成德之学和社会、自然科学较接近的，是程朱一系的格物穷理说，而不是陆王一系的致良知本心说”。“从遥远的前途来看，即从后工业社会来看，应该重视儒家整个哲学（包括程朱在内）的研究，尤其是从建设社会主义初级阶段的文化看，似乎可以说，对伊川、朱子的思想体系加以研究发展，以便与近代文化接轨，是有意义的”（274 页）。

对于这一认识，张先生一再重申，如说：“中国前进的方向，必然要以民主与科学为两大支柱，而传统思想中最适宜于和西方接轨融洽的，是继承儒家孔孟传统的张载、朱熹、王夫之的哲学，加上黄宗羲的政治思想，而不是陆、王系的心外无物说。”（335 页）

在一些具体问题的评价上，张先生也常从它们的当今意义立论。如关于理欲之辨，他认为，“如果把‘存理灭欲’说中所夹带的时代、阶级限制和统治者的利用歪曲清除之后，这种以公胜私、以理节情的原则，不仅有历史价值，而且对现实社会，也不是全无意义的”（271 页）。

对于王夫之的评价也是如此。张先生在高度评价王夫之天人学说的基础上，满带感情地指出：“希望关心民族盛衰的中青年同志，对王夫之的哲学多加钻研，对马斯洛的人本心理学深入研究，以期能从时下流行的弗洛伊德心理学和尼采哲学的诱引与束缚中摆脱出来，这对于寻求人生正路，发扬祖国文化的精华，是会有益的。”（312 页）

张先生在著作中多次高扬以天下为己任的爱国主义精神，实际上，他自己正是以这种精神从事研究和写作的。我们读他的著作，不仅为他那深邃的思想、精辟的论证所折服，尤其为他的崇高的道德和人格所感染。他的研究成果（包括宋明理学研究）丰富了社会主义的文化宝库，是永远值得珍视的。他的治学精神必将为更多的后来者所继承和发扬。

原文载于《张恒寿先生纪念文集》，河北教育出版社 1993 年 12 月版。

生死事大

——读《窥视生死线：中国死亡文化研究》

“死亡文化”的提法，对于一些读者来说，可能还比较生疏。这生疏本身就说明，死亡文化的研究，在我国是比较薄弱的，从事的人不多，成果也较少。而本书的作者靳凤林从事此项研究已历十载，在国内外学术刊物上发表有关论文30余篇，并承担了河北省教委的科研课题，现在又出版了这部专著。这一切，都是在繁重的教学任务之余完成的，对于一位青年教师来说，实在是难能可贵的。

细读该书，觉得有几点值得称道：

一是视野开阔。该书对生死问题进行了多层次多角度的探析，儒家、道家，道教、佛教，鬼神信仰、丧葬祭祀等方面无不涉及；哲学、伦理、民俗、文艺各层面的材料，多有引述；心理学、社会学、人类学、考古学，诸种方法多有采取，而唯物史观的方法，则贯彻全书。

二是材料丰富。该书不妄下结论，每一论点都力求建立在翔实的资料基础之上，对有关典籍引述颇多，上至经史子集，下至神话传说、民间故事，以及社会调查的现实材料，都有所搜罗。这一切，使人感到充实具体而不空泛，且增加了可读性。

三是立论平实。该书不炫奇夸异，而力求平实，吸取学术界已有成果，从生死观、鬼神观的角度引申新义；又有选择地吸取国外的有关理论，结合中国实际，予以发挥。可谓有实事求是之意，无哗众取宠之心。

四是贴近现实。该书着眼于中国当前实际，力求对于困扰人们的有关生死的现实问题，给予一定的回答或分析。诸如人口膨胀、计划生育、老龄化、医疗保险、非正常死亡、安乐死、临终关怀，等等，都有所论列，使读者从中“窥视生死线”的文化意义，唤起人们的思索。

该书也还有某些不足：有些观点的阐述还可再求透彻，有些材料的解释还可再求明晰。愿作者百尺竿头，更进一步，把更优秀的作品献给读者。

（☆《窥视生死线——中国死亡文化研究》，靳凤林著，中央民族大学出版社 1999 年 12 月出版）

原文载于《燕赵都市报》2000 年 5 月 15 日“读书”专栏。